Zeitschrift für Erziehungswissenschaft

7. Jahrgang
Beiheft 3/2004

PISA und die Konsequenzen für die erziehungswissenschaftliche Forschung

Herausgegeben von Dieter Lenzen, Jürgen Baumert
Rainer Watermann und Ulrich Trautwein

VS Verlag für Sozialwissenschaften, Wiesbaden 2004

Zeitschrift für Erziehungswissenschaft

herausgegeben von:
Jürgen Baumert (Schriftleitung), Hans-Peter Blossfeld, Ingrid Gogolin (Schriftleitung), Stephanie Hellekamps, Frieda Heyting (1998-2003), Heinz-Hermann Krüger (Schriftleitung), Erno Lehtinen (Schriftleitung), Dieter Lenzen (Schriftleitung, Geschäftsführung), Meinert A. Meyer, Thomas Rauschenbach, Uwe Sander, Annette Scheunpflug, Christoph Wulf

Herausgeber des Beiheftes: PISA und die Konsequenzen für die erziehungswissenschaftliche Forschung: Dieter Lenzen, Jürgen Baumer, Rainer Watermann und Ulrich Trautwein

Redaktion:
Friedrich Rost, Eva Wunderlich (z. Zt. beurlaubt)

Rezensionen:
Yvonne Ehrenspeck

Anschrift der Redaktion:
Zeitschrift für Erziehungswissenschaft
c/o Freie Universität Berlin, Arbeitsbereich Philosophie der Erziehung,
Arnimallee 10, D-14195 Berlin
Tel.: (++4930)838-55888; Fax: -55889
e-mail: zfe@zedat.fu-berlin.de
Homepage: http://userpage.fu-berlin.de/~zfe

Beirat:
Neville Alexander (Kapstadt), Jean-Marie Barbier (Paris), Jacky Beillerot (Paris), Wilfried Bos (Hamburg), Elliot W. Eisner (Stanford/USA), Frieda Heyting (Amsterdam), Axel Honneth (Frankfurt a.M), Marianne Horstkemper (Potsdam), Ludwig Huber (Bielefeld), Yasuo Imai (Tokyo), Jochen Kade (Frankfurt am Main), Anastassios Kodakos (Rhodos), Gunther Kress (London), Sverker Lindblad (Uppsala), Christian Lüders (München), Niklas Luhmann † (Bielefeld), Joan-Carles Mèlich (Barcelona), Hans Merkens (Berlin), Klaus Mollenhauer † (Göttingen), Hans-Günther Roßbach (Bamberg), Christiane Schiersmann (Heidelberg), Rudolf Tippelt (München), Gisela Trommsdorff (Konstanz), Philip Wexler (Jerusalem), John White (London), Christopher Winch (Northampton)

VS Verlag für Sozialwissenschaften/GWV-Fachverlage, Abraham-Lincoln-Str. 46, 65189 Wiesbaden

Geschäftsführer: Dr. Hans-Dieter Haenel
Verlagsleitung: Dr. Heinz Weinheimer

Gesamtleitung Produktion: Reinhard van den Hövel
Gesamtleitung Vertrieb: Gabriel Göttlinger
Gesamtleitung Anzeigen: Thomas Werner

Leserservice: Tatjana Hellwig; Telefon: (06 11) 78 78-151, Telefax: (0611) 78 78-423; E-Mail: tatjana.hellwig@gwv-fachverlage.de
Abonnentenbetreuung: Ursula Müller; Telefon: (0 52 41) 80 19 65; Telefax: (0 52 41) 80 96 20
Marketing: Ronald Schmidt-Serrière M.A.; Telefon: (06 11) 78 78-280; Telefax: (06 11) 78 78-439
E-Mail: Ronald.Schmidt-Serriere@vs-verlag.de
Anzeigenleitung: Christian Kannenberg; Telefon: (06 11) 78 78-369; Telefax: (06 11) 78 78-430
E-Mail: Christian.Kannenberg@gwv-fachverlage.de
Anzeigendisposition: Monika Dannenberg; Telefon: (06 11) 78 78-148; Telefax: (06 11) 78 78-443
E-Mail: Monika.Dannenberg@gwv-fachverlage.de
Produktion/Layout: Frieder Kumm; Telefon: (06 11) 78 78-175; Telefax: (06 11) 78 78-468
E-Mail: frieder.kumm@gwv-fachverlage.de

Bezugsmöglichkeiten: Jährlich vier Hefte. Jahresabonnement 2004 53,- € (für Privatpersonen), 63,- € (für Institutionen), für Studenten bei Vorlage einer Studienbescheinigung 39,- €. Ein Einzelheft kostet 19,- €. Alle Preise zuzüglich Versandkosten. Alle Preise und Versandkosten unterliegen der Preisbindung. Die Bezugspreise enthalten die gültige Mehrwertsteuer. Kündigungen des Abonnements müssen spätestens 6 Wochen vor Ablauf des Bezugszeitraumes schriftlich mit Nennung der Kundennummer erfolgen. Zuschriften, die den Vertrieb oder Anzeigen betreffen, bitte nur an den Verlag.

© VS Verlag für Sozialwissenschaften/GWV Fachverlage, Wiesbaden 2004
Der VS Verlag ist ein Unternehmen von Springer Science+Business Media

Alle Rechte vorbehalten. Kein Teil dieser Zeitschrift darf ohne schriftliche Genehmigung des Verlages vervielfältigt oder verbreitet werden. Unter dieses Verbot fällt insbesondere die gewerbliche Vervielfältigung per Kopie, die Aufnahme in elektronische Datenbanken und die Vervielfältigung auf CD-Rom und allen anderen elektronischen Datenträgern.

ISBN-13: 978-3-8100-4024-4   e-ISBN-13: 978-3-322-86897-8
DOI: 10.1007/978-3-322-86897-8

Zeitschrift für Erziehungswissenschaft Beiheft 3/2004

7. Jahrgang

Inhaltsverzeichnis

PISA UND DIE KONSEQUENZEN FÜR DIE ERZIEHUNGSWISSENSCHAFTLICHE FORSCHUNG

Jürgen Baumert, Dieter Lenzen, Rainer Watermann, Ulrich Trautwein	Vorwort der Herausgeber	5
Hans-Günther Rossbach	Kognitiv anregende Lernumwelten im Kindergarten	9
Elsbeth Stern Kornelia Möller	Der Erwerb anschlussfähigen Wissens als Ziel des Grundschulunterrichts	25
Elke Wild	Häusliches Lernen – Forschungsdesiderate und Forschungsperspektiven	37
Christian Lüders	PISA und die Konsequenzen für die erziehungswissenschaftliche Kinder- und Jugendhilfeforschung	65
Bettina Hannover	Gender revisited: Konsequenzen aus PISA für die Geschlechterforschung	81
Ingrid Gogolin	Zum Problem der Entwicklung von „Literalität" durch die Schule. Eine Skizze interkultureller Bildungsforschung im Abschluss an PISA	101
Fritz C. Staub	Fachspezifisch-Pädagogisches Coaching: Ein Beispiel zur Entwicklung von Lehrerfortbildung und Unterrichtskompetenz als Kooperation	113

Jürgen Baumert, Werner Blum, Michael Neubrand	Drawing the lessons from PISA 2000 – Long-term research implications: Gaining a better understanding of the relationship between system inputs and learning outcomes by assessing instructional and learning processes as mediating factors	143
Hans-Peter Langfeldt, Tanja Nieder	Subjektive Lerntheorien von Lehramtsstudierenden – ein Forschungsprogramm zur Qualitätsverbesserung in der universitären Lehrerbildung	159
Cornelia Gräsel, Ilka Parchmann	Die Entwicklung und Implementation von Konzepten situierten, selbstgesteuerten Lernens	171
Olaf Köller	Schulische Leistungen am Ende der gymnasialen Oberstufe: Wichtige Ressourcen für den Übergang ins Studium und eine erfolgreiche Berufskarriere?	185
Jutta Allmendinger, Hans Dietrich	„PISA und die soziologische Bildungsforschung	201

Dieter Lenzen, Jürgen Baumert, Rainer Watermann
und Ulrich Trautwein

Vorwort der Herausgeber

Mit den Veröffentlichungen der Ergebnisse aus der *Third International Mathematics and Science Study* der IEA (TIMSS) hat die empirische Bildungsforschung in der Bundesrepublik wieder größere Resonanz in der Öffentlichkeit gefunden. Erstmals wurde im Anschluss an eine international vergleichende Schulleistungsuntersuchung auch in der Bevölkerung wahrgenommen, dass die Leistungen deutscher Schülerinnen und Schüler der Sekundarstufe I und II in den Bereichen Mathematik und Naturwissenschaften – und wie sich wenig später durch das *Programme of International Student Assessment* der OECD (PISA) herausstellte, nicht nur dort – allenfalls mittelmäßig sind. Nur wenige pädagogisch-psychologische Arbeiten haben eine vergleichbare öffentliche Aufmerksamkeit gefunden wie TIMSS und danach PISA. Eine derartig breite Rezeption hat allerdings auch Kosten. Die offensichtlichsten sind die Simplifizierung von Ergebnissen und die Reduktion von komplexen Befunden auf wenige griffige Botschaften. Die interessengeleitete Interpretation von Befunden, die sich unabhängig von der politischen Orientierung nachweisen lässt, ist keineswegs auf ein Laienpublikum beschränkt, sondern auch innerhalb der Pädagogik zu finden. Um so wichtiger waren die Reaktionen von Bund und Ländern und der Forschungsförderungsorganisationen. Die Bund-Länder-Kommission für Bildungsplanung und Forschungsförderung (BLK) und die Deutsche Forschungsgemeinschaft (DFG) haben zwei Schwerpunktprogramme ins Leben gerufen, die sich auf die Steigerung der Effizienz des mathematisch-naturwissenschaftlichen Unterrichts (BLK-SINUS) und auf die Verbesserung der Bildungsqualität von Schule (DFG-BIQUA) konzentrierten. Mittlerweile ist SINUS, das vom Leibniz Institut für die Pädagogik der Naturwissenschaften an der Universität Kiel entwickelt und begleitet wurde, zum erfolgreichsten BLK-Modellversuchsprogramm überhaupt geworden. Beide Programme sind Ausdruck einer sich abzeichnenden Veränderung der Aufmerksamkeit: Neben Fragen der Struktur des gegliederten Schulsystems und der Organisationsentwicklung in Einzelschulen erhalten endlich auch die Untersuchung von domänenspezifischen Lehr-/Lernprozessen und die Analyse von institutionellen Lernmilieus und deren Kontextuierung in Familie und Kommune die ihnen gebührende Beachtung.

PISA hat die durch TIMSS aufgeworfenen Fragen zugespitzt und theoretisch solider fundiert. Während in der Mittelstufenuntersuchung von TIMSS noch die durch Lehrpläne definierten Fachleistungen im Vordergrund standen, legt PISA größeren Wert auf die Erfassung von Basiskompetenzen (*literacy*), von denen man annehmen darf, dass sie sowohl für die erfolgreiche Bewältigung des Übergangs in das Berufsleben als auch für das lebenslange und selbstgesteuerte Lernen in einer wissensbasierten Gesellschaft notwendig sind. Weiterhin wurden in PISA erstmals Merkmale der sozialen Herkunft differenziert erfasst, so dass auch die Wirkungen der familialen Herkunft auf die erreichten Lernstände in den Basiskompetenzen untersucht werden konnten. Damit wurde ein seit langem blinder Fleck der Bildungssoziologie durch die Pädagogik beseitigt. PISA hat nicht nur die im Prinzip schon bekannten Leistungsdefizite von deutschen Schülerinnen und Schülern in den Basiskompetenzen Lesen, Mathematik und Naturwissenschaften bestätigt, sondern als besonderes Ärgernis erwiesen sich eine im internationalen Vergleich besonders große Leistungsstreuung in den Basiskompetenzen, ein hoher Anteil schwacher Leser, soziale und ethnische Disparitäten in den erreichten Lernständen sowie große regionale Unterschiede in den Basiskompetenzen und der Bildungsbeteiligung.

PISA hat stärker noch als TIMSS auf den in Deutschland vorhandenen Mangel an Analysen der Erträge von Bildungsprozessen hingewiesen und damit die Bildungstheorie mit ihren kontrafaktischen Unterstellungen in besonderer Weise herausgefordert. Gleichzeitig erhielten aber auch Fragen nach der Effizienz von Bildungsprozessen aus unterschiedlichen systemischen Perspektiven und aus Sicht verschiedener Fachdisziplinen neue Legitimität. In Reaktion auf diese Entwicklung haben die Herausgeber der *Zeitschrift für Erziehungswissenschaft* Wissenschaftlerinnen und Wissenschaftler aus Erziehungswissenschaft, Psychologie und Soziologie zu einem Forum mit dem Titel „PISA und die Konsequenzen für die erziehungswissenschaftliche Forschung" eingeladen, um gemeinsame Forschungsperspektiven und Forschungsvorhaben im Anschluss an PISA zu diskutieren. Das vorliegende Beiheft der *Zeitschrift für Erziehungswissenschaft* enthält Beiträge dieses ersten ZfE-Forums zur PISA-Folgen-Forschung. Es vereinigt 12 Beiträge, die im Anschluss an PISA neue Forschungsfragen entwickeln, aber auch bekannte Themen, deren Aktualität wieder sichtbar geworden ist, in innovativer Weise aufgreifen.

Hans-Günther Roßbach eröffnet den Reigen mit Forschungsperspektiven aus der Sicht der Vorschulerziehung und des Elementarbereichs. In der Untersuchung von kognitiv akzentuierten Bildungsprozessen und ihrer Förderung in Verbindung der beiden Bildungsstufen Kindergarten und Grundschule sieht er einen wichtigen Beitrag der vorschulischen Forschung. *Elsbeth Stern* und *Kornelia Möller* greifen aus einer kognitiv-entwicklungspsychologischen Perspektive die Frage auf, wie man intelligentes, d.h. anschlussfähiges Wissen bereits in der Grundschule fördern kann. Mit der Einschulung werden die Grundlagen für die Entwicklung zentraler allgemeiner geistiger Kompetenzen gelegt. Deshalb plädieren sie für eine Grundschulforschung, die den Fokus auf entwicklungsfördernde schulische Lernbedingungen legt. *Elke Wild* geht in ihrem Beitrag auf die Rolle der Familie für die schulische Entwicklung ein, und sie erörtert, inwieweit über eine Einbeziehung von Eltern die Bildungsqualität von Schule verbessert werden könnte. Der Beitrag von *Christian Lüders* weist ebenfalls auf die Bedeutung außerschulischer Lerngelegenheiten hin und diskutiert die Relevanz der PISA-Befunde für die Forschung im Bereich der Kinder- und Jugendhilfe. *Bettina Hannover* betrachtet die PISA-Ergebnisse aus Sicht der pädagogisch-psychologischen Geschlechterforschung. Auf Grund der hohen Stabilität von Unterschieden zwischen Jungen und Mädchen in Fachleistungen und motivationalen Merkmalen sieht sie die Zukunft der Geschlechterforschung unter anderem darin, zu einer besseren Passung zwischen wissenschaftlichen Erkenntnissen und den Formen der Förderung von Jungen und Mädchen in der pädagogischen Praxis zu kommen. *Ingrid Gogolin* greift in ihrem Beitrag das Problem ethnischer Disparitäten des Kompetenzerwerbs aus Sicht der interkulturell vergleichenden Erziehungswissenschaft auf. Sie arbeitet die hohe Bedeutung sprachlicher Fähigkeiten für den Kompetenzerwerb in fast allen Domänen heraus und skizziert ein Forschungsprogramm, das sich besonders mit der Frage beschäftigt, wie „Literalität" durch die Schule besser vermittelt werden kann.

Es folgen vier Beiträge, die sich im weitesten Sinne der Verbesserung von Unterrichtsqualität widmen. *Fritz Staub* zeigt am Beispiel des fachspezifisch-pädagogischen Coachings, wie die Erziehungswissenschaft als Vermittlerin zwischen Wissenschaft und Praxis den Unterricht und die Lehrerfortbildung optimieren kann. *Jürgen Baumert, Werner Blum* und *Michael Neubrand* stellen ein längsschnittlich konzipiertes Forschungsprojekt vor, das auf die Förderung eines kognitiv aktivierenden und das verständnisvolle Lernen unterstützenden Mathematikunterrichts zielt. Die zentrale Frage lautet hier, welche Rolle die fachdidaktische Expertise von Lehrkräften im Zusammenspiel mit deren epistemologischen Überzeugungen für die Unterrichtsqualität spielt. Der Beitrag von *Hans-Peter Langfeldt* und *Tanja Nieder* schließt insoweit an die Arbeit von Baumert, Blum und Neubrand an, als die Professionalisierung subjektiver Lernkonzepte von Lehramtsanwärtern im Mittelpunkt steht. Ziel ihres Forschungsprogramms ist es, für die Lehrerausbildung Impulse zur Vermittlung angemessener Lernkonzepte zu geben. *Cornelia Gräsel* und *Ilka Parchmann* legen den Schwerpunkt ihrer Untersuchung auf die Ausweitung situierten und selbstgesteuerten Lernens, die Implementation entsprechender Lernumgebungen sowie die Untersuchung ihrer Effektivität.

Die beiden das Themenheft beschließenden Beiträge werfen die wichtige Frage nach der prognostischen Bedeutung von Basiskompetenzen für den Übergang in die Ausbildung und das Beschäftigungssystem auf. *Olaf Köller* verweist auf einen Mangel an tragfähigen Untersuchungen im Schnittbereich von Soziologie, Psychologie und Erziehungswissenschaft, die sich mit der Rolle schulisch erworbenen Wissens für berufliche Karrieren befassen. Er stellt ein längsschnittlich konzipiertes Forschungsprojekt vor, das die Bedeutung mathematischer und englischsprachiger Kompetenzen für die erfolgreiche Bewältigung des Übergangs in Ausbildung und Hochschule untersucht. *Jutta Allmendinger* und *Hans Dietrich* greifen eine vergleichbare Forschungsfrage aus Sicht der soziologischen Bildungsforschung sowie der Bildungs-, Sozial- und Arbeitsmarktpolitik auf. Innerhalb der soziologischen Bildungsforschung stellt die Untersuchung der Bedeutung von faktischen Leistungen – im Vergleich beispielsweise zu zertifizierten Leistungen – für den Übergang zwischen Bildungs-, und Beschäftigungssystem und Mobilitätsprozessen ein bisher kaum untersuchtes Gebiet dar. Das von ihnen skizzierte längsschnittliche Forschungsprogramm weist eine Reihe von Anknüpfungspunkten zu anderen im ZfE-Forum vorgestellten Untersuchungsdesigns auf.

Im Rahmen der Erstellung dieses Themenheftes hat uns eine Reihe von Kolleginnen und Kollegen bei der anonymen Begutachtung der Manuskripte unterstützt. Ihnen sei herzlich gedankt. Unser Dank gilt auch Monika Oppong, die für die redaktionelle Arbeit an diesem Heft verantwortlich war.

Anschriften der Verfasser: Prof. Dr. Jürgen Baumert, Max-Planck-Institut für Bildungsforschung, Lentzeallee 94, 14195 Berlin, Email: sekbaumert@mpib-berlin.mpg.de; Prof. Dr. Dieter Lenzen, Freie Universität Berlin, Arbeitsbereich Philosophie der Erziehung, Arnimallee 10, D-14195 Berlin, E-mail: dawa@zedat.fu-berlin.de; Dr. Rainer Watermann, Max-Planck-Institut für Bildungsforschung. Lentzeallee 94, 14195 Berlin, Email:

watermann@mpib-berlin.mpg.de; Dr. Ulrich Trautwein, Max-Planck-Institut für Bildungsforschung, Lentzeallee 94, 14195 Berlin, Email: trautwein@mpib-berlin.mpg.de;

Hans-Günther Roßbach

Kognitiv anregende Lernumwelten im Kindergarten

Zusammenfassung
Die Ergebnisse der PISA-Studie haben auch im Elementarbereich zu einer intensiven Diskussion über Reformnotwendigkeiten geführt, die speziell eine Stärkung des Bildungsauftrags und eine stärkere kognitive Förderung im Kindergarten zum Inhalt haben. Allerdings werden diese Reformnotwendigkeiten schon seit längerer Zeit in der Frühpädagogik diskutiert. Der Beitrag geht auf zwei Stränge der Reformdiskussion ein: auf Fragen der curricularen Orientierung der Kindergartenpädagogik (auch im Hinblick auf die Entwicklung verbindlicher Bildungspläne und einer stärkeren Schulvorbereitung im Kindergarten) und auf Fragen der Qualitätssicherung. Zur Unterstützung von Reformmaßnahmen fehlt aber in beiden Bereichen empirisches Forschungswissen. Vor diesem Hintergrund wird auf ein Forschungsdefizit näher eingegangen: die Untersuchung von kognitiv akzentuierten Bildungsprozessen und ihrer Förderung in Verbindung der beiden Bildungsstufen Kindergarten und Grundschule. Dazu werden die Grundzüge eines Forschungsplans vorgestellt, der sich in einem längsschnittlichen Design der Analyse früher Kompetenzentwicklung in Sprache und kognitiv-sprachlicher Selbststeuerung sowie ihrer Förderung in Familie, Kindergarten und Grundschule zuwendet.

Summary
The results of the PISA-Study have led to an intensive discussion about reforms in pre-primary education, especially with regard to cognitive stimulation in kindergarten. However, the need for such reforms has already been discussed in the early care and education field since several years. The paper will describe two different aspects of this discussion: curricular orientations (especially with regard to the development of an obligate curriculum and a more intensive preparation for primary school) and quality management. Research knowledge to support such reforms is scarce. Against this background one research deficit is described more detailed: the investigation of cognitive development and its stimulation at the educational levels kindergarten and primary school. The main features of a research plan will be introduced. It aims at investigating in a longitudinal design the early development of literacy and cognitive self regulation by self directed speech and their stimulation in family, kindergarten and primary school.

Die Veröffentlichung der Ergebnisse der PISA-Studie und das schlechte Abschneiden deutscher 15-jähriger Schülerinnen und Schüler im internationalen Vergleich (BAUMERT u.a. 2001) haben zu einer intensiven politischen Diskussion über Reformen im Bildungswesen geführt. Der Kindergarten[1] – d.h. der Elementarbereich unseres Bildungswesens –

wurde schnell in diese Reformdiskussion eingeschlossen, und es wird in der Öffentlichkeit eine breite Palette von Reformnotwendigkeiten und -maßnahmen diskutiert. Ohne Anspruch auf Vollständigkeit seien genannt (vgl. z.B. ARBEITSTAB FORUM BILDUNG 2001; BUNDESMINISTERIUM FÜR FAMILIE, SENIOREN, FRAUEN UND JUGEND 2002; Beschlüsse der JUGENDMINISTERKONFERENZ vom 18.04.2002 und vom 6./7.06.2002; KLUGE 2002; KOALITIONSVERTRAG vom 16.10.2002; LANDTAG NORDRHEIN-WESTFALEN 2002; WISSENSCHAFTLICHER BEIRAT FÜR FAMILIENFRAGEN 2002; die einzelnen Quellen setzen unterschiedliche Schwerpunkte und akzentuieren diese teilweise auch unterschiedlich):

– Stärkung und Präzisierung des Bildungsauftrags im Rahmen der Einheit von Bildung, Erziehung und Betreuung; Entwicklung von einheitlichen Bildungsstandards für Kindergärten als Orientierungsrahmen; Entwicklung eines Rahmencurriculums im Sinne einer verbindlichen Verständigung über Bildungsziele; stärkere Orientierung auf kognitives Lernen; Intensivierung der Sprachförderung; Entwicklung und Förderung von Lernmotivationen, Lerntechniken und Interessen[2];
– Verbesserung der inhaltlichen, organisatorischen und personellen Förderbedingungen in Kindergärten mit einem hohen Anteil von Kindern aus sozial benachteiligten Familien und Familien mit Migrationshintergrund; Vermittlung von ausreichenden Sprachkompetenzen für Kinder aus zugewanderten Familien; Förderung interkulturellen Lernens; verstärkte Mehrsprachigkeit unter Berücksichtigung der jeweiligen Muttersprachen;
– Vorverlegung des durchschnittlichen Einschulungsalters bei gleichzeitiger Weiterentwicklung von Elementar- und Primarpädagogik; Qualifizierung des Übergangs vom Kindergarten in die Grundschule; Einschulung aller sechsjährigen Kinder ohne Zurückstellungen vom Schulbesuch; zielgenauere Gestaltung des dritten – also des letzten – Kindergartenjahres unter Einbeziehung der Erfordernisse aus Grundschulsicht;
– Reform und Aufwertung der Aus- und Weiterbildung von Erzieherinnen; gemeinsame Fortbildung von Erzieherinnen und Grundschullehrerinnen; Aufwertung des Berufsstands der Erzieherinnen;
– Verbesserung von Rahmenbedingungen; Überprüfung und Reduzierung von Gruppengrößen; Umstellung der finanziellen Förderung;
– Unterstützung von Kindergärten bei der Entwicklung, Verwirklichung und Fortschreibung ihres Programms und Profils; Entwicklung und Verbindlichmachung von Qualitätskriterien;
– Stärkung der Familie und Förderung der Erziehung in der Familie; Beratung und Unterstützung von Eltern bei Erziehungsaufgaben; Weiterentwicklung von Inhalten und Formen der Elternarbeit im Kindergarten;
– Ausbau von Forschungskapazitäten für Frühpädagogik und wissenschaftliche Begleitung von Praxismodellen.

Eine Umsetzung der diskutierten Reformmaßnahmen dürfte erhebliche Umverteilungen von Finanzmitteln zu Gunsten des Elementarbereichs benötigen. Die Unternehmensberatung McKinsey beziffert z.B. den Finanzbedarf eines von ihr vorgeschlagenen Reformpakets auf etwas mehr als 4 Mrd. EURO (KLUGE 2002). Allerdings zeigen Untersuchungen aus Deutschland und der Schweiz (Zürich), dass solche Investitionen volkswirtschaftlich sinnvoll sind: Der volkswirtschaftliche Ertrag der Investitionen in Kindergärten beläuft sich auf bis zu vier Euro für einen investierten Euro (vgl. MÜLLER-KUCERA/BAUER 2001; BOCK-FAMULLA 2002).

Diesem umfangreichen Maßnahmenkatalog stehen allerdings ausgeprägte Forschungsdefizite in der Frühpädagogik gegenüber, so dass viele der Maßnahmen eher auf Plausibilitätsannahmen beruhen, als dass sie durch Forschungswissen gestützt sind (vgl. z.B. FRIED u.a. 1992; ROßBACH 2003). Die meisten der Forderungen nach Reformen sind zudem nicht erst in der Nach-PISA-Zeit entstanden; in der Disziplin der Frühpädagogik werden sie schon seit einiger Zeit diskutiert. Neben Fragen der Ausbildung des frühpädagogischen Personals bezieht sich die fachliche Diskussion dabei vor allem auf Fragen der curricularen Orientierungen und einer stärkeren kognitiven Orientierung der Kindergartenarbeit sowie auf Fragen der Qualitätssicherung[3]. Im Folgenden sollen zunächst zu diesen beiden Bereichen Aspekte der gegenwärtigen fachlichen Diskussion skizziert werden, um danach vor diesem Hintergrund die Grundelemente einer geplanten Untersuchung vorzustellen, die sich der Erforschung von kognitiv akzentuierten Entwicklungs- und Bildungsprozessen und ihrer Förderung in den beiden Bildungsstufen Kindergarten und Grundschule zuwendet.

1. Bereiche der fachlichen Diskussion in der Frühpädagogik

1.1 Curriculare Orientierungen

Eine durchaus mit der heutigen Situation vergleichbare Diskussion über die Stärkung des Bildungsauftrags des Kindergartens wurde bereits während der Bildungsreform in den 60er/70er Jahren des letzten Jahrhunderts geführt (vgl. ROßBACH 2003). In Abgrenzung zu einer behaupteten schlechten Praxis des Kindergartenalltags, die nur auf Bewahrung und Schutz des Kindes vor Reizüberflutung durch die Umwelt gerichtet sei, wurden in der Bildungsreform zunächst sogenannte funktionsorientierte und wissenschaftsorientierte Ansätze entwickelt. Dabei wurden allerdings die originären Theorien zur systematischen Angebotsstruktur des Kindergartens, wie sie z.B. bei Friedrich FRÖBEL oder Maria MONTESSORI vorliegen, nicht mehr zur Kenntnis genommen. Im Zentrum von *funktionsorientierten Ansätzen* steht die gezielte Förderung von psychischen „Funktionen" wie z.B. Wahrnehmung, Denken, Kreativität oder Sprache. Dabei wird davon ausgegangen, dass derjenige, der diese Grundqualifikationen erworben hat, auch in der Lage ist, sich die für das Leben in der Gesellschaft notwendigen weiteren Qualifikationen erfolgreich anzueignen. *Wissenschafts- oder disziplinorientierte Ansätze* gehen von der Wissenschaftsbezogenheit des Lernens im Elementarbereich und von der Struktur der Wissenschaftsdisziplinen aus. Grundbegriffe und Prinzipien der Wissenschaften sind nach diesem Ansatz für Wissenschaftler und Kinder in gleicher Weise geeignet, Erfahrungen zu organisieren. Curricula sind dann nur altersangemessene, die Entwicklungsstufe der Kinder berücksichtigende didaktische Umsetzungen der grundsätzlichen wissenschaftlichen Begriffe und Prinzipien. Beide Ansätze wurden heftig kritisiert, z.B. wegen ihrer Gestalt isolierter Trainingsprogramme, ihres schulvorbereitenden Charakters und ihrer „fehlenden" Orientierung auf die Förderung von kindlichen Kompetenzen zur Bewältigung aktueller Lebenssituationen. Bevor diese Ansätze allerdings voll entwickelt und erprobt waren, wurden sie durch die sogenannten *situationsorientierten Ansätze* abgelöst, die in der Folge zum „Dach" der deutschen Kindergartenpädagogik wurden und deren Übermacht andere curriculare Orientierungen in eine Randstellung brachte. Eine gewisse Leitfunktion bei den situationsorientierten Ansätzen hat die Ausformulierung des Situationsansatzes gespielt, wie sie unter der Leitung von Jürgen ZIMMER von einer Arbeitsgruppe am DEUTSCHEN JUGENDINSTITUT in München Anfang der 70er Jahre entwickelt wurde (vgl. ausführlicher ZIMMER 1973; 1985; 1995; 2000). Dieser Situationsansatz versteht sich explizit als Bildungsansatz. Er stellt allerdings selbst keine Bildungsziele auf. Sein Ausgangspunkt ist die Orientierung an kindlichen Lebenssituationen. Bildungsprozesse im Kindergarten sollen auf die aktuellen Lebenssituationen der Kinder bezogen sein. Ziel ist, die Kinder für die Bewältigung dieser Lebenssituationen zu qualifizieren, d.h., sie zu befähigen, ihren Anspruch auf Selbstbestimmung und Autonomie kompetent zu vertreten. Im Mittelpunkt stehen somit keine Situationen der fernen Zukunft, sondern solche der Gegenwart und der näheren Zukunft. Es wird davon ausgegangen – obwohl dies nicht überprüft wurde –, dass die Kinder durch die Bewältigung gegenwärtiger Situationen zugleich genügend auf zukünftige Situationen vorbereitet werden.

Seit Mitte der 90er Jahre gibt es aber eine unüberhörbare kritische Auseinandersetzung mit dem Situationsansatz, die nach Weiterentwicklungen des Ansatzes sowie der Entwicklung alternativer Konzepte verlangt (vgl. z.B. FRIED u.a. 1992; KRAPPMANN 1995; SCHÄFER 1995; ZIMMER 1995; TIETZE/ROßBACH 1997; FTHENAKIS 2000a; FAUST-SIEHL 2001; ROßBACH 2003). Die Kritik bezieht sich auf die große Interpretationsfähigkeit des Ansatzes, die zu einer gewissen Beliebigkeit in der Praxis geführt hat, auf fehlende Untersuchungen zur tatsächlichen Umsetzung des Ansatzes in der Praxis und unzureichende Evaluationsstudien[4], auf die durch die Übermacht der Situationsansätze erzeugte Abkoppelung von internationalen Entwicklungen sowie auf im Ansatz selbst liegende Probleme. Zu den Letzteren zählen z.B. die unzureichende Spezifikation und theoretische Begründung der Bildungsziele für den Kindergarten und zu allgemeine Aussagen zum didaktisch-methodischen Vorgehen.

Ein Strang der Weiterentwicklung der Ansätze für den Kindergarten bezieht sich auf eine stärkere kognitive Orientierung der Kindergartenarbeit: Kindergärten sollen stärker als bisher als kognitiv anregende Lernumwelten für die Entwicklung der Kinder gestaltet werden. Damit ist keine Einengung der Kindergartenarbeit auf eine Förderung der kognitiven Entwicklung im Engeren gemeint. Vielmehr bleibt die Multifunktionalität des Kindergartens – die Einheit von Bildung, Erziehung und Betreuung – bestehen, in dieser Multifunktionalität soll aber die Bildungsfunktion stärker betont werden. Der Bildungsbegriff bezieht sich dabei nicht nur auf kognitive Wissensziele im Engeren, vielmehr geht es auch um das Verstehen von Bedeutungszusammenhängen, den Erwerb lernmethodischer Konsequenzen, um die Förderung der emotional-motivationalen Lernbereitschaft, das Anknüpfen an und die Weiterentwicklung von Interessen der Kinder bzw. die Entwicklung neuer Interessen und um den Aufbau von Werthaltungen, um soziale Handlungsbereitschaft und -fähigkeit und um Selbstverantwortung (vgl. z.B. KATZ 1999; KATZ/CHARD 2000; für den Grundschulbereich EINSIEDLER 2001). Stärkung des Bildungsauftrags bedeutet somit keineswegs, schulische Inhalte und schulische Lernmethoden vorzuverlegen und in „fachdidaktischen Schubladen" vorzugehen. Vielmehr geht es um die Förderung von kindlichen Basisqualifikationen, um grundlegende kognitive und soziale Erfahrungen, um die Konstruktion von Wissen (vgl. z.B. FTHENAKIS 2000b; FTHENAKIS u.a. 2002). Die für den Kindergarten zu konkretisierenden Bildungsziele sollen sich durchaus auf eigenständige, phasenspezifische Ziele beziehen, zugleich aber auch explizit die Anschlussfähigkeit der Lernprozesse im Kindergarten für späteres Lernen im

Auge behalten. Anschlussfähigkeit meint hier ein inhaltliches und methodisches Lernen, das auch auf nachfolgendes Lernen angelegt ist (vgl. BLK 1997; HACKER 2001).

Vor dem Hintergrund eines solchen Verständnisses von anschlussfähiger Bildung im Kindergarten muss auch die Frage der Schulvorbereitung neu diskutiert werden[5]. Die Aufgabe des Kindergartens, eine explizite Schulvorbereitung zu leisten, wird von Vertretern des Kindergartenbereichs skeptisch betrachtet, zum Teil auch abgelehnt. Der Situationsansatz z.B. stellt eine Orientierung der Kindergartenarbeit auf eine Förderung von Kompetenzen, die für die Schule verwertbar sind, grundsätzlich in Frage (NAUMANN 1998). Der Kindergarten habe zwar auch die Verantwortung für einen erfolgreichen Schulstart ihrer Kinder; dies würde aber nicht durch eine Hörigkeit gegenüber schulischen Ansprüchen erreicht, sondern nur durch eine Hinwendung zu einem durch den Kindergarten eigenständig definierten Bildungs- und Erziehungsanspruch. In diesem Verständnis ist es die Aufgabe der Grundschule, die Schulfähigkeit mit ihren Kindern selbst zu erarbeiten. Diese Position dürfte die bestehende „Kluft" zwischen Kindergarten und Grundschule weiter verfestigen und zum Teil Ausdruck eines verzerrten Bildes grundschulischen Lernens sein. Schulbezogene Lernprozesse und der Erwerb von grundlegenden kognitiven, metakognitiven und lernmethodischen Kompetenzen beginnen nicht erst mit dem Eintritt in die Grundschule, vielmehr werden sie schon früher grundgelegt. Schulvorbereitung im Kindergarten heißt nicht Vorverlegung schulischen Lernens (s.o.), sondern Förderung der skizzierten Basiskompetenzen der Kinder. Allerdings darf die Förderung der Schulfähigkeit nicht nur auf allgemeine Basiskompetenzen verengt werden, vielmehr müssen auch spezifische Lernvoraussetzungen berücksichtigt werden, die sich aus den Anforderungen des Erstunterrichts in der Grundschule ableiten lassen. Defizite z.B. in spezifischen Lernvoraussetzungen für den Schriftspracherwerb oder frühe Defizite bei der Entwicklung des Zahlbegriffs könnten so u.U. durch gezielte Maßnahmen im Kindergartenbereich kompensiert werden (vgl. hierzu VAN DE RIJT/VAN LUIT 1998; KAMMERMEYER 2000; KÜSPERT/SCHNEIDER 2001).

International lässt sich gegenwärtig eine zunehmende Tendenz zur Entwicklung national verbindlicher Bildungspläne erkennen. Diese Bildungspläne sind dabei so gestaltet, dass sie den einzelnen Einrichtungen und Fachkräften vor Ort eine Orientierung bieten, aber gleichzeitig Gestaltungsfreiheit für Anpassungen an die lokalen Gegebenheiten lassen. Als Beispiele können hier die Entwicklungen in Schweden, Schottland oder Neuseeland genannt werden. Vor dem Hintergrund der oft beklagten Beliebigkeit der pädagogischen Praxis in deutschen Kindergärten beginnt eine entsprechende Diskussion auch in Deutschland. LIEGLE (2002) z.B. geht zwar davon aus, dass die Verantwortung für die Ausformulierung eines Bildungsauftrags für den Kindergarten zuvörderst bei den Teams der Erzieherinnen vor Ort in Absprache mit den Eltern und in Abstimmung mit Trägern und Fachberatung liegt. Dies ist aber an wissenschaftliche und bildungspolitisch begründete Rahmenvorgaben gebunden, zu denen u.a. eine Definition von „Bildung" sowie von Mindeststandards der Bildung gehören[6]. Auf der Ebene der Systemsteuerung erfordern solche Rahmenpläne, die Anpassungen an die Situation vor Ort erlauben, Evaluationen und Verfahren der Qualitätssicherung und -entwicklung, um zu verhindern, dass die Steuerungsfunktion von Rahmenvorgaben durch die Offenheit einer Anpassung an die lokalen Gegebenheiten zunichte gemacht wird und die derzeit beklagte Beliebigkeit fortbesteht.

1.2 Qualitätsfeststellung, -sicherung und -entwicklung

Seit einigen Jahren wenden sich öffentliches Interesse und fachliche Diskussionen direkt der Qualität der Alltagspraxis in Kindertageseinrichtungen zu. Die Gründe für diese Zuwendung sind vielfältig (vgl. FTHENAKIS/TEXTOR 1998; TIETZE 1999; ROßBACH 2003): die starke Expansion des öffentlichen Früherziehungssystems mit den dadurch wichtig werdenden Fragen nach Effektivität und Effizienz; die knappen öffentlichen Kassen und die Einführung eines Rechtsanspruchs auf einen Kindergartenplatz, die (teilweise) unter dem Druck der quantitativen Ausweitung mit einer Absenkung von Qualitätsstandards einherging; die Zusammenführung der beiden Früherziehungssysteme in den alten und neuen Bundesländern im Zuge der Vereinigung; Fragen der Steuerung des Früherziehungssystems über „Inputs" (z.B. Aus- und Weiterbildung des Personals, Gruppengrößen, Räumlichkeiten, finanzielle Ressourcen), „Outputs" (die unter „Verarbeitung" des Inputs in den Einrichtungen stattfindenden Prozesse) oder „Outcomes" (Wirkungen des Geschehens in Kindergärten auf das aktuelle Wohlbefinden und die Entwicklung von Kindern); die Verbreitung von Qualitätsmanagementsystemen. „Qualität" eines Kindergartens ist dabei ein mehrdeutiger Begriff. Es lassen sich vor allem zwei unterschiedliche Konzeptionen von Qualität unterscheiden, die beide davon ausgehen, dass sich die Qualität eines Kindergartens je nach Perspektive der relevanten Bezugsgruppen (Kinder, Erzieherinnen, Eltern, Träger, Gemeindevertreter) unterschiedlich darstellt: Das erste Konzept vertritt einen relativistischen Zugang, nach dem die Qualität eines Kindergartens im Wesentlichen die Werte, Normen, Überzeugungen, Wünsche und Bedürfnisse der beteiligten Gruppen widerspiegelt. Qualität wird als ein längerfristig angelegter dynamischer Prozess der Ausbalancierung der unterschiedlichen Bedürfnisse der verschiedenen Interessengruppen verstanden. In dem zweiten Konzept wird jeder Perspektive zwar auch eine Berechtigung zugesprochen, letztlich aber werden diese Perspektiven der Perspektive des Kindes untergeordnet, d.h. seinem Anspruch auf Wohlbefinden und Entwicklungsförderung. Pädagogische Qualität in diesem Sinne ist dann gegeben, wenn das körperliche, emotionale, soziale und intellektuelle Wohlbefinden und die Entwicklung der Kinder gefördert und die Familien in ihren Betreuungs- und Erziehungsaufgaben unterstützt werden. Dieses Konzept kommt auf Grund von frühpädagogischem Expertenwissen und Forschungsergebnissen über die Auswirkungen spezifischer Merkmale des Kindergartens zu Festlegungen auf bestimmte fachliche Qualitätskriterien, die allerdings durch zukünftige Praxiserfahrungen und Forschungsergebnisse verändert werden können.

Auf der Basis des zweiten Konzepts hat eine breit angelegte empirische Untersuchung aufgezeigt, dass gegenwärtig die Qualität in Kindergärten nur als mittelmäßig zu betrachten ist und dass deshalb die bisherige Systemsteuerung über die Inputs nur eingeschränkt zu einer guten Qualität von Kindergärten führt (TIETZE u.a. 1998): Die Qualität einer Kindergartengruppe ist einerseits höchst bedeutsam für die Förderung der Kinder. Je besser die pädagogische Qualität einer Kindergartengruppe im wissenschaftlichen Sinne ist, desto günstiger ist der kindliche Entwicklungsstand in verschiedenen Bereichen. Entsprechende Effekte setzen sich bis in die Grundschule fort (ECCE-STUDY GROUP 1999). Die Untersuchung zeigt andererseits aber auch auf, dass die Qualität noch deutlich verbessert werden kann. Im Hinblick auf die pädagogischen Prozesse, d.h. die Interaktionen der Kinder untereinander, mit Erzieherinnen und mit der räumlich-materialen Umwelt, zeichneten sich z.B. nur etwa 30% der untersuchten Kindergartengruppen durch eine gute oder noch bessere Prozessqualität aus.

Den verschiedenen Maßnahmen zur Qualitätsfeststellung, Qualitätssicherung und Qualitätsentwicklung ist gemeinsam, dass ihr Fokus unmittelbar auf die vor Ort gegebene Qualität in einem Kindergarten gerichtet ist. Dabei zeigen sich unterschiedliche Ansätze. Ohne hier auf Einzelheiten eingehen zu können und ohne Anspruch auf Vollständigkeit seien im Sinne von Beispielen genannt (vgl. z.B. BREMISCHE EVANGELISCHE KIRCHE, LANDESVERBAND EVANGELISCHE TAGESEINRICHTUNGEN FÜR KINDER 1999; ROBBACH 2003): Einführung von Qualitätsmanagementsystemen nach DIN EN ISO 9000ff.; (trägerspezifische) Entwicklung von Qualitätshandbüchern; dialogisch orientierte Qualitätsentwicklung nach dem Kronberger Kreis; Überlegungen zur Einführung von Betreuungsgutscheinen, um die Nachfragemacht der Eltern nach guter Qualität zu steigern; Erzieherinnenfortbildung auf der Basis der „Kindergarten-Skala" (TIETZE u.a. 2001); Qualitätswettbewerbe[7]. Zu nennen ist hier auch die 1999/2000 vom BUNDESMINISTERIUM FÜR FAMILIE, SENIOREN, FRAUEN UND JUGEND gestartete „Nationale Qualitätsinitiative im System der Tageseinrichtungen für Kinder", in der u.a. Kriterien zur Erfassung der Qualität der Arbeit in Kindergärten entwickelt, ein Konzept zur Unterstützung von internen Qualitätsentwicklungsprozessen und ein handhabbares Feststellungsverfahren für die Qualität in einer Einrichtung erarbeitet und erprobt wurden (vgl. TIETZE u.a. 2002). In den Kontext von Qualitätssicherung und -entwicklung sind auch Überlegungen zur Entwicklung eines Gütesiegels zu verorten, das die Qualität einer Einrichtung nach außen, z.B. für die Eltern, sichtbar macht und das so über die Nachfrage der Eltern nach guter Qualität die qualitative Weiterentwicklung des Früherziehungssystems mit steuern kann (vgl. z.B. SPIEß/TIETZE 2001). Internationale Beispiele sind hier vorhanden (vgl. z.B. BRYANT 2000; DEPARTMENT FOR EDUCATION AND SKILLS 2002). Diskutiert wird auch die Unterscheidung zwischen Mindeststandards für Qualität und Standards für eine anzustrebende gute Qualität (vgl. TIETZE u.a. 1998).

Vergleichbar mit der Diskussion um die Verbindlichkeit von Bildungszielen wird auch für die Weiterentwicklung von Kindergärten die Frage der Verbindlichkeit von Qualitätskriterien und Qualitätsstandards diskutiert. Für LIEGLE (2002) ist die in Abschnitt 1.1 genannte Ausformulierung des Bildungsauftrags vor Ort neben der Definition von Bildung an eine Definition von pädagogischer Qualität sowie von Mindeststandards der Qualität gebunden, die auf der Ebene der Bundesländer, evtl. des Bundes, sowie der Trägerverbände erarbeitet werden müssten[8].

1.3 Forschungsdefizite

In beiden skizzierten Bereichen der fachlichen Diskussion in der Frühpädagogik bestehen derzeit erhebliche Forschungsdefizite, die auch eine Ursache in einer unzureichenden Forschungsinfrastruktur in der Frühpädagogik in Deutschland haben (vgl. FRIED u.a. 1992; LIEGLE 2002). Im Hinblick auf die curricularen Orientierungen wurde bereits weiter oben auf eine unzureichende Evaluationsbasis zum Situationsansatz verwiesen (vgl. aber Endnote 4). Defizite gibt es ebenfalls im Hinblick auf Forschungswissen zur Gestaltung, Effektivität und Effizienz von Elementen einer stärkeren kognitiven Orientierung der Kindergartenarbeit, der Vermittlung von Basiskompetenzen sowie Aspekten einer konkreten Schulvorbereitung im Kindergarten (vgl. auch Kapitel 2). Auch wenn für die Problematik der Qualität von Kindergärten die Untersuchung von TIETZE u.a. (1998) bedeutsame Ergebnisse im Hinblick auf den Qualitätsstand in Kindergartengruppen in Deutschland, auf Abhängigkeiten der Qualität von strukturellen Rahmenbedingungen und pädagogischen Orientierungen der Erzieherinnen sowie auf Auswirkungen auf den kindlichen Entwicklungsstand und das Wohlbefinden der Kinder aufgezeigt hat, so darf dennoch nicht übersehen werden, dass unsere empirische Wissensbasis auch in diesem Bereich noch sehr begrenzt ist. Hier besteht ein dringender Forschungsbedarf, speziell auch im Hinblick auf längerfristige Auswirkungen der frühkindlich erfahrenen Qualitäten in öffentlichen Betreuungs- und Erziehungsangeboten wie Krippe, Tagespflege, Kindergarten und Hort. Weiterhin darf bei der Vielfalt der Aktivitäten zur Qualitätsentwicklung im Kindergarten nicht übersehen werden, dass wir empirisch so gut wie nichts über die Auswirkungen der verschiedenen Verfahren zur Qualitätsentwicklung und -sicherung wissen. Insgesamt besteht somit auch hier ein erheblicher Forschungsbedarf.

Die Forschungsdefizite beziehen sich sowohl auf empirische Evaluationsstudien von Reformmaßnahmen als auch auf empirisch überprüftes Grundlagenwissen, das geeignet ist, Aspekte der erforderlichen Reformmaßnahmen im Hinblick auf Gestaltung, Effektivität und Effizienz abzusichern. Diese Situation ist auch insofern bedauerlich, da die in anderen Ländern gefundenen Forschungsergebnisse auf Grund von teilweise anderen strukturellen Gestaltungen der Frühpädagogik, anderen curricularen Orientierungen und anderen Kontextbedingungen nur bedingt auf die deutsche Situation übertragbar sind.

Es kann an dieser Stelle kein differenzierter und erschöpfender Überblick über die Forschungsnotwendigkeiten in den beiden diskutierten Bereichen der Frühpädagogik gegeben werden. Vielmehr soll im Folgenden eingeschränkter auf einen Forschungsbereich eingegangen werden, der für beide Bereiche der Frühpädagogik von Bedeutung ist und in dem besondere Forschungsdefizite bestehen: auf eine grundlagenorientierte *Untersuchung von kognitiv akzentuierten Entwicklungs- und Bildungsprozessen und ihrer Förderung in der Verbindung der beiden Bildungsstufen Kindergarten und Grundschule*. Die Konzentration auf kognitive Bildungsprozesse ist aber immer vor dem breiteren Hintergrund zu sehen, der die Funktionen des Kindergartens als Bildung, Erziehung und Betreuung definiert[9].

2 Kognitiv akzentuierte Entwicklungs- und Bildungsprozesse und ihre Förderung in der Verbindung der beiden Bildungsstufen Kindergarten und Grundschule – ein Forschungsplan

Fehlendes Forschungswissen im Hinblick auf die Förderung kognitiv akzentuierter Bildungsprozesse im Übergang vom Kindergarten zur Grundschule. Ergebnisse psychologischer Forschungsarbeiten zu Entwicklung und Lernen von der frühen bis zur mittleren Kindheit weisen auf aufeinander aufbauende und interagierende Prozesse mit fortschreitend entfalteteren Leistungen hin, z.B. beim Erwerb bereichsspezifischen Wissens, in Bezug auf Gedächtnisleistungen, Metakognition, lernmethodischen Kompetenzen, Entwicklung von Sprache, Motivationen und Interessen. Dabei wird in vielen Zusammenhängen die Bedeutung des Vorwissens und kumulativer Lernprozesse herausgestellt, weil hierin die einflussreichsten Bedingungen für die späteren Leistungsmöglichkeiten zu sehen sind. Allgemeine und schulnahe Entwicklungs- und Lernprozesse beginnen schon weit vor Schulbeginn; sie bauen aufeinander auf und beeinflussen sich gegenseitig. Der Übergang vom Kindergarten in die Grundschule wirkt sich – bei der derzeit in Deutschland bestehenden Trennung von Elementar- und Primarbereich mit der Betonung der Eigenständigkeit der jeweiligen Bildungsaufträge – insofern auf die kumulativen Lernprozesse aus, als sich die beiden Lernumwelten in ihren Anforderungen an das Kind deutlich unterscheiden. Diskontinuitäten in den Anforderungen der beiden Umwelten sind nicht per se entwicklungs- bzw. lernhemmend. Die Unterstellung, dass sie auch Entwicklungen und Lernen herausfordern, ist aber ebenfalls nicht zwingend. Inwieweit eine fehlende Abstimmung zwischen den beiden Lernumwelten die kumulativen Lernprozesse beeinträchtigt, ist letztendlich eine *empirische* Frage. Fehlende Abstimmungen und damit fehlende Anschlussfähigkeit können in beiden Richtungen bestehen:

– *Der Kindergarten nimmt zu wenig Bezug auf die späteren domänenspezifischen Lernprozesse* und berücksichtigt z.B. zu wenig – dem Entwicklungsstand der Kindergartenkinder angemessen – den Umgang mit geschriebener Sprache, mit Zahlen, naturwissenschaftlichen Problemen und die Entwicklung lernmethodischer Kompetenzen. Allerdings existieren derzeit keine empirisch abgesicherten Theorien, auf deren Basis die Möglichkeiten (und Grenzen) zur „Schulvorbereitung" im Kindergarten abgeschätzt werden können. Bestenfalls liegen erste Ansätze zu spezifischen Förderungen vor – wie z.B. zur Förderung der phonologischen Bewusstheit oder des frühen Zahlbegriffs (vgl. Kapitel 1.1).
– *Die Grundschule berücksichtigt zu wenig den Entwicklungsstand und die Vorkenntnisse der Schulanfänger*[10]. Im Hinblick auf den Schulanfang und die „Eingangsphase" in das Schulsystem (d.h. die ersten beiden Jahrgangsstufen) existieren ebenfalls keine ausreichend aussagefähigen theoretisch fundierten empirischen Studien, die die Anschlussfähigkeit der Lernprozesse untersuchen und von daher zu Aussagen zur Gestaltung des Anfangsunterrichts kommen können. Aussagen, die hinsichtlich des Schulanfangs „Weiterführung, Weiterentwicklung und Neuanfang" betonen, bleiben so lange Leerformeln, wie nicht präzisiert wird, auf welche Fähigkeiten der Kinder sich im Einzelnen diese Forderungen beziehen.

Auf empirisch abgesicherter Basis ist somit wenig darüber bekannt, wie die beiden institutionellen Bildungsumwelten *Kindergarten* und *Grundschule* die kumulativen Entwicklungs- und Bildungsprozesse der Kinder unterstützen, fördern oder behindern und wie sie dabei bildungsstufenübergreifend ineinander greifen. Das Forschungsdefizit wird noch dadurch vergrößert, dass wenig darüber bekannt ist, in welchen Zusammenhängen die Förderungen der Lern- und Bildungsprozesse in den institutionellen Umwelten Kindergarten und Grundschule mit den entsprechenden Förderungen in den *familiären Umwelten* der Kinder stehen (vgl. z.B. WILD 2001a; 2001b; WILD/REMY 2002). Untersuchungen haben zwar aufgezeigt, dass im Hinblick auf die Varianzaufklärung verschiedener Entwicklungskriterien die Bedeutung familiärer Merkmale deutlich höher ist als die der institutionellen Merkmale und dass die Bedeutung institutioneller Förderbedingungen in der frühen und mittleren Kindheit in Kindergarten und Grundschule nur dann angemessen eingeschätzt werden kann, wenn gleichzeitig jene des familiären Settings berücksichtigt werden (vgl. z.B. ECCE-STUDY GROUP 1999; HAYES/PALMER/ZASLOW 1990); spezifische empirische Untersuchungen der familiären Förderbedingungen für kognitive Bildungsprozesse sind aber nur sehr eingeschränkt vorhanden. Dabei werden zudem häufig von dem eigentlichen Prozessgeschehen in den Familien entferntere distale Variablen und kaum jedoch näher am Prozessgeschehen liegende proximale Variablen in ihren Kovariationen und/oder Interaktionen mit Kindmerkmalen untersucht.

Die European Child Care and Education Study – eine Längsschnittstudie zur familiären und institutionellen Förderung von Kindern vom vierten bis zum achten Lebensjahr in Deutschland, Österreich, Portugal und Spanien (Ausgangsstichprobe 1244 Kinder und ihre Familien aus 314 vorschulischen Gruppen; in Deutschland 422 Kinder und ihre Familien aus 103 Kindergartengruppen) – hat zwar erfolgreich parallel Merkmale der familiären Umwelten und der institutionellen Umwelten Kindergarten und Grundschule analysiert, auf Grund der breiteren vergleichenden Untersuchungsanlage wurde aber das Fördergeschehen in den Familien und der institutionellen Umwelt nur auf einer globalen Ebene erfasst (vgl. TIETZE u.a. 1998; ECCE-STUDY GROUP 1999). Das allgemeine Anregungs- und Förderpotenzial wurde z.B. in den Familien mit der Early Childhood Home Observation for the Measurement of the Environment EC-HOME (CALDWELL/BRADLEY 1984) und in den Kindergärten mit der Kindergartenskala KES-R (TIETZE u.a. 2001) erfasst. Damit geht diese Untersuchung zwar über eine bloße Berücksichtigung von distalen Merkmalen wie SES der Familien oder Gruppengrößen der Kindergärten hinaus, eine Analyse der spezifischen Merkmale des Instruktionsverhaltens von Eltern und Erzieherinnen (vgl. w.u.) und deren Verhältnis zu dem allgemeinen Anregungs- und Förderpotenzial in Familien und Kindergärten ist aber nicht möglich. Die Longitudinalstudie zur Genese individueller Kompetenzen LOGIK (WEINERT/SCHNEIDER 1999) verfolgte sehr differenziert die individuelle Entwicklung von vierjährigen Kindern in verschiedenen Kriterienbereichen bis zum Alter von zwölf Jahren (Ausgangsstichprobe 205 Kinder). Merkmale der institutionellen Umwelt Grundschule werden zwar berücksichtigt, auf die Erfassung von Förderbedingungen in Familie und Kindergarten wurde aber verzichtet. Damit sind in dieser Untersuchung zum einen keine Aussagen über die Förderung der Kinder in der Kindergartenumwelt möglich. Zum anderen liegen keine Informationen über das familiäre Fördergeschehen vor, und eine differenzierte Schätzung der relativen Bedeutsamkeit der Familie sowie eine Kontrolle des familiären Einflusses bei der Analyse institutioneller Förderbedingungen sind nicht möglich.

Ein spezielles Interesse des vorliegenden Forschungsplans liegt auf den Wechselwirkungen familiärer Förderung mit institutioneller Förderung. Möglicherweise übernehmen bei einer fehlenden Förderung im Kindergarten bildungsnahe Elternhäuser eine aktive Förderrolle, während dies bei bildungsferneren Elternhäusern unterbleibt und so u.U. Lerndefizite kumulieren. Eine Betrachtung der Bildungsprozesse in der frühen und mittleren Kindheit muss auch berücksichtigen, dass sich innerhalb der jeweiligen Umwelten Veränderungen der Förderbedingungen in Abhängigkeit vom wachsenden Alter bzw. Entwicklungsstand der Kinder ergeben können. So ist zu vermuten, dass die Eltern unterschiedliche Erwartungen an ein Kindergartenkind im Vergleich zu einem Grundschulkind stellen und dementsprechend unterschiedlich mit den Kindern interagieren.

Eine Längsschnittstudie. Das geplante Forschungsvorhaben geht davon aus, dass Kompetenzförderung im Kindergarten nicht (nur) als Förderung von allgemeinen, domänenunabhängigen Basisqualifikationen durch unspezifische methodische Vorgehensweisen wie z.B. Freispiel, Gruppenarbeit oder Projekte zu verstehen ist. Untersuchungsergebnisse (KARMILOFF-SMITH 1992) legen vielmehr nahe, dass auch schon der frühe Kompetenzerwerb domänenspezifisch erfolgt. Da aus pragmatischen Gründen nicht alle Domänen untersucht werden können, beschränkt sich das Vorhaben darauf, Kompetenzen zu analysieren, die für die kindliche Entwicklung selbst wie auch für den Schulerfolg von herausgehobener Bedeutung sind. Ausgewählt werden deshalb sprachliche Kompetenzen und domänenübergreifende Aspekte der kognitiv-sprachlichen Selbststeuerung.

Um die jeweilige Bedeutung familiärer und institutioneller Umwelten angemessen einschätzen zu können, bedarf es dabei nicht nur des Einschlusses familiärer Variablen, sondern auch einer parallelen Konzeptualisierung (vgl. z.B. WILD 2001a; 2001b). Die Auswahl der relevanten Förderbedingungen in den beiden Umwelten soll soweit wie möglich hypothesengeleitet erfolgen, dürfte aber bei dem gegebenen Wissensstand zum Teil auch explorative Vorgehensweisen erfordern. Konzeptuell werden drei Untersuchungsebenen unterschieden:

- *Ebene Prozessqualität*: Die Prozessqualität wird in zwei Subebenen differenziert. Auf der ersten Subebene werden spezifische Elemente des *Instruktionsverhaltens* von Eltern, Erzieherinnen und Grundschullehrerinnen im jeweiligen Alltag betrachtet, die die Entwicklung in den genannten Kriterien fördern oder auch behindern können. Da nicht von einer einheitlichen Theorie des Instruktionsverhaltens ausgegangen werden kann, werden die entsprechenden Indikatoren aus verschiedenen Ansätzen wie der Selbstbestimmungstheorie, der Unterrichtsforschung und dem sozial-konstruktivistischen Ansatz abgeleitet (z.B. Prozessorientierung, Autonomieunterstützung, Kontrolle, emotionale Zuwendung, Stimulierung, kognitive Anregung und Aktivierung, Strukturierung, Reflexionsförderung, Erklären und Begründen von Sachverhalten, Hilfen bei Problemlösungen, Distancing)[11]. Auf der zweiten Subebene wird das *allgemeine Anregungs- und Förderpotenzial* spezifiziert, wie es z.B. für die Familie mit der Early Childhood Home Observation for the Measurement of the Environment – EC-HOME – (CALDWELL/BRADLEY 1984), im Kindergarten mit der Kindergartenskala KES-R (TIETZE u.a. 2001) oder in der Grundschule mit den Instructional Environment Observation Scales (SECADA 1997) erfasst wird. Damit werden in Familie, Kindergarten und Grundschule globale (pädagogische) Qualitätsmerkmale und Förderbedingungen spezifiziert, die sich in bereits vorliegenden Untersuchungen (überwiegend im angloamerikanischen Bereich) als erfolgreiche Prädiktoren für einen breiten Kranz von kognitiven und sozial-emotionalen Kriterien erwiesen haben.
- *Ebene Pädagogische Orientierungen*: Die pädagogischen Orientierungen von Eltern, Erzieherinnen und Grundschullehrerinnen (z.B. Einstellungen von Eltern, Erzieherinnen, Lehrerinnen über die Bedeutung und Wertschätzung der kognitiven Förderung in den verschiedenen Umwelten, auch im Vergleich zur Förderung sozialen Verhaltens, Vorstellungen über angemessene Fördermethoden; Bilder von Kind und Kindheit, elterliche Bildungsaspirationen) dürften deutlich die Häufigkeit und Qualität der in den verschiedenen Umwelten stattfindenden kognitiven Fördermöglichkeiten beeinflussen.
- *Ebene Strukturmerkmale*: Die strukturellen Rahmenbedingungen von Familie, Kindergarten und Grundschule (wie z.B. Familienstruktur, Bildungsstand der Eltern oder Sozialschichtzugehörigkeit auf der Familienseite; Gruppen-/Klassengrößen, Erzieherin-/Lehrerin-Kind-Relationen oder Aspekte der Aus-/Fortbildung auf der Institutionenseite) determinieren zwar in keiner Weise die in den verschiedenen Umwelten stattfindenden Prozesse, gleichwohl schränken sie Handlungs- und Fördermöglichkeiten ein oder erweitern sie.

Die kindlichen sprachlichen Kompetenzen und die Aspekte der kognitiv-sprachlichen Selbststeuerung – zusammen mit kindbezogenen Kontrollvariablen (z.B. Alter, Geschlecht, Intelligenz, Temperament, Sozialverhalten) – sowie das Förderverhalten und die

Förderbedingungen in Familie, Kindergarten und Grundschule sollen zu verschiedenen Messzeitpunkten erfasst werden. Geplant ist eine Längsschnittstudie, die die kumulativen Entwicklungs- und Bildungsprozesse und ihre Förderung in den verschiedenen Umwelten von der frühen bis zur mittleren Kindheit (etwa von vier bis acht Jahren) verfolgt. Es ist an dieser Stelle nicht möglich, systematisch Hypothesen und Fragestellungen zu entfalten. Vielmehr sollen an einigen wenigen ausgewählten Beispielen die Fragerichtungen exemplifiziert werden[12]:

- Wie sind die im Mittelpunkt der Untersuchung stehenden Kompetenzen der Sprachentwicklung sowie Aspekte der Entwicklung der kognitiv-verbalen Selbststeuerung zu den verschiedenen Zeitpunkten ausgeprägt, wie verändern sie sich und in welchem Zusammenhang stehen sie untereinander?
- In welchen Beziehungen stehen die Förderbedingungen auf den Ebenen Strukturmerkmale, pädagogische Orientierungen und den beiden Subebenen pädagogischer Prozessqualität? In welchem Verhältnis steht das allgemeine Anregungs- und Förderpotenzial in den Umwelten zum jeweiligen Instruktionsverhalten? Determinieren Strukturmerkmale von Familien, Kindergärten und Grundschule weitgehend die tatsächlich zu beobachtende Prozessqualität und das Instruktionsverhalten von Eltern, Erzieherinnen und Grundschullehrerinnen?
- In welchem Verhältnis stehen Förderbedingungen in Familie, Kindergarten und Grundschule? Gibt es wechselseitige Kompensationen? Wie verändern sich die Förderbedingungen, die ein Kind im Alter von vier bis acht Jahren in den verschiedenen Umwelten erlebt?
- Lassen sich durch die erhobenen Merkmale auf den Ebenen Strukturen, pädagogische Orientierungen, allgemeine Prozessqualität und Instruktionsverhalten von Eltern, Erzieherinnen und Grundschullehrerinnen die ausgewählten Kriteriumsvariablen vorhersagen? In welchem Verhältnis steht die Vorhersagekraft der Merkmale der Familie im Vergleich zu Merkmalen von Kindergarten und Grundschule?

Anmerkungen

1 Der Begriff „Kindergarten" wird im Folgenden als Oberbegriff für die verschiedenen institutionellen Betreuungsformen für Kinder von drei Jahren bis zum Schulbeginn benutzt.
2 Bei der Forderung nach mehr Lernorientierung im Kindergarten und einer stärkeren Betonung des Bildungsauftrags wird durchgängig betont, dass es sich hier nicht um eine Verschulung des Kindergartens bzw. eine Vorverlegung der Schule handelt. Es geht zwar auch um eine auf die Schule vorbereitende Bildungsvermittlung (z.B. über situationsorientierte Angebote von schulpropädeutischen Maßnahmen), schulische Strukturen werden aber abgelehnt.
3 In der Außensicht einer Unternehmensberatung sieht McKinsey ebenfalls zwei Probleme in Deutschland: das Fehlen eines vorgeschriebenen Curriculums und eine kaum vorhandene Qualitätssicherung (KLUGE 2002).
4 Es gibt nur eine externe empirische Evaluation, die die Auswirkungen des Situationsansatzes auf Kinder untersucht und die sich evaluationsmethodischen Ansprüchen stellen kann (WOLF/BECKER/CONRAD 1999).
5 Bei der Diskussion des Übergangs vom Kindergarten in die Grundschule lassen sich drei Ebenen unterscheiden (vgl. ROßBACH 2003): strukturelle Verzahnungen von Elementar- und Primarbereich z.B. über beide Bereiche verbindende „Eingangsstufen"; spezielle Transitionsmaßnahmen in der Phase des Übergangs z.B. durch Kooperationen von Erzieherinnen, Grundschullehrerinnen und Eltern; curriculare Abstimmungen zwischen den beiden Bildungsbereichen. Die Ausführungen im Text beziehen sich auf die letzte Ebene – ohne die Bedeutung der beiden ersten Ebenen in Abrede stellen zu wollen.

6 Die GEWERKSCHAFT ERZIEHUNG UND WISSENSCHAFT (GEW 2002) hat in diesem Zusammenhang z.B. einen Diskussionsentwurf für einen Rahmenplan frühkindliche Bildung vorgelegt mit dem Ziel, einen nationalen, trägerübergreifenden Rahmenplan zu verabreden, der Betreuung, Erziehung und Bildung auf hohem Niveau verbindlich garantiert. Die GEW empfiehlt, nach dem Vorbild des schwedischen Curriculums Bildungsziele zu formulieren, die die gesellschaftlichen Erwartungen widerspiegeln und die der individuellen Bildungsplanung eine Orientierung geben. In verschiedenen Bundesländern werden zur Zeit Bildungspläne entwickelt und erprobt. In Bayern soll z.B. im Kindergartenjahr 2005/06 ein Bildungs- und Erziehungsplan für Kinder unter sechs Jahren eingeführt werden, der für alle Einrichtungen verbindlich ist, der aber wiederum Freiheiten für die Gestaltung vor Ort erlaubt (BAYERISCHES STAATSMINISTERIUM FÜR ARBEIT UND SOZIALORDNUNG, FAMILIE UND FRAUEN/ STAATSINSTITUT FÜR FRÜHPÄDAGOGIK 2003).

7 Vgl. hierzu z.B. den Qualitätswettbewerb unter den Kindergärten in Brandenburg (http://www.mi.brandenburg.de/sixcms/detail.php?id=35949).

8 Die GEW (2002) fordert in diesem Zusammenhang, auf der Grundlage der Forschungen im Rahmen der Nationalen Qualitätsinitiative und unter Beteiligung der Gewerkschaften auf Bundes- und Landesebene verbindliche Qualitätsstandards sowie einen Stufenplan zu deren Realisierung zu vereinbaren.

9 In den folgenden Überlegungen schlagen sich Ergebnisse von Diskussionen mit Gabriele FAUST, Sabine WEINERT und Hans-Peter BLOSSFELD, alle Universität Bamberg, nieder. Das hier skizzierte Forschungsvorhaben ist ein Teilprojekt im Rahmen der Überlegungen zur Konstituierung einer Forschergruppe zur Untersuchung von Bildungsprozessen, Kompetenzentwicklung und Formation von Selektionsentscheidungen im Vor- und Grundschulalter. In einem anderen Untersuchungsteil ist für den Kindergartenbereich eine Interventionsstudie zur gezielten Kompetenzförderung im Kindergarten geplant.

10 Untersuchungen zeigen z.B., dass Kinder am Ende des Kindergartens bzw. unmittelbar nach der Einschulung im Hinblick auf Zahlen beim Kardinal- und Zählaspekt wie auch beim Maßzahlaspekt über beachtliche Vorkenntnisse verfügen (vgl. PADBERG 1992), die der Erstklassunterricht dann oftmals nicht angemessen berücksichtigt.

11 Es wird davon ausgegangen, dass es eine große Überschneidung in den in verschiedenen theoretischen Ansätzen als bedeutsam betonten Aspekten des Instruktionsverhaltens gibt. In einer historisch-pädagogischen/didaktischen Betrachtung erweisen sich zudem viele dieser in „neueren" Konzepten/Theorien diskutierten Variablen durchaus als „alte Bekannte".

12 Es sei noch einmal daran erinnert, dass in einem anderen Untersuchungsteil eine Interventionsstudie zur gezielten Kompetenzförderung im Kindergarten geplant ist (vgl. Endnote 9).

Literatur

ARBEITSSTAB FORUM BILDUNG in der Geschäftsstelle der Bund-Länder-Kommission für Bildungsplanung und Forschungsförderung (Hrsg.) (2001): Empfehlungen des Forums Bildung. – Bonn.
BAUMERT u.a. 2001 = BAUMERT, J./KLIEME, E./NEUBRAND, M./PRENZEL, M./SCHIEFELE, U./SCHNEIDER, W./STANAT, P./ TILLMANN, K.-J./WEIß, M. (Hrsg.) (2001): PISA 2000. Basiskompetenzen von Schülerinnen und Schülern im internationalen Vergleich. – Opladen.
BAYERISCHES STAATSMINISTERIUM FÜR ARBEIT UND SOZIALORDNUNG/STAATSINSTITUT FÜR FRÜHPÄDAGOGIK (2003): Der Bayerische Bildungs- und Erziehungsplan für Kinder in Tageseinrichtungen bis zum Einschulung. Entwurf für die Erprobung. – Weinheim.
BLK 1997 = BUND-LÄNDER-KOMMISSION FÜR BILDUNGSPLANUNG (1997): Gutachten zur Vorbereitung des Programms „Steigerung der Effizienz des mathematisch-naturwissenschaftlichen Unterrichts". – Bonn.
BOCK-FAMULLA, K. (2002): Die wichtigsten Ergebnisse der Untersuchung „Volkswirtschaftlicher Ertrag von Kindertagesstätten". Gutachten im Auftrag der Max-Traeger-Stiftung der Gewerkschaft Erziehung und Wissenschaft (GEW). – Universität Bielefeld, Fakultät für Pädagogik, AG 6: Berufsbildung & Bildungsplanung.
BREMISCHE EVANGELISCHE KIRCHE, LANDESVERBAND EVANGELISCHER TAGESEINRICHTUNGEN FÜR KINDER (Hrsg.) (1999): Qualität für Kinder – Zwischen Markt und Menschlichkeit: Analysen – Bedingungen – Konzepte. – Seelze-Velber.

BRYANT, D. (2000): Validating North Carolina's 5-star child care licensing system. – University of North Carolina at Chapel Hill, Frank Porter Graham Child Development Center. (http://www.fpg.unc.edu/publications/fpggeneral/starbrochure.pdf)
BUNDESMINISTERIUM FÜR FAMILIE, SENIOREN, FRAUEN UND JUGEND (2002): Pressemitteilung 04.07.2002. Bundesministerin Bergmann: Kindertageseinrichtungen brauchen ein Bildungskonzept.
CALDWELL, B./BRADLEY, R. (1984): Home Observation for the Measurement of the Environment. – Little Rock, AR.
DEPARTMENT FOR EDUCATION AND SKILLS (2002): Investors in Children. Consultation Paper. 14.03.2002. – London.
ECCE-STUDY GROUP 1999 = EUROPEAN CHILD CARE AND EDUCATION STUDY GROUP (1999): School-age Assessment of Child Development: Long-term impact of Pre-school Experiences on School Success, and Family-School Relationships. Report submitted to European Union DG XII: Science, Research and Development. RTD Action: Targeted Socio-Economic Research. (http://improvingser.sti.jrc.it/default/show.gx?Object.object_id=TSER----0000000000000635&_app.page=show-TSR.html)
EINSIEDLER, W. (2001): Grundlegende Bildung. In: EINSIEDLER, W./GÖTZ, M./HACKER, H./KAHLERT, J./KECK, R. W./SANDFUCHS, U. (Hrsg.) (2001): Handbuch Grundschulpädagogik und Grundschuldidaktik. – Bad Heilbrunn/Obb., S. 184-194.
FAUST-SIEHL, G. (2001): Konzept und Qualität im Kindergarten. In: FAUST-SIEHL, G./SPECK-HAMDAN, A. (Hrsg.) (2001): Schulanfang ohne Umwege. Mehr Flexibilität im Bildungswesen. – Frankfurt am Main, S. 53-79.
FRIED u.a. 1992 = FRIED, L./ROßBACH, H. G./TIETZE, W./WOLF, B. (1992): Elementarbereich. In: INGENKAMP, K./JÄGER, R. S./PETILLON, H./WOLF, B. (Hrsg.) (1992): Empirische Pädagogik 1970-1990. Eine Bestandsaufnahme der Forschung in der Bundesrepublik Deutschland. – Bd. I – Weinheim, S. 197-263.
FTHENAKIS, W. E. (2000a): Kommentar: Die (gekonnte) Inszenierung einer Abrechnung – zum Beitrag von Jürgen Zimmer. In: FTHENAKIS, W. E./TEXTOR, M. R. (Hrsg.) (2000): Pädagogische Ansätze im Kindergarten. – Weinheim, S. 115-131.
FTHENAKIS, W. E. (2000b): Konzeptuelle Neubestimmung von Bildungsqualität in Tageseinrichtungen für Kinder mit Blick auf den Übergang in die Grundschule – ein neuer Modellversuch im Staatsinstitut für Frühpädagogik. In: Bildung, Erziehung, Betreuung von Kindern in Bayern. IFP-Infodienst für Erzieherinnen, Kinderpflegerinnen und Sozialpädagogen, 5. Jg., H. 1, S. 16-19.
FTHENAKIS, W. E. (2002): Der bayerische Bildungs- und Erziehungsplan für Kinder unter sechs Jahren: Zielsetzungen – Implikationen – Konsequenzen. Vortrag gehalten auf der Fachtagung 30 Jahre Frühpädagogik in Bayern, 08./09.10.2002.
FTHENAKIS u.a. 2002 = FTHENAKIS, W. E./GISBERT, K./WUSTMANN, C./NIESEL, R./MINSEL, B./OBERHUEMER, P. (2002): Erziehungs- und Bildungsqualität in Kindertageseinrichtungen: Ergebnisse eines Bundesprojekts. Vortrag gehalten auf der Fachtagung 30 Jahre Frühpädagogik in Bayern, 08./09.10. 2002.
FTHENAKIS, W. E./TEXTOR, M. R. (Hrsg.) (1998): Qualität von Kinderbetreuung. Konzepte, Forschungsergebnisse, internationaler Vergleich. – Weinheim.
GEW 2002 = GEWERKSCHAFT ERZIEHUNG UND WISSENSCHAFT, HAUPTVORSTAND (Hrsg.) (2002): Rahmenplan frühkindliche Bildung. Ein Diskussionsentwurf der GEW. Beschlossen vom GEW-Bundesfachgruppenausschuss „Sozialpädagogische Berufe" am 21. September 2002.
HACKER, H. (2001): Die Anschlussfähigkeit von Kindergarten und Grundschule. In: FAUST-SIEHL, G./SPECK-HAMDAN, A. (Hrsg.) (2001): Schulanfang ohne Umwege. Mehr Flexibilität im Bildungswesen. – Frankfurt am Main, S. 80-94.
HAYES, C.D./PALMER, J.L./ZASLOW, M.L. (Hrsg.) (1990): Who cares for America's children? Child care policy for the 1990s. – Washington, D.C.
JUGENDMINISTERKONFERENZ (2002): Umlaufbeschluss vom 18.04.2002. Bildung fängt im frühen Kindesalter an.
JUGENDMINISTERKONFERENZ (2002): Beschluss der Jugendministerkonferenz vom 6./7.06.2002. Die PISA-Studie – eine Herausforderung für die Weiterentwicklung der Jugendhilfe.
KAMMERMEYER, G. (2000): Schulfähigkeit. Kriterien und diagnostische/prognostische Kompetenz von Lehrerinnen, Lehrern und Erzieherinnen. – Bad Heilbrunn/Obb.
KARMILOFF-SMITH, A. (1992): Beyond modularity: A developmental perspective on cognitive science. – Cambridge, MA.

KATZ, L. G. (1999): Another look at what young children should be learning. ERIC/EECE Publications – Digests. (http://ericeece.org/pubs/digests/1999/katzle99.pdf)
KATZ, L. G./CHARD, S. C. (2000): Der Projekt-Ansatz. In: FTHENAKIS, W. E./TEXTOR, M. R. (Hrsg.) (2000): Pädagogische Ansätze im Kindergarten. – Weinheim, S. 209-223.
KLUGE, J. (2002): Manifest zur Bildung. Kongress McKinsey bildet. 06.09.2002. – Berlin.
KOALITIONSVERTRAG vom 16.10.2002: Erneuerung – Gerechtigkeit – Nachhaltigkeit. (http://www.spd.de/servlet/PB/show/1023294/Koalitionsvertrag.pdf)
KRAPPMANN, L. (1995): Reicht der Situationsansatz? Nachträgliche und vorbereitende Gedanken zu Förderkonzepten im Elementarbereich. In: Neue Sammlung, 34. Jg., S. 109-124.
KÜSPERT, P./SCHNEIDER, W. (2001): Hören, lauschen, lernen – Sprachspiele für Kinder im Vorschulalter (3. Auflage). – Göttingen.
LANDTAG NORDRHEIN-WESTFALEN (2002): Antrag der Fraktion der FDP. Qualitätsoffensive Elementarpädagogik – Optimale Bedingungen für die Förderung unserer Kinder schaffen. 13. Wahlperiode. Drucksache 13/2293. – Düsseldorf.
LIEGLE, L. (2002): Der Bildungsauftrag des Kindergartens. Vortrag gehalten auf den 3. Marienfelder Gesprächen des DFG-Graduiertenkollegs „Jugendhilfe im Wandel", Bielefeld, 12.-14.07.2002
MÜLLER-KUCERA, K./BAUER, T. (2001): Volkswirtschaftlicher Nutzen von Kindertagesstätten. Edition Sozialpolitik, Nr. 5 (Hrsg. Sozialdepartement der Stadt Zürich). – Regensdorf.
NAUMANN, S. (1998): Was heißt hier schulfähig? Übergang in Schule und Hort. – Ravensburg.
PADBERG. F. (1992): Didaktik der Arithmetik. 2., vollst. überarb. und erw. Auflage. – Mannheim.
RIJT, B. A. M. VAN DE / LUIT, J. E. H. VAN (1998): Effectiveness of the additional early mathematics program for teaching children early mathematics. In: Instructional Science, Vol. 26, S. 337-358.
ROßBACH, H. G. (2003): Vorschulische Erziehung. In: Cortina, K.S./Baumert, J./Leschinsky, A./Mayer, K. U./Trommer, L. (Hrsg.) (2003): Das Bildungswesen in der Bundesrepublik Deutschland. Strukturen und Entwicklungen im Überblick. – Reinbek bei Hamburg, S. 252-284.
SCHÄFER, G. E. (1995): Bemerkungen zur Bildungstheorie des Situationsansatzes. In: Neue Sammlung, 34. Jg., S. 79-97.
SECADA, W. (1997): Instructional Environment Observation Scales. Unveröffent. Forschungsinstrument. – University of Wisconsin-Madison.
SPIEß, C. K./TIETZE, W. (2001): Gütesiegel als neues Instrument der Qualitätssicherung von Humandienstleistungen. Gründe, Anforderungen und Umsetzungsüberlegungen am Beispiel von Kindertageseinrichtungen. Deutsches Institut für Wirtschaftsforschung (DIW). Diskussionspapier Nr. 243. – Berlin.
TIETZE, W. (1999): Wie kann pädagogische Qualität in Kindertagesstätten gesichert und entwickelt werden. In: BREMISCHE EVANGELISCHE KIRCHE, LANDESVERBAND EVANGELISCHER TAGESEINRICHTUNGEN FÜR KINDER (Hrsg.) (1999): Qualität für Kinder – Zwischen Markt und Menschlichkeit: Analysen – Bedingungen – Konzepte. – Seelze-Velber, S. 153-167.
TIETZE, W./ROßBACH, H. G. (1997): Der Situationsansatz: Von der pädagogischen Kampagne zum überprüfbaren pädagogischen Konzept? In: LAEWEN, H.-J./NEUMANN, K./ZIMMER, J. (Hrsg.) (1997): Der Situationsansatz – Vergangenheit und Zukunft. Theoretische Grundlagen und praktische Relevanz. – Seelze-Velber, S. 199-207.
TIETZE u.a. 1998 = TIETZE, W. (Hrsg.)/MEISCHNER, T./GÄNSFUß, R./GRENNER, K./SCHUSTER, K.-M./VÖLKEL, P./ROßBACH, H. G. (1998): Wie gut sind unsere Kindergärten? Eine Untersuchung zur pädagogischen Qualität in deutschen Kindergärten. – Neuwied.
TIETZE u.a. 2001 = TIETZE, W./SCHUSTER, K.-M./GRENNER, K./ROßBACH, H. G. (2001): Kindergarten-Skala. Revidierte Fassung (KES-R). Deutsche Fassung der Early Childhood Environment Rating Scale Revised Edition von Thelma HARMS/Richard M. CLIFFORD/Debby CRYER. – Neuwied.
TIETZE u.a. 2002 = TIETZE, W./VIERNICKEL, S. (Hrsg.)/DITTRICH, I./GÖDERT, S./GRENNER, K./GROOT-WILKEN, B./SOMMERFELD, V. (2002): Pädagogische Qualität in Tageseinrichtungen für Kinder. Ein nationaler Kriterienkatalog. – Weinheim.
WEINERT, F. E./SCHNEIDER, W. (Hrsg.) (1999): Individual development from 3 to 12. Findings from the Munich Longitudinal Study. – Cambridge.
WILD , E. (2001a): Wider den „geteilten" Lerner. Einleitung in den Thementeil. In: Zeitschrift für Pädagogik , 47. Jg., S. 455-459.
WILD, E. (2001b): Familiale und schulische Bedingungen der Lernmotivation von Schülern. In: Zeitschrift für Pädagogik , 47. Jg., S. 481-499.

WILD, E./REMY, K. (2002): Affektive und motivationale Folgen der Lernhilfen und lernbezogenen Einstellungen von Eltern. In: Unterrichtswissenschaft, 30. Jg., S. 27-51.
WISSENSCHAFTLICHER BEIRAT FÜR FAMILIENFRAGEN am BUNDESMINISTERIUM FÜR FAMILIE, SENIOREN, FRAUEN UND JUGEND (2002): Die bildungspolitische Bedeutung der Familie – Folgerungen aus der PISA-Studie. (http://www.bmfsfj.de/Anlage22518/PISA_Studie.pdf)
WOLF, B./BECKER, P./CONRAD, S. (Hrsg.) (1999): Der Situationsansatz in der Evaluation. Ergebnisse der Externen Empirischen Evaluation des Modellvorhabens „Kindersituationen". – Landau.
ZIMMER, J. (Hrsg.) (1973): Curriculumentwicklung im Vorschulbereich. – Bd. 1 und 2 – München.
ZIMMER, J. (1985): Der Situationsansatz als Bezugsrahmen der Kindergartenreform. In: ZIMMER, J. (Hrsg.) (1985): Enzyklopädie Erziehungswissenschaft. – Bd. 6. Erziehung in früher Kindheit – Stuttgart, S. 21-39.
ZIMMER, J. (1995): Vom Aufbruch und Abbruch. Über einige Desiderata der westdeutschen Kindergartenreform und des Situationsansatzes. In: Neue Sammlung, 34. Jg., S. 3-38.
ZIMMER, J. (2000): Der Situationsansatz in der Diskussion und Weiterentwicklung. In: FTHENAKIS, W. E./TEXTOR, M. R. (Hrsg.) (2000): Pädagogische Ansätze im Kindergarten. – Weinheim, S. 94-114.

Anschrift des Verfassers: Prof. Dr. Hans-Günther Roßbach, Universität Bamberg, Fakultät Pädagogik, Philosophie, Psychologie, Markusplatz 3, 96047 Bamberg, Email: hansguenther.rossbach@ppp.uni-bamberg.de

Elsbeth Stern, Kornelia Möller

Der Erwerb anschlussfähigen Wissens als Ziel des Grundschulunterrichtes

Zusammenfassung

In der entwicklungspsychologischen Forschung wurde die überragende Bedeutung des bereichsspezifischen Wissens für den geistigen Fortschritt im Kindesalter nachgewiesen. Auf der Grundlage dieser Ergebnisse plädieren wir dafür, dass in der Grundschule mathematisches und naturwissenschaftliches Wissen erworben wird, an das der Unterricht in der Sekundarstufe anknüpfen kann. In beiden Fächern müssen die Grundlagen für ein konzeptuelles Verständnis gelegt werden, das über Intuition und Alltagserfahrung hinaus geht. Nach einer kurzen Stellungnahme zu den Ergebnissen der IGLU-Studie diskutieren wir drei Schwerpunkte zukünftiger Forschung: 1) Wissensumstrukturierung als entscheidende Determinante des Kompetenzerwerbs; 2) Unterrichtsbezogene Forschung: Besonderheiten der Grundschule; 3) Der Einfluss der Schule auf die allgemeinen geistigen Kompetenzen: Was wird gelernt, aber nicht gelehrt?

Abstract

Research in developmental psychology has shown that domain-specific knowledge is pivotal for intellectual development in childhood. On the basis of these results, we argue that in elementary school, knowledge acquisition in mathematics and the sciences should be structured in view of providing teaching in secondary school with a basis to build on. In both subjects, elementary school teaching should lay the foundation for a conceptual understanding which goes beyond intuition and the experiences of everyday life. After a short comment on the results of the IGLU study, three main fields for future research are discussed: 1) The re-structuring of knowledge as a crucial determinant of competence acquisition; 2) Classroom-centred research: specific features of elementary school; 3) The impact of schooling on general intellectual competences: what is being learned, but not taught?

IGLU und IGLU-E – Entwarnung für die Grundschule?

Noch am selben Tag, als die für Deutschland so beschämenden Ergebnisse der PISA-Studie bekannt gegeben wurden, war eine wichtige Ursache für das schlechte Abschneiden der 15-Jährigen ausgemacht: die unzureichende Förderung der Kinder in der Grundschulzeit. Forderungen nach einer systematischen Vorschulbildung und einer anspruchsvolleren Gestaltung des Grundschulunterrichtes kamen auf. Mit der Veröffentlichung der IGLU-Studie etwa eineinhalb Jahre später wurde das Bild in der Öffentlichkeit etwas relativiert. Dass das Abschneiden der deutschen Grundschüler im internationalen Vergleich in der Presse überwiegend als Erfolg gewertet wurde, lässt sich allerdings wohl eher aus dem Bedürfnis heraus erklären, nach Monaten der exzessiven Schwarzmalerei der deutschen Zustände einen optimistischen Gegenpol zu schaffen. Der ersten Analyse der Grundschulstudie (BOS u.a. 2003a) werden in den nächsten Jahren weitere folgen; aber bereits die vorliegenden Ergebnisse zu den drei Leistungsbereichen Lesekompetenz, Mathematik und naturwissenschaftliches Verständnis weisen darauf hin, dass es auch beim deutschen Grundschulunterricht Optimierungsbedarf gibt.

Im Zentrum der IGLU-Studie stand die Lesekompetenz, die zeitgleich in anderen Ländern erhoben wurde. Die deutschen Grundschülerinnen und -schüler erreichten hier einen Rangplatz im oberen Leistungsdrittel (BOS u.a. 2003b, S. 101) und schnitten damit besser ab als in der PISA-Untersuchung. Allerdings ist ein Vergleich der Ergebnisse von IGLU und PISA schwierig, da unterschiedliche Tests eingesetzt wurden, in IGLU eine Klassenstufe, in PISA dagegen eine Altersstufe getestet wurde und zudem einige der leistungsstarken PISA-Länder in IGLU nicht vertreten waren. Es fehlten in der IGLU-Studie insbesondere einige der leistungsstarken ostasiatischen Länder, wie z.B. Japan[1]. Auch weisen einige der an der IGLU-Studie beteiligten Länder strukturelle sprachliche Unterschiede auf, die sich auf den Schriftspracherwerb auswirken und einen Leistungsvergleich erschweren. Je mehr Unregelmäßigkeiten es bei der Übertragung von Lauten auf Buchstaben gibt, um so länger dauert der Schriftspracherwerb. Da im Englischen die Graphem-Phonem-Korrespondenz weniger eindeutig ist als im Deutschen, stellt Lese-Rechtschreib-Schwäche traditionell in den anglo-amerikanischen Ländern ein größeres Problem dar als in vielen anderen Ländern. Vor diesem Hintergrund ist bemerkenswert, dass sowohl England als auch die USA bessere Ränge in der Leseleistung einnehmen als Deutschland. Offensichtlich werden gerade in diesen beiden Ländern Anstrengungen im Leseunterricht unternommen, an denen wir uns orientieren könnten (zur Graphem-Phonem-Konversion vgl. HARRIS/HATANO 1999).

Die im Zuge der IGLU-E-Studie in Deutschland gemessenen mathematischen Kompetenzen wurden mit den Ländern verglichen, die 1995 an der TIMS-Grundschulstudie teilgenommen hatten; die IGLU-Aufgaben stammten vorwiegend aus dem Itempool der TIMS-Grundschulstudie. Ein Vergleich mit den an der TIMS-Studie beteiligten Ländern – darunter auch den leistungsstarken ostasiatischen Ländern – brachte Deutschland einen mit der PISA-Studie vergleichbaren Platz im Durchschnittsbereich ein. Die aus TIMSS und PISA vertrauten Schwächen zeigen sich bereits in der Grundschule: Sobald die mathematischen Begriffe und Strategien auf neue, unvertraute Aufgaben anzuwenden sind, bleiben die Leistungen deutscher Schüler hinter denen anderer Länder zurück. Insgesamt konstatiert der IGLU-E- Bericht von WALTHER u.a. (2003), dass bei ca. 60% der Grundschulkinder im Hinblick auf die erreichten Bildungsergebnisse der Grundschule und im Hinblick auf den Anspruch der weiterführenden Schulen Nachholbedarf im Erwerb der mathematischen Fähigkeiten besteht (S. 217f.). Auch zwei Vergleiche mit den Mathematikleistungen der SCHOLASTIK-Stichprobe sprechen für Optimierungsbedarf bei der Grundschulmathematik: Schüler aus Vietnam (HELMKE u.a. im Druck) und aus der Slowakei (STERN/SOKOLOVA/NICOLAUS in Vorbereitung) erbrachten bessere Leistung als vergleichbare Münchener Schüler.

Im Test zum naturwissenschaftlichen Verständnis erlangte Deutschland bei IGLU-E im Vergleich zu den in der TIMS-Grundschulstudie 1995 getesteten Ländern immerhin den 6. Platz. Basis für den Ländervergleich war ein Pool von Items, der bereits in der TIMS-Grundschulstudie eingesetzt worden war. Der von PRENZEL u.a. (2003) gezogene Schluss, wonach Probleme im naturwissenschaftlichen Unterricht der Sekundarstufe nicht auf mangelnde Vorbereitung durch die Grundschule zurückzuführen seien, muss dennoch als übereilt betrachtet werden. Massive Schwächen deutscher Schüler in der Sekundarstufe und im voruniversitären Bereich zeigten sich vor allen Dingen in Physik und Chemie, während der überwiegende Teil der für das internationale Ranking herangezogenen TIMSS-Aufgaben Wissen aus der Biologie abfragte. Biologie ist allerdings im Sachunterricht in Deutschland das Fachgebiet mit der größten Verbreitung, so dass die guten Ergebnisse deutscher Grundschulkinder nicht überraschen können (EINSIEDLER 2002). Zudem wurde in den Aufgaben zum naturwissenschaftlichen Verständnis überwiegend Faktenwissen bzw. die Anwendung von Faktenwissen abgefragt, z.B. welches Material von Magneten angezogen wird oder Strom leitet (vgl. PRENZEL u.a. 2003, S. 154). Derartiges Wissen kann zwar mit konzeptuellem Verständnis einhergehen, setzt dieses aber nicht notwendigerweise voraus. Es kann auch als isoliertes Faktenwissen abgerufen werden. In einem stärker konzeptuell ausgerichteten Test hätte sich möglicherweise ein anderes Bild ergeben. Außerdem war ein großer Teil der erhobenen Items nicht lehrplanvalide (vgl. Prenzel u.a. 2003, S. 161); das erhobene naturwissenschaftliche Verständnis muss also zu einem beträchtlichen Teil außerhalb der Grundschule erworben worden sein. Auch die ausgeprägten Zusammenhänge zwischen dem Leistungsstand und der sozialen Schicht sowie dem Geschlecht machen deutlich, dass die Grundschule ihrer Bildungsaufgabe, naturwissenschaftliches Verständnis bei allen Kindern zu entwickeln, nur bedingt nachkommt.

Im Übrigen gilt es natürlich bei den Leistungsvergleichen für mathematische Kompetenzen und naturwissenschaftliches Verständnis zu bedenken, dass die Ergebnisse der anderen Länder sieben Jahre früher erhoben wurden und dass viele Länder in der Zwischenzeit im Gegensatz zu Deutschland effiziente Anstrengungen zur Verbesserung des Schulsystems unternommen haben. Dass Deutschland bei einer zeitgleichen Durchführung der TIMSS-Grundschultests zum naturwissenschaftlichen Verständnis einen mittleren und in Mathematik einen hinteren Rangplatz eingenommen hätte, ist nicht unwahrscheinlich. Zudem waren an der IGLU-E-Studie nicht alle Bundesländer beteiligt, so dass nur bedingt von einem nationalen Kennwert gesprochen werden kann.

Bei genauerem Hinsehen kann also nach Bekanntwerden der Ergebnisse der IGLU-Studie keine Entwarnung für die Grundschule gegeben werden. Deutschland muss die Lehrpläne, den Unterricht und die organisatorischen Randbedingungen in dieser Schulstufe genauso kritisch überdenken und reformieren wie in den höheren Schulstufen. Damit derartige Anstrengungen erfolgreich sind, sollten sich auf breiter Ebene die Vorstellungen von der geistigen Entwicklung im Kindesalter an den neueren wissenschaftlichen Erkenntnissen orientieren.

Konkretes Denken im Grundschulalter – eine überholte Vorstellung

Didaktiker des Mathematik- und des Sachunterrichtes sowie Entwicklungspsychologen waren sich seit Jahren darüber einig, dass das Lernpotential der Grundschulkinder in Deutschland nicht annähernd genutzt wird. Im Mathematikunterricht werden vorwiegend Rechenoperationen eingeübt, während für eine Erweiterung des mathematischen Verständnisses wenig getan wird. Dass man mit Hilfe von Zahlen und anderen mathematischen Symbolen komplexe Ereignisse modellieren und so zu neuen Erkenntnissen kommen kann, ist in den Grundschullehrplänen und im Bewusstsein der Grundschullehrkräfte kaum verankert. Anspruchsvolle Textaufgaben kommen in westdeutschen Mathematikbüchern so gut wie nie vor (STERN/STAUB 2000), und auch die numerischen Aufgaben tragen wenig zu einem tieferen mathematischen Verständnis bei (WITTMANN/MÜLLER 1993). Im Sachunterricht richtet man sich bei der Auswahl der Themen gern nach der Lebensumwelt und den Interessen der Kinder und behandelt deshalb bevorzugt Themen aus Geographie und Biologie (EINSIEDLER 2002). Dass der Schule von Anfang an auch die Aufgabe zukommt, an Themen und Fragen heranzuführen, die nicht spontan die Aufmerksamkeit der Kinder auf sich ziehen, blieb lange Zeit unbeachtet (MÖLLER 2002).

Weit verbreitet sind immer noch die längst überholten Annahmen aus PIAGETs Theorie, denen zufolge das Denken von Grundschulkindern auf das sog. „Konkrete" beschränkt ist. Unter der inadäquaten Annahme, dass es Grundschulkindern noch an allgemeinen, d.h. inhalts- und bereichsübergreifenden kognitiven Voraussetzungen fehle, werden ihnen anspruchsvollere Lerngelegenheiten im Mathematik- und Sachunterricht vorenthalten. Zentrale Aspekte der Entwicklungstheorie PIAGETs – insbesondere die Vorstellung von einer sich in Stufen vollziehenden Entwicklung vom Konkreten zum Abstrakten – gelten allerdings seit über 30 Jahren als überholt. Vom Säuglingsalter bis zur Pubertät lässt sich für die von PIAGET entwickelten Aufgaben zeigen, dass sich bei Umformulierungen oder Einbettungen in andere Kontexte die Lösungsraten dramatisch erhöhen. Ob Aufgaben eines bestimmten Abstraktions- und Komplexitätsgrades gelöst werden können oder nicht, hängt entscheidend vom Vorwissen ab. Allgemeine Konstrukte zur Beschreibung der geistigen Leistungsfähigkeit, wie z.B. Abstraktionsfähigkeit, haben sich nicht bewährt. Das einzige kognitionspsychologische inhaltsübergreifende Konstrukt, das zur Erklärung von alterbedingten Defiziten herangezogen werden kann, ist die Arbeitsspeicherkapazität. Es gibt gute Gründe für die Annahme, dass sich im Laufe der Kindheit bestimmte Funktionen im Frontalhirn herausbilden, welche die Kapazität der aufzunehmenden Information beeinflussen. Eine geringere Arbeitsspeicherkapazität schränkt jedoch nicht zwangsläufig die Lernfähigkeit in bestimmten Inhaltsgebieten ein. Vielmehr zeigen Ergebnisse der Säuglingsforschung, dass Kinder beim Erwerb von Wissen in Inhaltsbereichen wie Mathematik, Physik und Biologie auf universelle Grundlagen zurückgreifen können (STEIN/BAUER/RABINOWITCH 2001). Die Orientierung in der physikalischen Umwelt, das Zählen von Objekten und Ereignissen sowie die Klassifikation von Lebewesen unserer Umgebung wird durch genetisch verankerte Programme gesteuert. Das im kulturellen Kontext entstandene mathematische, physikalische und biologische Wissen erfordert eine Erweiterung oder auch Umstrukturierung dieses angeborenen Wissens in professionellen, institutionalisierten Lerngelegenheiten (SODIAN 1995; STERN 2002; 2003b; 2003c).

Die Bedeutung des domänenspezifischen Wissens als zentrale Komponente der geistigen Veränderung zeigte sich auch in Längsschnittstudien wie LOGIK und SCHOLASTIK (WEINERT/HELMKE 1997; WEINERT 1998; WEINERT/SCHNEIDER 1999). Leistungsunterschiede in unterschiedlichen schulischen Kompetenzbereichen wie Mathematik und Schriftspracherwerb lassen sich besser durch bereichsspezifisches Wissen als durch allgemeine Intelligenz erklären. Für Mathematik zeigten sich erstaunlich langfristige Effekte: Die Mathematikleistung in der 2. Klasse klärt einen deutlich höheren Anteil der Leistungsunterschiede in der 11. Klasse auf als der in der 11. Klasse erfasste IQ (STERN

2003a). Die Ergebnisse von LOGIK und SCHOLASTIK bestätigen, was in der Expertiseforschung bereits seit längerer Zeit bekannt ist: Defizite bei der Intelligenz lassen sich durch Übung und den Erwerb bereichsspezifischen Wissens kompensieren.

Eine Beschränkung der Lernumgebung auf die konkrete Anschauung handlungsnaher Erfahrungen lässt sich auf Grund der Bedeutung des domänenspezifischen Wissens nicht rechtfertigen. Es kann erwartet werden, dass Grundschulkinder zu anspruchsvollen Lernprozessen in der Lage sind, wenn schulische Interventionen Gelegenheit zum Erwerb des erforderlichen bereichsspezifischen Wissens geben.

Aufgaben der grundschulbezogenen Forschung

Vor dem Hintergrund der Bedeutung des bereichsspezifischen Wissens für die geistige Entwicklung im Kindesalter sollte sich die Grundschulforschung auf die Erforschung des Wissenserwerbs in den drei zentralen Leistungsbereichen Schriftspracherwerb, mathematische Kompetenzen und wissenschaftliches Denken konzentrieren. Im Folgenden werden drei sich ergänzende Forschungsrichtungen näher beschrieben.

1. Wissensumstrukturierung als entscheidende Determinante des Kompetenzerwerbs: Die Bedeutung von anschlussfähigem Wissen

Eine wichtige Aufgabe der Grundschulforschung ist die Erforschung der Umstrukturierung von Wissen mit dem Ziel, die Anschlussfähigkeit des erworbenen Wissens zu sichern. In Zusammenarbeit mit der Säuglings- und Kleinkindforschung sollte erarbeitet werden, wie die Wissensgrundlagen für die genannten Leistungsbereiche aussehen und wie sie in inoffiziellen und professionellen Lerngelegenheiten verändert werden. Unter Zuhilfenahme kognitionspsychologischer Klassifikationsmodelle sollten lern- und entwicklungsbedingte Veränderungen im Wissen beschrieben werden. Die Unterscheidung zwischen prozeduralem und deklarativem Wissen erlaubt es, hoch automatisiertes und deshalb schwer veränderbares Wissen abzugrenzen von Wissen, welches der verbalen Beschreibung zugänglich ist und bewusst umstrukturiert werden kann. Während die Kognitionswissenschaft schon seit längerer Zeit zufriedenstellende Modelle der Automatisierung entwickelt hat – man denke an das ACT* Modell von ANDERSON (1983), das erklärt, wie deklaratives in prozedurales Wissen umgewandelt werden kann – sind Modelle zur Entwicklung von konzeptuellem Wissen – also von Verstehen – noch immer eher vage. Die Explikationstheorie von KARMILOFF-SMITH (1992) sowie Theorien zum Conceptual Change (POSNER u.a. 1982; CAREY 1985) und zur Analogiebildung (GICK/HOLYOAK 1983; GENTNER 1989) ermöglichen es jedoch, den schwer fassbaren Vorgang des Verstehens besser in den Griff zu bekommen. Gemeinsam ist diesen Theorien, dass sie die Bedeutung der Vernetzung von unterschiedlichen Wissenselementen betonen. Wenn Wahrnehmungseindrücke einmal mit Sprache verbunden sind, können sie auf einer höheren Bewusstseinsebene auch mit anderen bereits verbal zugänglichen Wahrnehmungseindrücken verbunden werden (KARMILOFF-SMITH 1992). Conceptual Change bedeutet, dass mit einem bestimmten Begriff neue Eigenschaften und Merkmale verbunden werden und ein neues Gewicht bekommen. Bei wissenschaftlichen und analytischen Begriffen werden im Laufe der Zeit definitorische Merkmale immer wichtiger, während charakteristische Merkmale in den Hintergrund treten. Das Verstehen anspruchsvoller und hoch komplexer Inhaltsbereiche, wie z.B. Physik, erfordert eine derartige konzeptuelle Umstrukturierung. Das Bilden von Analogien ist nach HOLYOAK/THAGARD (1995) die Voraussetzung für mentale Sprünge. „Mental Leaps" ist der Titel ihres viel beachteten Buches.

Auch wenn die grob skizzierten Modelle noch recht vage sind, lässt sich in jedem Fall sagen, dass der Aufbau einer elaborierten Wissensbasis, welche die Grundlage für das Verstehen von Zusammenhängen bildet, ein aktiver, zeitaufwändiger Prozess ist. Konstruktivistische Theorien der menschlichen Kognition – wie z.B. die von PIAGET – tragen dieser Tatsache Rechnung. Lernumgebungen können Schüler anregen, ihr Vorwissen zu aktivieren und es eventuell zu modifizieren und zu erweitern. Selbst im günstigsten Falle nehmen Lernende aber nur einen Teil der von der Umgebung zur Verfügung gestellten Anregungen auf, und dies zudem nicht immer in dem von der Lehrkraft intendierten Sinne.

Welche Fragen stellen sich nun für die Grundschulforschung, wenn man davon ausgeht, dass der Kern geistiger Aktivitäten im Aufbau einer elaborierten Wissensbasis besteht und dass deren Erwerb ein aktiver und sehr zeitaufwändiger Vorgang ist? Auf allgemeiner Ebene lässt sich diese Frage recht einfach beantworten: Man muss sich zuerst einmal stärker als bisher Gedanken darüber machen, mit welchen Kompetenzen die Jugendlichen die Schule verlassen sollen. Im nächsten Schritt muss überlegt werden, wie das diesen Kompetenzen zu Grunde liegende Wissen langfristig aufgebaut werden kann. Aus der Forschung zur Lese-Rechtschreib-Schwäche wissen wir inzwischen, dass die Voraussetzung für einen unproblematischen Erwerb der Schriftsprache im ersten Grundschuljahr die phonologische Bewusstheit ist. Diese entsteht aus dem spielerischen Umgang mit Sprache in der Vorschulzeit, wenn dem Kind die Gelegenheit gegeben wurde, Reime zu bilden und zu erkennen sowie Silben zu klatschen. Solche Übungen sind Voraussetzungen für den Aufbau von konzeptuellem Wissen über sprachliche Segmente. Ohne ein derartiges Wissen gelingt es Kindern nur unzureichend, Sprache in Buchstabenkombinationen – also in geschriebenen Wörtern – abzubilden. Lernerfahrungen zum Aufbau der Sprache lassen sich nicht beliebig komprimieren. Wurde einem Kind in den Vorschuljahren keine Gelegenheit zu Silbenklatschen und zur Reimbildung gegeben, lassen sich diese Defizite nicht in wenigen Wochen nachholen, und die Schwierigkeiten beim Erwerb der Schriftsprache werden sich schnell aufaddieren. Wenn Lese-Rechtschreib-Forscher eine gezielte Vorschulerziehung fordern, dann verlangen sie nicht, dass bereits im Alter von 4 statt 6 Jahren mit dem Lesen und Schreiben begonnen wird, sondern dass in gezielten spielerischen Übungen die phonologische Bewusstheit verbessert wird, so dass die zwei Jahre später einsetzenden Lese- und Schreibübungen besser greifen können.

Paralleles gilt auch für den mathematischen und naturwissenschaftlichen Unterricht; allerdings muss man hier in längeren Zeiträumen denken. Wenn gefordert wird, bereits „harte" Wissenschaften wie die Physik in den Sachunterricht einzubringen, geht es nicht darum, den Lernstoff der 8. Klasse in die 4. Klasse vorzuverlegen, sondern dafür zu sorgen, dass die Kinder in der 8. Klasse besser als bisher auf den Unterricht vorbereitet sind. Dies kann geschehen, indem man bereits Grundschulkindern im Sachunterricht Gelegenheit gibt, Alternativen zu ihren intuitiven und oft nicht belastbaren physikalischen Erklärungen zu entdecken. So beobachten wir (MÖLLER u.a. 2002), dass Kinder das Schwimmen von Gegenständen im Wasser intuitiv damit erklären, dass „die Luft die Sachen nach oben zieht". Gegenstände sinken nach Meinung der Kinder hingegen, weil „das Wasser sie nach unten saugt". Diese Erklärungen werden durch Erklärungen abgelöst, die mit dem physikalischen Konzept des Auftriebes kompatibel sind, auch wenn diese Erklärungen noch weit von den formalisierten Gesetzen der Physik entfernt sind: „Das Wasser will auf seinen alten Platz zurück, und das Wasser drückt es (das Schiff) nach oben." - „Das Schiff drängt ja Wasser weg und dieses Wasser trägt das Schiff, ... wenn das Wasser weniger wiegt als das Schiff, dann würde das Schiff untergehen." Unsere Untersuchungen zeigen, dass Grundschulkinder in einem schülerorientierten, konzeptwechselfördernden Unterricht ein belastbares konzeptuelles Verständnis von „Dichte" und „Auftrieb" erwerben können (MÖLLER u.a. 2002; JONEN/HARDY/MÖLLER 2003). Es ist zu erwarten, dass Kinder, die bereits in der Grundschule ihre wenig tragfähigen intuitiven Erklärungen zu Gunsten adäquaterer Konzepte umstrukturiert haben, formalisierte Konzepte wie Dichte und Auftrieb später besser verstehen können. Ob dies tatsächlich der Fall ist, muss jedoch in Längsschnittstudien überprüft werden.

In einem ähnlichen Ansatz mit leicht modifizierten Schwerpunkten wird in der ENTERPRISE-Gruppe am Max-Planck-Institut für Bildungsforschung der Versuch unternommen, Kinder bereits in der 3. und 4. Klasse an proportionale Konzepte heranzuführen. Den Kindern werden externe Repräsentationshilfen wie Graphen einer linearen Funktion oder Balkenwaagen gegeben, die einerseits zeigen, dass zwei Dimensionen berücksichtigt werden müssen, also einer Zentrierung vorbeugen, und andererseits die korrekte multiplikative Integration der beiden Variablen verdeutlichen. Ohne eine derartige Repräsentationshilfe neigen die Kinder zu der fehlerhaften additiven Integration, d.h. sie gehen davon aus, dass sich 4 zu 6 wie 8 zu 10 verhält. Lernt man, die Größen auf einer Balkenwaage oder einem Graphen abzutragen, kann man am Gleichgewicht bzw. der Steigung erkennen, ob beide Verhältnisse gleich sind oder nicht (KOERBER 2000; STERN/HARDY/ KOERBER 2002). Längsschnittliche Untersuchungen zeigen, dass Kinder, die mit dem Graphen gelernt haben, Verhältnisse abzutragen, beim proportionalen Denken selbst nach zwei Jahren noch Vorteile gegenüber ihren nicht trainierten Mitschülern haben (KOERBER/HARDY/STERN unter Begutachtung). Es kann davon ausgegangen werden, dass Kinder, die bereits in der Grundschule gelernt haben, dass der Steigung des Graphen einer linearen Funktion eine besondere Bedeutung zukommt, bestimmte Fehlvorstellungen gar nicht erst entwickeln. Im Mathematikunterricht wird die Steigung des Graphen zur Zeit erst in der 8. Klasse thematisiert, wobei häufig Formeln im Mittelpunkt stehen. Nur wenigen Kindern gelingt jedoch nach diesem Unterricht auch eine sinnvolle Integration von Formeln, Situationen und graphischer Darstellung (MEVARECH/KRAMARSKY 1997). Wenn Kinder bereits in der Grundschule und ohne Formeln gelernt haben, dass die Steigung eines Graphen Konzepte wie Geschwindigkeit oder Dichte repräsentieren kann, sollte ihnen die später einsetzende Formalisierung leichter fallen, und die Ausweitung auf nicht-lineare Funktionen sowie auf die Infinitesimalrechnung sollte sich unproblematischer als bisher vollziehen.

Wie kann vor dem geschilderten Hintergrund der Beitrag der Wissenschaft zur Verbesserung des schulischen Lernens aussehen? Nachdem sich die für den schulischen Lernstoff verantwortlichen Stellen darauf geeinigt haben, mit welchen Kompetenzen – möglichst definiert in Aufgaben – Schülerinnen und Schüler die Schule verlassen sollten, analysieren Kognitionswissenschaftler und Fachdidaktiker, auf welcher Wissensgrundlage diese Kompetenzen erreicht werden können. Welche Merkmale des konzeptuellen Wissens müssen vorhanden sein und welche Handlungsroutinen müssen automatisiert werden, damit freie Arbeitsspeicherkapazität für ihre Adaptation an neue Anforderungen verfügbar ist? Auf der Grundlage derartiger Überlegungen stellt sich die Frage, wie man den Erwerb dieses Wissens langfristig plant. In welchem Alter bestehen bereits Misskonzepte, denen Alternativen gegenüber gestellt werden sollten? Sollte man bereits Prozeduren einüben, bevor ein bestimmtes Konzeptverständnis erworben wurde? Ist das Beherrschen bestimmter Prozeduren vielleicht sogar Voraussetzung für konzeptuelles Verstehen? Solche Fragen lassen sich nicht prinzipiell klären, sondern hängen vom jeweiligen Inhaltsgebiet ab. Die Grundschulforschung sollte sich in den kommenden Jahren auf die Initiierung schulnaher Längsschnittstudien konzentrieren, in denen Psychologen, Grundschulpädagogen und Fachdidaktiker zusammen arbeiten. Im Mittelpunkt sollten dabei kurz-, mittel- und langfristige Auswirkungen von schulischen Interventionen stehen. Wir wissen noch immer sehr wenig darüber, *wie* eine elaborierte Wissensbasis entsteht. Robert SIEGLER (1996) und Annette KARMILOFF-SMITH (1992) haben bisher die konkretesten Vorstellungen entwickelt. Es zeigte sich in unterschiedlichen Inhaltsbereichen, dass konzeptuelles Wissen die Verfügbarkeit guter Handlungsroutinen voraussetzt. So entdeckten Kinder erst nach vielen Übungsdurchgängen, dass man bei Rechenaufgaben wie a + b – b = nicht rechnen muss (SIEGLER/STERN 1998). Stärker noch als in der Sekundarstufe müssen in der Grundschulzeit Routinen eingeübt werden. Dies ist meist auch ohne größere Probleme möglich, da Grundschulkinder den Zweck bestimmter Übungen noch nicht kritisch hinterfragen. Sie schreiben zeilenweise Buchstaben, Wörter und Sätze und rechnen Blöcke von Aufgaben aus. Die berechtigte Forderung nach anspruchsvollem, verständnisorientiertem Mathematik- und Sachunterricht darf nicht zu Lasten der Übung gehen. Anderseits können stupide Übungen demotivieren und damit kontraproduktiv sein. Es werden dringend Studien benötigt, mit deren Hilfe man der Frage näher kommt, unter welchen Bedingungen eine vorgeschaltete Übungsphase ein späteres konzeptuelles Verständnis erleichtert. Sinnvoll wären in diesem Zusammenhang mikrogenetische Studien, d.h. Messungen in kürzeren Abständen, um den Prozess der Veränderung näher zu verfolgen.

2. Unterrichtsbezogene Forschung: Besonderheiten der Grundschule

In vielen anderen Ländern haben Schulen und Lehrkräfte mehr Freiräume bei der Entwicklung von Curricula und Unterrichtskonzepten, müssen sich aber im Gegenzug dafür Leistungsvergleichen stellen. In Deutschland war es bisher umgekehrt: Einerseits lassen detaillierte Vorschriften und Lehrpläne den Lehrpersonen vergleichsweise wenig Spielraum für die Umsetzung eigener Ideen, aber andererseits gibt es keine Tradition allgemein verbindlicher Erfolgskontrollen. Nach PISA herrscht Einigkeit darüber, dass beides in Deutschland nachgeholt werden muss. Für die Grundschulforschung ergeben sich hinsichtlich beider Aspekte besondere Anforderungen und Chancen. Erfolgskontrollen erfordern den Einsatz von Leistungstests. Zunehmend wird erkannt, dass sich ein erfolgreicher, das konzeptuelle Verständnis fördernder Unterricht an der Fähigkeit messen lässt, Aufgaben zu lösen, die *nicht* im Unterricht geübt wurden. Neue Aufgabenformate stellen eine besondere Herausforderung für Grundschulkinder dar. Die Kinder haben häufig erst mühsam gelernt, sich an bestimmte Abläufe zu gewöhnen. Deshalb bedarf es besonderer Phantasie bei der Testkonstruktion, um die Schüler nicht von vornherein abzuschrecken. Die Optimierung von Gruppentests zum mathematischen und naturwissenschaftlichen Verständnis bereits in der Grundschulzeit wird eine besondere Herausforderung darstellen (MÖLLER u.a. 2002).

Die inzwischen erwünschte größere Eigenständigkeit der Lehrpersonen bei der Planung und Durchführung von Unterrichtseinheiten stellt auch neue Anforderungen an die Lehreraus- und -fortbildung, die ihrerseits zum Forschungsgegenstand werden sollte. Dabei gilt es, Besonderheiten der Grundschule zu nutzen. In der Sekundarstufe, ganz besonders im Gymnasium, treten Kommunikationsstörungen zwischen Lehrkräften und Schülern auf, weil die Fachlehrkräfte den Schülern an Wissen so weit voraus sind, dass sie deren Alltagsvorstellungen und Wissensdefizite nicht mehr nachvollziehen können. In der Grundschule dagegen ergeben sich im mathematischen und naturwissenschaftlichen Unterricht nicht selten ganz andere Probleme: GrundschullehrerInnen haben oft keine guten Erinnerungen an ihren eigenen mathematischen und naturwissenschaftlichen Schulunterricht, und auch die Universitätsausbildung war nicht dazu angetan, Interesse und profundes Fachwissen aufzubauen. Deshalb muss Lehreraus- und -fortbildung im mathematischen und naturwissenschaftlichen Bereich sehr häufig auch die Vermittlung von Fachwissen umfassen. Darin liegt die Besonderheit, aber auch die Chance für die Lehrerbildung im Grundschulbereich. Da die Lehrkräfte ihr Fachwissen noch selbst ausbauen müssen, können sie sich möglicherweise besser in die inhaltlichen Lernschwierigkeiten ihrer Schüler hineinversetzen. In dem in der Arbeitsgruppe von Kornelia MÖLLER erarbeiteten Training wird das Vorwissen der Lehrkräfte gezielt beim Aufbau von fachspezifisch-pädagogischem Inhaltswissen berücksichtigt (vgl. MÖLLER in Vorb.; STAUB/STERN 2002).

3. Der Einfluss der Schule auf die allgemeinen geistigen Kompetenzen: Was wird gelernt, aber nicht gelehrt?

Dass der Schule neben der Vermittlung von Fachwissen auch die Aufgabe zur Vermittlung fächerübergreifender Kompetenzen und sogenannter Schlüsselqualifikationen zukommt, wird in letzter Zeit wieder vermehrt diskutiert. Nicht selten gehen die Forderungen – und auch die Umsetzungen im Schulunterricht – an den wissenschaftlichen Erkenntnissen vorbei. In der Lehr-Lern-Forschung hat sich in den letzten Jahren die Vorstellung der situierten Kognition durchgesetzt. Danach sind die Chancen für die Reaktivierung von einmal erworbenem Wissen umso größer, je ähnlicher die Lern- und die Transfersituation sind. Die weit verbreitete Annahme, in der Schule gehe es nur darum, das Lernen zu lernen, während die Inhalte gänzlich unwichtig seien, lässt sich aus wissenschaftlicher Sicht nicht halten. Auch bei intelligenten Menschen kann man zunächst nicht davon ausgehen, dass sie einmal erworbene Denk- und Lernstrategien spontan in neuen Situationen anwenden.

Natürlich spielen inhaltsübergreifende, allgemeine geistige Kompetenzen beim Zustandekommen anspruchsvoller geistiger Leistungen eine entscheidende Rolle. Metakognition gilt zu Recht als eine zentrale Komponente der Intelligenz. Allerdings wurde für metakognitive Kompetenzen hinreichend häufig gezeigt, dass sie nicht direkt trainiert werden können: Sie sind zwar lernbar, aber nicht lehrbar. Ein von Inhalten unabhängiges Training in Arbeitstechniken ist nicht effizient. Vielmehr sind metakognitive Kompetenzen ein Destillat aus Lernerfahrungen mit Inhalten. Über die Auswahl von Inhalten – z.B. im Mathematikunterricht – können übergreifende Kompetenzen aber durchaus gesteuert werden, wie z.B. die Arbeiten von SCHOENFELD (1992) zeigen. Auch andere sogenannte Schlüsselqualifikationen, wie z.B. Sozialkompetenz und die Fähigkeit zur Teamarbeit, sind nur in Verbindung mit dem Erwerb anspruchsvoller Lerninhalte zu erreichen. Gedächtnisstrategien werden nicht explizit gelehrt, aber sie entwickeln sich in den ersten Jahren der Grundschulzeit (SCHNEIDER/HASSELHORN 2002). Mit der Einschulung werden die Grundlagen für die Entwicklung zahlreicher allgemeiner geistiger Kompetenzen gelegt. Welche schulischen Lernbedingungen in welcher Weise beteiligt sind und eine mehr oder weniger günstige Entwicklung steuern, sollte in den nächsten Jahren Gegenstand der Grundschulforschung sein.

Fazit: Den Erwerb anschlussfähigen Wissens erforschen

Entwicklungspsychologische Studien belegen, dass die kognitiven Fähigkeiten von Grundschulkindern in Deutschland häufig unterschätzt werden. Auf der Basis bereichsspezifischen Wissens sind anspruchsvolle Denkprozesse auch bereits im Grundschulalter möglich. Welche Inhalte in welcher Aufeinanderfolge in den verschiedenen Leistungsbereichen der Grundschule erworben werden sollten, muss verstärkt Gegenstand grundschulbezogener Forschung werden. Dabei ist darauf zu achten, dass das erworbene Wissen anschlussfähig ist für weiterführendes Lernen. Die hierfür erforderliche, curriculare Abstimmung zwischen der Grundschule und den weiterführenden Schulen muss forschungsbasiert erfolgen, wobei Kognitionswissenschaftler, Fachdidaktiker und Grundschulpädagogen wie auch -didaktiker zusammen arbeiten sollten.

Anmerkung

1 Tatsächlich wäre ein Vergleich der Leseleistung zwischen ostasiatischen Grundschülern, die die Symbolschrift lernen müssen, und Schülern, die in der auch in unseren Breitengraden üblichen Lautschrift lesen lernen, nicht sinnvoll. Der Nachteil einer Symbolschrift ist, dass ihr Erwerb langwierig und mühsam ist, ihr Vorteil besteht darin, dass sie – einmal perfektioniert – sehr schnelles Lesen erlaubt. In der vierten Klasse kommt dieser Vorteil noch nicht zum Tragen.

Literatur

ANDERSON, J. R. (1983): The architecture of cognition. – Cambridge, MA.
BOS u.a. 2003a = BOS, W./LANKES, E.-M./PRENZEL, M./SCHWIPPERT, K./WALTHER, G./VALTIN, R. (Hrsg.) (2003): Erste Ergebnisse aus IGLU. Schülerleistungen am Ende der vierten Jahrgangsstufe im internationalen Vergleich. – Münster.
BOS, W. u.a. 2003b = BOS, W./LANKES, E.-M./SCHWIPPERT, K./VALTIN, R./VOSS, A./BADEL, I./PLAß-MEIER, N. (2003): Lesekompetenzen deutscher Grundschülerinnen und Grundschüler am Ende der vierten Jahrgangsstufe im internationalen Vergleich. In: BOS, W./LANKES, E.-M./PRENZEL, M./SCHWIPPERT, K./WALTHER, G./VALTIN, R. (Hrsg.) (2003): Erste Ergebnisse aus IGLU. Schülerleistungen am Ende der vierten Jahrgangsstufe im internationalen Vergleich. – Münster, S. 69-142.
CAREY, S. (1985): Conceptual change in childhood. – Cambridge, MA.
EINSIEDLER, W. (2002): Empirische Forschung im Sachunterricht – ein Überblick. In: SPRECKELSEN, K./MÖLLER, K./HARTINGER, A. (Hrsg.) (2002): Ansätze und Methoden empirischer Forschung zum Sachunterricht. – Forschungen zur Didaktik des Sachunterrichts, Bd. 5 – Bad Heilbrunn, S. 17-40.
GENTNER, D. (1989): The mechanisms of analogical learning. In: VOSNIADOU, S./ORTONY, A. (Hrsg.) (1989): Similarity and analogical reasoning. – Cambridge, UK, S. 199-241.
GICK, M. L./HOLYOAK, K. J. (1983): Schema induction and analogical transfer. In: Cognitive Psychology, H. 15, S. 1-38.

HARRIS, M./HATANO, G. (Hrsg.) (1999): Learning to read and write. A cross-linguistic perspective. – Cambridge, UK.
HELMKE u.a. in Druck = HELMKE, A./SCHRADER, F.-W./VO, T./LE, P./TRAN, T. (in Druck): Selbstkonzept und schulische Leistungen im Kulturvergleich: Ergebnisse der Grundschulstudie SCHOLASTIK in München und Hanoi. In: KNOPF, M./SCHNEIDER, W. (Hrsg.) (in Druck): Entwicklung, Lehren, Lernen. Zum Gedenken an Franz E. Weinert. – Göttingen.
HOLYOAK, K. J./THAGARD, P. (1995): Mental leaps: Analogy in creative thought. – Cambridge, MA.
JONEN, A./HARDY, I./MÖLLER, K. (2003): Schwimmt ein Holzbrett mit Löchern? – Erklärungen von Kindern zum Schwimmen und Sinken verschiedener Gegenstände vor und nach dem Unterricht. In: SPECK-HAMDAN, A./BRÜGELMANN, H./FÖLLING-ALBERS, M./RICHTER, S. (Hrsg.) (2003): Kulturelle Vielfalt. Religiöses Lernen. Jahrbuch Grundschule IV: Fragen der Praxis – Befunde der Forschung. – Seelze, S. 159-164.
KARMILOFF-SMITH, A. (1992): Beyond modularity. A developmental perspective on cognitive science. – Cambridge, MA.
KOERBER, S. (2000): Der Einfluss externer Repräsentationsformen auf proportionales Denken im Grundschulalter. Unveröffentlichte Dissertation. – Berlin: Technische Universität (FB 11).
KOERBER, S./HARDY, I./STERN, E. (unter Begutachtung): The early tool user picks the concept: Proportional reasoning with the help of Cartesian graphs.
MEVARECH, Z./KRAMARSKY, B. (1997): From verbal description to graphic representations: Stability and change in students' alternative conceptions. In: Educational Studies in Mathematics, H. 32, S. 229-263.
MÖLLER, K. (2002): Anspruchsvolles Lernen in der Grundschule – am Beispiel naturwissenschaftlich-technischer Inhalte. In: Pädagogische Rundschau, 56. Jg., H. 4, S. 411-435.
MÖLLER, K. (in Vorb.): Naturwissenschafts- und technikbezogenes Lernen im Sachunterricht – Konzepte zur Implementierung über Lehrerfortbildungen. In: HARTINGER, A./FÖLLING-ALBERS, M. (Hrsg.) (in Vorb.): Lehrerkompetenzen für den Sachunterricht. – Probleme und Perspektiven des Sachunterrichts, Bd. 14.
MÖLLER, K. u.a. 2002 = MÖLLER, K./JONEN, A./HARDY, I./STERN, E. (2002): Die Förderung von naturwissenschaftlichem Verständnis bei Grundschulkindern durch Strukturierung der Lernumgebung. In: PRENZEL, M./DOLL, J. (Hrsg.) (2002): Bildungsqualität von Schule: Schulische und außerschulische Bedingungen mathematischer, naturwissenschaftlicher und überfachlicher Kompetenzen. – Zeitschrift für Pädagogik, 45. Beiheft – Weinheim, S. 176-191.
POSNER, G. J. u.a. 1982 = POSNER, G. J./STRIKE, K. A./HEWSON, P. E./GERTZOG, W. A. (Hrsg.) (1982): Accomodation of a scientific conception: Toward a theory of conceptual change. In: Science Education, 66. Jg., H. 29, S. 211-227.
PRENZEL, M. u. a. 2003 = PRENZEL, M./GEISER, H./LANGEHEINE, R./LOBEMEIER, K. (2003): Das naturwissenschaftliche Verständnis am Ende der Grundschule. In: BOS, W. u.a. (Hrsg.) (2003): Erste Ergebnisse aus IGLU. Schülerleistungen am Ende der vierten Jahrgangsstufe im internationalen Vergleich. – Münster, S. 143-187.
SCHNEIDER, W./HASSELHORN, M. (2002): Zwischenbericht zum DFG-Projekt „Bedingungen und intraindividuelle Entwicklungsverläufe strategischer Gedächtnisprozesse zwischen 5 und 12 Jahren". Unveröffentlichtes Manuskript. – Würzburg/Göttingen.
SCHOENFELD, A. (1992): Learning to think mathematically: Problem solving, metacognition, and sense making in mathematics. In: GROUWS, D. (Hrsg.) (1992): Handbook for Research on Mathematics Teaching and Learning. – New York, S. 334-370.
SIEGLER, R. S. (1996): Emerging minds: The process of change in children's thinking. – New York.
SIEGLER, R. S./STERN, E. (1998): Conscious and unconscious strategy discoveries: A microgenetic analysis. In: Journal of Experimental Psychology: General, H. 127, S. 377-397.
SODIAN, B. (1995): Entwicklung bereichsspezifischen Wissens. In: OERTER, R./MONTADA, L. (Hrsg.) (1995): Entwicklungspsychologie. – Weinheim, S. 622-653.
STAUB, F./STERN, E. (2002): The nature of teachers' pedagogical content beliefs matters for students' achievement gains: quasi-experimental evidence from elementary mathematics. In: Journal of Educational Psychology, H. 93, S. 144-155.
STEIN, L./BAUER, P. J./RABINOWITCH, M. (Hrsg.) (2001): Representation, Memory, and Development: Essays in honor of Jean Mandler. – Hillsdale, NJ.
STERN, E. (2002): Wie abstrakt lernt das Grundschulkind? Neuere Ergebnisse der entwicklungspsychologischen Forschung. In: PETILLON, H. (Hrsg.) (2002): Jahrbuch Grundschulforschung 5. Individuel-

les und soziales Lernen in der Grundschule – Kindperspektive und pädagogische Konzepte. – Opladen, S. 27-42.
STERN, E. (2003a): Früh übt sich – Neuere Ergebnisse aus der LOGIK-Studie zum Lösen mathematischer Textaufgaben. In: FRITZ, A./RICKEN, G./SCHMIDT, S. (Hrsg.) (2003): Rechenschwäche. Lernwege, Schwierigkeiten und Hilfen bei Dyskalkulie – Ein Handbuch. – Weinheim, S. 116-130.
STERN, E. (2003b): Kompetenzerwerb in anspruchsvollen Inhaltsgebieten bei Grundschulkindern. In: CZECH, D./SCHWIER, J. J. (Hrsg.) (2003b): Lernwege und Aneignungsformen im Sachunterricht. – Bad Heilbrunn, S. 37-58.
STERN, E. (2003c): Lernen – der wichtigste Hebel der geistigen Entwicklung. Universitas, 58. Jg., Teil 1: 683, S. 454-465; Teil 2: 684, S. 567-582.
STERN, E./HARDY, I./KOERBER, S. (2002): Die Nutzung graphisch-visueller Repräsentationsformen im Sachunterricht. In: SPRECKELSEN, K./HARTINGER, A./MÖLLER, K. (Hrsg.) (2002): Ansätze und Methoden empirischer Forschung zum Sachunterricht. – Bad Heilbrunn, S. 119-131.
STERN, E./SOKOLOVA, H./NICOLAUS, D. (in Vorbereitung). Mathematische Kompetenzen bei Grundschulkindern: Ein Vergleich zwischen Bratislava und München.
STERN, E./STAUB, F. (2000): Mathematik lernen und verstehen: Anforderungen an die Gestaltung des Mathematikunterrichts. In: INCKERMANN, E./KAHLERT, J./SPECK-HAMDAN, A. (Hrsg.) (2000): Sich Lernen leisten. Grundschule vor den Herausforderungen der Wissenschaft. – Neuwied, S. 90-100.
WALTHER, G. u.a. (2003) = WALTHER, G./GEISER, H./LANGEHEINE, R./LOBEMEIER, K. (2003): Mathematische Kompetenzen am Ende der vierten Jahrgangsstufe. In: BOS, W./LANKES, E.-M./PRENZEL, M./SCHWIPPERT, K./WALTHER, G./VALTIN, R. (Hrsg.) (2003): Erste Ergebnisse aus IGLU. Schülerleistungen am Ende der vierten Jahrgangsstufe im internationalen Vergleich. – Münster, S. 189-226.
WEINERT, F. E. (Hrsg.) (1998): Entwicklung im Kindesalter – Bericht über eine Längsschnittstudie. – Weinheim.
WEINERT, F. E./HELMKE, A. (Hrsg.) (1997): Entwicklung im Grundschulalter. – Weinheim.
WEINERT, F. E./SCHNEIDER, W. (1999): Individual development from 3–12: Findings from the Munich Longitudinal Study. – Cambridge, MA.
WITTMANN, E. C./MÜLLER, G. N. (1993): Handbuch produktiver Rechenübungen. – Bd. 1 – Stuttgart.

Anschrift der Verfasserinnen: Prof. Dr. Elsbeth Stern, Max-Planck-Institut für Bildungsforschung, Lentzeallee 94, 14195 Berlin, Email: stern@mpib-berlin.mpg.de; Prof. Dr. Kornelia Möller, Seminar für Didaktik des Sachunterrichts, Universität Münster, Leonardo Campus 11, 48149 Münster, Email: sachunterricht@uni-muenster.de

Elke Wild

Häusliches Lernen – Forschungsdesiderate und Forschungsperspektiven[1]

Zusammenfassung:
In diesem Beitrag wird vor dem Hintergrund der PISA-Ergebnisse auf die Rolle der Familie für die schulische Entwicklung von Kindern und Jugendlichen eingegangen.

Dazu wird der aktuelle Forschungsstand zu den folgenden Fragen zusammengefasst: (a) inwiefern in den letzten Jahrzehnten Veränderungen im Selbstverständnis von Eltern und in den Eltern-Kind-Beziehungen zu beobachten sind, die sich auf das elterliche Engagement in schulischen Belangen auswirken, (b) welche prognostische Bedeutung Merkmalen der familialen Lern- und Entwicklungsumgebung zukommt und (c) wie es um die Akzeptanz, Verbreitung und Qualität häuslichen Lernens, der Hausaufgabenpraxis von Lehrern und der Eltern-Lehrer-Kooperation bestellt ist. Auf den wissenschaftlichen Erkenntnissen aufbauend wird schließlich erörtert, inwiefern über eine verstärkte Einbeziehung von Eltern die Bildungsqualität von Schule gesteigert werden könnte und welche Forschungsdefizite es noch aufzuarbeiten gilt.

Abstract:
In view of the PISA-results, this article reviews research on parental involvement in student homework. We focus on three questions, in particular: (a) Do empirical findings support popular assumptions of changes in parental role-construction for children's academic development and educational outcomes? (b) Why do parents become involved and what types of educational involvement are effectictive and why? (c) What do we know about the current quality of parental instruction and the practice of teachers and schools to invite and integrate parents? Drawing on a broad range of recent literatures across several disciplines the purpose of this review is to integrate research findings within a theoretically sound framework and to derive suggestions for research and practice.

Internationalen Vergleichsstudien wie TIMSS (BAUMERT u.a. 1997; BAUMERT/BOS/LEHMANN 2000), PISA (vgl. DEUTSCHES PISA-KONSORTIUM 2001) oder PIRLS (MARTIN/MULLIS/KENNEDY 2001) kommt ebenso wie den nationalen Ergänzungsstudien (z.B. PISA-E; vgl. DEUTSCHES PISA-KONSORTIUM 2002; IGLU; vgl. BOS/LANKES 2001) der Verdienst zu, mit einer Bestandsaufnahme der durchschnittlichen Leistungsfähigkeit von Schülerinnen und Schülern auf Defizite aufmerksam gemacht und eine Grundlage für die

Einschätzung von Veränderungen in der Bildungsqualität von Schule gelegt zu haben. Gleichwohl geben sie nur bedingt Aufschluss zu der Frage, worauf die beobachteten Leistungsunterschiede zurückzuführen sind. Eben diese Ursachensuche stand jedoch in der öffentlichen Debatte im Zentrum, wobei neben schulischen Faktoren häufig auch die sozialisatorischen Leistungen des Elternhauses thematisiert wurden.

Dass Reflexionen über Möglichkeiten der Verbesserung der Bildungsqualität in Deutschland auch Aspekte des familialen Hintergrundes von Schülern berücksichtigen müssen, lässt sich mit zahlreichen empirischen Befunden belegen, die in den letzten Jahrzehnten vorgelegt worden sind. Hinlänglich gesichert ist insbesondere der nachhaltige Effekt der sozialen und ethnischen Herkunft von Schülern: Migrantenkinder und Kinder aus weniger privilegierten Elternhäusern erzielen geringe Schulleistungen und bringen ungünstigere bildungsbezogene Einstellungen mit, so dass sie in ihrer Bildungskarriere entscheidend benachteiligt sind (zusf. DEUTSCHES PISA-KONSORTIUM 2002). Die PISA-Studie liefert über die Replikation vorliegender Befunde zum Schichteffekt hinaus einige wichtige Präzisierungen. Hier ist allen voran der breite internationale Vergleich zu nennen, der das deutsche Bildungssystem als selektiver als die Systeme sämtlicher anderer an PISA teilnehmender Länder ausweist und belegt, dass die transkulturelle Variabilität des Zusammenhangs zwischen Soziallage und Kompetenz enorm groß ist. Auch wenn der Effekt der sozialen Herkunft also teilweise damit zu erklären ist, dass Intelligenz und andere lernrelevante Persönlichkeitsmerkmale genetisch (mit-)bestimmt sind und von Eltern an ihre Kinder weitervererbt werden (PLOMIN/FULKER/CORLEY/DeFRIES 1997), so hängt es offenbar doch entscheidend von kontextuellen Bedingungen ab, in welchem Ausmaß interindividuelle Unterschiede in der prinzipiellen Leistungsfähigkeit von Kindern und Jugendlichen auf deren Leistungen und Bildungskarrieren durchschlagen. Da im internationalen Leistungsvergleich zugleich deutlich wird, dass Chancengleichheit und Durchschnittsleistungen auf hohem Niveau kompatible Ziele sind, sind bildungspolitische Überlegungen und Forschungsanstrengungen auf die Identifikation und Veränderung derjenigen Kontextbedingungen zu richten, die unter *beiden* Gesichtspunkten entscheidend sind.

Hierzulande beträgt der Unterschied etwa zwischen der Lesekompetenz von Arbeiterkindern und gleichaltrigen Schülern aus höheren Sozialschichten etwa eine Kompetenzstufe – eine Differenz, die der zwischen Schülern unterschiedlicher Schultypen entspricht. Deutlich geringer, aber nicht vollständig nivelliert, sind die schichtspezifischen Leistungsunterschiede, wenn jeweils nur die Daten von Schülern eines Schultyps herangezogen werden. Der (Dauer der) Differenzierung des Bildungssystems und den Übergängen von der Grundschule in die Sekundarstufe sowie von der allgemeinbildenden Schule in die berufliche Erstausbildung kommt also eine große Bedeutung zu. Folgerichtig sind mit Blick auf eine Verringerung sozialer Chancenungleichheiten – zumindest wenn eine Aufhebung der äußeren Leistungsdifferenzierung nicht angestrebt wird – die Entscheidungsprozesse und hier die Rolle des Elternhauses näher zu betrachten, die im Vorfeld dieser Übergänge ablaufen.

Jenseits der Aufklärung der Determinanten von Schullaufbahnentscheidungen gilt es jedoch die Sozialisationsbedingungen und intrapsychischen Mechanismen aufzuklären, die den Zusammenhang zwischen sozialer Herkunft und Leistungen vermitteln und prinzipiell durch zielgerichtete Interventionen veränderbar erscheinen. Empirisch zu klären wäre dabei auch die relative Effektivität und Effizienz von Programmen, die Bildungsqualität über die Aus- oder Fortbildung von Eltern, Erziehern sowie Lehrern und/oder Fachkräften aus Erziehungsberatungsstellen und schulpsychologischen Diensten zu verbessern versuchen.

Um in diesem Beitrag Forschungsperspektiven aufzeigen zu können, die an den (auch) in PISA aufgezeigten Problemen des deutschen Bildungssystems ansetzen und zu Optimierungsstrategien oder Problemlösungen hinführen, wird im folgenden der aktuelle Forschungsstand in vier Abschnitten gegliedert dargestellt.

Zunächst wird anhand von Statistiken und familienpsychologischen Befunden die Stichhaltigkeit der gegenwärtig populären These von der „Erziehungskrise" untersucht und erläutert, warum es gerade zu Beginn des 20. Jahrhunderts sinnvoll ist, bei Überlegungen zur Bildungsqualität von Schule das Elternhaus zu berücksichtigen.

Daran anschließend werden wissenschaftliche Erkenntnisse zur Bedeutung des Elternhauses für die Bildungskarriere und Leistungsentwicklung Heranwachsender berichtet. Da Erkenntnisse zur prognostischen Bedeutung vielfältiger Merkmale der familialen Lern- und Entwicklungsumgebung bereits überblicksartig zusammengefasst wurden (z.B. HOOVER-DEMPSEY u.a. 2001; RYAN/GULLOTTA/WISSBERG/HAMPTON 1995; PEKRUN 2001; WILD 1999; WILD/HOFER/PEKRUN 2001; WILD/HOFER 2002; ZIMMERMANN/SPANGLER 2001; COOPER 1989), wird im zweiten Kapitel nur auf jene proximalen Aspekte familialer Sozialisation näher eingegangen, die empirisch nachweisbar das Lernverhalten und die lernbezogene Einstellung von Schülern.

Im vierten Abschnitt schließlich werden deskriptive Befunde zur vorherrschenden Akzeptanz, Verbreitung und Qualität häuslichen Lernens sowie zur Hausaufgabenpraxis von Lehrern und zur Eltern-Lehrer-Kooperation vorgestellt, die den hierzulande bestehenden Beratungsbedarf beleuchten.

Der letzte Abschnitt schließlich ist der Frage gewidmet, an welchen Stellen angesetzt werden könnte, um das Potential häuslichen Lernens besser auszuschöpfen.

1. Sind die PISA-Ergebnisse (auch) Ausdruck einer Erziehungskrise der Familie?

In Folge der Veröffentlichung der Ergebnisse der PISA-Studie sind (wieder) kulturpessimistische Stimmen laut geworden, die die (unter-)durchschnittlichen Leistungen der deutschen Schülerinnen und Schüler als Beleg für die These einer „Erziehungskrise" verstanden wissen wollen. Vor allem in populärwissenschaftlichen Aufsätzen und von Organisationen wie dem Verband „Bildung und Erziehung" wird ein Trend unter Eltern konstatiert, sich mehr und mehr aus der Erziehungsverantwortung zu ziehen und selbst basale Erziehungsaufgaben anderen Bezugspersonen wie LehrerInnen oder KindergärtnerInnen zu überlassen. Teilweise wird diese Entwicklung auch als Folge der Zunahme von Scheidungs- und Ein-Elternteil-Familien interpretiert, die ihrerseits als sichtbares Zeichen eines globalen Wertverfalls und insbesondere einer zunehmenden Geringschätzung der Institution Ehe und Familie gewertet werden.

Werden diese Thesen mit der empirischen Befundlage kontrastiert, so haben vor allem Familiensoziologen zeigen können, dass von einem Werte*verlust* i.S. einer nachlassenden Wertschätzung von Kindern, Ehe und Familie nicht gesprochen werden kann. Statt dessen ist ein Werte*wandel* zu konstatieren, der sich in einem wachsenden Bestreben junger Frauen und Männer niederschlägt, berufliche Ziele mit der Erziehung von Kindern vereinbaren zu wollen und beide Lebensbereiche so zu gestalten, dass man sich darin selbst verwirklichen kann. Diese Entwicklung hat in der „kindzentrierten" bürgerlichen Kleinfamilie (NAVE-HERZ 1998), deren Alltag ohnehin sehr viel stärker als der historisch früherer Familienformen um das Wohl und die Entwicklung des Nachwuchses kreist (BEUYS 1980), zu einem hohen Erwartungsdruck und wechselseitigen Ansprüchen der Familienmitglieder geführt. So ist es nicht die gesunkene, sondern gerade die *gestiegene* Wertschätzung der Qualität (anstelle der Stabilität) von Beziehungen und der Befindlichkeit aller Familienmitglieder, die zu den in den Medien hervorgehobenen Phänomen wie dem zeitlichen Aufschub der Familiengründung und der Abkehr von dem Wunsch nach möglichst vielen Kindern führt. Was zudem in kulturkritischen Positionspapieren häufig unerwähnt bleibt, sind die Vorteile eines solchen Wertwandels – die beispielsweise in einer starken Betonung des Kindeswohls liegen und in der Bündelung von Ressourcen auf wenige Kinder – und die Tatsache, dass ungeachtet ansteigender Scheidungszahlen die Mehrheit der Kinder heute nach wie vor mit beiden leiblichen Elternteilen und einem Geschwister aufwächst und die Beziehung zu den Eltern als eng und harmonisch beschreibt (zusf. WILD/HOFER 2002).

Doch nicht nur die Rahmenbedingungen für eine vertrauensvolle Eltern-Kind-Beziehung sind in der historischen Betrachtung günstiger denn je. Im Zuge der Bildungsexpansion sind vielmehr auch die schulischen und beruflichen Aspirationen von Eltern und Kindern stetig gestiegen (ROLFF et al. 1996), und parallel dazu die Bereitschaft der Eltern zu aktivem Schulengagement. Befragungen in westlichen Industrienationen zufolge sind die meisten Eltern überzeugt, ihrem Kind helfen zu müssen und mit ihrer Unterstützung faktisch einen Einfluss auf das schulische Leistungsniveau ihres Kindes zu haben (ULICH 1993; Hoover-Dempsey/Sandler 1995, 1997). Entsprechend halten die meisten Eltern auch die Hausaufgaben für nützlich – und teilen damit die Einschätzung der Mehrheit der Schüler (NILSHON 1998). Nach ihren Motiven gefragt sehen viele Eltern eine Begleitung der schulischen Entwicklung ihres Kindes schlicht als Teil ihrer Erziehungsverantwortung (HOOVER-DEMPSEY et al. 2001), nehmen darüber hinaus aber auch einen entsprechenden Erwartungsdruck von Lehrern und Kinder wahr. Über dessen Verbreitung gibt die Arbeit von COOPER/LINDSAY und NYE (2000) Auskunft. Von über 700 Eltern von Schülern der zweiten bis 12. Klassenstufe berichteten über 87%, dass Lehrer entsprechende Ansprüche an sie herantragen würden. Knapp zwei Drittel der Befragten gab zudem an, dass ihr Kind eine solche Form der Unterstützung einfordern würde.

Dass in diesen Einschätzungen nicht bloß der Leidensdruck oder eine unverbindliche Absicht von Eltern zum Ausdruck kommt, sondern handlungsrelevante Überzeugungen angesprochen sind, lässt sich ebenfalls empirisch belegen. So müssen in Deutschland weniger als 10% der Grundschüler ihre Hausaufgaben grundsätzlich ohne Hilfe der Eltern erledigen (WILD/REMY 2001; TIETZE/ROßBACH/MADER 1987) und selbst wenn es bei Siebtklässlern um die Bearbeitung von Hausaufgaben in einem Nebenfach geht, scheinen nur ca. 15% der Schüler keinerlei Unterstützung beim häuslichen Lernen zu bekommen (EXELER/WILD 2003). Da sich ähnliche Prozentsätze in angloamerikanischen Studien finden (HOOVER-DEMPSEY et al. 2001), scheint zumindest in westlichen Industrieländern das Elternengagement auf einem vergleichbaren Niveau angesiedelt zu sein. Allerdings liegen nur wenig differenzierende Erkenntnisse vor, die Aufschluss über Unterschiede in Abhängigkeit von der Schulform, der Schulstufe und dem Unterrichtsfach oder gar über vorhersagekräftige Bedingungsfaktoren geben würden. In einzelnen Arbeiten wird zwar ein über die Grundschulzeit kontinuierlicher Anstieg in der familialen Nachhilfe und ab der 6. Klasse über einen steten Rückgang berichtet. Studien der Arbeitsgruppe um J. Eccles weisen jedoch auf erhebliche fächerspezifische Variationen in der Sekundarstufe I hin

(ECCLES/HAROLD 1996). Hierzulande zeigt sich die Bedeutung des Fachs darin, dass die meisten Schüler in Mathematik Nachhilfeunterricht bekommen (KRAMER/WERNER 1998). Interessanterweise sind es aber nicht Schüler von Haupt-, sondern von Realschulen, die unter den Nachhilfeschülern überproportional häufig anzutreffen sind. Ähnlich kovariiert das elterliche Engagement zwar erwartungsgemäß mit der Überzeugung der Eltern, ihren Kindern (nicht) angemessen helfen zu können. Interessanterweise stellt sich diese Kompetenzüberzeugung jedoch eher als eine Funktion der Intensität und Güte der Eltern-Lehrer-Kooperation dar denn als eine Frage der Schichtzugehörigkeit der Eltern (DAUBER/ EPSTEIN 1993).

Nun ist mit der Absicht der Eltern lediglich eine notwendige Bedingung angesprochen, deren Umsetzung an mangelnden Kompetenzen und/oder äußeren Rahmenbedingungen scheitern kann. Auch hier scheinen die Voraussetzungen für eine Realisierung der von vielen Eltern angestrebten Elternunterstützung in Deutschland günstiger zu sein als in vielen anderen Ländern. Zum einen orientieren sich die meisten Frauen, die Beruf und Familie verknüpfen möchten, an dem sog. Drei-Phasen-Modell. Dieses impliziert einen zeitweiligen Ausstieg aus dem Beruf unmittelbar nach der Familiengründung und eine spätere Rückkehr zu einer Teilzeitbeschäftigung (zusf. KRACKE/HOFER 2002), wobei das Haushaltseinkommen zumindest im Fall strukturell intakter Familien eine solche Arbeitsteilung meist zulässt. Zum anderen hat im Zuge der Bildungsexpansion das Gymnasium die Stammklientel der Realschule und nennenswerte Teile der alten Volksschuloberstufe aufgesaugt, so dass mit Blick auf das kulturelle Milieu der bürgerliche Standard zur allgemeinen Norm werden konnte (DEUTSCHES PISA-KONSORTIUM 2002). Allerdings lassen gestiegene Bildungsansprüche bei Eltern möglicherweise schneller die Befürchtung aufkommen, nicht über die für eine optimale Betreuung des Lernens erforderlichen (fachlichen und/oder didaktischen) Kompetenzen zu verfügen. Dies würde erklären, warum inzwischen schätzungsweise jeder zweite Schüler zu irgendeinem Zeitpunkt in seiner Schulkarriere Nachhilfeunterricht bekommt (BEHR 1990), der in etwa der Hälfte der Fälle zwar von den Eltern finanziert, aber von Privatpersonen oder kommerziell arbeitenden Institutionen (sog. Hausaufgaben- oder Nachhilfeinstitute) gegen eine Entlohnung durchgeführt wird. Aufgrund einer vom Institut der Deutschen Wirtschaft in Nordrhein-Westfalen durchgeführten Repräsentativbefragung von Eltern schätzen KRAMER und WERNER (1998), dass das außerschulische Lernen von Kindern und Jugendlichen hierzulande jährlich Ressourcen in Höhe von knapp 4,5 Milliarden DM bindet, wobei immerhin 40% monetär über den Markt umgesetzt werden. Dieser Umstand ist insofern erfreulich, als er die hohe Investitionsbereitschaft der Eltern dokumentiert. Er ist gleichzeitig aber insofern alarmierend, als in diesem Marktsegment keine Qualitätssicherung gegeben ist und kein Anbieter gezwungen ist, selbst einen Qualitätsnachweis zu erbringen oder auch nur die Qualifikation der Beschäftigten offen zu legen.

Insgesamt bleibt somit festzuhalten, dass – abgesehen von ca. 10 bis 20% sog. (Multi-)Problemfamilien – die Mehrzahl der Eltern eine enge und positive Beziehung zu ihren Kindern unterhält und willens ist, deren schulische Entwicklung entweder selbst zu begleiten oder durch Finanzierung von Nachhilfe zu unterstützen. Dieser Umstand verleiht der im nächsten Abschnitt zu beleuchtenden Frage nach der prognostischen Bedeutung, die Merkmalen des Elternhauses für die Schulkarriere Heranwachsender zukommt, eine hohe praktische Relevanz.

2. Lern- und leistungsrelevante Sozialisationsbedingungen in der Familie: Forschungsdefizite und Forschungsperspektiven

In den letzten Jahrzehnten sind eine Reihe von Metaanalysen vorgelegt worden, denen zufolge familiale Merkmale einen vergleichbaren oder sogar größeren Beitrag zur Aufklärung der Varianz in den Schulleistungen leisten als schulbezogene Variablen (zusf. PEKRUN 2001). Als Beleg können hierfür korrelative Untersuchen und die im letzten Kapitel noch zu erläuternden Interventionsstudien herangezogen werden, die zeigen, dass sich eine Steigerung der Leistungsfähigkeit und -bereitschaft von Schülern über Programme und Trainings erzielen lässt, die sich nicht nur, aber auch an Eltern aus unteren sozialen Schichten oder Migrantenfamilien richten und ihnen helfen, effektiver mit Verhaltensauffälligkeiten, Motivationsproblemen und/oder Lernschwierigkeiten ihrer Kinder umzugehen. Ergänzend unterstreichen Längsschnittstudien die Bedeutung familialer Sozialisationsbedingungen für die Vorhersage von Bildungsentscheidungen am Ende der Grundschule (DITTON 1992) und beim Übergang am Ende der Sekundarstufe I (WILD 1997; STALLMANN 1990) sowie die schulischen und beruflichen Aspirationen von Schülern (Wild/Wild 1997), das Berufswahlverhalten Jugendlicher (KRACKE/HOFER 2002) sowie die von Schülern erreichten schulischen und beruflichen Bildungsabschlüsse (MAJORIBANKS 1994; DITTON 1992). Merkmale des Elternhauses haben sich darüber hinaus als prognostisch bedeutsam erwiesen für die intellektuelle Entwicklung (zusf. BRADLEY u.a. 2000) und Leistungsentwicklung von Schülern (z.B. STEINBERG 2001; HELMKE et al.1991, TRAUTWEIN et al. 2002, TRUDEWIND/WINDEL 1991), den (fachspezifisch gefassten) Wissenszuwachs und die Veränderung der Lernmotivation und des emotionalen Erlebens beim Lernen (z.B. EXELER/WILD 2003; WILD/HOFER 2000; FUß/VON RHÖNECK 2001; TRUDEWIND 1975).

Es kann also als gesichert gelten, *dass* der Ausgestaltung der häuslichen Lern- und Entwicklungsumgebung eine wichtige Rolle für die Bildungslaufbahn der Kinder zukommt und vielfältige äußere Rahmenbedingungen sowie elterliche Einstellungs- und Verhaltensweisen einen Beitrag hierzu leisten (HOOVER-DEMPSEY u.a. 2001). Folgerichtig erscheint daher auch die vor allem im angloamerikanischen Sprachraum zu beobachtende Inangriffnahme von Gesetzesänderungen (z.B. 2001 in den USA das „No Child Left Behind Act", 1988 im UK das „Educational Reform Act") und nationalen Bildungsreformen (zusf. EPSTEIN u.a. 1991), in die enorme staatliche Mittel investiert wurden und in denen die Intensivierung der Elternpartizipation zu den zentralen Zielsetzungen zählte. Interessanterweise haben zeitgleich zu diesen Reformbewegungen die (selbst-)kritischen Stimmen und Forderungen nach einem stärker theoretisch und methodisch fundierten Vorgehen zugenommen. Im Kern richtet sich die Kritik dabei auf drei Problemkreise, die als Ursache dafür erachtet werden, dass die stark ansteigende Zahl einschlägiger Studien nicht zu dem erhofften Erkenntniszuwachs geführt hat. Neben (1) *methodischen Unzulänglichkeiten*, die vor allem Evaluationen von Programmen und Trainings kennzeichnen (zusf. MATTINGLY et al., 2002), richten sich die Einwände (2) gegen die vorherrschende *Operationalisierung des elterlichen Schulengagements* (z.B. GROLNICK/SLOWIACZEK 1994; WILD 1999) und (3) die übliche *Wahl der outcome-Kriterien*, an denen der Nutzen eines „parental involvements" gemessen wird. Da auf den ersten Kritikpunkt noch ausführlicher im letzten Abschnitt dieses Beitrags einzugehen ist, seien an dieser Stelle nur die beiden letzten Punkte, die inhaltlich verknüpft sind, näher erläutert.

Wie die Analyse von RYAN und ADAMS (1995) zeigt, wird in ca. 60% der Publikationen zum Thema „family-school links" die prognostische Relevanz (verschiedener Merkmale) des Elternhauses daran festgemacht, ob sie mit Unterschieden in den schulischen Leistungen von Kindern und Jugendlichen einhergehen („academic success", gemessen an Schulnoten oder Ergebnissen aus Schultests). Eine solche Betonung *leistungsrelevanter* Sozialisationsbedingungen in der Familie bringt jedoch weder die Analyse jener Mechanismen, die zum Zustandekommen sozialer Ungleichheiten beitragen, noch die Identifizierung von Verhaltensweisen voran, die beispielsweise zum Gegenstand von Elterntrainings gemacht werden könnten um auf diese Weise die schulische Entwicklung von Kindern und Jugendlichen zu befördern. Schließlich impliziert die multiple Determiniertheit von Schulleistungen, dass korrelative Befunde überhaupt nur dann als hinreichende Belege der Bedeutung außerschulischer Bedingungen interpretiert werden können, wenn Effekte nachweislich relevanter Unterrichts- oder Schulmerkmale kontrolliert wurden. Auch in Anbetracht dieser Probleme plädieren HOOVER-DEMPSEY et al. (2001) für eine stärkere Fokussierung der Forschungsbemühungen auf die Rolle des Elternhauses für die Herausbildung lernrelevanter Einstellungs- und Verhaltensweisen von Schülern: *„Parents' homework involvement behaviors are more logically related to proximal student outcomes (e.g., attitudes about homework, perceptions of personal competence) than to student performance on summary assessments of achievement. (...). Thus, the most critical outcomes associated with parental involvement in homework may be found in the attitudes, ideas, and behaviors enacted by students in the course of school learning."* (HOOVER-DEMPSEY et al. 2001, S. 204).

Zu ähnlichen Schlussfolgerungen kommen WILD und HOFER (2000), wenngleich sie in ihrer Argumentation stärker auf Unterschiede in den Rollen von Eltern und Lehrern und deren Beziehung zu Schülern abheben sowie auf die Funktionen der Hausaufgaben als einer Schnittstelle zwischen Schule und Familie (vgl. Tabelle 1).

Mit Blick auf Unterschiede in den (idealtypisch) vorherrschenden Beziehungen wird in Anlehnung an HELSPER et al. (2001) das Lehrer-Schüler-Verhältnis als eine eher *universalistische* Beziehung gekennzeichnet, in der individuelle Besonderheiten der Beteiligten nur eine untergeordnete Rolle spielen (sollen). Allein die Selektionsfunktion von Schule bedingt, dass Beziehungen im Kontext Schule auf expliziten Regeln beruhen und die Beziehungspartner ihnen zugeschriebene Rollen einnehmen. So führt der Wandel im Rollenverständnis von Lehrern dazu, dass diese sich mehrheitlich als Wissensvermittler verstehen und Schüler als zu qualifizierende Personen betrachten, die Anspruch auf fachliche Rückmeldung, aber nicht auf Sympathiebekundungen haben. Im Vergleich dazu sind die eher *partikularistischen* Beziehungen in der Familie dadurch gekennzeichnet, dass sie dauerhaft sind und individuell gestaltet werden, das Besondere und Einzigartige der Personen betonen und auf impliziten Interaktionsregeln aufbauen, die auf gegenseitiger Zuneigung basieren (vgl. HANSEN 1986). Im Rahmen solcher Beziehungen ablaufende Lehr-Lern-Prozesse bergen spezifische Risiken – etwa dass Rückmeldungen auf der Sachebene eher als ein Signal auf der Beziehungsebene gedeutet werden – aber auch Chancen. Um das *Potential* häuslichen Lernens zu verdeutlichen seien hier exemplarisch vier Aspekte genannt:

– Da es für den Aufbau einer kohärenten Wissensstruktur und den Erwerb transferfähigen Wissens wichtig ist, dass Schülern genügend Lernzeit für *Wiederholungsschleifen* eingeräumt wird (STEINER 1997), gilt die Langsamkeitstoleranz des Lehrers als bedeutendes Moment der Instruktion im Mathematik-Unterricht (HELMKE/SCHRADER/LEHN-

EIS-KLEPPER 1991). Im Klassenverband ist es häufig aber nur bedingt möglich, den enormen Unterschieden in der von leistungsstarken und -schwachen Schülern benötigten Lernzeit Rechnung zu tragen. Innerhalb der Familie gibt es keine vorgegebene Zeittaktung, so dass dem Lerntempo, der Tagesform und den Interessen des einzelnen Schülers Rechnung getragen werden kann.
- Kognitionspsychologische Arbeiten weisen darauf hin, dass bereits die Erwartung, neu erworbenes Wissen mündlich zusammenfassen zu müssen, lernwirksam ist und sich Lerner einer wesentlichen Lernmöglichkeit berauben, wenn sie nicht regelmäßig versuchen, das neu erworbene *Wissen eigenständig zu rekapitulieren*, also ohne jemanden zu fragen oder die eigenen Unterlagen heranzuziehen (LANDAUER/BJORK 1978; ROSS/ DIVESTA 1976). Genau dies geschieht „natürlicherweise" beim häuslichen Lernen, wenn Schüler von ihren Eltern oder Geschwistern abgehört werden und erst auf die selbständig formulierte Antwort eine Rückmeldung bekommen. Eine solche Form der (prozessorientierten) Hilfe sollte also zur Konsolidierung des Gelernten beitragen und – über die Förderung des Kompetenzerlebens – das Selbstkonzept und die Motivation des Schülers steigern.
- Lernfortschritte hängen wesentlich von *Rückmeldungen über die Ergebnisse des eigenen Lernens* ab. Da Lehrer häufig nicht über die für individuelle Fehleranalysen notwendigen Ressourcen (Zeit, Zugang zu Informationen) verfügen, erhalten viele Schüler während des Unterrichts kein (individuelles) Feedback (STEINER 1997; HARACKIEWICZ/MANDERLINK/SANSONE 1992). Beim häuslichen Lernen können Eltern kompensatorisch wirken, da sie die Lerngeschichte ihres Kindes kennen und dessen aktuellen Lernfortschritt unter Berücksichtigung der individuellen Bezugsnorm würdigen können. Da Eltern nicht für Benotung und Selektion verantwortlich sind, ist es im Elternhaus auch leichter, eine Fehlerkultur im Sinne des BLK-Projekts SINUS herzustellen, wobei ein konstruktives und offensives Umgehen mit eigenen Schwächen und Fehlern den Aufbau eines realistischen und positiven Selbstkonzepts befördert.
- Da häusliches Lernen meist in dyadischen Interaktionen stattfindet, ist eine Anpassung der Aufgabenanforderungen an die Vorkenntnisse des Lerners (Prinzip der Individualisierung) sowie eine Umsetzung von Techniken wie „scaffolding", „shaping" oder „contingent shift" (vgl. PRATT at al. 1992) leichter zu realisieren als im Klassenverband. Ein *Lernen in der „Zone der proximalen Entwicklung"* (VYGOTSKY 1978) und somit „conceptual change"-Prozesse werden somit wahrscheinlicher.

Werden die *spezifischen Risiken und Chancen schulischen und außerschulischen Lernens* an den Ausgangspunkt bildungspolitischer Reformüberlegungen gestellt, dann werden Fragen nach der Zuständigkeit von Eltern *oder* Lehrern obsolet. Selbst mit Blick auf die Hausaufgaben, die eine Art Schnittstelle oder Scharnier (KECK 1994) zwischen Schule und Familie darstellen, kann es weder darum gehen, Eltern als „Ersatzlehrer" zur Kompensation von Unzulänglichkeiten des Bildungssystems einspannen zu wollen noch jede Art von Elternpartizipation zu unterdrücken, um auf diese Weise Chancengleichheit auf niedrigem Niveau zu erzwingen. Statt dessen gilt es vielmehr unter Berücksichtigung der spezifischen Handlungsoptionen und -restriktionen von Eltern und Lehrern zu untersuchen, wodurch eine lernförderliche Gestaltung der (meist dyadischen) Interaktionen beim häuslichen Lernen und der (meist im Klassenverband ablaufende) Lehrer-Schüler-Interaktionen charakterisiert ist und welche Bedingungen eine solche optimale Ausgestaltung jeweils erleichtern oder behindern. Wie beim Unterricht ist auch beim häuslichen Lernen dabei zu berücksichtigen, dass es aus durchaus unterschiedlichen Anlässen heraus und entsprechend in vielfältigen Formen stattfinden kann. So könnte eine effektive Gestaltung häuslicher Lehr-Lern-Arrangements/der Hausaufgaben möglicherweise anderes aussehen, wenn es in einem Fall um eine Vorbereitung auf die Klassenarbeit geht, im anderen Fall um die Aufarbeitung von vorübergehenden Verständnisschwierigkeiten in einem Fach oder im dritten Fall um eine m.o.w. fortlaufende Nachhilfe in verschiedenen Fächern, die beispielsweise auf eine Lese-Rechtschreib-Schwäche oder andere leistungsrelevante Probleme zurückzuführen ist (WILD/REMY 2002). Allen diesen Formen häuslichen Lernens ist jedoch gemein, dass sie – wie es in den Schulverordnungen der Länder heißt – auf eine „Ergänzung der Unterrichtsarbeit" abzielen sollen und daran gemessen werden können, ob sie der Erreichung didaktischer oder pädagogischer Ziele dienen (NILSHON 1998).

Während mit der didaktischen Funktion die Vor- und Nachbereitung des Unterrichts angesprochen ist, hebt die *erzieherische Funktion der Hausaufgaben* auf die Unterstützung der kindlichen Selbstregulationsfähigkeiten und die Herausbildung positiver Lernhaltungen ab. Aus dieser Perspektive betrachtet können allerdings Merkmale familialer Sozialisation, die in der stark an Leistungskriterien orientierten Forschung als prognostisch bedeutsam herausgestellt wurden, irrelevant werden. Mehr noch: Da in der Unterrichtsforschung wiederholt gezeigt werden konnte, dass von leistungsförderlichen instruktionalen Bedingungen eine demotivierende Wirkung ausgehen kann und umgekehrt Motivförderung nicht zwangsläufig zu Leistungssteigerungen führt, können sich elterliche Verhaltensweisen, die in Studien zur Vorhersage der Lernleistung als förderlich identifiziert wurden, unter dem Gesichtspunkt der erzieherischen Funktion als kontraproduktiv oder zumindest irrelevant erweisen. Statt dessen könnten mit HOOVER-DEMPSEY et al. (2001) neue Aspekte an Bedeutung gewinnen wie etwa elterliche Hilfestellungen zur Strukturierung der Lernzeit und zur Regulation des Lernprozesses, die Bereitstellung von unterstützenden Materialien wie Lexika, die Abschirmung von Ablenkungen oder die emotionale Unterstützung bei Misserfolgen.

Spätestens dieser Kriterienkatalog lässt deutlich werden, dass die Suche nach „der" elterlichen Lehrstrategie, die sich in jeder Hinsicht als überlegen erweist, ins Leere laufen muss und es statt dessen die Funktionalität elterlicher Strategien an der Erreichung spezifischer Lehr-Lern-Ziele (z.B. Förderung kognitiver Lernstrategien, Herausbildung metakognitiven Wissens, Unterstützung der Emotionsregulation) zu bestimmen gilt. An dieser Stelle kommt der zweite Kritikpunkt am vorliegenden Forschungsstand zum Tragen, und zwar die uneinheitliche und meist undifferenzierte Erfassung „des" elterlichen Schulengagements.

Das Problem, dass die sehr heterogenen Konzeptualisierungen des elterlichen Schulengagements eine Integration vorliegender Befunde in ein Gesamtbild erschweren (z.B. GROLNICK/SLOWIAZEK 1994), ist unstrittig, aber auch aus vielen anderen Forschungsfeldern bekannt. Schwerwiegender ist insofern die Kritik an der vorherrschenden Praxis, das elterliche Schulengagement entweder über einzelne Items zu erfassen oder sehr vielfältige Aspekte elterlicher Aktivitäten – die von der Mitwirkung in Elternbeiräten über die Teilnahme an Schulveranstaltungen bis hin zur täglichen Kontrolle der Hausaufgaben reichen können – zu einem Globalwert zu verrechnen. Der hierin zum Ausdruck kommende atheoretische Charakter vieler Studien (Hoover-Dempsey et al. 2001) hat zur Folge, dass nur selten zwischen förderlichen und ungünstigen Formen des Elternengagements differenziert wird (bzw. unterschieden werden kann). So erstaunt es wenig, wenn in Übersichtsbeiträgen (z.B. REYNOLDS 1992; WHITE/TAYLOR/MOSS 1992) keine eindeutige empirische Evidenz für die leistungsfördernde Wirkung „des" elterlichen Schulengagements konstatiert werden kann. Aus lehr-lern-psychologischer Sicht ist konsequenterweise anstelle der Frage, *ob* die Begleitung des häuslichen Lernens durch die Eltern positive Folgen nach sich zieht, zu klären *welche* spezifischen Konsequenzen – etwa für die Lernmotivation, für die Fähigkeit zum selbstregulierten Lernen oder für das Fähigkeitsselbstkonzept – zu erwarten sind, wenn Eltern *spezifische Formen der Lernunterstützung* realisieren.

Gerade wegen der Besonderheiten schulischer und außerschulischer Lehr-Lern-Arrangements kann zur Beantwortung dieser Frage nur bedingt auf Erkenntnisse der Unterrichtsforschung zurückgegriffen werden. So weisen Mikroanalysen videographierter Eltern-Kind-Interaktionen (z.B. SHUMOW 1998; HUNTSINGER et al. 2000; LESEMANN/ SIJSLING 1996; CLARK 1993; HOKODA/FINCHAM 1995; HESS/ MCDEVITT 1984; HESS/ HOLLOWAY/DICKSON/PRICE 1984; NILHOLM/SALJÖ 1996; MCDERMOTT et al. 1984; PIANTA/SMITH/REEVE 1991; PRATT/GREEN/ MACVICAR/BOUNTROGIANNI 1992; JARVELÄ/ LEHTINEN/SALONEN 2000; ELBERS 1996; BALLI 1998; COOPER/LINDSAY/NYE 2000; KROHNE/HOCK 1994; HARNISS et al. 2001, SHUMOW/MILLER 2001; TRUDEWIND/WINDEL 1991; WILD 1999) darauf hin, dass das Potential häuslichen Lernens umso besser genutzt werden kann, wenn Eltern nicht schulähnliche Strukturen zu etablieren versuchen, sondern eine „intuitive Didaktik" (PAPOUSEK/PAPOUSEK 1999) realisieren, die zu eher spielerischen und informellen Lehr-Lern-Arrangements führen. Diese sind idealtypisch gekennzeichnet durch

– eine Stimulation von Explorationsaktivitäten etwa im Umgang mit Fachtexten durch geeignete Impulse (etwa *Anforderung* und *Demonstration*, HAUSENDORF/QUASTHOFF 1996; zu „conceptual instruction" vgl. LESEMAN/SIJSLING 1996);
– ein hohes Maß an elterlicher Responsivität, die sowohl auf der Ebene der Emotionsregulation in sozialen Interaktionen (vgl. PAPOUSEK/PAPOUSEK 1999) als auch auf kognitiver Ebene (zum „mind mindedness"-Konzept vgl. MEINS 1997) zum Tragen kommt. Elterliche Feinfühligkeit trägt zum einen dazu bei, dass in der dyadischen Situation kontingent, konsistent und autonomieunterstützend (zusf. HOOVER-DEMPSEY et al. 2001) auf kindliche Bedürfnisse eingegangen wird und ist zum anderen die Voraussetzung dafür, dass emotionale Zuwendung nur in bindungsrelevanten Situationen gezeigt wird und nicht in Situationen, in denen es die Explorationsaktivitäten des Lerners stören könnte;
– eine gelenkte Begleitung von Lernprozessen (guided participation, vgl. ROGOFF 1990), die adaptiv auf die individuellen Fähigkeiten und Probleme des Kindes abhebt. Aus der Perspektive von conceptual-change-Ansätzen kann hier von einer „Interaktion im didaktischen Modus" (HOOGSTEDER/MAIER/ELBERS 1996), oder einem „collaborative talk" (vs. MERCIER 1996) gesprochen werden, wobei die interaktive Regulation der Verantwortung eine flexible Anpassung an unterschiedliche Aufgabenanforderungen erlaubt (GONZALES 1996).

Diese zuletzt genannte „Interaktion im didaktischen Modus" wird im folgenden Abschnitt mithilfe bereits vorliegender theoretischer Ansätze und empirischer Befunde zu konkretisieren versucht.

3. Zur Qualität von Eltern-Kind-Interaktionen im didaktischen Modus: What makes a difference and why?

Werden die Aspekte familialer Sozialisation, denen nach heutigem Erkenntnisstand eine wichtige Rolle für die schulische Entwicklung Heranwachsender zukommt, entlang ihrer theoretischen Nähe zu lern- und leistungsbezogenen Konstrukten systematisiert (vgl. RYAN/ADAMS 1995), dann zählen zu den eher *distalen Faktoren* zum einen Schichtindikatoren (Familieneinkommen, schulische und berufliche Bildungsabschlüsse der Eltern, Prestige des elterlichen Berufs) sowie familienstrukturelle Merkmale (darunter der Familienstatus der Eltern oder die Anzahl der Kinder) und zum anderen physikalische Aspekte des familialen Umfelds (zum häuslichen Anregungsgehalt vgl. BRADLEY u.a. 2000). Diese *soziodemographischen und sozioökonomischen Faktoren*, die in bildungs- und familiensoziologischen Ansätzen metaphorisch unter dem Begriff des ökonomischen und kulturellen Kapitals zusammengefasst werden (BOURDIEU 1983; COLEMAN 1987; MAJORIBANKS 1994; DEUTSCHES PISA-KONSORTIUM 2002), dürften nur indirekt über die Erweiterung/Beschränkung der kindlichen Erfahrungsmöglichkeiten und des Zugriffs auf Bildungsgüter zum Tragen kommen.

Direkte Effekte auf lernrelevante Einstellungs- und Verhaltensweisen werden hingegen jenen Merkmalen zugemessen, die die Eltern-Kind-Interaktion und hier insbesondere lernthematische Interaktionsprozesse kennzeichnen. Empirisch zumindest ansatzweise untersucht wurden bislang die Auswirkungen elterlicher Instruktion auf das Fähigkeitsselbstbild von Schülern (z.B. SHUMOW 1998; GROLNICK/RYAN 1989), ihr Kompetenzerleben (GINSBURG/BRONSTEIN 1993; GROLNICK/SLOWIACZEK 1994) und emotionales Befinden während des Lernens (LEONE/RICHARDS 1989; FUSS/VON RHOENECK 2001), auf das Aufgabenverständnis von Schülern (FROME/ECCLES 1998; OKAGAKI et al., 1995), ihr Arbeitsverhalten (MCDERMOTT et al 1984; COOPER et al. 2000; XU/ CORNO 1998) und die Erledigung der Hausarbeiten (BALLI et al. 1998; HUNTSINGER et al. 1998). Vergleichsweise besser erforscht sind die Merkmale, die aus theoretischer Sicht eine positive oder beeinträchtigende Wirkung auf die *Lernmotivation* der Schüler entfalten sollten. Hierbei finden sich neben Arbeiten, die der Erwartungs-mal-Wert-Tradition zuzurechnen sind (z.B. TRUDEWIND 1975; HOKODA/FINCHAM 1995; ECCLES/BARBER/UPDEGRAFF/ O'BRIEN 1998; HELMKE/SCHRADER/LEHNEIS-KLEPPER 1991) und die Höhe der Lernbereitschaft oder auch die Erfolgszuversicht und Misserfolgsängstlichkeit vorherzusagen versuchen, eine Reihe von Studien, die sich auf die Selbstbestimmungstheorie beziehen (z.B. GROLNICK/RYAN 1989; GROLNICK/SLOWIACZEK 1994; GROLNICK/KUROWSKI/DUNLAP/ HEVEY 2000; WILD/KRAPP 1996; WILD/WILD 1997; WILD/HOFER 2000) und systematische Beziehungen zwischen der Art der Ausgestaltung häuslicher Lernsituationen und dem Ausmaß der selbstbestimmten Beschäftigung mit schulischen Lerninhalten finden (z.B. GROLNICK/RYAN 1989; WILD/KRAPP 1995; WILD/WILD 1997; WILD 1999; GROLNICK et al. 2000) sowie dem Selbstkonzept und den Kontrollüberzeugungen von Grund- und Sekundarstufenschülern (z.B. GROLNICK et al. 2000; GROLNICK/RYAN 1987; GROLNICK/SLOWIACZEK 1994; WILD/REMY 2001). Einschränkend ist allerdings anzumerken, dass in vielen dieser Untersuchungen nicht zwischen *bereichsübergreifenden elterlichen Erziehungspraktiken* und *schul- oder lernbezogenen Verhaltensweisen von Eltern* von Eltern unterschieden wird, obwohl eine solche Differenzierung theoretisch sinnvoll ist (z.B. HESS/MCDEVITT 1984; HELMKE/VÄTH-SZUSDZIARA 1980). Auch aus empirischer Sicht ist festzuhalten, dass beide Ebenen einen jeweils eigenständigen Beitrag zur Erklärung interindividueller Unterschiede in der Lernmotivation von Schülern leisten (WILD 1999; DUSS/KRAMIS/PERREZ 1984; HESS /MCDEVITT 1984) und dass die Korrelationen zwischen allgemeinen Erziehungspraktiken und bereichsspezifischen Instruktionsstrategien eher niedrig ausfallen. Eine getrennte Erfassung bereichübergreifender Erziehungspraktiken und – ggfs. sogar domainspezifisch gefasster – Lernhilfen oder Instruktionsstrategien von Eltern könnte also zu einem genaueren Verständnis der Prozesse beitragen, die zu differentiellen Bildungslaufbahnen von Schülern unterschiedlicher sozialer Herkunft beitragen.

Versucht man vor diesem Hintergrund vorliegende Befunde in ein Konzept elterlicher Lernhilfen zu integrieren (GROLNICK/SLOWIACZEK 1994; WILD 1999; WILD/REMY 2001), welches Unterschiede in der Qualität der elterlichen Bemühungen aus motivations- und lernpsychologischer Sicht abzubilden erlaubt, lassen sich die in der Literatur genannten Verhaltensweisen von Eltern recht gut vier Dimensionen zuordnen:

– Eine *autonomieunterstützende Hilfe* findet in einer Respektierung des kindlichen Wunschs nach Selbstbestimmung und einer aktiven Unterstützung selbstregulierter Lernhandlungen ihren Ausdruck. Autonomieunterstützende Eltern verzichten auf kleinschrittige Anleitungen („low level instruction"; vgl. DIAZ/NEAL/AMAY-WILLIAMS 1990), geben so wenig Unterstützung wie möglich und so viel wie wie nötig (zu „scaffolding" und „contingent shift rule" vgl. PRATT/GREEN/MACVICAR/ BOUNTROGIANNI 1992) und ermutigen das Kind zu möglichst selbständiger Problemlösung und der Herausbildung von Strategien im Umgang mit Anforderungen und Fehlern. Auch auf Leistungsprobleme reagieren sie in autonomieunterstützender Weise, indem sie versuchen, gemeinsam mit dem Kind Gründe herauszufinden und Problemlösungen zu entwickeln. Es ist zu vermuten, dass Eltern durch ein solches responsives Verhalten die Eigenverantwortung und Selbstreflexivität der Kinder stärken und damit auch die Integration elterlicher Werte und Standards in ihr Selbstkonzept (WARTON 1997; ELBERS et al. 1992; XU/CORNO 1998). Dieses zeigt sich nicht zuletzt in einer größerer Bereitwilligkeit des Kindes, die Anregungen der Eltern aufzugreifen und begründete Anweisungen zu befolgen (LESEMANN/SIJSLING 1996).
– Der zweite Aspekt elterlichen Verhaltens ergänzt den ersten insofern als sich *strukturgebende Aktivitäten* auf die Schaffung eines (alterskorreliert variierenden) Rahmens beziehen, in dem sich das Kind – jeweils gemäß seiner Selbstregulationskompetenzen – autonom mit schulischen Inhalten auseinandersetzen kann. Allerdings scheint der Effekt strukturierender Hilfen in hohem Maße von der Interpretation der elterlichen Verhaltensweisen durch die Kinder (vgl. GROLNICK/ SLOWIACZEK 1994) und der Fähigkeit der Eltern abhängen, die eigenen Einschätzungen mit denen des Kindes abzustimmen.
– Das dritte Merkmal betrifft das Ausmaß „*leistungsorientierten Drucks*" und umfasst zum einen den Aspekt der formalen Kontrolle der kindlichen Lernanstrengungen und Leistungen und zum anderen den kontingenten Einsatz von Belohnungen und Bestrafungen im Umgang mit schulischen Erfolgen und Misserfolgen. Beide Aspekte sollten niedrig ausgeprägt sein, da sie die Leistungsentwicklung (HELMKE et al. 1991; TRAUTWEIN/KÖLLER 2001) und die Entwicklung einer erfolgszuversichtlichen, selbstbestimmten Lernmotivation (TRUDEWIND 1975; GROLNICK/RYAN 1989) negativ beeinflussen.
– Der letzte Aspekt der *emotionalen Unterstützung* ist Gegenstand zahlreicher Arbeiten zur Rolle des Familienklimas und zur Bedeutung elterlicher Responsivität für den kon-

struktiven Umgang Heranwachsender mit schulischen und sozialen Anforderungen (zusf. ZIMMERMANN/SPANGLER 2001). Sie unterstreichen, dass Kinder selbstbestimmte Formen der Lernmotivation entwickeln und lernen ihre Emotionen zu regulieren, wenn sie sich in Lernsituationen akzeptiert und wertgeschätzt fühlen, ein grundsätzliches Interesse der Eltern an schulischen Belangen wahrnehmen und von ihren Eltern getröstet und angespornt werden, wenn sie auf eigene Fehler stoßen oder vergeblich nach einem Lösungsweg suchen (CLARK 1993; WILD 1999). Mit ASAKAWA und CSIKSZENTMI-HALYI (2000) ist zu vermuten, dass die Erfahrung harmonischer Beziehungen damit einhergeht, dass die Erlebnisqualität beim Lernen steigt und die Schüler eher selbstbestimmt lernen, d.h. aus Interesse am Inhalt, aus Spaß an der Sache (intrinsische Motivation) oder aus dem Wunsch heraus, die eigenen Kompetenzen zu erweitern (vgl. PINTRICH 2000 zur „Lernzielorientierung"; RYAN/ DECI 2001 zur „identifizierten Regulation").

Inwiefern die skizzierten Arten der Lernhilfe mit anderen proximalen Sozialisationsbedingungen wie dem häuslichen Anregungsgehalt und mit distalen Elternhausmerkmalen wie der mütterlichen Erwerbstätigkeit oder der Schulbildung der Eltern korrespondieren, ist erst ansatzweise untersucht. Gerade die Analyse von Zusammenhängen mit Schichtindikatoren ist aus bildungspolitischer Sicht aufschlussreich, da auf diese Weise die Mechanismen geklärt werden können, die den Einfluss von Schichtmerkmalen vermitteln. Mindestens ebenso wichtig für die Entwicklung von Maßnahmen zum Abbau sozialer Benachteiligungen dürfte es aber sein, Moderatorvariablen zu identifizieren, die die Wirkung schichtspezifischer Erziehungsbedingungen verstärken, abschwächen oder gar kompensieren.

Zusammenfassend konnte in den letzten Jahrzehnten eine Vielzahl familialer Sozialisationsbedingungen identifiziert werden, die sich nachweislich auf die schulische Entwicklung Heranwachsender auswirken. Von herausragender Bedeutung sind dabei proximale Bedingungen und hier insbesondere lernbezogene Interaktionen von Eltern und Kindern, die den Einfluss von Schichtmerkmalen vermitteln oder moderieren. Die Qualität solcher Interaktionen im didaktischen Modus kann an ihrer Funktionalität für die Erreichung didaktischer und erzieherischer Ziele festgemacht werden, die sich mit dem außerschulischen Lernen verbinden. Nach derzeitigem Erkenntnisstand erscheint es sowohl für die Entwicklung der Lernmotivation als auch für den Lernfortschritt vorteilhaft, wenn der Lerner in autonomie- und kompetenzunterstützender Weise begleitet wird und so wenig Hilfe wie möglich, aber soviel Struktur wie nötig gegeben wird, damit Selbstregulationskompetenzen eingeübt werden können. Wie häufig in diesem Sinne (sub-)optimale Formen elterlicher Lernhilfen im Alltag von Schülern anzutreffen sind und ob von einem Beratungsbedarf auf Elternseite auszugehen ist, soll im folgenden Abschnitt erörtert werden.

4. Befunde zur Hausaufgabenpraxis von Eltern und Lehrern

Zur Einschätzung des Beratungsbedarfs von Eltern kann zunächst auf Eltern- und Schülerbefragungen zurückgegriffen werden, denen zufolge das nachmittägliche Lernen zuhause nicht selten eine belastende, konfliktgeladene Zeit für alle Beteiligten darstellt (WERNER/KEIDER/REINERT 1990; HOCK/KROHNE 1989; KRUMM 2001; NILSHON 1998).

Gerade in Familien mit prüfungsängstlichen, lese-rechtschreibschwachen, hyperaktiven und leistungsschwachen Schülern kommt es nicht selten zu eskalierenden Konflikten, die die Eltern-Kind-Beziehung überschatten und mit einem Anstieg kontrollierender und bestrafender Verhaltensweisen einhergehen, die wiederum ungünstige Selbsteinschätzungen und Motivlagen auf Schülerseite forcieren (FEND 1998, KROHNE/HOCK 1994; WARNKE/ROTH 2000; BARKLEY et al. 1991).

Dass es hier nicht um Einzelfälle geht, ist aus Zahlen des Statistischen Bundesamtes und der Bundeskonferenz für Erziehungsberatung abzuleiten, wonach Lern- und Schulprobleme mit zu den häufigsten Anlässen zählen, die Eltern beim Aufsuchen einer Beratungsstelle nennen (STATISTISCHES BUNDESAMT 2002; HUNDSALZ 1996). Die besondere Rolle von Verhaltens- und Interaktionsstörungen bei der Durchführung von Hausaufgaben wird auch in der Studie von DÖPFNER/SCHÜRMANN und LEHMKUHL (1994) deutlich, in der fast die Hälfte der untersuchten Eltern angab, dass es Probleme bei den Hausaufgaben gebe und weitere 7,3% schätzten diese lernbezogenen Interaktionen als mit am problematischsten überhaupt an.

Um Anhaltspunkte über den Beratungsbedarf von Eltern zu bekommen, deren Kinder keine speziellen Lern- oder Verhaltensprobleme mitbringen, analysierten WILD und REMY (2002) die Angaben von knapp 300 Drittklässlern und ihren Eltern zu den Mathematikhausaufgaben. Ausgehend von den didaktischen und erzieherischen Funktionen von Hausaufgaben wurde die praktizierte Form der Hausaufgabenbetreuung danach beurteilt, ob Eltern die Fähigkeit und Bereitschaft zu (zunehmend) selbstreguliertem Lernen unterstützen. Gemessen an diesem Kriterium sind die elterlichen Bemühungen in weniger als 4% der Familien als hoch problematisch zu bewerten – allerdings sind sie gleichzeitig in 84,3% der Fälle als suboptimal zu bezeichnen. Auch EXELER und WILD (2003) beobachteten – diesmal bezogen auf Siebtklässler und das Fach Chemie – in 87,4% der Familien ein Nebeneinander von lernförderlichen und -beeinträchtigenden Strategien. Insgesamt ergeben sich damit erwartungsgemäß etwas höhere Prozentsätze als in einer amerikanischen Studie, in der Eltern von Schülern von der zweiten bis zur 12. Klasse erfasst wurden und suboptimale Formen häuslichen Lernens in zwei Dritteln der Familien (auf der Basis von Elternangaben) konstatiert wurden (COOPER/LINDSAY/NYE 2000).

Offensichtlich gibt es also einen nicht unerheblichen Beratungsbedarf bei Eltern und es stellt sich die Frage, auf welchem Weg die elterlichen Bemühungen unterstützt werden können.

Den Schulordnungen der Länder zufolge ist anzustreben, dass sich Eltern für Hausaufgaben interessieren und ihr Kind beim Anfertigen sinnvoll beraten können. Fragt man jedoch Eltern nach ihren Einstellungen, dann fühlen sich diese mehrheitlich unsicher (COOPER et al. 2000) und äußern ein hohes Interesse an den didaktischen Hilfen und Ratschlägen von Lehrern. In Österreich würden 79% der Eltern von Schülern der Klassen 1 bis 6 gerne mehr mit dem Lehrer ihres Kindes sprechen und wären bereit, mit ihrem Kind mehr als eine Stunde pro Tag zu üben, wenn sie entsprechende Tipps vom Lehrer bekämen und dadurch effektiver helfen könnten (KRUMM 1996). Amerikanischen Studien zufolge wächst die Unsicherheit von Eltern umgekehrt proportional zur Schichtzugehörigkeit der Eltern, wobei aber über 90% der Eltern von Grundschülern und über 80% der von Sekundarstufenschülern die Auffassung vertreten, die Schule sollte ihnen sagen, wie sie ihren Kindern helfen können (EPSTEIN 1986; DORNBUSCH/RITTER 1988).

Die Realität sieht in Deutschland ganz anders aus und ist von geringem pädagogischen Nutzen (zusf. KRUMM 1996; KRUMM 1995; KECK 1994; KECK 1978). Lehrer widmen nur

6% ihrer Arbeitszeit den Eltern, wobei sich die Elternarbeit meist auf Gespräche von durchschnittlich 8 Minuten Dauer beschränkt, die im Rahmen von Elternabenden geführt werden (KRUMM 1996). Inhaltlich gehen diese Gespräche selten über summarische Rückmeldungen zu den Leistungen des Schülers, der Klärung von Schullaufbahnfragen und der Thematisierung problematischen Schülerverhaltens hinaus (MELZER 1987). Von ihrer Form her spiegeln sie das Machtungleichgewicht in den Rollenwahrnehmungen und Erwartungen von Eltern und Lehrern wider (zusf. PEKRUN 2001). In der Konsequenz müssen Eltern mehrheitlich auf Tipps verzichten und von ihren eigenen Erfahrungen ausgehen, wenn sie ihrem Kind bei den Hausaufgaben helfen oder mit ihm üben wollen (KRUMM 1996). Interessant ist, dass in den neuen Bundesländern mit der Übernahme des westdeutschen Schulsystems die Kritik von Eltern an Lehrern deutlich zugenommen hat (ROLFF u.a. 1996). Auch wenn diese Entwicklung vielfältige Ursachen haben mag, scheinen Eltern in den neuen Bundesländern doch vor allem an dem von ihnen konstatierten Wandel im beruflichen Selbstverständnis von Lehrern Anstoß zu nehmen und der damit einhergehenden (Selbst-)Beschränkung der Zuständigkeit von Lehrern auf schulische Belange und hier insbesondere auf die Wissensvermittlung (UHLENDORFF/SEIDEL 2001). Auch PEKRUN (2001) sieht in dem Selbstverständnis deutscher Lehrer eine wesentliche Ursache dafür, dass die Elternarbeit nur zum Randbereich der eigenen Tätigkeit gezählt, pädagogische Misserfolge aber gleichwohl dem Elternhaus angelastet werden.

Die Sicht der Lehrer selbst fasst KRUMM (1995) auf der Basis eigener Lehrerbefragungen in Österreich und US-amerikanischen Studien (z.B. EPSTEIN/POLLOWAY/FOLEY 1993) zusammen. Danach halten es Lehrer zwar mehrheitlich für sinnvoll, Eltern zu einer Unterstützung der schulischen Entwicklung ihrer Kinder zu motivieren. Gleichzeitig bekunden aber nur zwischen 1 und 29% der Lehrer, mindestens eine Form der Elternberatung selbst zu praktizieren – wobei sich der entsprechende Prozentsatz noch einmal halbiert, wenn die Angaben von Eltern zugrunde gelegt werden. Mit dem Begriff der "heimlichen" Zusammenarbeit von Eltern und Lehrern kennzeichnet KRUMM denn auch das Phänomen, dass Lehrer zwar eine Mitwirkung der Eltern z.B. bei der Bewältigung der Hausaufgaben als selbstverständlich voraussetzen, gleichzeitig aber einer (Ausweitung der) Mitwirkung von Eltern ablehnend gegenüberstehen und Eltern im Regelfall nicht mit Blick auf die Ausgestaltung häuslicher Lehr-Lern-Situationen beraten.

In Anbetracht des angespannten Verhältnisses von Elternhaus und Schule erscheint es besonders dringlich, die psychologischen und strukturellen Barrieren zu identifizieren, die einer verbesserten Elternarbeit und Eltern-Lehrer-Kooperation entgegenstehen. Erste Erkenntnisse hierzu liefert eine Studie von SOMMERLA (1978), wo 88% der Lehrer eine Mitwirkung des Elternhauses tendenziell als positiv einstufen und 79% der Lehrer bestätigen, dass Hausaufgaben den Kontakt zwischen Elternhaus und Schule fördern würden. Zudem vertritt die Mehrheit der Lehrer die Auffassung, dass die Hausaufgaben ihrer Schüler häufig Mängel aufweisen würden und Schüler durch eine Unterstützung der Eltern bei den Hausaufgaben bessere Schulleistungen erzielen könnten. Auf der Basis dieser Urteile wäre es folgerichtig, wenn Lehrer darauf hinwirken würden, dass sich noch mehr Eltern engagieren und offenkundige Unzulänglichkeiten in der elterlichen Hausaufgabenbetreuung durch gezielte Beratung behoben würden. Tatsächlich stuft aber über zwei Drittel der Lehrer eine Elternmitwirkung bei den Hausaufgaben als unwichtig ein und missachtet damit das offenkundige Interesse und den Beratungsbedarf von Eltern.

Um ein aktualisiertes und differenzierteres Bild der Einstellungen von Lehrern zur Elternarbeit zu bekommen, befragte WILD (WILD 2003) Lehrer zweier nordrhein-westfälischer Gymnasien. Im Gegensatz zu Ergebnissen von SCHÖNWÄLDER (1988), wo Elternarbeit teilweise als honorierte Mehrarbeit und die Kritik von Eltern als Ausdruck einseitig-egozentrischer Elterninteressen gewertet wurde, sehen die von WILD befragten Lehrer in der Elternarbeit keine Anforderung, die es pauschal zurückzuweisen gilt, weil sie kaum einlösbare oder unangemessene Anforderungen implizieren. Auch wird die eigene Zurückhaltung nicht mit stereotypen Elternbildern oder Verweisen auf strukturelle Hindernisse gerechtfertigt. Vielmehr zeichnet sich in den Lehreraussagen eine insgesamt aufgeschlossene Haltung und differenzierte Beurteilung sowohl der eigenen Kompetenzen und Grenzen als auch der der Eltern ab. Allerdings ist nach wie vor eine Diskrepanz zu konstatieren zwischen dem hohen Prozentsatz der Lehrer, die sich auch außerhalb der Elternsprechtage als Ansprechpartner für Eltern verstehen, und dem deutlich geringeren Anteil von Lehrern, die mit konkreten Anregungen, Tipps und Materialen aufwarten. Dass Lehrer also scheinbar hinter ihrem eigenen Anspruch zurückbleiben, könnte darauf zurückzuführen sein, dass sie nur auf explizite Veranlassung durch Eltern hin aktiv werden und ein Ausbleiben entsprechender Signale aus der Elternschaft als Ausdruck eines aktuell nicht vorhandenen Bedarfs werten. Was dabei aber leicht übersehen wird, sind nicht nur kulturelle Unterschiede in der Ausdeutung der Lehrer- und Elternrolle, sondern auch Unsicherheiten und Hemmungen, die sich aus der Selektionsfunktion der Schule ableiten und gerade Eltern aus sozial schwächeren Schichten davon abhalten, Ansprüche gegenüber Lehrern oder der Schule anzumelden (z.B. LAREAU 1989). Verunsicherungen können auch dann entstehen, wenn Lehrer ihre an Eltern gerichteten Erwartungen nicht, oder angesichts eigener Ambivalenzen nur wenig präzise formulieren. Dies dürfte eher die Regel als die Ausnahme sein, denn unter den Lehrern, die eine Beteiligung der Eltern bei der Bearbeitung der Hausaufgaben aus Gründen der Chancenungleichheit ablehnen, sind knapp 94% zugleich der Meinung, dass Eltern bei konkreten inhaltlichen Fragen als Ansprechpartner zur Verfügung stehen sollten (WILD 2003). Problematisch erscheint schließlich auch, dass ein nicht unerheblicher Anteil von Lehrern die elterliche Funktion beim häuslichen Lernen auf eine Kontrolle der Aufgabenerledigung beschränkt wissen will, obwohl gerade dies nachweislich ungünstige Auswirkungen auf die Entwicklung der Lernmotivation (z.B. COOPER/LINDSAY/NYE 2000; WILD/REMY 2002; TRAUTWEIN/KÖLLER/BAUMERT 2001), während von der Vermittlung autonomieunterstützender instruktionaler Strategien positive Effekte auf die Lernmotivation und Leistungsentwicklung von Schülern ausgehen (z.B. SHUMOW 1998).

Zusammenfassend sollte also eine auf die Elternarbeit abzielende Lehreraus- und -fortbildung zum einen die Reflexion der eigenen elternbezogenen Wünsche und Motive sowie die Vermittlung von Gesprächsführungskompetenzen umfassen, die eine offene und zielgerichtete Kommunikation zwischen Eltern und Lehrern erleichtern. Zum anderen sollte sie eine Aufklärung über den Beratungsbedarf von Eltern, über lern- und leistungsrelevante familiale Sozialisationsbedingungen und hier insbesondere Charakteristika einer reformierten Hausaufgabenpraxis, über Fragen der Didaktik häuslichen Lernens sowie Unterschiede in den schulbezogenen Einstellungs- und Verhaltensweisen von Eltern unterschiedlicher Soziallagen und Ethnien einschließen. Vor allem in Schulleiterschulungen sind zudem Strategien zur Förderung von Prozessen der Teamentwicklung und Organisationsentwicklung in Schulen zu vermitteln, damit eine intensivierte Elternarbeit vom ganzen Kollegium getragen wird und nicht nur eine Angelegenheit von „Einzelkämpfern" ist.

5. Programme zur Förderung des häuslichen Lernens und der Kooperation von Eltern und Lehrern

Wie in Abschnitt 2 erwähnt, wird in anderen Ländern seit Jahren die Entwicklung von Programmen zur Unterstützung und Einbeziehung von Eltern vorangetrieben. In den USA beispielsweise wurden auf dem Boden des 2001 erlassenen „No Child Left Behind Act" (MATTINGLY et al. 2002) und finanziert mit erheblichen öffentlichen Mitteln Programme entwickelt und implementiert, die sich an Eltern von Kindern mit Verhaltensauffälligkeiten, Motivationsproblemen, Lernschwierigkeiten und/oder Teilleistungsschwächen richten (z.B. CHRISPEELS/COLEMAN 1996; GRIFFITH 1996; SHUMOW 1998; TUIJL/LESEMAN/ RISPENS 2001; BARKLEY et al. 1991; SCHNEIDER et al. 1993; SCHULTE-KÖRNE/DEIMEL/ HÜLSMANN/SEIDLER/REMSCHMIDT 2001). Diese ergänzen frühere, landesweit angelegte Programme wie das HEAD-Start-Projekt, die zwar zunächst eher enttäuschende Resultate erbracht haben, in der langfristigen Betrachtung, in der über die Schulleistungen hinaus weitere Indikatoren der Schulkarriere (z.B. Zahl der Klassenwiederholungen, Schulabbrüche) und allgemeine Aspekte (z.B. Selbstkonzept und Gewaltbereitschaft) berücksichtigt wurden, aber durchaus positiv zu bewerten sind. Internationale Erfahrungen zeigen zudem, dass nicht nur ohnehin privilegierte Familien, sondern auch Arbeitereltern und Migrantenfamilien erreichbar sind (z.B. LESEMAN/SIJSLING 1996).

Was die Effektivität von Elterntrainings und Programmen zur Stärkung der Zusammenarbeit von Elternhaus und Schule angeht, scheinen nachhaltigere Effekte zu erzielen zu sein, wenn gleichzeitig in Schule *und* Elternhaus angesetzt wird (MORROW/YOUNG 1996; KOSKINEN et al. 2000). Insgesamt ist in diesem Bereich allerdings ein erheblicher Forschungsbedarf zu konstatieren, da viele Interventionen nicht in methodisch angemessener Form evaluiert worden sind (MATTINGLY et al. 2002). Diese Vorbehalte sind auch gegen Programme aus dem deutschen Sprachraum vorzubringen. So konnten in einem Training, in welchem Eltern lernen sollten, die Leistungsmotivation ihres Kindes zu fördern, zwar Veränderungen in der Selbsteinschätzung der Eltern und der Motivation der Kinder erzielt werden (LUND/RHEINBERG/GLADASCH 2001). Da die beobachtete Steigerung der Leistungsmotivation der Schüler aber nicht auf die auf Elternseite erzielten Veränderungen zurückzuführen waren und da die Kontrollgruppe aus Eltern bestand, die nicht an dem Training teilnehmen wollten, liegt es nahe, den Anstieg der Leistungsmotivation auf bereits vorher bestehende Unterschiede im Interesse und Engagement der Eltern der Experimental- und Kontrollgruppe zurückzuführen.

Neben den skizzierten methodischen Einwänden richtet sich die in den letzten Jahren vorgebrachte Kritik auch an dem atheoretischen Charakter existierender Interventionsprogramme. So gründen sich die gewählten Ziele und Inhalte vielfach auf Plausibilitätsüberlegungen, während zur Vermittlung der Inhalte überwiegend therapeutische Strategien zum Einsatz kommen, die für die Veränderung von Einstellungs- und Verhaltensweisen zielführend sein können, aber für die Behandlung von Lern- und (Teil-)Leistungsproblemen oder die Ausbildung von Interessen und persönlichen Einstellungen nur bedingt hilfreich sind.

Selbst wenn eine theoriegeleitete Analyse häuslicher Lehr-Lern-Prozesse noch in den Kinderschuhen steckt, lassen sich aufbauend auf dem derzeitigen Forschungsstand und vorliegenden theoretischen Ansätzen doch Eckpfeiler eines Modells der Qualität häuslicher Lehr-Lern-Arrangements umreißen, welches bei der Konzeption von Interventionsprogrammen zugrunde gelegt werden kann. Es setzt an der Funktion häuslichen Lernens an und setzt die Förderung selbstbestimmten und selbstregulierten Lernens als übergeordnetes Ziel elterlicher Lernunterstützung, stellt aber zugleich in Rechnung, dass elterliche Motivförderung und Selbständigkeitserziehung nicht zulasten der Leistung gehen sollte.

Im Zentrum des Rahmenmodells häuslichen Lernens (vgl. Abb. 1) stehen die (Bedingungen und Folgen) instruktionaler Eltern-Kind-Interaktionen.

Bezüglich der Frage nach den Determinanten elterlicher Instruktion dürfte zunächst den elterlichen Zielen eine handlungsleitende Funktion zukommen. Diese sind auf verschiedenen Abstraktionsebenen angesiedelt und umfassen neben globalen Erziehungszielen und enger gefassten schulischen und beruflichen *Aspirationen* (zusf. WILD 1997; WILD/ WILD 1997; MARJORIBANKS 1994) auch die habituellen und situativen *Leistungserwartungen* von Eltern, die letztlich in konkreten Lehr-Lern-Situationen – mehr oder weniger explizit – an die Schüler herangetragen werden. Mit TSUSHIMA und BURKE (1999) ist davon auszugehen, dass die Umsetzung elterlicher Ziele umso wahrscheinlicher wird, je eher eine Kompatibilität von Zielen auf unterschiedlichen Hierarchie- oder Abstraktionsebenen (z.B. „higher principle-level standards" wie Selbständigkeit und „lower program-level standards" wie z.B. „die Hausaufgabenhefte ordentlich führen") gegeben ist.

In engem Zusammenhang zu den elterlichen Anspruchshaltungen sind die kindbezogenen Überzeugungen von Eltern zu sehen. Hierunter fällt das elterliche *Vertrauen in die kindlichen (Selbst-regulations-)Fähigkeiten* (vgl. GALPER/WIGFIELD/SEEFELDT 1997) und die Frage, ob Eltern eine positive aber realistische Bewertung der kindlichen Fähigkeiten und Explorationsaktivitäten vornehmen (GROEBEN/VORDERER 1986).

Wenn Eltern nach Maßgabe ihrer eigenen Zielvorstellungen und Einschätzungen der kindlichen Leistungsfähigkeit und -bereitschaft danach streben, die schulische Entwicklung ihres Kindes zu unterstützen, dann stellt sich in einem zweiten Schritt die Frage, wie häusliche Lernsituationen auszugestalten sind, damit die Erreichung der Ziele wahrscheinlich wird.

Hier dürften die epistemologischen Überzeugungen und subjektiven *Lerntheorien* von Eltern (HUNTSINGER et al. 2000; OKAGAKI et al. 1995) zum Tragen kommen, die diese vermutlich auf der Basis der eigenen Schulerfahrungen entwickelt haben (SHUMOW 1998). Je mehr Eltern beispielsweise kindliche Leistungen primär als eine Frage der eigenen Anstrengung sehen und selbst Begabung als eine veränderbare Größe erachten, um so eher neigen sie dazu, eine Lernzielorientierung auf Seiten ihres Kindes zu fördern (z.B. AMES/ARCHER 1987; DREVES 2000). Inwiefern die didaktischen Überlegungen von Eltern über diese alltagsweltlichen Vorstellungen hinaus auch vom elterlichen Fachwissen abhängen, ist erst in Ansätzen untersucht. Analysen von GERBER et al. (2002) sprechen dafür, dass aufgrund ihrer Ausbildung oder Berufstätigkeit vorgebildete Eltern die Betreuung der Hausaufgaben im Fach Chemie nicht so gestalten, dass deren Kinder im Vergleich zu Gleichaltrigen von nicht einschlägig vorgebildeten Eltern interessierter sind oder einen größeren Wissenszuwachs erzielen.

Abb. 1: Rahmenmodell proximaler lern- und leistungsrelevanter Bedingungen im Elternhaus

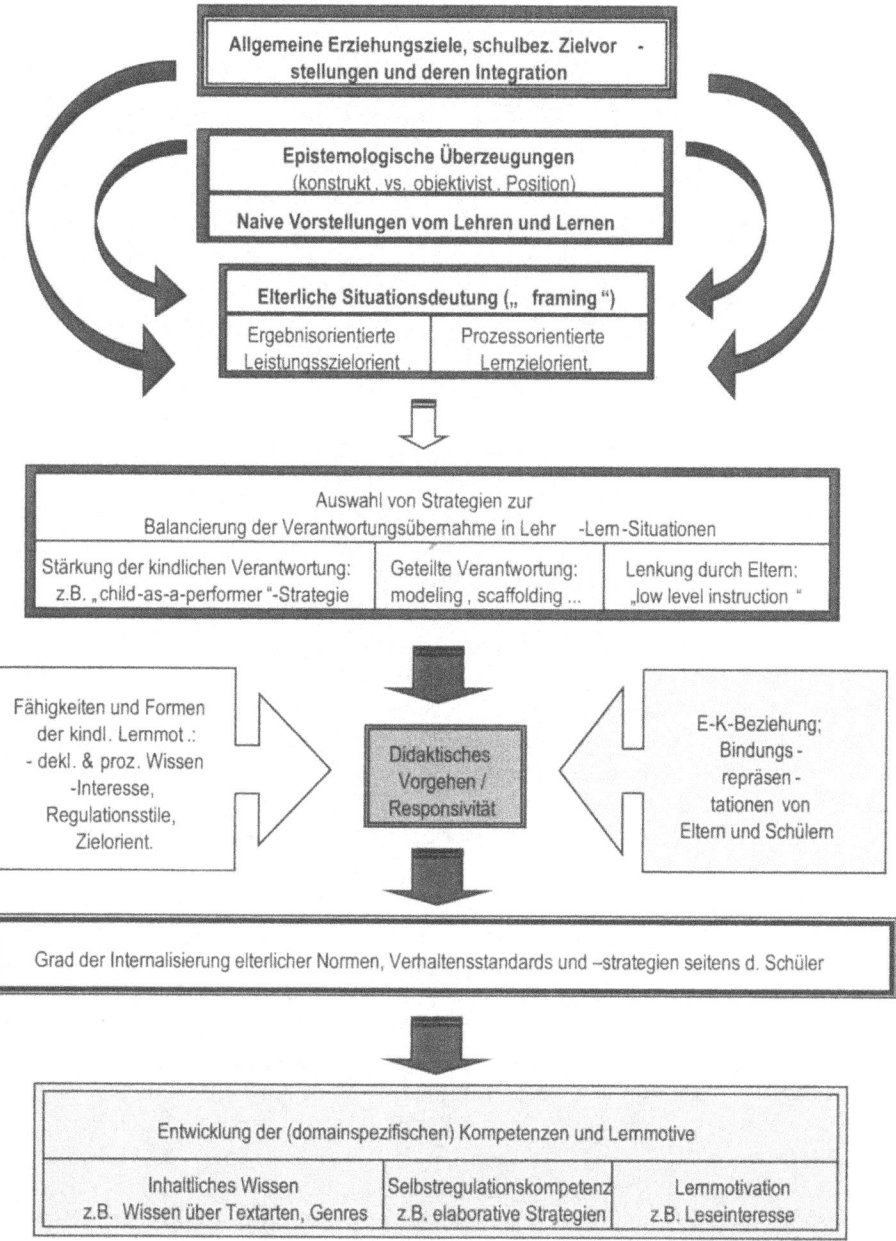

Die alltagsweltlichen Überzeugungen von Eltern bezüglich der Beschaffenheit von Wissen, der Effektivität von Techniken der Wissensvermittlung und der Determinanten von (schulischen) Leistungen dürften nicht nur das Ausmaß des elterlichen Schulengagements

beeinflussen, sondern auch die Art und Weise, wie sie die *Hausaufgaben(-situation) interpretieren* und in welchem Ausmaß sie sich und ihr Kind *für die Regulation des Lernprozesses verantwortlich* führen (HOOVER-DEMPSEY/SANDLER 1997). Mit RENSHAW und GARDNER (1990) dürften Eltern je nachdem, wie sie häusliche Lehr-Lern-Situationen „rahmen" oder deuten, ihr Augenmerk entweder eher auf die korrekte und effiziente Bearbeitung der Aufgaben oder eher auf die Qualität des Lernprozesses und letztlich die Tiefe der gedanklichen Beschäftigung mit dem Lerngegenstand richten. In Analogie zu den Zielorientierungen von Schülern (PINTRICH 2000) kann hier von einer produktorientierten Leistungsorientierung bzw. einer prozessorientierten Lernorientierung gesprochen werden. Wird die Häufigkeit, mit der Eltern in die Hausaufgabenbearbeitung eingreifen um diese zu beschleunigen, als Indikator für eine produktorientierte Leistungsorientierung von Eltern erachtet, dann scheint etwa ein Drittel der (amerikanischen) Eltern eine solche Haltung mitzubringen (COOPER et al. 2000). Unwissentlich beeinträchtigen sie damit die schulische Entwicklung ihrer Kinder, denn (zu) hohe Leistungserwartungen oder kritisierende und kontrollierende Verhaltensweisen gehen nicht nur mit anhaltenden Konflikten in der Eltern-Kind-Beziehung, oppositionellem Verhalten und negativen elternbezogenen Affekten auf Seiten der Kinder einher, sondern auch mit Selbstwertproblemen, Verunsicherung und Ängstlichkeit sowie Leistungseinbußen (HURRELMANN/MANSEL 1998; FEND 1997, 1998; HOKODA/FINCHAM 1995; HOCK/KROHNE 1989).

Ein fundiertes Wissen und die Absicht, die Lernfreude und Selbstregulationsfähigkeit des Kindes zu fördern, garantiert aber noch nicht die kompetente Umsetzung der eigenen Ziele. Professionalität beim häuslichen Lernen setzt vielmehr die Fähigkeit voraus, die Signale des Kindes wahrzunehmen und in entwicklungsangemessener Weise zu beantworten (ZIMMERMANN/SPANGLER 2001). Da die hiermit angesprochene *elterliche Responsivität* – nach AINSWORTH et al. (1978) die Fähigkeit, feinfühlig, prompt und angemessen auf die Verhaltensäußerungen des Kindes zu reagieren – im Wesentlichen eine Funktion der eigenen Bindungserfahrungen der Eltern ist (WEINFIELD/SROUFE/EGELAND/CARLSON 1999; STEELE/STEELE 1995), sind diese ebenfalls zu berücksichtigen. Diese Feinfühligkeit der Eltern trägt vor allem zur Herstellung einer sicheren Eltern-Kind-Bindung bei, dürfte in Lernsituationen aber auch zu einer Orientierung am kindlichen Interaktionspartner beitragen (i.S. des interaktionsfundierenden *recipient design;* vgl. HAUSENDORF/QUASTHOFF 1996).

Auch wenn es zu analytischen Zwecken zunächst sinnvoll ist, die skizzierten Bedingungen auf Elternseite jeweils isoliert in ihrer Bedeutung für die Qualität der elterlichen Lernunterstützung zu betrachten, ist eine optimale Förderung des häuslichen Lernens doch bei einer Orchestrierung von Strategien zu erwarten. Unterschiede zwischen in diesem Sinne komplexeren didaktischen Vorgehensweisen wurden bislang vor allem in kulturvergleichenden Arbeiten herausgearbeitet, in denen die Leistungsüberlegenheit von Schülern aus Taiwan, Japan oder China gegenüber amerikanischen Schülern aufzuklären versucht wurden (z.B. STEVENSON/LEE 1990; HESS/HOLLOWAY/DICKSON/PRICE 1984; HUNTSINGER et al. 2000; ASAKAWA/CSIKSZENTMIHALYI 2000). Markante Differenzen in den schulbezogenen Einstellungs- und Verhaltensmustern der Eltern zeigten sich hier vor allem insofern, als sich japanische Mütter in starkem Maße für die schulischen Belange ihres Kindes interessieren und hohe Leistungsstandards vertreten, ihre Kinder aber seltener tadeln oder kritisieren als dies amerikanische Eltern tun. Ferner sahen es japanische Mütter durchaus als ihre Aufgabe an, dem Kind zu helfen, wo es möglich war. In erster Linie versuchten sie jedoch dem Schüler eine optimale Lernumgebung zu bieten und sein

Interesse an der Schule zu verstärken. Sie schätzten die Schwächen und Stärken ihres Kindes realistisch ein und ermutigten es, sich anzustrengen und eigenständig auf Lösungen zu kommen (prozessorientierte Hilfe; vgl. RENSHAW/GARDNER 1990). Auch wenn sie genetische Einflüsse keineswegs in Abrede stellen, betonten sie doch, dass genetisch bedingte Leistungsgrenzen nur dann auslotbar sind, wenn man sein Bestes zu geben versucht.

Eine Herausforderung zukünftiger Forschungen zum häuslichen Lernen wird sicherlich darin bestehen, „Cluster" didaktischer Strategien von Eltern zu identifizieren, die in Abhängigkeit von den jeweiligen Zielsetzungen eingesetzt werden, und darüber hinaus das Zusammenspiel verschiedener Einstellungs- und Verhaltensweisen näher zu untersuchen, um unter funktionalem Gesichtspunkt äquivalente, gegensätzliche und unter multikriterialem Gesichtspunkt besonders effektive Strategien zu ermitteln.

Tab. 1: Eigenschaften von intergenerationalen Beziehungen, Rahmenbedingungen und Lehr-Lern-Voraussetzungen in der Familie und in der Schule

	Familie	Schule
Funktion des Sozialisationskontextes	Trennung von Lern- und Leistungssituationen	Selektion und Förderung
	Wohl des einzelnen Kindes fördern	Bildung aller Kinder fördern
Beziehungs-/ Interaktionsschemata	Nähe	Distanz
	Zeigen von Emotionen	Emotionskontrolle
	Förderung von Individualität	Individualität als Störgröße
	Dauerhaftigkeit	Kurzfristigkeit
	Vertrauen	Misstrauen
Interaktionen	Symmetrie	Asymmetrie
	Selbststeuerung	Fremdsteuerung
	Begründen	Anordnen
Rahmenbedingungen für Interaktionen	zeitlich wenig reglementiert	zeitlich hoch reglementiert
	adaptierbar (z.B. an Bedarf)	starr organisiert
	zeitlich / inhaltlich begrenzt (Fachlehrer)	über mehrere Klassenstufen und Fächer hinweg
	am individuellen Lernfortschritt orientiert	am Klassendurchschnitt orientiert
Voraussetzungen auf Seiten der Bezugspersonen	viel Wissen über individuellen Schüler	fachliche und didaktische Ausbildung
	i.d.R. hohe Motivation	Motivation abhängig von schulischen Bedingungen und Berufsethos

Neben einer solchen nutzeninspirierten Grundlagenforschung und der darauf aufbauenden Entwicklung von Elterntrainings gilt es jedoch gerade in Zeiten knapper Haushaltsmittel in Bund und Ländern in Rechnung zu stellen, dass Entscheidungen für oder gegen die Implementation von Interventionsprogrammen nicht nur unter dem Gesichtspunkt der Effektivität der Programme getroffen werden, sondern auch davon abhängen, ob andere Vorgehensweisen effizienter sein könnten. In Familien, in denen Schüler mit (Teil-)Leistungsschwächen kämpfen oder Verhaltensauffälligkeiten zeigen, dürfte eine intensive Arbeit mit (Gruppen von) Eltern alternativlos sein. Soweit es aber nur um die Beratung von Eltern (über-)durchschnittlich leistungsfähiger Schüler geht, könnten Programme zur Steigerung der Elternarbeit von Lehrern und der Eltern-Lehrer-Kooperation eine möglicherweise kostengünstigere Alternative darstellen (z.B. AMES 1993; EPSTEIN/ DAUBER 1991; BALLI/DEMO/WEDMAN 1998). Bei deren Entwicklung kann vor allem auf Programme aus den USA und den Niederlanden aufgebaut werden, die allerdings häufig auf Plausibilitätsüberlegungen gründen und in globaler Weise auf einen Ausbau der Elternmitbestimmung und der Eltern-Lehrer-Interaktionen abzielen. Im Rahmen eines stärker theoriegeleiteten Zugangs wäre ein systemtheoretischer Ansatz im Sinne BRONFENBRENNERS (1981) voranzutreiben, der programmatisch zwar vielfach angemahnt, bislang aber erst selten in gehaltvollen Analysen des Meßsystems Familie/Schule umgesetzt worden ist. Dennoch: Um eine dauerhafte Veränderung des Verhältnisses von Schule und Elternhaus zu erzielen, sind hierauf abzielende Konzepte zur Aus- und Fortbildung von Lehrern und zur Organisationsentwicklung in Schulen zu entwickeln, durch die Schule zu einer „intermediären Institution" (HOFER 2000) wird.

Anmerkung

1 Ich danke ausdrücklich den anonymen Gutachtern für ihre wertvollen Hinweise und Petra Kuhfuß für Ihre Unterstützung bei der Erstellung des Manuskripts.

Literatur

AINSWORTH, M. D. S./BLEHAR, M. C./WATERS, E./WALL, S. (1978): Patterns of attachment. A psychological study of the strange situation. – Hillsdale, NJ: Erlbaum.
AMES, C. (1993): How school-to-home communications influence parent beliefs and perceptions. In: Equity and Choice, 9. Jg., S.44-55.
AMES, C./ARCHER, J. (1987): Mother's beliefs about the role of ability and effort in school learning. In: Journal of Educational Psychology, 79. Jg., S.409-414.
ASAKAWA, K./CSIKSZENTMIHALYI, M. (2000): Feelings of connectedness and internalization of values in Asian American Adolescents. In: Journal of Youth and Adolescence, 29. Jg., S.121-145.
BALLI, S. J. (1998): When mom and dad help. Student reflections on parent involvement with homework. In: Journal of Research and Development in Education, 31. Jg., H. 3, S. 142-146.
BALLI, S. J./DEMO, D./WEDMAN, J. F. (1998). Family involvement with children's homework: An intervention in the middle grades. In: Family Relations: Interdisciplinary Journal of Applied Family Studies, 47. Jg., H. 2, S. 149-157.
BARKLEY, R. A./FISCHER, M./EDELBROCK, C./SMALLISH, L. (1991): The Adolescent Outcome of Hyperactive Children Diagnosed By Research Criteria-III. Mother-Child Interaktions, Family Conflicts and Maternal Psychopathology. In: Association for Child Psychology and Psychiatry, 32. Jg., S. 233-253.
BAUMERT, J./BOS, W./LEHMANN, R. (Hrsg.). (2000): TIMSS/III. Dritte internationale Mathematik- und Naturwissenschaftsstudie – Mathematische und naturwissenschaftliche Bildung am Ende der Schullaufbahn. – Opladen.
BAUMERT, J./LEHMANN, R./LEHRKE, M./SCHMITZ, B./CLAUSEN, M./HOSENFELD, I./KÖLLER, O./ NEUBRAND, J. (1997): TIMSS – Mathematisch-naturwissenschaftlicher Unterricht im internationalen Vergleich. Deskriptive Befunde. – Opladen.
BEHR, B. (1990): Nachhilfeunterricht. Verbreitung, pädagogische Bedeutung und bildungspolitische Bewertung. In: Deutsche Schule, S. 81-94.
BEUYS, B. (1980): Familie in Deutschland. Neue Bilder aus der deutschen Vergangenheit. – Reinbek.
BOS, W./LANKES, E.-M. (2001): IGLU – Eine Grundschuluntersuchung im Kontext aktueller internationaler Schulleistungsuntersuchungen. In: FÖLLING-ALBERS, M./RICHTER, S./BRÜGELMANN, H./SPECK-HAMDAN, A. (Hrsg.) (2001): Kindheitsforschung – Forschung zum Sachunterricht. Jahrbuch Grundschule III, Fragen der Praxis – Befunde der Forschung. – Beiträge zur Reform der Grundschule, Sonderband 62 – Seelze, S. 144-147.
BOURDIEU, P. (1983): Ökonomisches Kapital, kulturelles Kapital, soziales kapital. In: KRECKEL, R. (Hrsg.) (1983): Soziale Ungleichheiten. – Göttingen, S.183-198.
BRADLEY u.a. 2000 = BRADLEY, R. H./CORWYN, R .F./CALDWELL, B. M./WHITESIDE-MANSELL, L./ WASSERMAN, G. A./MINK, I. T. (2000): Measuring the Home Environments of Children in Early Adolescence. In: Journal of Research on Adolescence, 10. Jg., S. 247-288.

BRONFENBRENNER, U. (1981): Die Ökologie der menschlichen Entwicklung. – Stuttgart.
CHRISPEELS, J./COLEMAN, P. (1996): Improving school as through better home-school partnerships. In: School Effectiveness and School Improvement, 7. Jg., S. 291-296.
CLARK, R. M. (1993): Homework-focused parenting practices that positively affect student achievement. In: CHAVKIN, N. F. (Hrsg.) (1996): Families and schools in a pluralistic society. – New York, S. 85-105.
COLEMAN, J. S. (1987): Families and School. In: Educational Researcher, 16. Jg., S. 32-38.
COOPER, H. (1989): Homework. – White Plans, NY.
COOPER, H./LINDSAY, J. J./NYE, B. (2000): Homework in the home. How student, family, and parenting-style differences relate to the homework process. In: Contemporary Educational Psychology, 25. Jg., H. 4, S. 464-487.
DAUBER, S. L./EPSTEIN, J. L. (1993): Parents' attitudes and practices of involvement in inner-city elementary and middle schools. In: CHAVKIN, N. (Hrsg.) (1993): Families and school in a pluralistic society. – New York, S. 53-71.
DEUTSCHES PISA-KONSORTIUM (Hrsg.) (2001): PISA 2000 – Basiskompetenzen von Schülerinnen und Schülern im internationalenVergleich. – Opladen.
DEUTSCHES PISA-KONSORTIUM (Hrsg.) (2002): PISA 2000 – Die Länder der Bundesrepublik Deutschland im Vergleich. – Opladen.
DIAZ, R. M./NEAL, C. J./AMAYA-WILLIAMS, M. (1990): The social origins of self-regulation. In: MOLL, L. C. (Hrsg.) (1990): Vygotsky and education. Instructional implications and applications of sociohistorical psychology. – Cambridge, S. 127-154.
DITTON, H. (1992): Ungleichheit und Mobilität durch Bildung. – Weinheim.
DÖPFNER, M./SCHÜRMANN, S./LEHMKUHL, G. (1994): Hausaufgaben-Probleme? Diagnostik und Therapie von Verhaltens- und Interaktionsstörungen bei der Durchführung der Hausaufgaben. In: Kindheit und Entwicklung, 3. Jg., S. 227-237.
DORNBUSCH, S. M./RITTER, P. L. (1988): Parents of high school students: A neglected resource. In: Educational Horizons, 66. Jg., S. 75-77.
DREVES, C. (2000): The relationship between mother's beliefs about ability and effort and student's motivation to learn. – Poster presented at the Biennal Meeting of the Society for Research on Adolescence (April 2000), Chicago, Ill.
DUSS, B./KRAMIS, J./PERREZ, M. (1984): Leistungsmotivation von Schülern und elterliches Bekräftigungsverhalten beim Hausaufgabenmachen. In: Psychologie in Erziehung und Unterricht, 31. Jg., S. 256-262.
ECCLES, J. S./BARBER, B. L./UPDEGRAFF, K. A./O'BRIEN, K. M. (1998): An expectancy-value model of achievement choices: The role of ability self-concepts, perceived task utility and interest in predicting activity choice and course enrollment. In: HOFFMAN, L./KRAPP, A./RENNINGER, K. A./BAUMERT, J. (Hrsg.) (1998): Interest and Learning. – Kiel: Institut für die Pädagogik der Naturwissenschaften, S. 267-279.
ECCLES, J. S./HAROLD, R. D. (1996): Family involvement in children's and adolescents' schooling. In: BOOTH, A./DUM, J. F. (Hrsg.) (1996): Family-School Links. – Erlbaum, S. 94-103.
ELBERS, E. (1996): Cooperation and social context in adult-child interaction. In: Learning and Instruction, 6. Jg., S. 281-286.
ELBERS, E./MAIER, R./HOEKSTRA, T./HOOSTEDER, M. (1992): Internalization and adult-child interaction. In: Learning and Instruction, 2. Jg., S. 101-118.
EPSTEIN, J. L. (1986): Parents' reactions to teacher practices of parent involvement. In: The Elementary School Journal, 86. Jg., 277-294.
EPSTEIN, J. L./DAUBER, S. L. (1991): School programs and teacher practices of parent involvement in inner-city elementary and middle schools. In: Elementary School Journal, 91. Jg., S. 289-305.
EPSTEIN, J. L./POLLOWAY, E. A./FOLEY, R. M. (1993): Homework: A comparison of teachers' and parents' perceptions of the problems experienced by students identified as having behavioral disorders, learning disabilities, or no disabilities. In: RASE: Remedial/Special Education, 14. Jg., S. 40-50.
EXELER, J./WILD, E. (2003): Die Rolle des Elternhauses für die Förderung selbstbestimmten Lernens. In: Unterrichtswissenschaft, 31. Jg., S. 6-22.
FEND, H. (1997): Der Umgang mit Schule in der Adoleszenz – Aufbau und Verlust von Lernmotivation, Selbstachtung und Empathie. – Bd. 4 – Bern.
FEND, H. (1998): Eltern und Freunde. Soziale Entwicklung in der Adoleszenz. – Bd. 5 – Bern.

FROME, P. M./ECCLES, J. S. (1998): Parents' influence on children's achievement-related perceptions. In: Journal of Personality and Social Psychology, 74. Jg., S. 435-452.

FUß, S./RHÖNECK, C. v. (2001): Einfluss sozialer Faktoren auf motivationale und emotionale Aspekte des Lernens im Fach Physik – Erziehungsverhalten der Eltern und pädagogisches Verhalten des Lehrers aus Schülersicht. In: Zeitschrift für Didaktik der Naturwissenschaften, 7. Jg., S. 167-175.

GALPER, A./WIGFIELD, A./SEEFELDT, C. (1997): Head start parents' beliefs about their children's abilities, task values, and performances on different activities. In: Child Development, 68. Jg., S. 897-907.

GERBER, J./WILD, E./EXELER, J./RUMANN, S./BUTTLER, N./SUMFLETH, E./REMY, K. (2002): Die Bedeutung der elterlichen Fachkenntnisse für das Sach- und Fachinteresse Jugendlicher in Chemie. Vortrag gehalten auf dem 18. Kongress der Deutschen Gesellschaft für Erziehungswissenschaft in München.

GINSBURG, G. S./BRONSTEIN, P. (1993): Family factors related to children's intrinsic/extrinsic motivational orientation and academic performance. In: Child Development, 64. Jg., S. 1461-1474.

GONZALEZ, M. M. (1996): Tasks and activities. A parent-child-interaction analysis. In: Learning and Instruction, 6. Jg., S. 287-306.

GRIFFITH, J. (1996): Relation of parental involvement, empowerment, and school traits to students' academic performance. In: Journal of Educational Research, 90. Jg., H. 1, S. 33-41.

GROEBEN, N./VORDERER, P. (1986): Empirische Literaturpsychologie. In: LANGNER, R. (Hrsg.) (1986): Psychologie der Literatur. – Weinheim, S. 105-143.

GROLNICK, W. S./KUROWSKI, C. O./DUNLAP, K. G./HEVEY, C. (2000): Parental resources and the transition to junior high. In: Journal of Research on Adolescence, 10. Jg., H. 4, S. 465-488.

GROLNICK, W. S./RYAN, R. M. (1987): Autonomy in children's learning: An experimental and individual difference investigation. In: Journal of Personality and Social Psychology, 52. Jg., S. 890-898.

GROLNICK, W. S./RYAN, R. M. (1989): Parents styles associated with children's self-regulation and competence in school. In: Journal of Educational Psychology, 81. Jg., S. 143-154.

GROLNICK, W. S./SLOWIACZEK, M. L. (1994): Parents' involvement in children's schooling: A multidimensional conceptualization and motivational model. In: Child Development, 65. Jg., H. 1, S. 237-252.

HANSEN, D. (1986): Family-School Articulations: The effects of interaction rule mismatch. In: American Educational Research Journal, Vol. 23, No. 4, S. 643-659.

HARACKIEWICSZ, J. M./MANDERLINK, G./SANSONE, C. (1992): Competence processes and achievement motivation: Implications for intrinsic motivation. In: BOGGIANO, A. K./PITTMAN, T. S. (Hrsg.) (1992): Achievement and motivation. – Cambridge, S. 115-137.

HARNISS, M. K./EPSTEIN, M. H./BURSUCK, W. D./NELSON, J./JAYANTHI, M. (2001): Resolving homework-related communication problems: Recommendations of parents of children with and without disabilities. In: Reading and Writing Quarterly: Overcoming learning difficulties, 17. Jg., H, 3, S. 205-225.

HAUSENDORF, H./QUASTHOFF, U. M. (1996): Sprachentwicklung und Interaktion: Eine linguistische Studie zum Erwerb von Diskursfähigkeiten. – Opladen.

HELMKE, A./SCHRADER, F.-W./LEHNEIS-KLEPPER, G. (1991): Zur Rolle des Elternverhaltens für die Schulleistungsentwicklung ihrer Kinder. In: Zeitschrift für Entwicklungspsychologie und Pädagogische Psychologie, 23. Jg., H. 1, S. 1-22.

HELMKE, A./VÄTH-SZUSDZIARA, R. (1980): Familienklima, Leistungsangst und Selbstakzeptierung bei Jugendlichen. In: LUKESCH, H./PERREZ, M./SCHNEEWIND, K. A. (Hrsg.) (1980): Familiäre Sozialisation und Intervention. – Bern, S. 199-219.

HELSPER, W./KRAMER, R. T./BUSSE, S. (2001): Pädagogische Generationsbeziehungen und die symbolische Generationsordnung – Überlegungen zur Anerkennung zwischen den Generationen als antinomischer Struktur. In: KRAMER, R. T./HELSPER, W./BUSSE, S. (Hrsg.) (2001): Pädagogische Generationsbeziehungen. – Opladen, S. 33-51.

HESS, R. D./HOLLOWAY, S. D./DICKSON, W. F./PRICE, G. G. (1984): Maternal variables as predictors of children's school readiness and later achievement in vocabulary and mathematics in 6th grade. In: Child Development, 55. Jg., S. 1901-1912.

HESS, R. D./MCDEVITT, T. M. (1984): Some cognitive consequences of maternal intervention techniques: A longitudinal study. In: Child Development, 55. Jg., S. 2017-2030.

HOCK, M./KROHNE, H. W. (1989): Mütterliches Erziehungsverhalten während einer Hausaufgabenanfertigung und Ängstlichkeit beim Kind. In: Zeitschrift für Pädagogische Psychologie, 3. Jg., S. 169-180.

HOFER, M. (2000): Schule: Vom Lernort zur „intermediären" Institution. In: Unterrichtswissenschaft, 28. Jg., H. 1, S. 10-15.

HOKODA, A./FINCHAM, F. D. (1995): Origins of children's helpless and mastery achievement patterns in the family. In: Journal of Educational Psychology, 87. Jg., S. 375-385.
HOOGSTEDER, M./MAIER, R./ELBERS, E. (1996): The architecture of adult-child interaction. Joint problem-solving and the structure of cooperation. In: Learning and Instruction, 6. Jg., S. 345-358.
HOOVER-DEMPSEY, K. V./BATTIATO, A. C./WALKER, J./REED, R. P./DEJONG, J. M./JONES, K. (2001): Parental involvement in homework. In: Educational Psychologist, 36. Jg., H. 3, S. 195-209.
HOOVER-DEMPSEY, K. V./SANDLER, H. M. (1995): Parental involvement in children's education: Why does it make a difference? In: Teachers College Record, 97. Jg., S. 310-331.
HOOVER-DEMPSEY, K. V./SANDLER, H. M. (1997): Parental Involvement in Children's Education: Why Does it Make a Difference?. In: Teachers College Record, 97. Jg., H. 2, S. 310-332.
HUNDSALZ, A. (1996): Erziehungs- und Familienberatung. In: HOFER, M./WILD, E./PIKOWSKY, B. (Hrsg.) (1996): Pädagogisch-psychologische Berufsfelder. Beratung zwischen Theorie und Praxis. – Bern, S. 57-85.
HUNTSINGER, C. S./JOSE, P. E./LARSON, S. L. (1998): Do parent practices to encourage academic competence influence the social adjustment of young European American and Chinese American children? In: Developmental Psychology, 34. Jg., S. 747-756.
HUNTSINGER, C. S./JOSE, P. E./LARSON, S. L./KRIEG, D. B./SHALIGRAM, C. (2000): Mathematics, vocabulary, and reading development in chinese american and european american children over the primary school years. In: Journal of Educational Psychology, 92. Jg., S. 745-760.
HURRELMANN, L./MANSEL, J. (1998): Gesundheitliche Folgen wachsender schulischer Leistungserwartungen. In: Zeitschrift für Sozialisationsforschung und Erziehungssoziologie, 18. Jg., S. 168-182.
JARVELÄ, S./LEHTINEN, E./SALONEN, P. (2000): Socio-emotional orientation as a mediating variable in the teaching-learning interaction: Implications for instructional design. In: Scandinavian Journal of Educational Research, 44. Jg., S. 293-306.
KECK, R. (1978): Das Problem der Hausaufgabe in pädagogischer und didaktischer Sicht – ein systematischer Versuch zur Funktionsbeschreibung. In: NIEDERSÄCHSISCHES KULTUSMINISTERIUM (Hrsg.) (1978): Hausaufgaben – empirisch untersucht: Ergebnisse aus dem Schulversuch Ganztagsschule. – Hannover, S. 63-64.
KECK, R. W. (1994): Hausaufgaben. In: KECK, R. W./SANDFUCHS, U. (Hrsg.) (1994): Wörterbuch Schulpädagogik. – Bad Heilbrunn, S. 147-149.
KOSKINEN u.a. 2000 = KOSKINEN, P. S./BAKER, T. K./BLUM, I. H./BISSON, S. A./PHILLIPS, S. M./CREAMER, T. S. (2000): Book access, shared reading, and audio models: The effects of supporting the literacy learning of linguistically diverse students in school and at home. In: Journal of Educational Psychology, 92. Jg., H. 1, S. 23-36.
KRACKE, B./ HOFER, M. (2002): Familie und Arbeit. In: HOFER, M./WILD, E./ NOACK, P. (Hrsg.) (2002): Lehrbuch Familienbeziehungen. Eltern und Kinder in der Entwicklung. – Göttingen, S. 216-240.
KRAMER, W./WERNER, D. (1998): Familiäre Nachhilfe und bezahlter Nachhilfeunterricht. – Köln.
KROHNE, H. W./HOCK, M. (1994): Elterliche Erziehung und Angstentwicklung des Kindes. – Bern.
KRUMM, V. (1995): Schulleistung – auch eine Leistung der Eltern? Die heimliche und die offene Zusammenarbeit von Eltern und Lehrern und wie sie verbessert werden kann. In: SPECHT, W./THONHAUSER, J. (Hrsg.) (1995): Schulqualität. – Innsbruck, S. 256-290.
KRUMM, V. (1996): Über die Vernachlässigung der Eltern durch Lehrer und Erziehungswissenschaft. Plädoyer für eine veränderte Rolle der Lehrer bei der Erziehung der Kinder. In: LESCHINSKY, A. (Hrsg.) (1996): Die Institutionalisierung von Lehren und Lernen. Beiträge zu einer Theorie der Schule. – Weinheim, S. 119-137.
KRUMM, V. (2001): Elternhaus und Schule. In: ROST, D. H. (Hrsg.) (2001): Handwörterbuch Pädagogische Psychologie. – Weinheim, S. 108-115.
LANDAUER, T. K./BJORK, R. A. (1978): Optimal rehearsal patterns and name learning. In: GRUNDEBERG, M. M./MORRIS, P. E./SYKES, R. N. (Hrsg.) (1978): Practical aspects of memory. – London, S. 625-632.
LAREAU, A. (1989): Home advantage: Social class and parental intervention in elementary education. – London.
LEONE, C./RICHARDS, M. H. (1989): Classwork and homework in early adolescence: The ecology of achievement. In: Journal of Youth and Adolescence, 18. Jg., H. 6, S. 531-548.
LESEMANN, P. P. M./SIJSLING, F. F. (1996): Cooperation and instruction in practical problem solving. Differences in interaction styles of mother-child dyads as related to socio-economic background and cognitive development. In: Learning and Instruction, 6. Jg., S. 307-323.

LUND, B./RHEINBERG, F./GLADASCH, U. (2001): Ein Eltertraining zum motivationsförderlichen Erziehungsverhalten in Leistungskontexten. In: Zeitschrift für pädagogische Psychologie/German Journal of Educational Psychology, 15. Jg., S. 130-143.

MAJORIBANKS, K. (1994): Families, schools and children's learning: A study of children's learning environments. In: International Journal of Educational Research, 21. Jg., S. 439-555.

MARTIN, M. O./MULLIS, I. V.S./KENNEDY, A. M. (Eds.) (2001): PIRLS Technical Report. Pirls Publications.

MATTINGLY, D. J./PRISLIN, R./McKENZIE, T. L./RODRIGUEZ, J. L./KAYZAR, B. (2002): Evaluating Evaluations: The Case of Parent Involvement Programs. In: Review of Educational Research, 72. Jg., H. 4, S. 549-576.

McDERMOTT, R. P./GOLDMAN, S. V./VARENNE, H. (1984): When school goes home: Some problems in the organization of homework. In: Teachers College Record, 85. Jg., S. 391-409.

MEINS, E. (1997): Security of attachment and the social development of cognition. – Hove, East Sussex.

MELZER, W. (1987): Familie und Schule als Lebenswelt. Zur Innovation von Schule durch Elternpartizipation. – München.

MERCIER, N. (1996): The quality of talk in children's collaborative activity in the classroom. Learning and Instruction, 6. Jg., S. 359-377.

MORROW, L. M./YOUNG, J. W. (1996): Parent, teacher, and child participation in a collaborative family literacy program: The effects on attitude, motivation, and literacy achievement. In: Reading Research Report, No. 64, National Reading Research Center: Universities of Georgia and Maryland.

NAVE-HERZ, R. (1998): Zeitgeschichtlicher Bedeutungswandel von Ehe und Familie in der Bundesrepublik Deutschland. In: NAVE-HERZ, R./MARKEFKA, M. (Hrsg.) (1998): Handbuch der Familien- und Jugendforschung – Band 1 Familienforschung – Neuwied, S. 211-222.

NILHOLM, C./SALJÖ, R. (1996): Co-action, situation definitions and sociocultural experience. An empirical study of problem-solving in mother-child interaction. In: Learning and Instruction, 6. Jg., S. 307-324.

NILSHON, I. (1998): Hausaufgaben. In: ROST, D. (Hrsg.) (1998): Handwörterbuch Pädagogische Psychologie. – Weinheim, S.173-176.

OKAGAKI, L./FRENSCH, P. A./GORDEON, E. W. (1995): Encouraging school achievement in Mexican American children. In: Hispanic Journal of Behavioral Sciences, 17. Jg., H. 2, S. 160-179.

PAPOUSEK, H./PAPOUSEK, M. (1999): Symbolbildung, Emotionsregulation und soziale Interaktion. In: FRIEDELMEIER, W./HOLODYNSKI, M. (Hrsg.) (1999): Emotionale Entwicklung. – Heidelberg, S. 23-44.

PEKRUN, R. (2001): Familie, Schule und Entwicklung. In: WALPER, S./PEKRUN, R. (Hrsg.) (2001): Familie und Entwicklung. Aktuelle Perspektiven der Familienpsychologie. – Göttingen, S. 84-105.

PIANTA, R. C./SMITH, N./REEVE, R. E. (1991): Observing mother and child behavior in a problem-solving situation at school entry: Relations with classroom adjusement. In: School Psychology Quarterly, 6. Jg., S. 1-51.

PINTRICH, P. R. (2000): Multiple goals, multiple pathways: The role of goal orientation in learning and achievement. In: Journal of Educational Psychology, 92. Jg., S. 544-555.

PLOMIN, R./FULKER, D. W./CORLEY, R./DEFRIES, J. C. (1997): Nature, nurture, and cognitive development from 1 to 16 years: a parent-offspring adoption study. In: American Psychological Society, 8. Jg., S. 442-447.

PRATT, M. W./GREEN, D./MACVICAR, J./BOUNTROGIANNI, M. (1992): The mathematical parent: Parental scaffolding, parentig style, and learning outcomes in longdivision mathematics homework. In: Journal of Applied Developmental Psychology, 13. Jg., S. 17-33.

RENSHAW, P. D./GARDNER, R. (1990): Process versus product task interpretation and parental teaching practice. In: International Journal of Behavioral Development, 13. Jg., S. 489-505.

REYNOLDS, A. J. (1992): Comparing measures of parental involvement and their effects on academic achievement. In: Early Childhood Research Quarterly, 7. Jg., H. 3, S. 441-462.

ROGOFF, B. (1990): Apprenticeship in thinking. – New York.

ROLFF u.a. 1996 = ROLFF, H.-G./BAUER, K.-O./KLEMM, K./PFEIFFER, H. (Hrsg.) (1996): Jahrbuch der Schulentwicklung. Daten, Beispiele und Perspektiven. – Bd. 9 – Weinheim.

ROSS, S. M./DIVESTA, F. J. (1976): Oral summary as a review strategy enhancing recall of textual material. In: Journal of Educational Psychology, 68. Jg., S. 689-695.

RYAN, B. A./ADAMS, G. R. (1995): The family-school relationships model. In: RYAN, B. A./GULLOTTA, T. P./WISSBERG, R. P./HAMPTON, R. L. (Hrsg.) (1995): The family-school connection. – Thousand Oaks, CA, S. 3-28.

RYAN, B. A./GULLOTTA, T. P./WISSBERG, R. P./HAMPTON, R. L. (Hrsg.) (1995): The family-school connection. – Thousand Oaks, CA.
RYAN, R. M./DECI, E. L. (2001): On happiness and human potentials: A review of research on hedonic and eudaimonic well-being. In: Annual Review of Psychology, 52. Jg., S. 141-166.
SCHNEIDER, B./COLEMAN, J. S. (1993): Parents, their children, and schools. – Boulder.
SCHÖNWÄLDER, H. G. (1988): Die Arbeitssituation der Lehrer als Bestimmungsfaktor der Arbeitssituation der Schüler. In: BERNDT, J./BUSCH, D./SCHÖNWÄLDER, H. G. (Hrsg.) (1988): Schulstress, Schülerstress, Elternstress. – Bremen, S. 97-130.
SCHULTE-KÖRNE, G./DEIMEL, W./HÜLSMANN, J./SEIDLER, T./REMSCHMIDT, H. (2001): Das Marburger Rechtschreib-Training – Ergebnisse einer Kurzzeit Intervention. In: Zeitschrift für Kinder- und Jugendpsychiatrie, 29. Jg., S. 7-15.
SHUMOW, L. (1998): Promoting parental attunement to children's mathematical reasoning through parent education. In: Journal of Applied Developmental Psychology, 19. Jg., H. 1, S. 109-127.
SHUMOW, L./MILLER, J. D. (2001): Parents' at-home and at-school academic involvement with young adolescents. In: Journal of Early Adolescence, 21. Jg., H. 1, S. 86-91.
SOMMERLA, G. (1978): Praxis, Effektivität und Funktionen traditioneller Hausaufgaben im Urteil von Lehrern. In: Schulversuche und Schulreform, 16. Jg., S. 71-145.
STALLMANN, M. (1990): Soziale Herkunft und Oberschulübergang in einer Berliner Schülergeneration. In: Zeitschrift für Pädagogik, 36. Jg., S. 241-258.
STATISTISCHES BUNDESAMT (2002): Statistisches Jahrbuch 2002. – Stuttgart.
STEELE, M./STEELE, H. (1995): Intergenerationale Tradierung von Bindung, mütterliche Responsivität und Fremdbetreuung: Eine ideographische Illustration. In: SPANGLER, G./ZIMMERMANN, P. (Hrsg.): Die Bindungstheorie. Grundlagen, Forschung und Anwendung. Stuttgart: Klett-Cotta.
STEINBERG, L. (2001): We know some things: Parent-adolescent relationships in retrospect and prospect. In: Journal of Research on Adolescence, 11. Jg., S. 1-19.
STEINER, G. (1997): Lernverhalten, Lernleistung und Instruktionsmethoden. In: WEINERT, F. E. (Hrsg.) (1997): Psychologie des Lernens und der Instruktion. – Enzyklopädie der Psychologie, Themenbereich D, Serie I, Bd. 2 – Göttingen, S. 279-318.
STEVENSON, H. W./LEE, S. (1990): Contexts of achievement. In: Monographs of the Society for Research in Child Development, 55. Jg., H. 1-2, S. 1-119.
TIETZE, W./ROßBACH, H. G./MADER, J. (1987): Zur Hausaufgabensituation bei Grundschülern. In: Empirische Pädagogik, 1. Jg., S. 309-329.
TRAUTWEIN, U./KÖLLER, O. (2001): Homework and the Development of Performance and Interest [Internetseite]. Verfügbar unter: http://www.biju.mpg.de/englisch/projects/ trautwein_hausaufgaben.htm [26.20.2001].
TRAUTWEIN, U./KÖLLER, O./BAUMERT, J. (2001): Lieber oft als viel: Hausaufgaben und die Entwicklung von Leistung und Interesse im Mathematik-Unterricht der 7. Jahrgangsstufe. In: Zeitschrift für Pädagogik, 47. Jg., S. 703-724.
TRAUTWEIN, U./KÖLLER, O./SCHMITZ, B./BAUMERT, J. (2002): Do homework assignments enhance achievement? A multilevel analysis in 7th-grade mathematics. In: Contemporary Educational Psychology, 27. Jg., S. 26-50.
TRUDEWIND, C. (1975): Häusliche Umwelt und Motiventwicklung. – Göttingen.
TRUDEWIND, C./WINDEL, A. (1991): Elterliche Einflussnahme auf die kindliche Kompetenzentwicklung: Schulleistungseffekte und ihre motivationale Vermittlung. In: PEKRUN, R./FEND, H. (Hrsg.) (1991): Schule und Persönlichkeitsentwicklung. Ein Resümee der Längsschnittforschung. – Stuttgart.
TSUSHIMA, T./BURKE, P. J. (1999): Levels, agency, and control in the parent identity. In: Social Psychology Quarterly, 62. Jg., S. 173-189.
TUIJL, C./LESEMAN, P. P. M./RISPENS, J. (2001): Efficacy of an intensive home-based educational intervention programme for 4- to 6-year-old ethnic minority children in the Netherlands. In: International Journal of Behavioral Development, 25. Jg., S. 148-159.
UHLENDORFF, H./SEIDEL, A. (2001): Schule in Ostdeutschland aus elterlicher Sicht. In: Zeitschrift für Pädagogik, 47. Jg., S. 501-516.
ULICH, K. (1993): Schule als Familienproblem? – Frankfurt.
VYGOTSKY, L. S. (1978): Mind in society: The development of higher psychological processes. – Cambridge, MA.

WARNKE, A./ROTH, E. (2000): Umschriebene Lese-Rechtschreibströrung. In: PETERMANN, F. (Hrsg.) (2000): Lehrbuch der Klinischen Kinderpsychologie und -psychotherapie. – Göttingen, S. 151-186.

WARTON, P. M. (1997): Learning about responsibility: Lessons from homework. In: British Journal of Educational Psychology, 67. Jg., S. 213-221.

WEINFIELD, N. S./SROUFE, L. A./EGELAND, B./CARLSON, E. A. (1999): The nature of individual differences in infant-caregiver attachment. In: CASSIDY, J./SHAVER, P. R. (Hrsg.) (1999): Handbook of attachment. Theory, Research and clinical applications. – New York.

WERNER, J./KEIDER, J./REINERT, G. B. (1990): Auf der Suche nach Hausaufgaben, die Spaß machen. In: Zeitschrift für Pädagogik, 36. Jg., S. 223-239.

WHITE, K. R./TAYLOR, M. J./MOSS, V. D. (1992): Does research support claims about the benefits of involving parents in early intervention programs? In: Review of Educational Research, 62. Jg., H. 1, S. 91-125.

WILD, E. (1997): Bedingungen der Schullaufbahn ost- und westdeutscher Jugendlicher am Ende der Sekundarstufe I. In: 37. Beiheft der Zeitschrift für Pädagogik, S. 229-254.

WILD, E. (1999): Elterliche Erziehung und schulische Lernmotivation. Unveröffentlichte Habilitation, Sozialwissenschaftliche Fakultät der Universität Mannheim.

WILD, E. (2003): Einbeziehung des Elternhauses durch Lehrer: Art, Ausmaß und Bedingungen der Elternpartizipation aus der Sicht von Gymnasiallehrern. In: Zeitschrift für Pädagogik, 48. Jg., S. 513-533.

WILD, E./HOFER, M. (2000): Elterliche Erziehung und Veränderung motivationaler Orientierungen in der gymnasialen Oberstufe und der Berufsschule. In: SCHIEFELE, U./WILD, K.-P. (Hrsg.) (2000): Interesse und Lernmotivation: Untersuchungen zu Entwicklung, Förderung und Wirkung. – Münster, S. 31-52.

WILD, E./HOFER, M. (2002): Die Familie mit Schulkindern. In: HOFER, M./WILD, E./ NOACK, P. (Hrsg.) (2002): Lehrbuch Familienbeziehungen. Eltern und Kinder in der Entwicklung. – Göttingen, S. 216-240.

WILD, E./HOFER, M./PEKRUN, R. (2001): Psychologie des Lerners. In: KRAPP, A./WEIDENMANN, B. (Hrsg.) (2001): Pädagogische Psychologie. – Weinheim, S. 207-270.

WILD, K.-P./KRAPP, A. (1995): Elternhaus und intrinsische Lernmotivation. In: Zeitschrift für Pädagogik, 41. Jg., S. 579-595.

WILD, K.-P./KRAPP, A. (1996): Lernmotivation in der kaufmännischen Erstausbildung. In: Zeitschrift für Berufs- und Wirtschaftspädagogik, 13. Jg., S. 90-107.

WILD, E./REMY, K. (2001): Die Förderung selbstbestimmter Formen der Lernmotivation in Elternhaus und Schule. Arbeitsbericht an die Deutsche Forschungsgemeinschaft.

WILD, E./REMY, K. (2002): Affektive und motivationale Folgen der Lernhilfen und lernbezogenen Einstellungen der Eltern. In: Unterrichtswissenschaft, 30. Jg., S. 27-51.

WILD, E./WILD, K.-P. (1997): Familiale Sozialisation und schulische Lernmotivation. In: Zeitschrift für Pädagogik, 43. Jg., S. 55-77.

XU, J./CORNO, L. (1998): Case studies of families doing third-grade homework. In: Teachers College Record, 100. Jg., S. 402-436.

ZIMMERMANN, P. G./SPANGLER, G. (2001): Der Einfluss der Familie auf Motivation, Emotion und Leistung im Kontext der Schule. In: Zeitschrift für Pädagogik, 47. Jg., S. 461-480.

Anschrift der Verfasserin: Prof. Dr. Elke Wild, Universität Bielefeld, Fakultät für Psychologie und Sportwissenschaft, Postfach 100131, 33501 Bielefeld, Email: Elke.Wild@uni-bielefeld.de

Christian Lüders

PISA und die Konsequenzen für die erziehungswissenschaftliche Kinder- und Jugendhilfeforschung

Kurzfassung:
Vor dem Hintergrund der Ergebnisse der PISA-Studie fragt der Beitrag nach den sich abzeichnenden Herausforderungen für die empirische Forschung im Bereich der Kinder- und Jugendhilfe. Argumentiert wird, dass die Herausforderungen an die Forschung im Gefolge von PISA darin bestehen, den Blick neben den schulischen Lernprozessen sowohl auf die Kinder- und Jugendhilfe als auch auf die außerhalb der Kinder- und Jugendhilfe und der Schule stattfindenden nicht institutionalisierten sowie auf die familialen Lern- und Bildungserfahrungen zu lenken. Dabei gilt es auch, die zwischen ihnen stattfindenden wechselseitigen Verstärkungen bzw. Blockaden von Lern- und Bildungsprozessen zum Gegenstand der Analyse zu machen.

Abstract:
On the basis of the results of the PISA study the article asks for the challenges in the realm of empirical research about children and youth services. It argues that it will be necessary to distinguish between learning at schools, learning inside the institutions of the children and youth services and learning of children and young people in everyday life situations. The challenge will be to analyze the reciprocal reinforcements and blockades between these three forms and sites of learning.

Auf die Kinder- und Jugendhilfe wie auch auf alle anderen außerschulischen Lern- und Erfahrungsfelder – mit Ausnahme der Familie (vgl. z.B. BAUMERT/SCHÜMER 2001) – kommt die PISA-Studie systematisch gar nicht und implizit nur sehr am Rande zu sprechen – beispielsweise im Zusammenhang mit den Freizeitaktivitäten der Schülerinnen und Schüler (vgl. TILLMANN/MEIER 2001, S. 481ff.). Dies ist – wie auch die bisherige Rezeption der PISA-Studie – aus der außerschulischen Perspektive zunächst insofern überraschend, als die PISA-Studie selbst beansprucht, Basiskompetenzen in den Bereichen Lesen, mathematische und naturwissenschaftliche Grundbildung, und eben nicht nur schulisch erworbenes Wissen, zu erfassen. Es ist deshalb eine eigene Diskussion wert, *wo* und *wie* diese Basiskompetenzen jeweils erworben wurden.

Vor diesem Hintergrund bedarf es zunächst einer ersten Situierung der Kinder- und Jugendhilfe als *ein* Lern- und Erfahrungsort zwischen Schule, Familie und den Gleichaltrigengruppen im Kindes- und Jugendalter (Abs. 1). Darauf aufbauend werden die gegenwärtig sich abzeichnenden Fragestellungen und inhaltlichen Herausforderungen für die erziehungswissenschaftliche Forschung in diesem Feld *themenbezogen* zunächst auf einer allgemeinen Ebene (Abs. 2.1), daran anschließend entlang der drei Aspekte Institutionen der Kinder- und Jugendhilfe (Abs. 2.2), Personal und Arbeitsformen (Abs. 2.3) und Adressatinnen und Adressaten (Abs. 2.4) – soweit dies in der Kürze des Textes möglich ist – skizziert[1]. Wie diese Fragestellungen theoretisch im Einzelnen in konkreten Projekten konzeptualisiert und methodisch operationalisiert werden könnten, wäre eigene Abhandlungen wert, die jedoch den Rahmen dieses Beitrages sprengen würden. Eine sich im Durchgang durch die sich abzeichnenden Herausforderungen aufdrängende Rückfrage an die disziplinäre Organisation von Forschung beschließt diesen Beitrag.

1. Kinder- und Jugendhilfe: ein Lern- und Bildungsort zwischen Schule, Familie und Gleichaltrigengruppe

In der einschlägigen Diskussion wird in diesem Zusammenhang üblicherweise neben der Schule als erstes auf die Familie verwiesen. In den meisten Fällen wird Familie dabei unter dem Aspekt der eher folgenreichen Weichenstellungen im Hinblick auf die schulischen Bildungsvoraussetzungen von Kindern und Jugendlichen sowie deren Bildungsbeteiligung betrachtet (vgl. z.B. BÜCHNER/KOCH 2001). Diesem Blickwinkel folgt auch die PISA-Studie, indem sie wiederholt den hohen Stellenwert der familiären Hintergründe betont, also der sozio-ökonomischen Stellung der Eltern und des kulturellen und sozialen Kapitals der Familie (vgl. z.B. BAUMERT/SCHÜMER 2001). Deutlich weniger häufig wird die „Bildungsbedeutsamkeit der Familie" (BÜCHNER 2003, S. 17f.) unter der Perspektive eines eigenständigen vor- und außerschulischen Bildungs- und Erfahrungsortes angesehen, in dem spezifische Bildungsinhalte in besonderer Weise vermittelt und angeeignet werden. In diesem Sinne haben M. GRUNDMANN, O. GROH-SAMBERG, U. H. BITTLING-MAYER und U. BAUER jüngst vorgeschlagen, „den Bildungsbegriff aus seiner institutionellen Verankerung zu entgrenzen" und darauf hingewiesen, „dass Bildung neben der schulischen eine zumindest gleichwertige außerschulische Komponente besitzt" (GRUNDMANN u.a. 2003, S. 27). Um dies auch konzeptionell und empirisch umsetzen zu können, plädieren sie dafür, neben der Unterscheidung unterschiedlicher Milieus stärker als bisher die Bereichsspezifität von Bildungsprozessen zum Gegenstand der Analyse zu machen: „In der Dimension der *Bereichsspezifität* von Bildungsprozessen sind neben dem Bereich der schulischen und formalen Bildung auch die Bereiche der Familie und der Gleichaltrigengruppe (sowie ggf. weiterer lebensweltlicher Bereiche) zu berücksichtigen. Bildungsprozesse und -strategien in Schule, Familie und Peers unterscheiden sich im Hinblick auf die grundlegenden Rationalitäten und Ziele, etwa des Erwerbs arbeitsmarktrelevanten Wissens oder des Erwerbs sozialer Kompetenzen" (GRUNDMANN u.a. 2003, S. 127f.). Es ist vor dem Hintergrund dieser Überlegung nur ein kleiner Schritt, wenn man ergänzt, dass spätestens mit dem Eintritt in den Kindergarten neben der Familie und – mit zunehmendem Alter – der Gleichaltrigengruppen auch die öffentlichen Angebote der Kindertagesbetreuung, der Jugendarbeit, der Jugendbildung u.a., kurz also der Kinder- und Jugendhilfe, als Lern- und Erfahrungsorte an Bedeutung gewinnen.

Der Stellenwert der jeweiligen Lernorte, der dort vermittelten und angeeigneten Inhalte und ihrer jeweiligen Vermittlungs- und Aneignungsformen mag hinsichtlich der in der

PISA-Studie untersuchten Kompetenzen variieren; dies ändert jedoch wenig daran, dass ein erheblicher Teil der in der PISA-Studie abgefragten Kompetenzen und ihrer Voraussetzungen nicht allein durch die Schule vermittelt worden sind. M.a.W.: Man muss beim Kompetenzerwerb – und dies gilt nicht nur für die drei von der PISA-Studie zum Gegenstand der Analyse gemachten Kompetenzen – zunächst von im Detail kaum aufklärbaren, vermutlich je unterschiedlich zu gewichtenden Mischungsverhältnissen aus heterogenen Bildungserfahrungen ausgehen, die an unterschiedlichen Orten in unterschiedlicher Weise stattfinden und die sich zum Teil ergänzen, zum Teil aber auch gegenseitig blockieren – wobei es sinnvoll ist, von Beginn an die Frage der sozialen Ungleichheit – zwischen den Milieus, den Geschlechtern, den Ethnien und den Regionen – nicht nur auf die Schule, sondern auch auf die anderen Bildungsorte zu beziehen (vgl. zuletzt das ZfE-Themenheft 1/03; darin besonders GRUNDMANN u.a. 2003).

Dabei geht es weniger um eine prozentuale Aufklärung, wo welches Wissen und welche Kompetenzen wie und in welchem Umfang erworben werden. Derartige Anteilabschätzungen mögen für den politischen Streit manchmal hilfreich sein; theoretisch und empirisch erweisen sie sich üblicherweise als wenig belastbar. Vordringlicher ist vielmehr die *empirisch* differenzierende Beschreibung der unterschiedlichen Lern- und Erfahrungsorte im Hinblick auf die darin eingebetteten Vermittlungs- und Aneignungsprozesse und -muster, die jeweils zugänglichen und erworbenen Inhalte und Wissensformen und die jeweiligen kulturellen und sozialen Voraussetzungen, um sich dann der Frage der förderlichen bzw. hinderlichen Verhältnisse zu widmen[2].

Die Betonung der empirisch differenzierenden Beschreibung ist dabei in zweierlei Hinsicht von Bedeutung. *Erstens* gilt zumindest für den Bereich der Kinder- und Jugendhilfe, aber auch für weite Bereiche des selbstorganisierten Lernens in der Gleichaltrigengruppe, dass derzeit die Unterschiede mehr behauptet, als empirisch belegt werden können.

Nur ein – fast schon beliebig herausgegriffenes, fachpolitisch dennoch wichtiges und gerade deshalb typisches – Beispiel mag dies veranschaulichen. Innerhalb der Kinder- und Jugendhilfe hat die PISA-Debatte eine Diskussion zum Verhältnis von Kinder- und Jugendhilfe und Bildung ausgelöst. Das BUNDESJUGENDKURATORIUM als das gesetzlich vorgesehene Beratungsgremium der Bundesregierung in allen grundsätzlichen Fragen der Kinder- und Jugendpolitik hat dazu eine eigene „Streitschrift" veröffentlicht (BUNDESJUGENDKURATORIUM 2002) und vor dem Hintergrund einer Tagung einen Sammelband mit Positionsbestimmungen zur Sache veröffentlicht (MÜNCHMEIER/OTTO/RABE-KLEBERG 2002). In diesem Kontext argumentiert z.B. A. SCHERR: „Anders als Schulen, Hochschulen und berufliche Bildung ist Jugendarbeit nicht durch curriculare Vorgaben bestimmt. In der Jugendarbeit *können* deshalb die Erfahrungen, Interessen und Lebensentwürfe Heranwachsender ins Zentrum gerückt werden und als Gegenstand von Reflexions- und Lernprozessen tatsächlich ernst genommen werden. Damit gewinnt Jugendarbeit *der Möglichkeit nach* die Qualität eines sozialen Arrangements, in dem Jugendliche in ihrer Besonderheit und mit ihren Autonomiewünschen anerkannt werden" (SCHERR 2002, S. 98; Heraushebungen C. L.). Betont werden in dieser Argumentation die Potenziale der Jugendarbeit in Abhebung zu den schulischen Bildungsformen. Empirische Belege dafür werden nicht angeführt. Dies ist keineswegs dem Autor anzulasten, sondern nur einer unter vielen Indikatoren für das zu Grunde liegende Forschungsdefizit in diesem Bereich. Die theoretische Einsicht in die Vielfalt und der immer wieder postulierten Bedeutung der außerschulischen Lern- und Erfahrungsorte, der Vermittlungs- und Aneignungsformen und -inhalte steht – auch in Anerkennung der damit verbundenen theoretischen, konzeptionellen und methodologischen Probleme – in scharfem Kontrast zu den gegenwärtig tatsächlich vorführbaren empirischen Belegen dafür.

Zweitens regt sowohl die PISA-Studie als auch die zuvor angestellten Überlegungen dazu an, aus einer vergleichenden Perspektive das Zusammenspiel bzw. auch die Blockaden, die Ergänzungen bzw. Brüche, die sich aus der Unterschiedlichkeit der Lern- und Erfahrungsorte für Kinder und Jugendliche ergeben, empirisch genauer zu untersuchen. Wenn man akzeptiert, dass es sowohl in Bezug auf die Inhalte als auch in Bezug auf die Vermittlungs- und Aneignungsformen nicht nur zwischen den soziokulturellen und -ökonomischen Milieus, sondern auch zwischen den Lernorten erkennbar signifikante Differenzen bis hin zu Inkompatibilitäten gibt, wenn also Bildungsprozesse lern- und erfahrungsortbezogen je unterschiedlichen Rationalitäten folgen, dann stellt sich sowohl aus der Sicht der betroffenen Kinder und Jugendlichen als auch der beteiligten Institutionen unvermeidlich die Frage nach den Anschlussmöglichkeiten, der Passung bzw. den Brüchen und Konflikten.

In diesem Sinne lässt sich zunächst festhalten:

- Die Rezeption der PISA-Studie als Schulleistungsstudie erweist sich ebenso wie die scheinbar evidente Unterscheidung zwischen formellen und informellen bzw. ggf. nonformellen Lern- und Bildungsprozessen[3] als zu eng auf die Schule bezogen. Sie ist allerdings auch Ausdruck dafür, dass in Bezug auf die außerschulischen Lern- und Bildungsorte *als* Lern- und Bildungsorte nur wenig empirisch begründetes Wissen und kaum gehaltvolle Theorien vorliegen.
- Es ist notwendig, mindestens drei Bereiche des Lernens und der Bildung zu unterscheiden. Neben den hochgradig formalisierten Wissensvermittlungsprozessen in der Schule gibt es ein breites Spektrum institutionalisierter Lern- und Bildungsorte innerhalb und außerhalb der Kinder- und Jugendhilfe[4] und – als dritten Bereich – die öffentlich nicht institutionalisierten Lern- und Erfahrungsformen im Kontext der Gleichaltrigengruppe und der Familie[5].
- Die Herausforderungen an die Forschung im Gefolge von PISA aus der Sicht der Kinder- und Jugendhilfe zu beschreiben, bedeutet deshalb, neben dem Blick auf die Kinder- und Jugendhilfe selbst die Aufmerksamkeit auch auf die beiden anderen Bereiche zu lenken und dabei auch die zwischen ihnen stattfindenden wechselseitigen Verstärkungen bzw. Blockaden von Lern- und Bildungsprozessen zum Gegenstand der Analyse zu machen.

Disziplinär gedacht ergibt sich aus dieser ersten Annäherung an das Forschungsfeld, dass neben der Schulforschung und der Kinder- und Jugendhilfeforschung auch die Kindheitsforschung, Jugendforschung und Familienforschung daraufhin befragt werden müssten, welche Konsequenzen sich aus PISA jeweils für sie ergeben. Um nur ein Beispiel herauszugreifen: Im Bereich der Jugendforschung fehlt es bis heute an empirischen Studien, die der Frage nachgehen, wie Jugendliche was in den jeweiligen Gleichaltrigensettings lernen, wie man dies empirisch sichtbar machen kann und was diese Lernerfahrungen anderenorts bedeuten. Und am Rande sei darauf hingewiesen, dass PISA auch noch andere Felder, z.B. die Gerechtigkeitsforschung (vgl. LENGFELD 2002; LIEBIG/LENGFELD 2002) und die Armutsforschung (vgl. z.B. SELL 2002; BEISENHERZ 2002; BUNDESMINISTERIUM FÜR ARBEIT UND SOZIALORDNUNG 2001; MANSEL/BRINKHOFF 1998) herausfordert.

2. Kinder- und Jugendhilfeforschung

Mit Kinder- und Jugendhilfeforschung wird hier jener Forschungsbereich bezeichnet, der die öffentlichen bzw. staatlich geförderten Angebote und Maßnahmen entsprechend den gesetzlichen Vorgaben des Kinder- und Jugendhilfegesetzes (SGB VIII/KJHG), also die Institutionen (2.2), das Personal und die Arbeitsformen (2.3) und die betroffenen und beteiligten Adressatinnen und Adressaten (2.4), zum Gegenstand empirischer Forschung macht (vgl. LÜDERS 1997)[6]. Im Folgenden sollen zunächst anhand dieser drei Momente einige zentrale gegenstandsbezogene Herausforderungen an die Kinder- und Jugendhilfeforschung im Gefolge von PISA 2000 skizziert werden[7]. Zuvor jedoch ist es notwendig, sich dem – aus meiner Sicht – zentralen gemeinsamen Thema für die erziehungswissenschaftliche Forschung – und am Rande vermerkt: auch für die anderen Disziplinen und die Politik – nach PISA zu stellen: den Bildungsverläufen von Risikogruppen (2.1).

2.1 Bildungsverläufe von Risikogruppen – ein gemeinsames Thema

Die Ergebnisse der PISA-Studie, vor allem die Einsicht, dass die Schule offenbar die gesellschaftlichen Ungleichheiten reproduziert und zugleich eine „Risikogruppe" (vgl. z.B. ARTELT/STANAT/SCHNEIDER/SCHIEFELE 2001, S. 116ff.) erzeugt, um sie dann – um das Bild eines Schulleiters zu übernehmen – mit einem Paddelboot auf den Atlantik des Lebens zu schicken, zwingen dazu, das institutionelle Zusammenwirken bzw. Nebeneinanderher von Schule, Familie und Kinder- und Jugendhilfe vor allem in Bezug auf diese Gruppe in neuer Weise zum Thema von Forschung zu machen. Schließlich darf nicht vergessen werden, dass der Abbau sozialer Benachteiligung auch eine Aufgabe der Kinder- und Jugendhilfe darstellt (vgl. § 1 Abs. 3.1 KJHG). Auch wenn nach PISA alle vorrangig die Schule kritisieren, so muss doch auch gefragt werden, welche Mechanismen innerhalb der beteiligten Institutionen, aber auch im Zusammenwirken der Institutionen dafür verantwortlich sind, dass die PISA-Ergebnisse möglich wurden.

Die PISA-Studie belegt, dass die Schule, vor allem, wenn man der IGLU-Studie trauen darf, die Sekundarstufe I soziale Benachteiligungen offenbar nicht nur nicht abbaut, sondern bestätigt. Zwar wäre es vermessen, zu erwarten, dass eine verbesserte Zusammenarbeit zwischen Schule, Kinder- und Jugendhilfe und – spätestens an dieser Stelle muss wieder ergänzt werden – der Familie die Probleme lösen würde. Dazu bedarf es einer entsprechenden Familien-, Schul- und Jugendpolitik. Zugleich lehrt die PISA-Studie einmal mehr, dass wesentliche Voraussetzungen für schulische Lern- und Bildungsprozesse in der Familie und den Gleichaltrigenbeziehungen angelegt werden, so dass eine nachhaltige Förderung und Unterstützung von Kindern und Jugendlichen und der Abbau sozialer Benachteiligungen nur unter Berücksichtigung und Einbezug der formellen wie jeweiligen informellen Lern- und Bildungserfahrungen denkbar sind (vgl. auch WISSENSCHAFTLICHER BEIRAT FÜR FAMILIENFRAGEN 2002). Der Forschung kommt hierbei die Aufgabe zu, die Bedingungen und Hürden des Zusammenwirkens von, aber auch die Friktionen zwischen Familie, Schule und Kinder- und Jugendhilfe in den unterschiedlichen Konstellationen aufzuspüren.

Im Hinblick auf die betroffenen Kinder und Jugendlichen (vgl. dazu auch Abs. 2.4) bedeutet dies, dass der „ungewöhnlich straffe Zusammenhang" (BAUMERT/SCHÜMER 2002, S. 185) zwischen sozialer Herkunft und den am Ende der Sekundarstufe I beobachtbaren Kompetenzen quer über alle Länder in Deutschland den Blick auch auf die Entwicklungsdynamik, also die wechselseitigen Blockaden, die nachhaltig wirksamen Brüche und in Sackgassen führende Weichenstellungen innerhalb und zwischen den unterschiedlichen Bildungsorten und sozialen Milieus, die sich aufschaukelnden Problemkarrieren und Ausgrenzungsmechanismen im Längsschnitt zu lenken hat. Gerade weil die von der PISA-Studie als „Risikogruppe" bezeichnete Gruppe von Jugendlichen in den großen quantitativ-repräsentativen Jugendstudien aus methodischen und nicht selten inhaltlichen Gründen üblicherweise unterrepräsentiert ist und in der qualitativ orientierten bzw. biographietheoretisch angelegten Jugendforschung bislang nur am Rande vorkommt (vgl. immerhin z.B.: HELSPER/MÜLLER/NÖLKE/COMBE 1991; ENGEL/HURRELMANN 1998; PERMIEN/ZINK 1998), weil bislang also über die Genese von kindlichen und jugendlichen Problemkarrieren bis hin zum schulischen und beruflichen Scheitern und die Rolle der beteiligten Institutionen zu wenig bekannt ist, bedarf es an dieser Stelle erheblicher Anstrengungen der Forschung – und zwar nicht allein der auf den Bereich der Kinder- und Jugendhilfe bezogenen Forschung.

In diesem Sinne wäre es z.B. eine wichtige Forschungsfrage, wie sich die in der PISA-Studie als „Risikogruppe" beschriebenen Schülerinnen und Schüler in Bezug auf ihre bisherige Biographie, Familiengeschichte, schul- und ggf. außerschulischen Maßnahmenkarriere zusammensetzen und im Vergleich zu anderen unterscheiden. Dabei ginge es nicht nur um die Rekonstruktion gescheiterter pädagogischer Angebote, fehlender Unterstützung zum richtigen Zeitpunkt, verpasster Chancen und übersehener Ressourcen, sondern ebenso um das Aufspüren dessen, was trotzdem noch gelernt wurde, was an Ressourcen vorhanden ist und was eine Basis für Chancen eröffnende Strategien sein könnte (vgl. z.B. SCHREIBER-KITTL/SCHRÖPFER 2002).

Neben der retrospektiven Perspektive muss die Analyse des weiteren Bildungsverlaufs treten. Die PISA-Studie hat die befragten 15-jährigen Schülerinnen und Schüler auf unterschiedliche Kompetenzniveaus „typologisiert". Der Anspruch, der dabei erhoben wurde, war weitgehend: Es sollten Basisindikatoren erhoben werden „die ein Grundprofil jener Kenntnisse und Fähigkeiten der nachwachsenden Generation bilden, die für eine aktive gesellschaftliche Teilhabe und für kontinuierliches Weiterlernen grundlegend sind" (BAUMERT/STANAT/DEMMRICH 2001, S. 16). Zwar wird eingeschränkt, dass damit nicht gesagt sei, „dass diese Kompetenzen auch hinreichend seien" (ebd.). Doch zugleich provoziert dieser Anspruch auf einer allgemeinen Ebene die Frage nach den weiteren Bildungsverläufen und die Rolle, die dabei den erhobenen Kompetenzniveaus einschließlich der anderen Kontextvariablen zukommt. Differenziert nach Milieus, Gruppen, Kompetenzniveaus u.a. wären dann die Übergänge in die Ausbildung, die Umwege und Fördermaßnahmen – z.B. im Rahmen der Jugendberufshilfe – und die Übergänge in den Arbeitsmarkt zu untersuchen (vgl. LEX 1997; LAPPE 2003)[8].

Institutionen

Zu den *Institutionen* der öffentlichen und freien Kinder- und Jugendhilfe gehören sowohl die Jugendämter als Teile der Stadt- bzw. Gemeindeverwaltung als auch die sogenannten freien Träger wie z.B. Wohlfahrtsverbände und Initiativen, Jugendverbände u.a.. Inhaltlich umfasst das Spektrum sowohl Freizeiteinrichtungen aller Art, Erziehungsheime, offene Wohngruppen, Kindergärten und Horte, die verschiedenen Arten von Beratungs-

stellen, Einrichtungen des Allgemeinen Sozialdienstes (ASD), der Straßensozialarbeit (z.B. in Form von Notschlafstellen), der außerschulischen kulturellen und politischen Bildung u.a.
Die öffentliche, politische und wissenschaftliche Diskussion im Anschluss an die PISA-Studie hat sich in Bezug auf die Ebene der Institutionen weitgehend auf zwei Aspekte konzentriert:

– Unter dem Stichwort Ganztagesbetreuung wurde der Ausbau einer verlässlichen Angebotsstruktur am Nachmittag propagiert. Die gegenwärtige Lage ist allerdings reichlich unübersichtlich. In den Ländern werden sehr unterschiedliche Akzentsetzungen vorgenommen. Dabei überwiegt nach wie vor das Interesse an einem *quantitativen* Ausbau. Niemand verfügt derzeit über einen Überblick, was unter der Überschrift Ganztagesbetreuung eigentlich geschieht und entwickelt wird, was die institutionellen (rechtlichen, finanziellen, organisatorischen, personellen) Rahmenbedingungen und Voraussetzungen sind und was jeweils von wem mit welcher Qualität angeboten wird. Ebenso wenig weiß man über die Auswirkungen für die Schule bzw. die beteiligten Institutionen (z.B. die Träger der Jugendarbeit) und die Erfahrungen der betroffenen und beteiligten Kinder, Jugendlichen, Lehrerinnen und Lehrer, Fachkräfte und Eltern. Hier einen systematischen Überblick zu erhalten, wäre schon ein Fortschritt.
  Darüber hinaus wäre es interessant zu erfahren, welche Arten von Erfahrungs- und Lernmilieus durch die unterschiedlichen Formen der Ganztagesbetreuung geschaffen werden. Diesen Aspekt zu betonen ist wichtig, weil die Ganztagesbetreuung nach wie vor vorrangig unter dem Vorzeichen der Vereinbarkeit von Familie und Beruf gesehen wird und erst zögernd der Aspekt der individuellen Förderung an Bedeutung gewinnt – ohne dass allerdings bislang erkennbar wäre, dass dies auch konzeptionelle und institutionelle Konsequenzen haben müsste.
– Eine weitere Implikation der PISA-Debatte war, dass der Kindergarten wieder unter pädagogischen Gesichtspunkten in das Zentrum der Aufmerksamkeit rückte. PISA machte offenbar – erneut, muss man ergänzen – deutlich, dass die Schule allein die Voraussetzungen für das Lernen in der Schule nicht schaffen kann[9]. Verstärkte individuelle Förderung lautete das Stichwort. Damit wird an den Kindergarten eine Forderung herangetragen, die einerseits nicht abgewehrt werden kann, genau genommen durchaus im Selbstverständnis der pädagogischen Praxis liegt, bei der aber andererseits nicht so recht klar ist, wie sie eigentlich angesichts der gegebenen Verhältnisse eingelöst werden kann. Die Irritationen sind elementar und die Diskussion um den „Bildungslieferant Kindergarten" (DELLER/WESSELS 2002) beginnt gerade erst. Zu wesentlichen Teilen ist dies zunächst eine fachpolitische Debatte. Forschung könnte hierfür insofern hilfreich sein, als sie einerseits Beiträge zu der Frage liefern könnte, welche institutionellen Voraussetzungen für eine individuelle Förderung von Kindern unter nicht-schulischen Bedingungen im Rahmen der Kindestagesbetreuung gegeben sein müssen; andererseits wären die gerade begonnenen Arbeiten (vgl. z.B. TIETZE 1998 und im Rahmen der *Nationalen Qualitätsinitiative im System der Tageseinrichtungen für Kinder*) zur Frage, was eigentlich die Qualität eines guten Kindergartens gerade im Hinblick auf den Aspekt der individuellen Förderung ausmacht, zu intensivieren.

Jenseits dieser beiden aktuell prominenten Themen regt die PISA-Studie erneut das Nachdenken über das institutionelle Zusammenwirken bzw. Nebeneinander von Kinder- und Jugendhilfe und Schule an. Bislang wurde dies vor allem unter den Stichworten

Schulsozialarbeit, Schuljugendarbeit, Jugendhilfe an der Schule u.Ä. abgehandelt. In diesen Bereichen ist es in den letzten 10 Jahren zu einer deutlichen Weiterentwicklung – zum Teil aus zwiespältigen Gründen, z.B. unter dem Vorzeichen von Kriminalprävention – gekommen. Dies hat vielfältige praktische Erfahrungen möglich gemacht, die bis heute einer systematischen Auswertung harren (als Ausnahme vgl. RADEMACKER 1996; OLK/BATHKE/HARTNUSS 2000).

2.3 Personal und Arbeitsformen

Unter der Perspektive des *Personals* werden nicht nur die verschiedenen Beschäftigungsformen, Qualifikationen, Berufswege und Weiterbildungsbedarfe Thema der Forschung, sondern auch die Logiken und institutionellen Voraussetzungen fachlichen, verberuflichten und professionellen Handelns. Ein Aspekt davon sind die verschiedenen *Arbeitsformen*, also z.B. Beratung, Gruppenarbeit, mobile Arbeit, geschlechterdifferenzierende Ansätze, Konzepte der Fallanalyse und Hilfeplanung, der kommunalen Hilfeplanung u.a. Bis vor kurzem war es üblich, wie diese Aufzählung schon andeutet, dass man bei dem Stichwort Arbeitsformen – mit Ausnahme der kommunalen Hilfeplanung – an pädagogische Arbeitsformen dachte, während die Aspekte Verwaltung und Organisation weitgehend ausgeblendet wurden. Erst in den letzten Jahren haben über die Diskussion zur Qualitätsentwicklung und -sicherung vermehrt Management- und QS-Strategien und darüber auch Verwaltungs- und Organisationsentwicklungskonzepte breitere Resonanz gefunden.

In der Fachdiskussion gilt es als weitgehend ausgemacht, dass vor allem im Bereich der Kindertagesbetreuung die wiederholt formulierten Erwartungen im Hinblick auf eine bessere individuelle Förderung und im Hinblick auf eine wirkungsvolle Integration sozial Benachteiligter und Kinder mit Migrationshintergründen nur dann erfüllt werden können, wenn das Personal besser qualifiziert wäre. Abgesehen von dem Streit um die Finanzierung der tariflichen Folgekosten besteht aber gegenwärtig – soweit zu sehen – noch kein Konsens darin, in welchen Hinsichten denn das Personal besser qualifiziert werden müsste. Zwar kann es nicht allein Aufgabe der Forschung sein, diese Frage zu beantworten. Einen Beitrag aber könnte sie insofern leisten, wenn sie die tatsächlichen Arbeitsvollzüge und täglichen Anforderungen, die in den Einrichtungen entstehen, zum Gegenstand empirischer Forschung machen würde. Diese Herausforderung gilt allerdings nicht nur für die Kindertagesbetreuung. Es gibt nach wie vor einen erheblichen programmatischen, theoretisch-normativen, berufspolitisch motivierten Überschuss in Bezug auf die für eine erfolgreiche professionelle Praxis in den Feldern der Kinder- und Jugendhilfe jeweils notwendigen Kompetenzen und demgegenüber vergleichsweise wenig empirische Forschung, die gleichsam den Alltag beobachtet und danach fragt, was für eine erfolgreiche Bewältigung des pädagogischen Alltages in den Einrichtungen der Kinder- und Jugendhilfe notwendig ist.

Lenkt man den Blick auf die Arbeitsformen werden zwei weitere gravierende, die gesamte Kinder- und Jugendhilfe betreffende, aber gerade im Kontext der Zusammenarbeit mit der Schule folgenreiche Herausforderungen sichtbar:

– *Sozialpädagogische Diagnose:* Mit guten Gründen wehrt sich die Kinder- und Jugendhilfe auf der einen Seite gegen die schulischen Strategien der Erfolgsüberprüfung wie auch auf der anderen Seite gegen die klinischen Verfahren der Diagnose. Sie selbst jedoch hat bis heute keine weithin anerkannten Verfahren und Standards einer sozialpädagogischen Diagnose bzw. – wem der Begriff zu klinisch klingt – Fallanalyse durchsetzen können. Zwar gibt es verschiedene Verfahrensvorschläge und Konzepte; doch ein Konsens innerhalb der Fachszene darüber ist derzeit nicht in Sicht. Das behindert nicht nur die eigene Praxis, sondern auch die Kooperation mit der Schule – und widerspricht am Rande vermerkt dem gern zitierten eigenen Selbstverständnis als Profession.

Die erziehungswissenschaftliche Forschung befindet sich dabei in einer heiklen Lage, denn fatalerweise besteht eine immer wieder bemühte Strategie, dem Problem abzuhelfen, darin, qualitative Forschungsverfahren für die Praxis „zurechtzubiegen" (vgl. JAKOB/WENSIERSKI 1997). Hier wäre es nicht nur Aufgabe der Forschung, zunächst die Differenz zwischen Forschung und diagnostischer Praxis zu betonen (vgl. LÜDERS 1999), sondern auch, die Zuverlässigkeit der verschiedenen Verfahren zum Gegenstand von Forschung zu machen. M.a.W. und etwas verallgemeinert: Es bedarf der empirischen Analyse der Bedingungen und Wirksamkeit von sozialpädagogischen fallanalysierenden Arbeitsformen.

– *Evaluation:* Wie immer man die Forschungslage hinsichtlich der Praxis in der Kinder- und Jugendhilfe einschätzen mag, in einem Punkt dürfte es kaum Widerspruch geben: Die Kinder- und Jugendhilfe ist derzeit nicht in der Lage, empirisch begründet Auskunft über die Leistungen ihrer Regelpraxis zu geben. Weder verfügt sie über aussagekräftige Daten hinsichtlich der längerfristigen Auswirkungen ihrer Angebote und Interventionen, noch besitzt sie ein empirisch-systematisch begründetes Wissen über die Angemessenheit und Wirksamkeit ihrer Arbeitsformen (als wichtige Ausnahmen immerhin: BUNDESMINISTERIUM FÜR FAMILIE, SENIOREN, FRAUEN UND JUGEND 1998; SCHMIDT u.a. 2002). Gemeinsam ist allen Handlungsfeldern, dass das Wissen über die Voraussetzungen einer „guten Praxis" bislang eher dünn ist. Zwar verfügen selbstverständlich die Fachkräfte über ein Erfolg versprechendes Erfahrungswissen; aber dieses ist im hohen Maße kontextbezogen und unterliegt spezifischen Bedingungen. Vor diesem Hintergrund hat die Sachverständigenkommission des 11. Kinder- und Jugendberichtes eine „spürbare Intensivierung der Evaluationsforschung, also der mit sozialwissenschaftlichen Mitteln durchgeführten und begründeten externen Analyse und Bewertung von Angeboten, Maßnahmen, Arbeitsformen und Institutionen der Kinder- und Jugendhilfe" gefordert (DEUTSCHER BUNDESTAG 2002, S. 255). Notwendig ist die Entwicklung entsprechender praxistauglicher Standards, Verfahren und Methodologien und darauf aufbauend einer breiten Empirie – also, wenn man so will: Die Entwicklung eines neuen Forschungsfeldes.

In dem hier in Rede stehenden Zusammenhang bezieht sich dies nicht nur auf die engeren Bereiche der schulbezogenen Angebote der Kinder- und Jugendhilfe, sondern auch auf die Ausbildung eines entsprechenden fachlichen Wissens und Selbstverständnisses, ohne die die Kooperation mit Schule mittelfristig nicht gelingen kann.

2.4 Adressatinnen und Adressaten

Der dritte Bezugspunkt der Kinder- und Jugendhilfeforschung sind die *Adressatinnen und Adressaten*. Darunter werden jene Kinder, Jugendliche und ihre Familien verstanden, die aus welchen Gründen auch immer Angebote der Kinder- und Jugendhilfe in Anspruch nehmen bzw. an Maßnahmen teilnehmen oder die von der Kinder- und Jugendhilfe als mögliche Nutzerinnen und Nutzer der Angebote und Maßnahmen betrachtet werden. Der Begriff wird hier analog dem Vorschlag im 11. Kinder- und Jugendbericht verwendet, wo Adressatinnen- und Adressatenforschung als ein eigenes Forschungsfeld umrissen wurde: „Adressatinnen- und Adressatenforschung als eigener Forschungstypus wird dabei als Oberbegriff für Untersuchungen ganz unterschiedlicher Gruppen von Kindern, Jugendlichen und Familien in unterschiedlichen institutionellen Arrangements verwendet. Die Adressatinnen- und Adressatenforschung kann sich ebenso auf die klassischen Adressatinnen und Adressaten der Hilfen zur Erziehung beziehen wie auf die Teilnehmerinnen und Teilnehmer jugendkultureller Angebote, geschlechtsspezifischer Ansätze oder die Mitglieder in Verbänden. Sie umfasst u.a. die Forschung zu Kindern in Einrichtungen der Kindertagesbetreuung, zu Schülerinnen und Schülern, zu Auszubildenden, jugendlichen Sozialhilfeempfängerinnen und -empfängern, jungen Klientinnen und Klienten, Patientinnen und Patienten. Mit dem Begriff „Adressatinnen- und Adressatenforschung" wird der Zusammenhang zwischen

- erstens den individuellen und kollektiven Bedarfs-, Nachfrage- und Problemlagen von Kindern, Jugendlichen und ihren Eltern,
- zweitens den institutionellen Strukturen, Angeboten, Maßnahmen und Interventionen und
- drittens den jeweils vermittelnden Definitions- und Zuschreibungsprozessen betont" (DEUTSCHER BUNDESTAG 2002, S. 99).

Im Horizont der PISA-Ergebnisse rücken unter dieser Perspektive neben dem zuvor schon erwähnten Bedarf an Längsschnittanalysen drei weitere Aspekte in den Mittelpunkt der Aufmerksamkeit der Forschung:

- Wiederholt kommt die PISA-Studie aus guten Gründen auf die Schülerinnen und Schüler mit Migrationshintergründen zu sprechen (zuletzt: STANAT 2003). Innerhalb der Kinder- und Jugendhilfe hat in den letzten Jahren zwar das Bewusstsein zugenommen, dass es für diese Gruppen von Kindern und Jugendlichen und ihren Eltern besonderer institutioneller Arrangements und Unterstützungsformen bedarf (vgl. DEUTSCHER BUNDESTAG 2002, S. 203-218). Neben der Entwicklung entsprechender Angebote in der Praxis besteht aber auch ein erheblicher Nachholbedarf in dieser Hinsicht im Bereich der Forschung. Einige kursorische Verweise mögen dies belegen: Die Bedeutung von Migration als eine Ressource und der Stellenwert von Verwandtschaftssystemen als selbstorganisierte Unterstützungssysteme ist bislang wenig untersucht. Wir wissen wenig über den Umgang mit Zweisprachigkeit in den Familien und den Gleichaltrigengruppen. Angesichts der markanten Überrepräsentanz männlicher Jugendlicher mit Migrationshintergrund im Bereich der intervenierenden und kontrollierenden Maßnahmen stellt sich die Frage nach den Grenzen und Möglichkeiten niedrigschwelliger Angebote für diese Adressatengruppe. Es fehlen verlässliche Daten über die Kenntnisse der deutschen Sprache und Kultur von Kindern mit Migrationshintergründen in der Kindertagesbetreuung und den notwendigen Förderbedarf; ebenso mangelt es an systematischen Informationen über die Angebote, Arbeitsformen und deren Qualität zum Erwerb der deutschen Sprache in Kindergärten (vgl. JAMPERT 2002). Lokale Studien, die allerdings theoretisch wie methodisch mit Vorsicht zu genießen sind, deuten an, dass es in diesem Bereich und in der Zusammenarbeit mit den Eltern erhebliche Defizite gibt.

- Die in der PISA-Studie wiederholt sichtbar werdenden Unterschiede zwischen Jungen und Mädchen (vgl. z.B. STANAT/KUNTER 2002; KUNTER/STANAT 2002) zwingen auch die Kinder- und Jugendhilfe, ihre eigene Praxis im Verhältnis zu ihren institutionellen Umwelten unter dieser Perspektive neu zu bewerten. Die Diskussion und Forschung zum Thema Geschlechtergerechtigkeit könnten die PISA-Studie zum Anlass nehmen, dass Geschlechtergerechtigkeit, „gender mainstreaming" und „doing gender" sowohl innerhalb wie auch im Zusammenspiel zwischen den Institutionen und Lebenswelten zum Thema zu machen sind.
- Die Herausforderungen für die Forschung aus der Sicht der Adressatinnen und Adressaten der Kinder- und Jugendhilfe zu denken, müsste die Aufmerksamkeit neben den strukturellen und institutionellen Aspekten schließlich auch auf die Prozessdimensionen und Akteursperspektiven lenken. Etwas vereinfacht formuliert: Eine Analogie zur systematischen Lehr- und Lernforschung der Schule oder der Erwachsenenbildung jenseits informativer Erfahrungsberichte kennt die Kinder- und Jugendhilfe – mit Ausnahme weniger Ansätze im Bereich der außerschulischen, vor allem kulturellen und politischen Bildung und der Jugendberufsbildung – kaum. Vermittlungsprozesse und Aneignungsformen von Kindern und Jugendlichen und ihre Besonderheiten – dies wurde schon angedeutet – werden eher vorausgesetzt und postuliert, bislang aber kaum zum Gegenstand der Forschung gemacht. Hier öffnet sich ein weites Feld von Fragestellungen, in deren Zentrum die Frage steht: *Wie* und was lernen Kinder und Jugendliche in den Angeboten der Kinder- und Jugendhilfe und welche Bildungsprozesse werden dabei *wie* initiiert?

3. Und die Forschung selbst?

Die zuvor skizzierten thematischen Herausforderungen an die Kinder- und Jugendhilfeforschung im Anschluss an die PISA-Studie verweisen nicht nur auf sich abzeichnende Fragestellungen innerhalb der sozialpädagogischen bzw. kinder- und jugendhilfebezogenen Forschung, sondern indizieren in analoger Weise – dies ist an verschiedenen Stellen sichtbar geworden – auch erhebliche Anforderungen an die benachbarten Forschungsbereiche – seien es die erziehungswissenschaftliche Schul- und Bildungsforschung, die Kindheits-, Jugend- und Familienforschung, die Risikolagen- und Armutsforschung u.a. Die durch PISA auf die Tagesordnung gesetzten Themen fordern deshalb nicht nur die Diskussionen innerhalb der so tangierten Forschungsfelder und Disziplinen heraus, sondern unvermeidlich auch die Beziehungen oder soll man besser sagen: die Sprachlosigkeiten zwischen ihnen.

Vor diesem Hintergrund sei zum Schluss noch ein Verdacht in eigener Sache erlaubt. Zuvor wurde mehrmals sowohl das wenig Erfolg versprechende Zusammenwirken von Schule, Familie und Kinder- und Jugendhilfe erwähnt als auch die gegenseitigen Ausblendungen angesprochen. Es ist zu befürchten, dass dafür Wissenschaft und Forschung selbst einen gehörigen Teil Verantwortung tragen, weil sie bis heute die institutionalisierte Vierteilung Schule – Kinder- und Jugendhilfe – Familie – Freizeit und Gleichaltrigengruppe tagtäglich durch ihre eigenen Strukturen bestätigen. Das – vornehm ausgedrückt – Nebeneinanderher von Schulforschung, Kinder- und Jugendhilfeforschung, Kindheits-, Jugend- und Familienforschung kann nur als Ergebnis disziplinärer Claimbildungsprozesse und wenig sachgerechter Zuständigkeiten einschließlich der damit einhergehenden Förderrichtlinien und Finanzierungsstrukturen verstanden werden; von der Sache her, also aus der Perspektive der Lebenslagen von Kindern und Jugendlichen und den sich abzeichnenden Herausforderungen sind diese Strukturen schon lange und nach PISA erst recht obsolet geworden.

Anmerkungen

1 Die dabei vorgenommenen inhaltlichen Akzentsetzungen sind mit einer Reihe von Risiken vor allem hinsichtlich der Einschätzung des aktuellen Diskussionsstandes und der zukünftigen Herausforderungen in einem weiten, mitunter unübersichtlichen Feld belastet. Dieses ist nahezu unvermeidlich, aber zugleich auch Ausdruck dafür, dass die Debatte erst beginnt. Die Verantwortung für die hier vorgenommenen Akzentsetzung trage jedoch ich allein.
Danken möchte ich dem unbekannten Reviewer bzw. der unbekannten Reviewerin für die hilfreichen kritischen Anmerkungen zu dem Manuskript dieses Textes – auch wenn ich nicht alle Einwände unmittelbar berücksichtigen konnte.
2 Eine eigene Frage wäre es, dabei zwischen unterschiedlichen Wissensinhalten bzw. Fächern zu unterscheiden. Zu vermuten wäre, dass die Schule in einigen Fällen (z.B. Mathematik, Latein) der zentrale Vermittlungsort sein dürfte, während dies z.B. in anderen Fällen sicherlich nicht gilt.
3 Im Anschluss an die englischsprachige Diskussion wird meist „das planmäßig organisierte, gesellschaftlich anerkannte Lernen im Rahmen eines von der übrigen Umwelt abgegrenzten öffentlichen Bildungssystems als „formal learning" (bezeichnet). „Non-formal learning" ist dagegen die Sammelbezeichnung für alle Formen des Lernens, die in der gesamten Umwelt außerhalb des formalisierten Bildungswesens stattfinden" (DOHMEN 2001, S. 18). Diese scheinbar klare Unterscheidung verliert ihre Eindeutigkeit, wenn man daran erinnert, was aber vielleicht noch vernachlässigt werden könnte, dass innerhalb des formalisierten Bildungswesens eine Vielzahl von informellen Lern- und Bildungsprozessen stattfindet. Studien zur Hinterbühne der Schule, zum heimlichen Lernplan, zu „Störungen" des Unterrichts u.a. haben dies wiederholt belegt.
Bezieht man schließlich die Angebote der Kinder- und Jugendhilfe mit ein, wird die Differenz endgültig unscharf. Selbst wenn man Krippen, Kindergärten, Jugendverbände, Freizeitheime, betreute Wohngruppen, Erziehungsberatungsstellen, Angebote der mobilen Jugendarbeit u.a. als Momente des „abgegrenzten öffentlichen Bildungssystems" begreifen würde, was für viele in der Kinder- und Jugendhilfe gelinde gesagt gewöhnungsbedürftig und rechtlich und institutionell betrachtet zumindest in nationaler Perspektive in weiten Teilen schlicht unzutreffend wäre, dann müssten mindestens zugleich die Unterschiede zwischen der Art der Formalisierung des Lernens in der Schule auf der einen Seite und in den Einrichtungen der Kinder- und Jugendhilfe auf der anderen Seite betont werden. Weder kennt die Kinder- und Jugendhilfe z.B. staatlich vorgegebene Curricula noch fächerbezogene Didaktiken, wissensbezogene Leistungsmessungen und entsprechende Karrieren.
Berücksichtigt man schließlich das fachliche Selbstverständnis und die Funktionen bzw. die gesetzlich im Kinder- und Jugendhilfegesetz (SGB VIII/KJHG) definierten Aufgaben der Kinder- und Jugendhilfe, wird deutlich, dass vieles sich gerade in Abhebung zur Schule als *außerschulisch* definiert und nur vor dort aus auch seinen Sinn erhält. Als ein Beispiel hierfür mag die außerschulische Jugendbildung dienen: Per definitionem wird damit ein Erfahrungs-, Lern- und Bildungsort bezeichnet, der außerhalb der Schule liegt. Wer genau hinsieht, kann in den jeweiligen Einrichtungen formalisierte Lern- und Bildungsprozesse entdecken, denn auch dort gibt es Kurskonzepte, Tagungsdidaktiken, gezielt eingesetzte Medien, gruppenbezogene Arbeitsformen u.a. ... Typischerweise sind jedoch die Teilnahme freiwillig, die Inhalte weniger kognitionslastig, die Aneignungsprozesse konkurrenzfrei und, weil es keine folgenreichen Prüfungen gibt, die Lernfortschritte zunächst in gewisser Weise folgenlos.
Derartige Beobachtungen verweisen schon auf der kategorialen Ebene auf die Frage, ob und inwiefern die in der außerschulischen Jugendbildung stattfindenden Lern- und Bildungsprozesse sinnvollerweise als non-formale Prozesse zu deklarieren sind, weil außerhalb der Schule und unter spezifischen Bedingungen stattfindend, oder ob man sie nicht besser als Momente formalisierter Bildung betrachten sollte, was allerdings sofort die Frage nach den Differenzen zur Schule aufwirft.

Noch unübersichtlicher wird die Lage, wenn man darauf hinweist, dass nicht nur außerhalb der Schule, sondern auch außerhalb der Institutionen der Kinder- und Jugendhilfe gelernt wird. Üblicherweise wird dafür der Begriff informelles Lernen verwendet. Mittlerweile gibt es ein breites Bedeutungsspektrum, das „von der Charakterisierung als ungeplantes, beiläufiges, implizites und oft auch unbewusstes Lernen über die Bezeichnung für alle von den Lernenden selbst ohne Bildungs-Unterstützung entwickelten Lernaktivitäten bis zur Gleichsetzung mit dem „non-formal learning" d. h. der Bezeichnung für alles außerhalb des formalen Bildungssystems (bewusst oder unbewusst) praktizierte Lernen (reicht)" (DOHMEN 2001, S. 18). Wiederum muss man sich nur familiale Aneignungsformen und Lern- und Bildungsprozesse z.B. in der Gleichaltrigengruppen vor Augen führen, um zu sehen, dass der Begriff auf der allgemeinen Ebene wenig hilft und konzeptionelle Konkretionen schnell Gefahr laufen, die jeweils andere Seite der eingeführten Unterscheidung auszublenden. Wer beispielsweise informelles Lernen mit selbst gesteuertem Lernen des Subjektes gleichsetzt, übersieht leicht, dass in Gleichaltrigengruppen eine Reihe von Lernprozessen zwar informell ablaufen, aber immer keineswegs vom einzelnen Subjekt selbst gesteuert sind. Gruppendruck, Angst vor Ausschluss, hierarchische Anerkennungsverhältnisse u.a. führen nicht selten zu im hohen Maße fremd gesteuerten Lernerfahrungen.

4   Die ausdrückliche Erwähnung der institutionalisierten Lern- und Bildungsorte außerhalb der Kinder- und Jugendhilfe ist von Bedeutung, weil mit der zunehmenden Kommerzialisierung der Freizeitangebote im Kindes- und Jugendalter neue, privat-gewerblich organisierte Erfahrungsräume neben die öffentlichen Angebote der Kinder- und Jugendhilfe getreten sind (von der Skischule über den Ballett- und Flötenunterricht bis hin zu dem riesigen Markt der kinder- und jugendbezogenen Ferien- und Urlaubsangebote, ggf. kombiniert mit Sprachunterricht, Computer-, Angler- und Führerscheinprüfung u.a.).

5   Um keine Verwirrung zu stiften: Selbstverständlich ist die Familie eine Institution; es scheint mir aber wenig sinnvoll daraus zu schließen, dass Lern- und Bildungsprozesse in der Familie institutionalisiert im Sinne von formal strukturiert sind. Überformungen familialer Lern- und Bildungsprozesse durch die Hausaufgaben und als nicht-intendierte Nebenfolgen der Schule wiederum wären ein eigenes Thema.

6   Die Bestimmung des Feldes der Kinder- und Jugendhilfeforschung über das KJHG bedeutet nicht, dass damit ein homogenes Forschungsfeld konstituiert wird. Genaugenommen werden damit heterogene Forschungstraditionen, wie z.B. zur Kindertagesbetreuung, zu den Hilfen zur Erziehung, zur Jugendberufshilfe, Institutionen, Adressatinnen- und Adressatengruppen, Aufgaben und Funktionen unter einem Begriff zusammengefasst. Systematisch macht dies nur Sinn, wenn man zunächst großflächig – wie zuvor skizziert – Kinder- und Jugendhilfe als einen Lernort zwischen Schule, Familie und Gleichaltrigengruppe konzeptualisiert. Alles andere steht dann auf einem anderen Blatt.

7   Angemerkt sei, dass ein derartiger Zugang, also eine in der Rezeption stark auf Schule bezogene Studie zum Bezugspunkt der eigenen Reflexion und Entwicklung von Forschungsperspektiven zu machen, bislang in der Kinder- und Jugendhilfe nicht gerade üblich ist und wohl vielen auch nicht sonderlich vertrauenserweckend erscheint. Zu dominant sind die – wie die aktuelle politische Diskussion z.B. im Bereich der Kinder- bzw. Ganztagsbetreuung zeigt – keineswegs weit hergeholten Erwartungen, dass man Gefahr laufen könnte, zum Zulieferbetrieb für die Schule zu werden. Die aktuelle Diskussion innerhalb der Kinder- und Jugendhilfe wird deshalb auch von Beiträgen geprägt, die das Verhältnis von Kinder- und Jugendhilfe und Schule nach PISA auszuloten versuchen und dabei der Frage nach der fachlichen Eigenständigkeit der Kinder- und Jugendhilfe große Bedeutung zuschreiben; vgl. hierzu z.B. MÜNCHMEIER/OTTO/RABE-KLEBERG 2002 und die darin enthaltene Streitschrift des BUNDESJUGENDKURATORIUMS „Zukunftsfähigkeit sichern! Für ein neues Verhältnis von Bildung und Jugendhilfe" (2001); ebenso: BUNDESJUGENDKURATORIUM/SACHVERSTÄNDIGENKOMMISSION 11. KINDER- UND JUGENDBERICHT/AGJ 2002; als Beispiele für viele andere: SEITHE 2002; OTTO 2002; AFET 2002; AGJ 2003.

8   Soweit zu sehen, sollte genau dies Gegenstand der geplanten, z.Zt. wohl aber auf Eis liegenden PISA-L-Studie sein.

9   Die jüngst vorgelegte IGLU-Studie (BOS u.a. 2003) liefert dafür eine Reihe weiterer Hinweise, z.B. das vergleichsweise eindeutige Ergebnis, dass in allen untersuchten Ländern die Lesekompetenz mit der Dauer des Besuchs des Kindergartens deutlich steigt (BOS u.a. 2003, S. 127ff.).

Literatur

AFET-Vorstand (2002): Bildung – die vergessene Tradition. Zwischenbericht. In: Jugendhilfe 40. Jg., S. 209-211.
ARBEITSGEMEINSCHAFT FÜR JUGENDHILFE (AGJ) (2003): Jugendhilfe & Bildung. – Berlin.
ARTELT, C./DEMMRICH, A./BAUMERT, J. (2001): Selbstreguliertes Lernen. In: DEUTSCHES PISA-KONSORTIUM (Hrsg.) (2001): PISA 2000 – Basiskompetenzen von Schülerinnen und Schülern im internationalen Vergleich. – Opladen, S. 271-298.
ARTELT, C./STANAT, P./SCHNEIDER, W./SCHIEFELE, U. (2001): Lesekompetenz: Testkonzeption und Ergebnisse. In: DEUTSCHES PISA-KONSORTIUM (Hrsg.) (2001): PISA 2000 – Basiskompetenzen von Schülerinnen und Schülern im internationalen Vergleich. – Opladen, S. 67-137.
BAUMERT, J./SCHÜMER, G. (2001): Familiäre Lebensverhältnisse, Bildungsbeteiligung und Kompetenzerwerb. In: DEUTSCHES PISA-KONSORTIUM (Hrsg.) (2001): PISA 2000 – Basiskompetenzen von Schülerinnen und Schülern im internationalen Vergleich. – Opladen 2001, S. 323-407.
BAUMERT, J./SCHÜMER, G. (2002): Familiäre Lebensverhältnisse, Bildungsbeteiligung und Kompetenzerwerb im nationalen Vergleich. In: DEUTSCHES PISA-KONSORTIUM (Hrsg.) (2002): PISA 2000 – Die Länder der Bundesrepublik Deutschland im Vergleich. – Opladen, S. 157-202.
BAUMERT, J./STANAT, P./DEMMRICH, A. (2001): PISA 2000: Untersuchungsgegenstand, theoretische Grundlagen und Durchführung der Studie. In: DEUTSCHES PISA-KONSORTIUM (Hrsg.) (2000): PISA 2000 – Basiskompetenzen von Schülerinnen und Schülern im internationalen Vergleich. – Opladen, S. 15-68.
BEISENHERZ, H. G. (2002): Kinderarmut in der Wohlfahrtsgesellschaft. Das Kainsmal der Globalisierung. – Opladen.
BOS, W. u.a. 2003 = BOS, W./LANKES, E.-M./PRENZEL, M./SCHWIPPERT, K./WALTHER, G./VALTIN, R. (Hrsg.) (2003): Erste Ergebnisse aus IGLU. Schülerleistungen am Ende der vierten Jahrgangsstufe im internationalen Vergleich. – Münster 2003.
BÜCHNER, P. (2003): Stichwort: Bildung und soziale Ungleichheit. In: Zeitschrift für Erziehungswissenschaft, 6. Jg., S. 5-24.
BÜCHNER, P./KOCH, K. (2001): Von der Grundschule in die Sekundarstufe. – Bd. 1: Der Übergang aus Kinder- und Elternsicht – Opladen.
BUNDESJUGENDKURATORIUM (2000): Thesen „Gegen den irrationalen Umgang der Gesellschaft mit der nachwachsenden Generation". In: MÜNCHMEIER, R./OTTO, H.-U./RABE-KLEBERG, U. (Hrsg. im Auftrag des Bundesjugendkuratoriums) (2002): Bildung und Lebenskompetenz. Kinder- und Jugendhilfe vor neuen Aufgaben. – Opladen, S. 175-183. [Nicht im Text angegeben!]
BUNDESJUGENDKURATORIUM (2001): Streitschrift „Zukunftsfähigkeit sichern! – Für ein neues Verhältnis von Bildung und Jugendhilfe. In: MÜNCHMEIER, R./OTTO, H.-U./RABE-KLEBERG, U. (Hrsg. im Auftrag des Bundesjugendkuratoriums) (2002): Bildung und Lebenskompetenz. Kinder- und Jugendhilfe vor neuen Aufgaben. – Opladen, S. 159-173.
BUNDESMINISTERIUM FÜR ARBEIT UND SOZIALORDNUNG (2001): Lebenslagen in Deutschland. Der erste Armuts- und Reichtumsbericht der Bundesregierung. – Berlin, BMA April 2001.
BUNDESMINISTERIUM FÜR FAMILIE, SENIOREN, FRAUEN UND JUGEND (Hrsg.) (1998): Leistungen und Grenzen der Heimerziehung. Ergebnisse einer Evaluationsstudie stationärer und teilstationärer Erziehungshilfen. Forschungsprojekt Jule (Schriftenreihe des Bundesministerium für Familie, Senioren, Frauen und Jugend, Bd. 170). – Stuttgart.
DELLER, U./WESSELS, U. (2002): „Bildungslieferant" Kindergarten? Ergebnisse und mögliche Auswirkungen der PISA-2000-Studie auf die Kindertagesstätten. In: Jugendhilfe, 40. Jg., S. 186- 195.
DEUTSCHER BUNDESTAG (2002): Bericht über die Lebenslagen junger Menschen und die Leistungen der Kinder- und Jugendhilfe in Deutschland. 11. Kinder- und Jugendbericht. BT 14/8181 vom 04.02.2002. – Berlin.
DEUTSCHES PISA-KONSORTIUM (Hrsg.) (2001): PISA 2000 – Basiskompetenzen von Schülerinnen und Schülern im internationalen Vergleich. – Opladen.
DEUTSCHES PISA-KONSORTIUM (Hrsg.) (2002): PISA 2000 – Die Länder der Bundesrepublik Deutschland im Vergleich. Opladen. –
DEUTSCHES PISA-KONSORTIUM (Hrsg.) (2003): PISA 2000 – Ein differenzierter Blick auf die Länder der Bundesrepublik Deutschland. – Opladen.

DOHMEN, G. (2001): Das informelle Lernen. Die internationale Erschließung einer bisher vernachlässigten Grundform menschlichen Lernens für das lebenslange Lernen aller. – BMB+F, Bonn, August 2001.
ENGEL, U./HURRELMANN, K. (^{3}1998): Was Jugendliche wagen. Eine Längsschnittstudie über Drogenkonsum, Stressreaktionen und Delinquenz im Jugendalter. – Weinheim.
GRUNDMANN u.a. 2003 = GRUNDMANN, M./GROH-SAMBERG, O./BITTLINGMAYER, U. H./BAUER, U. (2003): Milieuspezifische Bildungsstrategien in Familie und Gleichaltrigengruppen. In: Zeitschrift für Erziehungswissenschaft, 6. Jg., S. 25-45.
HELSPER, W./MÜLLER, H. J./NÖLKE, E./COMBE, A. (Hrsg.) (1991): Jugendliche Außenseiter. Zur Rekonstruktion gescheiterter Bildungs- und Ausbildungsverläufe. – Opladen.
JAKOB, G./WENSIERSKI, V., H.-J. (Hrsg.) (1997): Rekonstruktive Sozialpädagogik. Konzepte und Methoden sozialpädagogischen Verstehens in Forschung und Praxis. – Weinheim.
JAMPERT, K. (2002): Schlüsselsituation Sprache. Spracherwerb im Kindergarten unter besonderer Berücksichtigung des Spracherwerbs bei mehrsprachigen Kindern. – Opladen.
KUNERT, M./STANAT, P. (2002): Soziale Kompetenz von Schülerinnen und Schülern. Die Rolle von Schulmerkmalen für die Vorhersage für die Vorhersage ausgewählter Aspekte. In: Zeitschrift für Erziehungswissenschaft, 5. Jg., S. 49-71.
LAPPE, L. (Hrsg.) (2003): Fehlstart in den Beruf? Jugendliche mit Schwierigkeiten beim Einstieg ins Arbeitsleben. – München.
LENGFELD, H. (2002): Soziale Gerechtigkeit und politische Entscheidungen. Perspektiven der interdisziplinären Gerechtigkeitsforschung. In: DISKURS, 1/2002, S. 24-32.
LEX, T. (1997): Jugendliche zwischen Integration und Ausgrenzung. – München.
LIEBIG, S./LENGFELD, H. (Hrsg.) (2002): Interdisziplinäre Gerechtigkeitsforschung. Zur Verknüpfung empirischer und normativer Perspektiven. – Frankfurt/M..
LÜDERS, C. (1997): Qualitative Kinder- und Jugendhilfeforschung. In: FRIEBERTSHÄUSER, B./PRENGEL, A. (Hrsg.) (1997): Handbuch Qualitative Forschungsmethoden in der Erziehungswissenschaft. – Weinheim, S. 795-810.
LÜDERS, C. (1999): Das Programm der rekonstruktiven Sozialpädagogik. Eine Kritik seiner Prämissen und Anmerkungen zu einigen Unterschieden zwischen sozialpädagogischem Handeln und Forschen. In: FATKE, R./HORNSTEIN, W./LÜDERS, C./WINKLER, M. (Hrsg.) (1999): Erziehung und sozialer Wandel. Brennpunkte sozialpädagogischer Forschung, Theoriebildung und Praxis. – 39. Beiheft der Zeitschrift für Pädagogik – Weinheim, S. 203-219.
MANSEL, J./BRINKHOFF, K.-P. (Hrsg.) (1998): Armut im Jugendalter. Soziale Ungleichheit, Gettoisierung und die psychosozialen Folgen. – Weinheim.
MÜNCHMEIER, R./OTTO, H.-U./RABE-KLEBERG, U. (Hrsg. im Auftrag des Bundesjugendkuratoriums) (2002): Bildung und Lebenskompetenz. Kinder- und Jugendhilfe vor neuen Aufgaben. – Opladen.
OLK, T./BATHKE, G.-W./HARTNUSS, B. (2000): Jugendhilfe und Schule. Empirische Befunde und theoretische Reflexionen zur Schulsozialarbeit. – Weinheim.
OTTO, H.-U. (2002): Jugendhilfe und Bildung. In: Jugendhilfe, 40. Jg., S. 195-199.
PERMIEN, H./ZINK, G. (1998): Endstation Straße? Straßenkarrieren aus der Sicht von Jugendlichen. – München.
RADEMACKER, H. (1996): Schulsozialarbeit vor neuen Herausforderungen – Bilanz und Perspektiven der Schulsozialarbeit in den alten und neuen Bundesländern. In: SCHUBARTH, W./KOLBE, F.-U./WILLLEMS, H. (Hrsg.) (1996): Gewalt an Schulen, Ausmaß, Bedingungen, Prävention. – Opladen, S. 216-247.
SCHERR, A. (2002): Der Bildungsauftrag der Jugendarbeit. Aufgaben und Selbstverständnis im Spannungsfeld von sozialpolitischer Indienstnahme und aktueller Bildungsdebatte. In: MÜNCHMEIER, R./OTTO, H.-U./RABE-KLEBERG, U. (Hrsg. im Auftrag des Bundesjugendkuratoriums) (2002): Bildung und Lebenskompetenz. Kinder- und Jugendhilfe vor neuen Aufgaben. – Opladen, S. 93-106.
SCHMIDT u.a. 2002 = SCHMIDT, M./SCHNEIDER, K./HOHM, E./PICKARTZ, A./MACSENAERE, M./PETERMANN, F./FLOSDORF, P./HÖLZL, H./KNAB, E. (2002): Effekte erzieherischer Hilfen und ihre Hintergründe. – Schriftenreihe des Bundesministerium für Familie, Senioren, Frauen und Jugend, Bd. 219 – Stuttgart.
SCHREIBER-KITTL, M./SCHRÖPFER, H. (2002): Abgeschrieben? Ergebnisse einer empirischen Untersuchung über Schulverweigerer. – Übergänge in Arbeit Bd. 2 – München.
SEITHE, M. (2002): Der PISA-Schock – was geht er die Jugendhilfe an? In: Jugendhilfe, 40. Jg., S. 174-185.

SELL, S. (Hrsg.) (2002): Armut als Herausforderung. Bestandsaufnahme und Perspektiven der Armutsforschung und Armutsberichterstattung. – Schriften der Gesellschaft für Sozialen Fortschritt Bd. 23 – Berlin 2002.
STANAT, P. (2003): Schulleistungen von Jugendlichen mit Migrationshintergrund: Differenzierung deskriptiver Befunde aus PISA und PISA-E. In: DEUTSCHES PISA-KONSORTIUM (Hrsg.) (2003): PISA 2000 – Ein differenzierter Blick auf die Länder der Bundesrepublik Deutschland. – Opladen, S. 243-260.
STANAT, P./KUNERT, M. (2002): Geschlechterspezifische Leistungsunterschiede von Fünfzehnjährigen im internationalen Vergleich. In: Zeitschrift für Erziehungswissenschaft, 5. Jg., S. 28-48.
TIETZE, W. (Hrsg.) (1998): Wie gut sind unsere Kindergärten? Eine Untersuchung zur pädagogischen Qualität in deutschen Kindergärten. – Neuwied.
TILLMANN, K.-J./MEIER, U. (2001): Schule, Familie und Freunde – Erfahrungen von Schülerinnen und Schülern in Deutschland. In: DEUTSCHES PISA-KONSORTIUM (Hrsg.) (2000): PISA 2000. Basiskompetenzen von Schülerinnen und Schülern im internationalen Vergleich. – Opladen, S. 468-509.
WISSENSCHAFTLICHER BEIRAT FÜR FAMILIENFRAGEN (2002): Die bildungspolitische Bedeutung der Familie – Folgerungen aus der PISA-Studie. In: http://www.bmfsfj.de/Anlage22518/PISA_Studie.pdf

Anschrift des Verfassers: Dr. Christian Lüders, Deutsches Jugendinstitut, Nockherstr. 2, 81541 München, Email: lueders@dji.de

Bettina Hannover

Gender revisited: Konsequenzen aus PISA für die Geschlechterforschung[1]

Zusammenfassung

PISA hat erneut Geschlechtsunterschiede in Leistungen aufgezeigt, die die individuelle Entwicklung über die Schulzeit hinausgehend nachhaltig zu beeinflussen scheinen: Während in Mathematik, Chemie und Physik Mädchen schlechter abschnitten als Jungen, waren Schüler beim Umgang mit Texten weniger kompetent als Schülerinnen. Weiter zeigte PISA eine geschlechtsspezifische Bildungsbeteiligung: Mit steigendem Niveau des schulischen Bildungsgangs wächst der Mädchenanteil. Im vorliegenden Aufsatz wird argumentiert, dass mit diesen Befunden die Untersuchung von *Gender* im Rahmen der empirischen Bildungsforschung verstärkte Aktualität und Bedeutsamkeit erlangt. Es werden Forschungsfragen aufgezeigt, die vor dem Hintergrund von PISA neu gestellt werden müssen. Diese betreffen die Interaktion zwischen Geschlechtsunterschieden in Fähigkeiten und motivationalen Variablen, zukünftige Formen der Förderung von Jungen bzw. Mädchen und den Transfer wissenschaftlicher Erkenntnisse der Geschlechterforschung in die pädagogische Praxis. Abschließend werden erste Überlegungen angestellt, inwieweit geschlechtsspezifische Leistungsdefizite in der Identitätsentwicklung von Kindern und Jugendlichen ihren Ausgang nehmen.

Abstract

PISA has once again revealed gender differences that appear to have a lasting influence on individual development beyond the school years: while girls had lower scores in math, chemistry, and physics, the ability to handle texts was less well developed in boys. In addition, PISA revealed a gender-specific participation in education: as the educational level rises, so does the ratio of girls. The present essay argues that these findings impart new urgency and importance to the study of gender within the framework of empirical educational research. It presents research questions that must be newly asked or asked differently against the backdrop of PISA. These questions deal with the interaction between gender differences in abilities and motivational variables, ways to encourage the learning of boys and girls, and the transfer of scientific insights from gender research into pedagogical practice. The essay concludes with some preliminary reflections on the extent to which gender-specific deficits in specific abilities originate in the identity formation of children and teenagers.

Sowohl auf nationaler als auch auf internationaler Ebene hat PISA (BAUMERT u.a. 2001; 2003) geschlechtsspezifische Defizite in schulischen Leistungen zu Tage befördert. Während für Mathematik, Physik und Chemie – wie auch schon in der TIMS-Studie (BAUMERT/ BOS/LEHMANN 2000) – Geschlechtsunterschiede in Leistungen zu Ungunsten der Schülerinnen sichtbar wurden, war die Fähigkeit, verständig, problembezogen und kritisch mit Texten und Dokumenten umzugehen, bei Schülern geringer entwickelt als bei Schülerinnen (STANAT/KUNTER 2001). Unabhängig von diesen an Fachdomänen gebundenen Leistungsdefiziten waren in allen Teilnehmerstaaten mit gegliedertem Schulsystem (außer Korea) Geschlechtsunterschiede dahingehend zu konstatieren, dass mit steigendem Niveau des Bildungsgangs der Mädchenanteil wächst (ORGANISATION FOR ECONOMIC COOPERATION AND DEVELOPMENT OECD 2001; http://www.pisa.oecd.org/knowledge/chap5/b.htm; Download v. 14.5.03): „On average across the 16 countries with tracked education systems that report student participation by type of programme, the proportion of girls in programmes oriented towards university-level education is 8 percentage points higher than that of boys and in Poland it is more than 20 percentage points higher (for data see http://www.pisa.oecd.org; Download v. 14.5.03)". Für die Gruppe der 15-jährigen in Deutschland zeigte sich beispielsweise, dass während 56% der Gymnasiasten weiblich sind, 55% der Hauptschüler und 69% der Sonderschüler männlich sind (vgl. auch BALZER/JÄGER 2002). Diese Befunde implizieren, dass Jungen in den Extremgruppen besonders leistungsschwacher (z.B. Schüler mit Lese-Rechtschreib-Schwäche, KLAUER 1992) und/oder sozial auffälliger Schüler überrepräsentiert sind. So müssen beispielsweise in Deutschland mehr Jungen als Mädchen von der Einschulung zurückgestellt werden und erreichen Jungen häufiger als Mädchen nicht das für die Versetzung erforderliche Klassenziel (BAUMERT u.a. 2003).

Zusammenfassend lässt sich das Bild so charakterisieren, dass Mädchen fachspezifische Leistungsdefizite entwickeln, die ab der Sekundarstufe I deutlich werden. Jungen hingegen zeigen nicht nur 'underachievement' in bestimmten fachlichen Domänen. Vielmehr haben sie im Mittel einen insgesamt geringeren Schulerfolg und ein höheres Risiko für eine negative Schulkarriere. Diese Probleme kündigen sich bereits vor oder während der Primarstufenzeit an – sichtbar in einem weniger effizienten Erwerb fundamentaler Kulturtechniken und häufigerem Auftreten sozialer Auffälligkeiten. Diese sich in ver<schiedenen Ländern in ähnlicher Weise darstellende Situation hat in Amerika bereits Auswirkungen bis in die Kohorte der Studierenden hinein gezeigt: Hier wird ein Mangel an männlichen Schulabsolventen beklagt, die die (standardisierten) Aufnahmetests von Eliteuniversitäten bestehen. Eine ähnliche Situation könnte in Deutschland in dem Moment entstehen, wo die Universitäten ihre Studierenden selbst auswählen können (vgl. die Vorschläge der Kultusministerkonferenz zur Neuregelung der Hochschulzulassung http://www.kmk.org/aktuell/pm030306b.htm; Download vom 14.5.03).

In diesem Aufsatz wird argumentiert, dass vor dem Hintergrund der PISA-Befunde die Geschlechterthematik im Rahmen der empirischen Bildungsforschung einen besonderen Stellenwert erlangen wird. Eine schlaglichtartige Rückschau auf die dominierenden Themen der schulbezogenen Geschlechterforschung in den vergangenen Dekaden zeigt, dass als Konsequenz von PISA bestimmte Probleme und Forschungsfragen neu überdacht werden müssen. Abschließend werden erste Überlegungen zu einem theoretischen Rahmenkonzept skizziert, innerhalb dessen Antworten auf die neuen Forschungsfragen gefunden werden können.

Schulbezogene Interventionsforschung und pädagogische Praxis zur *Gender*-Thematik in der Zeit vor PISA

Die siebziger Jahre: Gegen die Ungleichbehandlung von Mädchen und Jungen in der Schule!

Beginnend in den späten sechziger Jahren bis in die achtziger Jahre (des vergangenen Jahrhunderts) hinein stand die schulbezogene Geschlechterforschung ganz im Zeichen eines weitgreifenden pädagogischen Optimismus, durch Bildungsprozesse und durch die Kompensation von Defiziten Chancengleichheit für beide Geschlechter realisieren zu können (für einen Überblick vgl. z.B. LEHR 1972; TODT 1979). Während dieser Zeit, die auf gesellschaftspolitischer Ebene durch Bestrebungen, das Bildungssystem zu reformieren, gekennzeichnet war, dominierten in der erziehungswissenschaftlichen und pädagogisch-psychologischen Forschung lerntheoretische Ansätze. Diesen zufolge zeigen Kinder geschlechtstypisiertes Verhalten, weil die Umwelt auf das Kind in Abhängigkeit seines Geschlechts unterschiedlich reagiert: Sozialisationsagenten, wie Eltern, Erzieher/innen, Lehrer/innen und Peers, verstärken das Kind für geschlechtstypisches Verhalten, wohingegen geschlechtsuntypisches Verhalten gelöscht oder gar sanktioniert wird. Geschlechtsunterschiede in Fähigkeiten sind somit die Folge der unterschiedlich häufigen Ausübung zu Grunde liegender relevanter Verhaltensweisen; d.h., sie werden als Ergebnis differentieller Sozialisationspraktiken verstanden.

Vor dem Hintergrund dieser Annahmen zielte die schulbezogene Interventionsforschung und die Praxis engagierter Pädagogen/innen auf die Gleichbehandlung der Geschlechter: In dem Maße, wie es gelingen würde, für Mädchen und Jungen identische Sozialisationsbedingungen herzustellen, sollten Unterschiede in Fähigkeiten, Interessen und Verhaltensweisen verschwinden. Entsprechend wurde in zahlreichen Studien die ungleiche Behandlung von Mädchen und Jungen in der Schule analysiert und angeprangert (z.B. DWECK/GILLIARD 1975; SCHEU 1977; DWECK u.a. 1978; TODT 1979; DWECK/GOETZ/STRAUSS 1980; BREHMER 1982; FRASCH/WAGNER 1982; ENDERS-DRAGÄSSER/FUCHS 1988; LOPATECKI/LÜKING 1989).

In der Rückschau betrachtet kann gesagt werden, dass angeregt durch diesen Diskurs ein neues gesellschaftliches Problembewusstsein entstanden ist. Die erziehungswissenschaftliche Forschung hatte Folgendes deutlich gemacht: Die Garantie von Chancengleichheit durch das Grundgesetz und die koedukative Schulerziehung, die in den 50er Jahren beginnend sich in den 60er Jahren in allen Bundesländern durchgesetzt hatte, sind nicht hinreichend dafür, dass Mädchen und Jungen tatsächlich Bildungsangebote in gleicher Weise für sich nutzen können. Die Forschungsbefunde haben die Wahrnehmung dafür geschärft, dass neben dem offiziellen schulischen Curriculum ein „heimlicher Lehrplan" (DÖRING 1989; ZINNECKER 1975) existiert, durch den für Mädchen und Jungen differentielle Sozialisationsbedingungen geschaffen werden.

Die achtziger Jahre: Förderung des Interesses von Mädchen an Naturwissenschaft und Technik!

Ein prominentes Thema der Geschlechterforschung in den achtziger Jahren war der Versuch, Mädchen für Kurs-, Studien- und Berufswahlen im Bereich von Naturwissenschaften und Technik zu motivieren (z.B. BUNDESMINISTER FÜR JUGEND, FAMILIE, FRAUEN UND GESUNDHEIT 1987; BUNDESMINISTER FÜR BILDUNG UND WISSENSCHAFT 1987; SCHIERSMANN 1987; HANNOVER/BETTGE 1993; WENDER/BADE 1994). Zum damaligen Zeitpunkt hatten sich auf Grund der fortschreitenden Entwicklung der Mikroelektronik und dem expandierenden Einsatz neuer Technologien die Qualifikationsanforderungen auf dem Arbeitsmarkt deutlich in Richtung auf ein technisches und naturwissenschaftlich-mathematisches Profil verschoben. Gleichzeitig wurde eine enorme Einsparung von Arbeitsplätzen in traditionellen „Frauendomänen" befürchtet (DEUTSCHER BUNDESTAG 1983; 1984). Entsprechend sagte man gravierende Nachteile für Mädchen auf dem Arbeitsmarkt vorher, die aus ihrem geringeren Interesse und ihrer geringeren Bereitschaft, sich in diesem Bereich zu qualifizieren und entsprechende Kurse, Studienfächer oder Berufe zu wählen, entstehen würden. Es dominierte die Einschätzung, dass die Einführung neuer Technologien für die Erwerbssituation von Frauen eher ein Risiko als eine Chance darstellt: „Wird der gegenwärtig zu beobachtenden Entwicklung nicht massiv gegengesteuert, so droht eine Verfestigung und Verstärkung der Segmentierung des Arbeitsmarktes zu Ungunsten von Frauen" (SCHIERSMANN 1987, S. 169). Es wurde sogar befürchtet, dass die schon zum damaligen Zeitpunkt erreichte Gleichstellung der Geschlechter im schulischen Ausbildungsniveau mit dem fortschreitenden Einsatz neuer Technologien wieder in Frage gestellt werden könnte: Benachteiligungen, die Mädchen und Frauen auf Grund ihres geringen Interesses für den technisch-naturwissenschaftlichen Bereich auf dem Arbeitsmarkt erfahren, könnten mit dem Einzug neuer Technologien in den Unterricht bis in die schulische Ausbildung vorverlagert werden (BRUNER 1991). Entsprechend wurde es zum erklärten Ziel bildungspolitischer Institutionen, Schülerinnen für naturwissenschaftlich-technische Aufgabenfelder zu interessieren. Zahlreiche auf die schulische und berufsbegleitende Ausbildung bezogene Programme wurden ins Leben gerufen, durch die Mädchen die positiven Konsequenzen – nämlich aussichtsreiche berufliche Karrieren – einer entsprechenden Kurs-, Studien- oder Berufswahl vor Augen geführt werden sollten.

Auch heute noch ist zu konstatieren, dass Mädchen und Frauen in den Bereichen von Naturwissenschaft und Technik deutlich unterrepräsentiert sind (z.B. SCHÜTT/LEWIN 1998). Dies bedeutet einerseits, dass die vielen während der achtziger Jahre realisierten Interventionsprogramme die Berufsfindung und Studienwahl von Mädchen und jungen Frauen nicht nachhaltig verändern konnten. Andererseits ist jedoch durch den damals initiierten gesellschaftlichen Diskurs ein Problembewusstsein – insbesondere auch auf Seiten der Arbeitgeber – entstanden, als dessen Folge Mädchen und Frauen, die sich heute (allen Wahrscheinlichkeiten zum Trotz) doch in diese Berufsfelder begeben, auf ein positiv eingestelltes und sozial unterstützendes Umfeld treffen (siehe z.B.

http://www-5.ibm.com/de/ibm/unternehmen/engagement/mentorplace;
http://w4.siemens.de/siemensforum/sf_erlangen/content_presse_pdf/pm010215.pdf;
http://www.tu-harburg.de/service/gleichstellung/auswertungSS02.htm;
http://www.girlsfirst.mainz.de/index.htm; Download v. 14.5.03).

Die neunziger Jahre: Angleichung in Fähigkeiten und Sozialisationsbedingungen der Geschlechter? Die Koedukation auf dem Prüfstand

Zu Beginn der neunziger Jahre wurden verschiedene Metaanalysen vorgelegt, nach denen Geschlechtsunterschiede in mathematischen und verbalen Fähigkeiten über die vergangenen zwanzig Jahre hinweg zunehmend kleiner geworden waren (HYDE/LINN 1986; FEINGOLD 1988; HYDE/FENNEMA/LAMON 1990; FEINGOLD 1993; HYDE/PLANT 1995). Diese Befunde wurden auf eine Angleichung der Sozialisationsbedingungen der Geschlechter zurückgeführt (HYDE/LINN 1986).

Genauer hatten MACCOBY und JACKLIN im Jahre 1974 eine umfassende Synthese der damals über Geschlechtsunterschiede vorliegenden empirischen Studien vorgelegt. Dabei hatten sie versucht, durch eine Synopse der in den verschiedenen Untersuchungen gefundenen Geschlechtsunterschiede einen generellen Trend zu beschreiben. Sie kamen zu folgenden Ergebnissen: Erstens sind über Altersgruppen und Kulturen hinweg Jungen aggressiver als Mädchen; zweitens zeigen Jungen beginnend mit der Pubertät eine schnellere Zunahme mathematischer Fähigkeiten; drittens besitzen Jungen und Männer höhere Fähigkeiten im räumlichen Denken und viertens zeigen Mädchen beginnend mit dem Schuleintritt bessere verbale Fähigkeiten als Jungen.

Erst einige Jahre später setzte sich die Technik der Metaanalyse durch, die eine statistisch abgesicherte Synthese verschiedener Untersuchungen ermöglicht und somit die von MACCOBY und JACKLIN (1974) verwendete Vorgehensweise ablöste. Die Metaanalyse baut nicht mehr auf der statistischen Signifikanz der in den einzelnen Studien gefundenen Geschlechtsunterschiede auf. Vielmehr errechnet sie durch Mittelung der jeweils gefundenen Effektgrößen der Geschlechtsunterschiede eine zentrale Tendenz, die auf einem quantitativen Kontinuum beschrieben werden kann. Mit der Einführung der Metaanalyse konnte die Frage, ob auf einer bestimmten Dimension ein Geschlechtsunterschied existiert, erstmalig nicht nur bejaht oder verneint werden. Vielmehr konnte nun die Stärke des Unterschieds quantifiziert werden, und zwar unabhängig von den Stichprobengrößen, die in die einzelnen Studien eingegangen waren. Diese neu entwickelte Methode hat HYDE (1981) auf die von MACCOBY und JACKLIN (1974) berichteten Studien angewendet. Weitergehend wurde von HYDE und FROST (1993) eine Zusammenfassung von Metaanalysen über Geschlechtsunterschiede vorgelegt. Mit diesen Studien wurden die von MACCOBY und JACKLIN (1974) konstatierten Geschlechtsunterschiede quantifiziert und gleichzeitig weitere Inhaltsdomänen untersucht.

Der Befund, nach dem Jungen häufiger aggressives Verhalten zeigen als Mädchen, wurde durch die Metaanalysen bestätigt (z.B. BLOCK 1983; EAGLY/STEFFEN 1986; HYDE 1984), aber durch die Aussage ergänzt, dass sich dieser Unterschied vor allem auf physische Aggressivität und Gewaltbereitschaft bezieht. Umgekehrt benutzen Mädchen häufiger Beziehungsaggression – z.B. indem sie ein Kind aus einer Spielgruppe ausschließen (CRICK/GROTPETER 1995). Über die Befunde von Maccoby und Jacklin (1974) hinausgehend ergaben die Metaanalysen von HYDE (1981) und HYDE und FROST (1993) Geschlechtsunterschiede in Emotionalität und Depressivität. Mädchen und Frauen können besser die Emotionen und das nonverbale Verhalten anderer dekodieren, zeigen eine Tendenz, die Perspektive anderer zu übernehmen, sind nonverbal expressiver und signalisieren mehr Sympathie gegenüber anderen (z.B. BRITON/HALL 1995; EISENBERG/MARTIN/FABES 1996). In Übereinstimmung mit der Einschätzung von MACCOBY und JACKLIN

(1974) zeigten die Metaanalysen, dass Jungen Mädchen in bestimmten mathematischen Fähigkeiten (in Problemlösen, nicht aber in Rechnen und in mathematischen Konzepten) überlegen sind (HYDE/FENNEMA/LAMON 1990; HYDE/FROST 1993). Weiter wurden Geschlechtsunterschiede im räumlichen Denken bei Jugendlichen und Erwachsenen zu Gunsten männlicher Personen bestätigt (z.B. FEINGOLD 1993; MASTERS/SANDERES 1993). Schließlich zeigen sich in Übereinstimmung mit MACCOBY und JACKLIN (1974) Geschlechtsunterschiede zu Gunsten der Mädchen in bestimmten verbalen Fähigkeiten, z.B. im Leseverständnis und im Schreiben (HYDE/LINN 1986; LINN/HYDE 1989; HEDGES/NOWELL 1995).

Gleichwohl die verschiedenen Studien Konstanz in den Inhaltsdomänen aufzeigen, in denen sich Geschlechtsunterschiede manifestieren, so ergaben sie auch, dass die Stärke fähigkeitsbezogener Unterschiede (mathematische und verbale Fähigkeiten) kontinuierlich abgenommen hatte (HYDE/LINN 1986; HYDE/FENNEMA/LAMON 1990; FEINGOLD 1988; 1993; HYDE/PLANT 1995). In der Rückschau betrachtet waren diese Ergebnisse möglicherweise Anlass für die Einschätzung, dass die Bemühungen, eine Gleichbehandlung von Mädchen und Jungen in der Schule – d.h. genauer durch Lehrerinnen und Lehrer – zu gewährleisten, erfolgreich gewesen waren (vgl. HYDE/LINN 1986)[2]. Dies mag wiederum ein Grund dafür gewesen sein, dass sich die Geschlechterforschung während der neunziger Jahre stärker dem sozialisatorischen Einfluss zuwandte, der von der Gruppe der Gleichaltrigen ausgeht: Inwieweit werden die Bildungschancen von Mädchen und Jungen durch die Interaktion mit der jeweils anderen Geschlechtsgruppe im Klassenzimmer differentiell beeinflusst (für einen Überblick siehe KESSELS 2002)? Hierbei wurde einerseits gefragt, ob Jungen durch ihr stärker Aufmerksamkeit forderndes und ihr aggressiveres Verhalten Mädchen in ihren Entfaltungsmöglichkeiten einschränken. Andererseits wurde hinterfragt, inwieweit ein einheitliches Curriculum den unterschiedlichen Sachinteressen und Vorerfahrungen gerecht werden kann, die Mädchen und Jungen in die Schule mitbringen. Andere Autor/inn/en haben die Frage diskutiert, inwieweit Geschlechtsrollenstereotype im gemischtgeschlechtlichen Klassenzimmer psychologisch bedeutsamer sind als bei Abwesenheit des jeweils anderen Geschlechts. Mit der Beforschung dieser Fragen wurde die Debatte über die Vor- und Nachteile der Koedukation (z.B. PFISTER 1988; BAUMERT 1992) neu entfacht: Der Fokus der Fragerichtung war nun, ob die gemeinsame Unterrichtung vielleicht nachteilig für Mädchen sein könnte (wohingegen in den Anfängen der Debatte die Mädchen als „Gewinner" der Koedukation wahrgenommen worden sind; z.B. PFISTER 1988). In der Folge wurde in verschiedenen Schulversuchen Fachunterricht (in den Naturwissenschaften) in geschlechtshomogenen Lerngruppen erprobt und hinsichtlich seiner Auswirkungen auf die Interessen- und Leistungsentwicklung von Mädchen und Jungen untersucht[3]. Eine abschließende Bewertung der Ergebnisse dieser Forschungsaktivitäten erscheint zum gegenwärtigen Zeitpunkt noch nicht möglich.

Revisiting Gender in der Folge von PISA: Impulse für die schulbezogene Interventionsforschung und die pädagogische Praxis

Zusammengefasst lässt sich die auf die *Gender*-Thematik bezogene Schulforschung und pädagogische Praxis in der Zeit vor PISA schlagwortartig so charakterisieren. In den siebziger und achtziger Jahren herrschte ein weitgreifender Optimismus, durch geeignete pädagogische Praxis einer geschlechtstypisierten Fähigkeits- und Interessenentwicklung von Mädchen und Jungen entgegenwirken zu können. Zu Beginn der neunziger Jahre vorgelegte Ergebnisse der Geschlechterforschung gaben Anlass zu der Hoffnung, dass a) Geschlechtsunterschiede in Fähigkeiten geringer geworden waren und bei anhaltendem Trend möglicherweise bedeutungslos werden würden und b) Unterschiede in den Erziehungspraktiken, denen sich Mädchen und Jungen gegenübersehen, im Verschwinden begriffen sind. Die Forschung fokussierte nun stärker auf den sozialisatorischen Einfluss, den die Klassenkameraden/innen auf die schulische Entwicklung von Mädchen und Jungen haben.

Ich gehe davon aus, dass als eine Konsequenz von PISA die Geschlechterforschung neu belebt werden wird. Betrachtet man beispielsweise das von der Deutschen Forschungsgemeinschaft geförderte Schwerpunktprogramm „Bildungsqualität von Schule" (Laufzeit 2000-2006), das in Reaktion auf die Veröffentlichung der TIMSS-Ergebnisse ins Leben gerufen worden war, so findet sich derzeit kein Teilprojekt, das speziell auf die in TIMSS deutlich gewordenen Interessen- und Leistungsdefizite der Mädchen in Mathematik und Naturwissenschaften bezogen wäre (siehe http://www.ipn.uni-kiel.de/projekte/biqua/biqua.htm; Download vom 14.5.03). Ich nehme an, dass sich diese Situation ändern wird: Die Geschlechterthematik wird nach PISA wieder größere Aufmerksamkeit erfahren. Denn die empirische Bildungsforschung sieht sich mit den PISA-Befunden über geschlechtsspezifische Leistungsdefizite erneut Herausforderungen gegenüber, die wir schon bewältigt zu haben geglaubt hatten. Genauer wird PISA nach meiner Einschätzung der *Gender*-Forschung durch die folgenden Erkenntnisse neue Impulse verleihen:

Stabilität der Befunde zu Geschlechtsunterschieden in Fähigkeiten: PISA hat uns die Einsicht verschafft, dass sich der Trend abnehmender Geschlechtsunterschiede, der zu Beginn der neunziger Jahre konstatiert worden war, offensichtlich nicht dahingehend fortsetzen wird, dass Fähigkeitsunterschiede zwischen Mädchen und Jungen bedeutungslos werden. Dies bedeutet, die über die vergangenen Dekaden hinweg festzustellende Angleichung in den Sozialisationsbedingungen von Mädchen und Jungen ist offensichtlich nicht hinreichend, um gleiche Bildungschancen für beide Geschlechter zu garantieren.

Der relative Beitrag motivationaler und fähigkeitsbezogener Variablen: Die in PISA aufgezeigten Geschlechtsunterschiede in Fähigkeiten können die sehr viel deutlicher ausfallenden Geschlechtsunterschiede in motivationalen (z.B. Interesse, Leistungsangst, Selbstkonzept eigener Fähigkeit) und behavioralen Variablen (Freizeitaktivitäten, Kurs-, Studienfach- und Berufswahlen) bei weitem nicht erklären. Aber PISA hat auch aufgezeigt, dass die nachgewiesenen Fähigkeitsunterschiede nicht nur durch Unterschiede in motivationalen Variablen bedingt sind. So konnten beispielsweise STANAT und KUNTER (2001) zwar nachweisen, dass die Geschlechtsunterschiede im „Gesamttest Lesen" verschwinden, wenn der Einfluss des geringeren Interesses und der geringeren Lesefreude der Jungen statistisch herauspartialisiert wird; umgekehrt fanden aber KÖLLER und

KLIEME (2000) keine Mediationseffekte der motivationalen Variablen „Interesse", „Leistungsangst" und „Selbstkonzept in der Mathematik" für die Erklärung der geringeren Mathematikleistungen der Schülerinnen in TIMSS-III (ähnliche Befunde ergaben sich in PISA). In der Zukunft werden sich demnach nur solche Konzepte bewähren, die interaktive Prozesse zwischen Geschlechtsunterschieden in Fähigkeiten auf der einen Seite und in motivationalen und behavioralen Variablen auf der anderen Seite in den Blick nehmen. Dies gilt sowohl auf der Ebene der Theorieentwicklung, als auch für den Transfer wissenschaftlicher Erkenntnisse zur *Gender*-Thematik in pädagogisches Handeln. So mahnen beispielsweise STANAT und KUNTER (2001, S. 267) an, dass sich die Förderung von Mädchen in Mathematik und Naturwissenschaften nicht wie in der Vergangenheit auf unspezifische Maßnahmen zur Steigerung ihres Interesses beschränken sollte, sondern mit Training für die Entwicklung räumlichen Vorstellungsvermögens, von Modellierungsfähigkeiten und des Umgang mit Zeichensystemen – Fähigkeiten, die Mädchen in geringerem Maße mitbringen als Jungen – einhergehen sollte.

Bildungschancen der Jungen: In den vergangenen Dekaden hat sich die schulbezogene Interventionsforschung fast ausschließlich auf die Gruppe der Mädchen beschränkt. Mit PISA sind nun Leistungsdefizite auf Seiten der Jungen stärker in den Blick geraten. Es gibt Anlass zur Sorge, dass der mangelnde Erwerb der grundlegenden Kulturtechnik des Lesens langfristig die Bildungs- und Berufskarrieren von Jungen fachdomänenübergreifend ungünstig beeinflussen könnte. PISA hat somit der schulbezogenen Interventionsforschung und der pädagogischen Praxis zur Aufgabe gemacht, die Ursachen des geringen Leseinteresses der Jungen zu identifizieren und Maßnahmen zur Steigerung ihrer Lesefreude sowie ggf. Trainings relevanter zu Grunde liegender Fähigkeiten zu entwickeln. Schulische Interventionsforschung wird sich in der Zeit nach PISA aber nicht nur auf die Kompensation fachgebundener Defizite beschränken können. Vielmehr muss sie auch danach fragen, inwieweit Schule und Unterricht in ihren vorfindlichen Formen den Lern- und Interaktionsbedürfnissen von Jungen weniger entsprechen: Möglicherweise ist der insgesamt geringere Schulerfolg von Jungen darauf zurückzuführen, dass sie relativ zu Mädchen – wie die Metaanalysen gezeigt haben (MACCOBY/JACKLIN 1974; HYDE 1981; HYDE/FROST 1993) – geringere soziale Kompetenzen mitbringen, sich sozial weniger angepasst verhalten und eher dazu neigen, auf Konflikte und Frustrationen im Schulalltag mit Aggressivität zu reagieren (vgl. auch DIEFENBACH/KLEIN 2002; KUNTER/ STANAT 2002; BAUMERT u.a. 2003). Ein Hinweis auf einen solchen Zusammenhang kann aus den Ergebnissen der die deutschen Bundesländer vergleichenden PISA-Ergebnisse abgeleitet werden: Hier hatte sich gezeigt, dass in den fünf *neuen* Ländern 1) der Anteil der Jungen an den Gymnasiasten besonders niedrig ist und 2) die relativen Leistungsvorteile der Mädchen im Lesen – die durch motivationale Variablen erklärt werden können (STANAT/KUNTER 2001) – besonders deutlich sind[4] (BAUMERT u.a. 2003): Möglicherweise wird der pädagogische Alltag in den Schulen der neuen Bundesländer noch durch während der DDR-Zeit propagierte Erziehungsziele beeinflusst, so dass positive Arbeitstugenden (die Mädchen häufiger mitbringen) besonders gewertschätzt bzw. normabweichende Verhaltensweisen (die Jungen häufiger zeigen) besonders stark sanktioniert werden.

Bildungschancen der Mädchen: Obwohl die Mädchen die Jungen im Bildungsniveau bereits Ende der siebziger Jahre eingeholt hatten (FINN/DULBERG/REIS 1979) und, wie PISA jetzt gezeigt hat, inzwischen sogar überflügeln, bringen die jungen Frauen das in der Schule erreichte Qualifikationsniveau in ihrer weiteren Ausbildung und auf dem Arbeitsmarkt weniger gut zum Einsatz (z.B. SCHÜTT/LEWIN 1998; http://www.statistik-bund. de/basis/d/erwerb/erwerbtab3.htm, http://www.statistik-bund.de/basis/d/biwiku/hochtxt.htm; Download v. 14.5.03): Nach wie vor finden Frauen im Mittel eine weniger qualifizierte und schlechter entlohnte Beschäftigung als Männer, Frauen verdienen im Schnitt nur ungefähr 70% dessen, was Männer verdienen. Frauen sind in Berufen mit niedrigem Status (Berufe mit reinen Dienstleistungsaufgaben) überrepräsentiert und in Berufen mit hohem Prestige (Führungspositionen, Managementfunktionen mit Personalverantwortung) unterrepräsentiert. Frauen schließen trotz ihres größeren schulischen Erfolgs seltener als Männer eine Promotion oder Habilitation ab und erringen seltener auf akademische Leistungen bezogene Auszeichnungen, wie z.b. Wissenschaftspreise oder Begabtenstipendien (z.B. http://www.bmbf.de/presse01/851.html; Donwload v. 20.5.03). Dieser geringere gesellschaftliche Erfolg ist einerseits durch Entscheidungen bedingt, die die Mädchen und Frauen selbst treffen: Nach wie vor meiden sie die Fachdomänen Mathematik, Naturwissenschaft und Technik, die die besten beruflichen Chancen versprechen. Nach wie vor ist das Spektrum der von Frauen ergriffenen Berufe sehr viel schmaler als das von Männern, wobei Frauen bevorzugt Berufe mit geringerem Status wählen (z.B. ABELE/SCHUTE/ ANDRÄ 1999). Somit werden auch in der Zeit *nach* PISA schulbezogene Interventionen erforderlich sein, um die Interessen – aber auch die Fähigkeiten – von Schülerinnen in Mathematik, Naturwissenschaft und Technik zu fördern. Unabhängig von den von Mädchen und Frauen selbst getroffenen Entscheidungen ist ihr geringerer gesellschaftlicher Erfolg aber strukturell bedingt oder durch Aspekte der weiblichen Geschlechtsrolle verursacht, die in den Schulvergleichsstudien nicht Gegenstand der Untersuchung sind. Im Folgenden sollen einige möglicherweise relevante Aspekte genannt werden: Mädchen haben trotz ihres insgesamt größeren Schulerfolgs nach wie vor geringere Aspirationen für ihre berufliche Zukunft und stellen sich mehr als Jungen schon während der Schulzeit antizipatorisch darauf ein, im Falle einer Familiengründung Abstriche in der eigenen beruflichen Karriere machen zu müssen (z.B. HANNOVER/BETTGE 1993; HANNOVER 2002). Mädchen verwenden – mit dem Lebensalter zunehmend – mehr Zeit auf Mithilfe im elterlichen Haushalt und auf die Betreuung jüngerer Geschwister als Jungen, die ihrerseits mehr Zeit mit Sporttreiben und Hobbys verbringen (z.B. RICHARDS/LARSON 1989; MAUDLIN/MEEKS 1990; HANNOVER/BETTGE 1993; ANTILL u.a. 1996). Während Mädchen häufiger im Haus, in von Erwachsenen strukturierten Situationen oder in Kindergarten und Schule an zum Spielen gestalteten Orten spielen, beschäftigen sich Jungen häufiger außerhalb des Hauses und in nicht gestalteten Umgebungen (z.B. BLAIR 1992; HUSTON 1983). Auch unterscheiden sich die Arten der sportlichen Betätigungen, denen Jungen und Mädchen in ihrer Freizeit nachgehen. Es kann gefragt werden, inwieweit die in PISA identifizierten Fähigkeitsunterschiede, die nicht durch die in PISA erfassten motivationalen und behavioralen Variablen erklärt werden konnten, ihren Ursprung in Geschlechtsunterschieden in solcherlei schulfernen Variablen haben. So kann beispielsweise gemutmaßt werden, dass beim Spiel in nicht gestalteten außerhäuslichen Umgebungen und bei Beschäftigung mit von Jungen präferierten Sportarten (z.B. Ballspiele) stärker beiläufig physikalische Konzepte angeeignet werden (z.B. verschiedene Bewegungsformen und ihre Superposition), als dies beim Spiel in vorstrukturierten Umgebungen und bei von Mädchen bevorzugten Freizeitaktivitäten der Fall ist. Zusammengefasst müssen schulbezogene Interventionsforschung und pädagogische Praxis in der Folge von PISA der Frage verstärkte Aufmerksamkeit zuwenden, wie der schulische Erfolg von Mädchen wirkungsvoller in ihre weitere Ausbildung und Berufstätigkeit transferiert werden kann.

Interaktion zwischen Mädchen und Jungen im schulischen Kontext: In der Folge von PISA muss auch neu gefragt werden, inwiefern die Interaktion zwischen Mädchen und Jungen für die Entstehung und Aufrechterhaltung von Fähigkeits- und Interessenunterschieden bedeutsam ist. So fanden beispielsweise HOSENFELD u.a. (2002), dass mit steigendem Mädchenanteil in einer Schulklasse die mittleren Mathematikleistungen sinken. Andere Studien zeigen, dass die Leistungsentwicklung in der Mathematik für Mädchen in geschlechtshomogenen Gruppen positiver ist als in koedukativen Gruppen, wohingegen die der Jungen von der Geschlechtskonstellation der Lerngruppe unbeeinflusst ist (HOFFMANN/HÄUßLER/PETERS-HAFT 1997; HANNOVER/KESSELS 2002b). LEE und Mitarbeiter (LEE/BRYK 1986; LEE/MARKS 1990) fanden, dass Mädchen aus monoedukativen Klassen weniger geschlechtstypisierte Einstellungen und Normen vertreten als ihre Alterskameradinnen aus koedukativ unterrichteten Klassen. KESSELS, HANNOVER und JANETZKE (2001) haben belegt, dass Mädchen und Jungen aus koedukativen Klassen Monoedukation ablehnen, wohingegen Schülerinnen, die Erfahrung mit monoedukativem Unterricht haben, diesem sehr positiv gegenüber stehen. Eine Gemeinsamkeit dieser Befunde besteht darin, dass sie auf eine verstärkte Salienz der sozialen Kategorie „Geschlecht" im koedukativen Klassenzimmer zurückgeführt werden können: Sowohl die Lehrer/innen als auch die Schüler/innen erleben hier Mädchen und Jungen als voneinander distinkte Personengruppen – im Ergebnis ist die Geschlechtszugehörigkeit aller beteiligten Personen betont. KESSELS (2002) konnte quasiexperimentell nachweisen, dass die soziale Bedeutsamkeit von Geschlecht in reinen Mädchen- bzw. Jungenlerngruppen gegenüber der Situation im koedukativen Klassenzimmer abgeschwächt ist. Dies bedeutet, in geschlechtshomogenen Lerngruppen erleben Schülerinnen und Schüler sich selbst weniger in ihrer Eigenschaft als weiblich bzw. männlich. Im Ergebnis verhalten sie sich weniger geschlechtstypisiert. Dies kann sowohl erklären, warum Lehrer/innen das Unterrichtniveau an einer der beiden Gruppen ausrichten (vgl. HOSENFELD u.a. 2002), als auch warum Mädchen, die ohne Jungen unterrichtet werden, weniger geschlechtstypisierte Einstellungen (LEE/BRYK 1986; KESSELS/HANNOVER/JANETZKE 2001), Interessen und Leistungen (HOFFMANN/HÄUßLER/PETERS-HAFT 1997; HANNOVER/KESSELS 2002b) entwickeln.

Mangelnder Transfer der Erkenntnisse der Geschlechterforschung in pädagogisches Handeln: Die erziehungswissenschaftliche und pädagogisch-psychologische Forschung zur Entstehung und Aufrechterhaltung von Geschlechtsunterschieden hat für Schule und Unterricht relevante Implikationen aufgezeigt. Inwieweit diese Erkenntnisse aber tatsächlich das Alltagshandeln von Lehrerinnen und Lehrern steuern, ist weitgehend unbekannt. Als eine Konsequenz aus PISA sollte verstärkt über Möglichkeiten des Transfers verfügbaren Wissens zur Geschlechter-Thematik in pädagogisches Alltagshandeln nachgedacht werden (vgl. MERKENS u.a. 2003). Einerseits sollte im Rahmen der Lehramtsausbildung die Vermittlung von Wissen zur Geschlechterthematik stärker an die Vermittlung konkreter Handlungsempfehlungen für die Unterrichtspraxis geknüpft werden. Andererseits sollten Trainingsmodule für den Erwerb unterrichtsrelevanter Handlungsmuster (z.B. Vermittlung von Feedbacktechniken, die auf die unterschiedlichen Reaktionen von Mädchen und Jungen auf Leistungsrückmeldungen hin abgestimmt sind) entwickelt werden. Schließlich sollten die Faktoren regulärer Schulpraxis identifiziert und ggf. modifiziert werden, die die Umsetzung innovativer Erkenntnisse zur Geschlechterthematik in pädagogisches Alltagshandeln verhindern (z.B. Einstellungen von Eltern und Lehrer/inne/n; Kulturzugehörigkeit von Schüler/inne/n; Koedukation).

Revisiting Gender in der Folge von PISA: „Entwicklung als Identitätsregulation"

Seit den Zeiten der lerntheoretischen Auseinandersetzung mit der *Gender*-Thematik hat sich die Theoriebildung und Forschungslandschaft dahingehend verändert, dass kognitionspsychologische Vorstellungen dominieren (für einen Überblick siehe z.B. RUBLE/ MARTIN 1998; ECKES/TRAUTNER 2000). Einhergehend mit der Erkenntnis, dass differentielle Reaktionen der Umwelt auf Mädchen und Jungen die Verschiedenheit zwischen den Geschlechtern nur unbefriedigend erklären können, hat die kognitionspsychologische Auffassung stärkere Beachtung erfahren, nach der der Erwerb geschlechtstypischer Fähigkeiten und Sozialverhaltensweisen ganz wesentlich vom Kinde selber ausgeht. In dieser Sichtweise besteht eine zentrale Entwicklungsaufgabe des Kindes in der Ausbildung einer geschlechtsbezogenen Identität. In dem Maße, wie das Kind erfährt, dass Geschlecht in seiner sozialen Umwelt eine bedeutsame soziale Kategorie darstellt, ist es motiviert, sich die eigene Geschlechtsrolle anzueignen. Für die Orientierung in seiner Umwelt ist es für das Kind wesentlicher, die eigene als die jeweils andere Geschlechtsrolle zu kennen. Dies führt dazu, dass das Kind a) bevorzugt Informationen über die eigene Geschlechtsgruppe sucht (und zwar im Besonderen Informationen darüber, was für das eigene Geschlecht angemessen ist), b) all jene Informationen positiv bewertet, die die Verschiedenheit der Geschlechter zu bestätigen scheinen und c) sich in seinem Verhalten davon leiten lässt, was als „geschlechtsangemessen" gilt (für einen Überblick siehe TRAUTNER 1997; RUBLE/MARTIN 1998; HANNOVER im Druck).

Die Auffassung, dass sich das Kind selbst aktiv in die „Rolle" eines Mädchens bzw. Jungen hineinsozialisiert, führt in der Folge von PISA zu einer neuen Fragerichtung bei der Untersuchung geschlechtsspezifischen schulischen Lern- und Interaktionsverhaltens und bei der Untersuchung geschlechtsspezifischer schulischer Interessen- und Leistungsdefizite: Diese können nicht als alleiniges Ergebnis unterschiedlicher Sozialisationseinflüsse oder Fähigkeiten betrachtet werden, sondern sollten auf die Interaktion zwischen Umwelt und kindlichem Akteur zurückgeführt werden, der vorzugsweise solche Verhaltensweisen zeigt, die die eigene Zugehörigkeit zur Gruppe der Mädchen bzw. Jungen „verifizieren" und solche Verhaltensweisen meidet, die diese „in Frage stellen" könnten. Das Kind wählt demnach aus den vielfältigen Sozialisationsangeboten (z.B. schulische Lernangebote) selektiv aus, engagiert sich vorzugsweise in solchen Lern- und Interaktionsformen und trainiert diejenigen seiner Fähigkeiten und Fertigkeiten in besonderem Maße, die die Aneignung der eigenen Geschlechtsidentität unterstützen (HANNOVER 2000; im Druck). Ich möchte diese Prozesse zusammenfassend mit dem Schlagwort *„Entwicklung als Identitätsregulation"* bezeichnen. Damit soll ausgedrückt werden, dass Entwicklung vom Kind oder Jugendlichen aktiv vorangetrieben und gestaltet wird, und zwar auf eine solche Weise, dass es/er seine Identität regulieren kann, d.h. einen positiven Selbstwert bewahren und das Bild, das andere und es/er selbst von sich hat, gemäß eigenen Vorstellungen profilieren kann. In dieser Sichtweise sind die in PISA gefundenen Geschlechtsunterschiede das Ergebnis eines vielschichtigen interaktiven Prozesses, der im Folgenden geschildert wird.

Konstruktion der Geschlechtsrollenidentität in Vorschulzeit und Pubertät: Kinder und Jugendliche konstruieren aktiv ihre Identität als Mädchen bzw. Junge. Bezugnehmend auf die wegweisenden Arbeiten von KOHLBERG (1966) wird die Aneignung der eigenen Geschlechtsrolle von verschiedenen Autoren als eine für das Vorschulkind (bis zum Erwerb der sog. Geschlechtsrollenkonstanz) prominente Herausforderung interpretiert (für einen Überblick siehe RUBLE 1994; TRAUTNER 1997). Ich nehme darüber hinausgehend an, dass sich die Entwicklungsaufgabe der Ausgestaltung der eigenen Geschlechtsidentität während der Phase der pubertären Reifung quasi „ein zweites Mal" stellt und vom Individuum nochmals bewältigt werden muss (HANNOVER 2000; im Druck). Diese Hypothese wird dadurch gestützt, dass die Zustimmung zu Geschlechtsrollenstereotypen sowie geschlechtstypisierte Polarisierungen in Interessen und Leistungen einerseits bei Vorschul- und Primarstufenkindern und andererseits bei Jugendlichen besonders stark zu beobachten sind (z.B. HILL/LYNCH 1983; TRAUTNER/HELBING/SAHM/LOHAUS 1988).

Entwicklung eines geschlechtstypisierten Selbstkonzepts eigener Fähigkeiten und Personeigenschaften: Ich nehme an, dass insbesondere während dieser beiden Phasen – der vorschulischen und der der pubertären Veränderung – Kinder bzw. Jugendliche jede Information gutheißen, die die Verschiedenheit der Geschlechter zu belegen scheint. Im Ergebnis entstehen geschlechtstypisierte Selbstkonzepte eigener Fähigkeiten (z.B. „ich bin gut in Mathe") und ein geschlechtstypisiertes Selbstbild persönlicher Eigenschaften (z.B. „ich kann mich durchsetzen"). Hierbei können sowohl soziale als auch dimensionale Vergleiche eine Rolle spielen: Personen halten ihre Fähigkeiten in einer Inhaltsdomäne für umso geringer, je relativ besser andere Personen sind bzw. persönliche Eigenschaften für umso extremer, je weniger besonders andere Personen auf dieser Eigenschaftsdimension sind (soziale Vergleiche). Dies bedeutet, Kinder/Jugendliche sollten diejenigen ihrer Fähigkeiten oder Eigenschaften für besonders halten und damit als stark selbstdefinitorisch erleben, bzgl. derer sie sich als von anderen Personen(gruppen) abweichend erleben (soziale Vergleiche). Weiter halten Personen ihre Fähigkeiten für umso besser bzw. persönliche Eigenschaften für umso extremer, je relativ schlechter ihre Leistungen in anderen Inhaltsdomänen bzw. je weniger besonders ihre persönlichen Eigenschaften auf anderen Dimensionen sind (dimensionale Vergleiche; z.B. MÖLLER 2000; MÖLLER/KÖLLER 2001). Dies bedeutet, Kinder/Jugendliche sollten sich insbesondere über solche Fähigkeiten und Eigenschaften definieren, auf denen sie sich – gemessen an ihren sonstigen Fähigkeiten oder Eigenschaften – als besonders empfinden.

Geschlechtstypisierte Selbstkonzepte eigener Fähigkeiten und geschlechtstypisierte Selbstbilder persönlicher Eigenschaften resultieren nun, wenn beim sozialen oder dimensionalen Vergleichen 1) vorzugsweise solche Informationen gesucht werden, die die Verschiedenheit der Geschlechter belegen (soziale Vergleiche) und 2) vorzugsweise solche Informationen gesucht werden, die ein „geschlechtstypisiertes" Fähigkeitsprofil bestätigen (dimensionale Vergleiche): Fähigkeitsdomänen, in denen die Person als Ergebnis sozialer Vergleiche mit dem jeweils anderen Geschlecht ihre eigene Über- oder Unterlegenheit festgestellt bzw. als Ergebnis dimensionaler Vergleiche eigene relative Stärken und Schwächen feststellt, können „genutzt" werden, um die eigene Identität als männlich oder weiblich zu verifizieren. So ist denkbar, dass die in den Metaanalysen gefundenen Geschlechtsunterschiede im kognitiven Leistungsvermögen (Jungen sind Mädchen in bestimmten mathematischen Fähigkeiten und im räumlichen Denken überlegen, HYDE/FENNEMA/LAMON 1990; HYDE/FROST 1993; FEINGOLD 1993; MASTERS/SANDERES 1993; Mädchen sind Jungen in bestimmten verbalen Fähigkeiten überlegen, HYDE/LINN 1986; LINN/HYDE 1989; HEDGES/NOWELL 1995) für das Kind bzw. den Jugendlichen Ansatzpunkte für den Aufbau eines Selbstkonzepts eigener Fähigkeiten bieten, das die eigene Geschlechtszugehörigkeit zu verifizieren geeignet erscheint.

Weiter können solche Eigenschaften, bzgl. derer das Kind oder der Jugendliche im sozialen Geschlechter-Vergleich oder im dimensionalen Vergleich seine Besonderheit feststellt, „genutzt" werden, um die eigene Identität als männlich oder weiblich zu verifizieren. So ist es denkbar, dass die in den Metaanalysen gefundenen Geschlechtsunterschiede in Aggressivität und Gewaltbereitschaft (z.B. BLOCK 1983; EAGLY/STEFFEN 1986; HYDE 1984) bzw. in interpersonalen und sozialen Kompetenzen (z.B. BRITON/HALL 1995; EISENBERG/MARTIN/FABES 1996) vom Kind bzw. Jugendlichen für den Aufbau eines geschlechtstypisierten Selbstbilds persönlicher Eigenschaften genutzt werden.

Bei der Herausbildung geschlechtstypisierter Fähigkeitsselbstkonzepte können auch Prozesse der Selbstwertregulation eine Rolle spielen (TESSER 2000): Die Feststellung, dass eine andere Person(engruppe) leistungsstärker ist als man selbst, bedeutet nur dann eine Bedrohung des eigenen Selbstwerts, wenn der Vergleich auf einer Dimension stattfindet, die für die Selbstdefinition relevant ist. Deshalb können Schüler/innen ihren Selbstwert u.a. dadurch bewahren, dass sie solche Leistungsdomänen, in denen sie relativ schlechter abschneiden als relevante Vergleichspersonen (z.B. die jeweils andere Geschlechtsgruppe in der Schulklasse) als unwichtig für ihre Selbstdefinition erklären.

Differentielles Training selbstbildkonsistenter Kompetenzen und Fähigkeiten: Ich vermute weitergehend, dass Kinder und Jugendliche mit dem Ziel, die Zugehörigkeit zur eigenen Geschlechtsgruppe zu „verifizieren", differentiell solche Sozial- und Interaktionsformen praktizieren, die ihrem Selbstbild persönlicher Eigenschaften korrespondieren bzw. differentiell solche Fähigkeiten trainieren, die das Selbstkonzept eigener Fähigkeiten bestätigen. Umgekehrt sollten sie den Ausbau solcher sozialen Kompetenzen bzw. solcher akademischen Fähigkeiten vernachlässigen oder verweigern, die nicht zum Selbstkonzept oder zur eigenen Geschlechtsgruppe „passen". Auf diese Weise können sich die zunächst geringen Geschlechtsunterschiede im Sozialverhalten und in kognitiven Fähigkeiten (die die Metaanalysen zeigen) im Entwicklungsverlauf polarisieren. Denn eine Person wird in dem Maße Anstrengung in die Verbesserung ihrer sozialen Kompetenzen bzw. akademischen Fähigkeiten investieren, wie sie die betreffende Inhaltsdomäne für selbstwertrelevant erachtet (vgl. z.B. die Befunde zu „Disidentification" im Paradigma der Stereotypenbedrohung, STEELE 1997; SPENCER/STEELE/QUINN 1999). Die resultierenden relativen Schwächen in sozialen Kompetenzen oder akademischen Leistungen (im dimensionalen Vergleich oder im sozialen Vergleich mit der jeweils anderen Geschlechtsgruppe) können nun sogar einen selbstaffirmativen Charakter gewinnen: Denn sie bestätigen das geschlechtstypisierte Selbstbild und das geschlechtstypisierte Fähigkeitsselbstkonzept.

Überprüfung der Passung zwischen Selbstkonzept und Bildungsangeboten: Die geschilderten Prozesse der Identitätsregulation interagieren nun mit dem schulischen Bildungsangebot. Genauer vermute ich, dass Kinder und Jugendliche dieses Angebot auf seine „Passung" zum Selbstkonzept persönlicher Eigenschaften und Fähigkeiten hin prüfen: Je stärker die Übereinstimmung zwischen deskriptiven Inhaltsmerkmalen des Bildungsangebots und deskriptiven Merkmalen des Fähigkeitsselbstkonzepts, umso wahrscheinlicher sollte es vom Kind/Jugendlichen genutzt werden („inhaltliche Passung"). Hohe Übereinstimmung zwischen deskriptiven Inhaltsmerkmalen einer Fachdomäne und deskriptiven Merkmalen der eigenen Geschlechtsrolle sollten also die Leistungsentwicklung begünstigen; geringe Übereinstimmung sollte hingegen einen ungünstigen Einfluss haben (vgl. auch HANNOVER/KESSELS in press). Für diese Annahme spricht, dass die in PISA beschriebenen geschlechtsspezifischen Leistungsdefizite mit den Inhalten kulturell geprägter Geschlechtsrollenstereotype konsistent sind: Mathematik und Naturwissenschaften werden nach wie vor als „typische Jungenfächer" wahrgenommen, umgekehrt ist der Umgang mit Texten weiblich konnotiert (z.B. HANNOVER/KESSELS 2002a).

Aber nicht nur die Inhalte des Bildungsangebots, sondern auch die Formen, in denen Schule und Unterricht organisiert sind, werden m.E. vom Kind oder Jugendlichen auf ihre Passung zum Selbst hin geprüft: Je stärker die Übereinstimmung zwischen den in der Schule geforderten Sozial- und Interaktionsformen und relevanten Merkmalen des Selbstbilds persönlicher Eigenschaften, desto positiver sollte das Kind/der Jugendliche gegenüber der Schule eingestellt sein und umso wahrscheinlicher eine positive Arbeitshaltung entwickeln („soziale Passung"). Möglicherweise spielt in diesem Zusammenhang die Tatsache, dass Bildung insbesondere im vorschulischen und im Primarstufenbereich fast ausschließlich von Frauen vermittelt wird (vgl. GOLD/REIS 1978; KERBER 1983), eine Rolle bei der Erklärung des geringeren Schulerfolgs von Jungen. So ist es beispielsweise denkbar, dass Schule im Allgemeinen oder Lesen (Vorlesen) im Besonderen von Jungen als feminin (vgl. SCHICKEDANZ 1973) und damit als „nicht zu ihnen selbst passend" erlebt wird (vgl. HANNOVER/KESSELS in press).

Was bedeuten die Rahmenüberlegungen zu einer Theorie der *Entwicklung als Identitätsregulation* für die Interpretation der PISA-Befunde und die aus ihnen abgeleiteten, oben skizzierten Forschungsfragen? Das Rahmenkonzept sagt vorher, dass Schüler/innen auf Grund der Prüfung der „inhaltlichen Passung" zwischen Bildungsangebot und Fähigkeitsselbstkonzept wahrscheinlicher in solchen Inhaltsdomänen Leistungsschwächen – relativ zur jeweils anderen Geschlechtsgruppe – entwickeln, deren deskriptive Merkmale mit den deskriptiven Merkmalen der eigenen Geschlechtsrolle oder des Fähigkeitsselbstkonzepts inkonsistent sind. Dabei müssen die der Entwicklung der Leistungsunterschiede zugrunde liegenden Prozesse allerdings keineswegs domänenübergreifend identisch sein. Vielmehr kann das Rahmenmodell erklären, warum beispielsweise – wie die PISA-Ergebnisse gezeigt haben (STANAT/KUNTER 2001) – motivationale Variablen für Geschlechtsunterschiede in der Lesekompetenz verantwortlich sind, hingegen für die Erklärung der Leistungsunterschiede in Mathematik zusätzlich kognitive Variablen herangezogen werden müssen: Wie oben genauer ausgeführt, können Leistungsunterschiede sowohl durch motivationale Prozesse allein – nämlich durch die Motivation, das geschlechtstypisierte Selbstbild eigener Fähigkeiten zu verifizieren – bedingt sein, als auch durch das Zusammenwirken dieser motivationalen Prozesse mit darauf aufbauendem differentiellen Training eigener Fähigkeiten und Fertigkeiten.

Die ungünstigere Schulentwicklung von Jungen ist dem Rahmenkonzept folgend vor allem durch eine mangelnde „soziale Passung" zwischen der Organisation Schule und dem geschlechtstypisierten Selbstbild persönlicher Eigenschaften bedingt: Personeigenschaften, die Jungen als selbstdefinitorisch erleben (z.B. „mutig", „lässt sich nicht beeinflussen", „angriffsfreudig"), sind weniger konsistent mit in der Schule geforderten Arbeitstugenden als Personeigenschaften, mit denen Mädchen sich selbst beschreiben (z.B. „fleißig", „aufmerksam", „nett") (KESSELS 2002).

Die Konsequenzen dieser Überlegungen für die Gestaltung pädagogischer Kontexte zu spezifizieren bleibt eine Aufgabe für zukünftige Schul- und Unterrichtsforschung.

Anmerkungen

1 Ich danke Dr. Ursula Kessels (FU Berlin) und zwei anonymen Gutachter/inne/n für ihre hilfreichen Kommentare zu einer früheren Version dieses Manuskripts.
2 Zu dieser Einschätzung hat möglicherweise auch die Tatsache beigetragen, dass zur gleichen Zeit in den Industrienationen durchgeführte Studien betreffend die häusliche Erziehung kaum mehr eine unterschiedliche Behandlung von Mädchen und Jungen durch ihre Eltern nachweisen konnten. So hatten MACCOBY und JACKLIN (1974) fünfzehn Jahre zuvor als Ergebnis ihrer Synthese verschiedener Studien zu elterlichen Erziehungspraktiken noch Unterschiede dahingehend konstatiert, dass Jungen mehr physisch stimuliert, häufiger zu physischen Aktivitäten angeregt, häufiger bestraft und häufiger gelobt werden als Mädchen. Auch HUSTON (1983) belegte zu Beginn der achtziger Jahre noch einen Trend, nach dem Jungen mehr zu motorischen Aktivitäten ermuntert und weniger von ihren Eltern überwacht werden, Mädchen eher für abhängiges und affektives Verhalten sowie Emotionsausdruck verstärkt werden und in Leistungssituationen schneller Hilfe von ihren Eltern erfahren. Demgegenüber fanden LYTTON und ROMNEY (1991) in ihrer zu Beginn der neunziger Jahre vorgelegten umfassenden Metaanalyse keine bedeutsamen Effektgrößen mehr, die auf eine differenzielle Behandlung von Töchtern und Söhnen durch ihre Eltern verweisen würden, und zwar weder bezüglich Strenge und disziplinierendem Verhalten, noch bzgl. Wärme oder Ermutigung unselbständigen, abhängigen Verhaltens, noch bzgl. der Ermutigung zu Leistungsverhalten. Nur in einem der zahlreichen untersuchten Bereiche fanden LYTTON und ROMNEY stabile Unterschiede: Eltern ermuntern ihre Kinder besonders zu geschlechtsrollenkonsistenten Aktivitäten (sex-typed play and activities). Das heißt, Mädchen werden z.B. eher darin bestärkt, mit Puppen zu spielen, sich schön anzuziehen oder sich im Haushalt zu betätigen, während Jungen eher dafür bekräftigt werden, wenn sie beispielsweise mit Werkzeug spielen oder sich außerhalb des Hauses betätigen. Dies zeigt sich auch in einer geschlechtsspezifischen Auswahl von Spielzeug und Spielthemen, die Eltern ihren Kindern anbieten. So neigen Eltern dazu, geschlechtstypisierte Spielzeuge zu kaufen, Kindern im freien Spiel geschlechtstypisierte Spielzeuge anzubieten und Kinder bei geschlechtstypisiertem Spiel mehr zu unterstützen als bei geschlechtsuntypischem.
3 Modellversuch „Chancengleichheit – Veränderung des Anfangsunterrichts Physik/Chemie unter besonderer Berücksichtigung der Kompetenzen und Interessen von Mädchen" (gefördert vom MINISTERIUM FÜR BILDUNG, WISSENSCHAFT, FORSCHUNG UND KULTUR DES LANDES SCHLESWIG-HOLSTEIN und vom BUNDESMINISTERIUM FÜR BILDUNG UND WISSENSCHAFT von 1991 bis 1994; wissenschaftliche Begleitung durch das INSTITUT FÜR DIE PÄDAGOGIK DER NATURWISSENSCHAFTEN KIEL (HOFFMANN/HÄUßLER/PETERS-HAFT 1997).
Modellversuch „Zur Stabilität des physik- und chemiebezogenen Selbstkonzepts – Längsschnittstudie zu den Auswirkungen der Geschlechterkonstellation einer Lerngruppe auf die situational aktivierte Identität und die schulische Entwicklung Jugendlicher" (gefördert von der DEUTSCHEN FORSCHUNGSGEMEINSCHAFT von 1998-2001; wissenschaftliche Begleitung SCHÖN/HANNOVER (HANNOVER/KESSELS 2002b; KESSELS 2002).
Modellversuch „Förderung von Schülerinnen durch Entwicklung von Unterrichtskonzepten und –materialien insbesondere für die Fächer Chemie, Deutsch, Geschichte, Mathematik, Physik und Sozialkunde" (gefördert vom MINISTERIUM FÜR BILDUNG, WISSENSCHAFT UND WEITERBILDUNG RHEINLAND-PFALZ; unter Mitförderung des BUNDESMINISTERIUMS FÜR BILDUNG UND WISSENSCHAFT von 1992 bis 1998; wissenschaftliche Begleitung KRAUL/HORSTKEMPER (http://pz.bildung-rp.de/mv/modell1.htm; Download v. 14.5.03).
4 Eine Ausnahme stellen die Ergebnisse für die Leseleistung in Sachsen-Anhalt dar (innerhalb von Schulen gemessen; d.h. nicht über Schulformen hinweg).

Literatur

ABELE, A. E./SCHUTE, M./ANDRÄ, M. S. (1999): Ingenieurin versus Pädagoge: Berufliche Werthaltungen nach Beendigung des Studiums. In: Zeitschrift für Pädagogische Psychologie, 13. Jg., S. 84-99.
ANTILL u.a. (1996) = ANTILL, J. K./COTTON, S./RUSSELL, G./GOODNOW, J. J. (1996): Measures of children's sex-typing in middle childhood: II. In: Australian Journal of Psychology, 48. Jg., S. 35-44.

BALZER, L./JÄGER, R. S. (2002): Fachleistung in Mathematik. In: HELMKE, A./JÄGER, R. S. (Hrsg.) (2002): Mathematik-Gesamterhebung Rheinland-Pfalz: Kompetenzen, Unterrichtsmerkmale, Schulkontext. – Landau, S. 39-70.

BAUMERT, J. (1992). Koedukation oder Geschlechtertrennung. In: Zeitschrift für Pädagogik, 38. Jg., S. 83-109.

BAUMERT, J./BOS, W./LEHMANN, R. (Hrsg.) (2000): TIMSS/III. Dritte Internationale Mathematik- und Naturwissenschaftsstudie: Mathematische und naturwissenschaftliche Bildung am Ende der Schullaufbahn. – Bd. 1 u. 2 – Opladen.

BAUMERT u.a. (2001) = BAUMERT, J./KLIEME, E./NEUBRAND, M./PRENZEL, M./SCHIEFELE, U./SCHNEIDER, W./STANAT, P./TILLMANN, K.-J./WEIß, M. (PISA-KONSORTIUM) (Hrsg.) (2001): PISA 2000. Basiskompetenzen von Schülerinnen und Schülern im internationalen Vergleich. – Opladen.

BAUMERT u.a. (2003) = BAUMERT, J./ARTELT, C./KLIEME, E./NEUBRAND, M./PRENZEL, M./SCHIEFELE, U./SCHNEIDER, W./TILLMANN, K.-J./WEIß, M. (Hrsg.) (2003): PISA 2000 – Ein differenzierter Blick auf die Länder der Bundesrepublik Deutschland – Opladen.

BLAIR, S. L. (1992): The sex-typing of children's household labor: Parental influences on daughters' and sons' housework. In: Youth and Society, 24. Jg., H. 2, S. 178-203.

BLOCK, J. (1983): Differential premises arising from differential socialization of sexes: Some conjectures. In: Child Development, 54. Jg., S. 1335-1354.

BREHMER, I. (Hrsg.) (1982): Sexismus in der Schule. Der heimliche Lehrplan der Frauendiskriminierung. – Weinheim.

BRITON, N./HALL, J. (1995): Beliefs about female and male nonverbal communication. In: Sex Roles, 32. Jg., S. 79-90.

BRUNER, C. F. (1991): Mädchenforschung in der Bundesrepublik Deutschland. – München.

BUNDESMINISTER FÜR BILDUNG UND WISSENSCHAFT (1987): Chancen für Mädchen und junge Frauen in Ausbildung und Beruf. – Schriftenreihe Studien zu Bildung und Wissenschaft, Vol. 2 – Bad Honnef.

BUNDESMINISTER FÜR JUGEND, FAMILIE, FRAUEN UND GESUNDHEIT (1987): Berufliche Qualifizierung von Frauen zur Verbesserung ihrer Berufschancen bei der Einführung neuer Technologien. – Schriftenreihe des Bundesministers für Jugend, Familie, Frauen und Gesundheit, Bd. 215 – Stuttgart.

CRICK, N. R./GROTPETER, J. K. (1995): Relational aggression, gender, and social-psychological adjustment. In: Child Development, 67. Jg., S. 1003-1014.

DEUTSCHER BUNDESTAG (1983): Zwischenbericht der Enquete Kommission „Neue Informations- und Kommunikationstechniken". – Drucksache 9/2442 vom 28.3.1983 – Bonn.

DEUTSCHER BUNDESTAG (1984): Verbesserung der Chancengleichheit von Mädchen in der Bundesrepublik Deutschland. 6. Jugendbericht. – Drucksache 10/1007 vom 15.2.1984 – Bonn.

DIEFENBACH, H./KLEIN, M. (2002): Bringing boys back in. Soziale Ungleichheit zwischen den Geschlechtern im Bildungssystem zuungunsten von Jungen am Beispiel der Sekundarschulabschlüsse. In: Zeitschrift für Pädagogik, 48. Jg., S. 938-958.

DÖRING, H. (1989): Lehrerverhalten. – Weinheim.

DWECK u.a. (1978) = DWECK, C./DAVIDSON, W./NELSON, S./ENNA, B. (1978): Sex differences in learned helplessness: II. The contingencies of evaluative feedback in the classroom and III. An experimental analysis. In: Developmental Psychology, 14 Jg., S. 268-276.

DWECK, C./GILLIARD, D. (1975): Expectancy statements as determinants of reactions to failure: Sex differences in persistence and expectancy change. In: Journal of Personality and Social Psychology, 32. Jg., S. 1077-1084.

DWECK, C./GOETZ, T. E./STRAUSS, N. L. (1980): Sex differences in learned helplessness: IV. An experimental and naturalistic study of failure generalization and its mediators. In: Journal of Personality and Social Psychology, 38. Jg., S. 441-452.

EAGLY, A./STEFFEN, V. J. (1986): Gender and aggressive behavior: A meta-analytic review of the social psychological literature. In: Psychological Bulletin, 100. Jg., S. 309-330.

ECKES, T./Trautner, H. (Hrsg.) (2000): The developmental social psychology of gender. – Mahwah, NJ.

EISENBERG, N./MARTIN, C. L./FABES, R. A. (1996): Gender development and gender effects. In: BERLINER, D. C./CALFEE, R. C. (Hrsg.) (1996): The handbook of educational psychology – New York, S. 358-396.

ENDERS-DRAGÄSSER, U./FUCHS, C. (1988): Interaktionen und Beziehungsstrukturen in der Schule. – Schriftenreihe des Feministischen Interdisziplinären Forschungsinstituts – Frankfurt.

FEINGOLD, A. (1988): Cognitive gender differences are disappearing. In: American Psychologist, 43. Jg., S. 95-103.
FEINGOLD, A. (1993): Cognitive gender differences: A developmental perspective. In: Sex Roles, 29. Jg., S. 91-112.
FINN, J. D./DULBERG, L./REIS, J. (1979): Sex differences in educational attainment: A cross national perspective. – Harvard Educational Review – Harvard.
FRASCH, H./WAGNER, A. (1982): Auf Jungen achtet man einfach mehr. In: BREHMER, I. (Hrsg.) (1982): Sexismus in der Schule. – Weinheim, S. 260-278.
GOLD, D./REIS, M. (1978): Do male teachers in the early school years make a difference? A review of the literature. – Unpublished manuscript – EDRS.
HANNOVER, B. (2000): Development of the self in gendered contexts. In: ECKES, T./TRAUTNER, H. (Hrsg.) (2000): The developmental social psychology of gender. – Mahwah, NJ, S. 177-206.
HANNOVER, B. (2002): Kinder als Mädchen und Jungen. In: SCHRÖDER, R. (Hrsg.) (2002): Das LBS-Kinderbarometer. Was Kinder wünschen, hoffen und befürchten. – Opladen, S. 299-325.
HANNOVER, B. (im Druck): Vom biologischen zum psychologischen Geschlecht: Die Entwicklung von Geschlechtsunterschieden. In: RENKL, A. (Hrsg.) (im Druck): Pädagogische Psychologie. – Bern.
HANNOVER, B./BETTGE, S. (1993): Mädchen und Technik. – Göttingen.
HANNOVER, B./KESSELS, U. (2002a): Challenge the science-stereotype! Der Einfluss von Freizeit-Technikkursen auf das Naturwissenschaften-Stereotyp von Schülerinnen und Schülern. In: Zeitschrift für Pädagogik, 43. Jg., S. 341-358.
HANNOVER, B./KESSELS, U. (2002b): Monoedukativer Anfangsunterricht in Physik in der Gesamtschule. Auswirkungen auf Motivation, Selbstkonzept und Einteilung in Grund- und Fortgeschrittenenkurse. In: Zeitschrift für Entwicklungspsychologie und Pädagogische Psychologie, 34. Jg., S. 201-215.
HANNOVER, B./KESSELS, U. (in press): Why German school students don't like math and sciences. A self- to-prototype matching approach.
HEDGES, L. V./NOWELL, A. (1995): Sex differences in mental test scores, variability, and numbers of high scoring individuals. In: Science, 269. Jg., S. 41-45.
HILL, J./LYNCH, M. (1983): The intensification of gender-related role expectations during early adolescence. In: BROOKS-GUNN, J./PETERSEN, A. (Hrsg.) (1983): Girls at puberty: biological and psychosocial perspectives. – New York, S. 201-228.
HOFFMANN, L./HÄUßLER, P./PETERS-HAFT, S. (1997): An den Interessen von Mädchen und Jungen orientierter Physikunterricht. Ergebnisse eines BLK-Modellversuchs. – Kiel.
HOSENFELD u.a. (2002) = HOSENFELD, I./HELMKE, A./RIDDER, A./SCHRADER, F.-W. (2002): Die Rolle des Kontextes. In: HELMKE, A./JÄGER, R. S. (Hrsg.) (2002): Das Projekt MARKUS: Mathematik-Gesamterhebung Rheinland-Pfalz: Kompetenzen, Unterrichtsmerkmale, Schulkontext. – Landau, S. 155-256.
HUSTON, A. C. (1983): Sex-typing. In: HETHERINGTON, E. M. (Hrsg.) (1983): Handbook of child psychology: Socialization, personality, and social development. – Bd. 4 – New York, S. 387-468.
HYDE, J. (1981): How large are cognitive gender differences? A meta-analysis using w2 and d. In: American Psychologist, 36. Jg., S. 892-901.
HYDE, J. (1984). How large are gender differences in aggression? A developmental metaanalysis, In: Developmental Psychology, 20. Jg., S. 722-736.
HYDE, J./FENNEMA, E./LAMON, S. J. (1990): Gender differences in mathematics performance: A meta-analysis. In: Psychological Bulletin, 107. Jg., S. 139-155.
HYDE, J. /FROST, L. A. (1993): Meta-analysis in the psychology of women. In: DENMARK, F./PALUDI, M. (Hrsg.) (1993): Psychology of women: A handbook of issues and theories. – Westport, CT, S. 67-103.
HYDE, J./LINN, M. (1986): The psychology of gender: Advances through meta-analysis. – Baltimore.
HYDE, J./PLANT, E. (1995): Magnitude of psychological gender differences. In: American Psychologist, 50. Jg., S. 159-161.
KERBER, L. (1983): The impact of women on American education (Non-Sexist Teacher Education Project). – Newton MA.
KESSELS, U. (2002): Undoing Gender in der Schule. Eine empirische Studie über Koedukation und Geschlechtsidentität im Physikunterricht. – Weinheim.
KESSELS, U./HANNOVER, B./JANETZKE, H. (2001): Erfahrungs- versus stereotypbasierte Einstellungen von Schülerinnen und Schülern zur Ko- und Monoedukation. In: Psychologie in Erziehung und Unterricht, 48. Jg., S. 210-223.

KLAUER, K. J. (1992): In Mathematik mehr leistungsschwache Mädchen, im Lesen und Rechtschreiben mehr leistungsschwache Jungen? Zur Diagnostik von Teilleistungsschwächen. In: Zeitschrift für Entwicklungspsychologie und Pädagogische Psychologie, 24. Jg., S. 48-65.

KÖLLER, O./KLIEME, E. (2000): Geschlechtsdifferenzen in den mathematisch-naturwissenschaftlichen Leistungen. In: BAUMERT, J./BOS, W./LEHMANN, R. (Hrsg.) (2000): TIMSS - Mathematisch-naturwissenschaftliche Bildung am Ende der Schullaufbahn. – Bd. 2 – Opladen, S. 373-404.

KOHLBERG, L. (1966): A cognitive-developmental analysis of children's sex-role concepts and attitudes. In: MACCOBY, E. (Hrsg.) (1966): The development of sex differences. – Stanford, CA, S. 82-172.

KUNTER, M./STANAT, P. (2002): Soziale Kompetenz von Schülerinnen und Schülern. Die Rolle von Schulmerkmalen für die Vorhersage ausgewählter Aspekte. In: Zeitschrift für Erziehungswissenschaft, 5. Jg., S. 49-71.

LEE, V./BRYK, A. S. (1986): Effects of single-sex secondary schools on student achievement and attitudes. In: Journal of Educational Psychology, 78. Jg., S. 381-395.

LEE, V. E./MARKS, H. M. (1990). Sustained effects of the single-sex secondary school experience on attitudes, behaviors, and values in college. In: Journal of Educational Psychology, 82. Jg., S. 578-592.

LEHR, U. (1972): Das Problem der Sozialisation geschlechtsspezifischer Verhaltensweisen. In: GRAUMANN, C. F. (Hrsg.) (1972): Handbuch der Psychologie. – Bd. 7.2 – Göttingen, S. 886-954.

LINN, M./HYDE, J. (1989): Gender, mathematics, and science. In: Educational Researcher, 18. Jg., S. 17-27.

LOPATECKI, C./LÜKING, I. (1989): Bescheiden, sittsam und rein? Rollenklischees in Mathematik-Schulbüchern für die Sekundarstufe I. – Schriftenreihe der Bremischen Zentralstelle für die Verwirklichung der Gleichberechtigung der Frau – Bremen.

LYTTON, H./ROMNEY, D. M. (1991): Parent's differential socialization of boys and girls: A meta-analysis. In: Psychological Bulletin, 109. Jg., S. 267-296.

MACCOBY, E. E./JACKLIN, C. N. (1974): The psychology of sex differences. – Stanford CA.

MASTERS, M. S./SANDERES, B. (1993): Is the gender difference in mental rotation disappearing? In: Behavior Genetics, 23. Jg., S. 337-341.

MAUDLIN, T./MEEKS, C. B. (1990): Sex differences in children's time use. In: Sex Roles, 22. Jg., H. 9/10, S. 537-554.

MERKENS, H. u.a. (2003) = MERKENS, H./GELLERT, U./DE HAAN, G./HANNOVER, B./ FISCHLER, H./ FLICK, U./ JERUSALEM, M./ KEITEL. C./MIKELSKIS, H./SCHRÜNDER-LENZEN, A. (2003): Vorüberlegungen zu einem Antrag auf Einrichtung und Förderung eines Graduiertenkollegs zur Transferforschung. – unveröffentlichtes Manuskript – FU-Berlin.

MÖLLER, J. (2000): Effekte dimensionaler und sozialer Vergleiche auf Fähigkeitseinschätzungen und die Zufriedenheit mit der Leistung. In: Zeitschrift für Experimentelle Psychologie, 47. Jg., S. 67-71.

MÖLLER, J./KÖLLER, O. (2001): Frame of reference effects following the announcement of exam results. In: Contemporary Educational Psychology, 30. Jg., S. 118-127.

ORGANISATION FOR ECONOMIC COOPERATION AND DEVELOPMENT OECD (2001): Knowledge and skills for life – First results from PISA 2000. – Paris.

PFISTER, G. (1988) (Hrsg.): Zurück zur Mädchenschule. – Pfaffenweiler.

RICHARDS, M./LARSON, R. (1989): The life space and socialization of the self: Sex differences in the young adolescent. In: Journal of Youth and Adolescence, 18. Jg., S. 617-626.

RUBLE, D. N. (1994): A phase model of transitions: Cognitive and motivational consequences. In: ZANNA, M. P. (Hrsg.) (1994): Advances in experimental social psychology. – Bd. 26 – San Diego, CA, S. 163-214.

RUBLE, D. N./MARTIN, C. L. (1998): Gender development. In: DAMON, W. (Hrsg.) (1998): Handbook of child psychology. – Bd. 3 – New York, S. 933-1016.

SCHEU, U. (1977): Wir werden nicht als Mädchen geboren, wir werden dazu gemacht. – Frankfurt.

SCHICKEDANZ, J. A. (1973): The relationship of sex-typing of reading to reading achievement and reading choice behavior in elementary school boys. – University Microfilms, Order No. 74-12, 176 – Ann Arbor, MI.

SCHIERSMANN, C. (1987): Computerkultur und weiblicher Lebenszusammenhang. Zugangsweisen von Frauen und Mädchen zu neuen Technologien. – Schriftenreihe Studien zu Bildung und Wissenschaft, Bd. 49 – Bad Honnef.

SCHÜTT, I./LEWIN, K. (1998): Bildungswege von Frauen. Vom Abitur bis zum Beruf. –Hannover.

SPENCER, S. J./STEELE, C. M./QUINN, D. M. (1999): Stereotype threat and women's math performance. In: Journal of Experimental Social Psychology, 35. Jg., S. 4-28.

STANAT, P./KUNTER, M. (2001): Geschlechterunterschiede in Basiskompetenzen. In: BAUMERT, J./KLIEME, E./NEUBRAND, M./PRENZEL, M./SCHIEFELE, U./SCHNEIDER, W./STANAT, P./TILLMANN, K.-J./WEIß, M. (PISA-KONSORTIUM) (Hrsg.) (2001): PISA 2000. Basiskompetenzen von Schülerinnen und Schülern im internationalen Vergleich. – Opladen, S. 249-269.

STEELE, C. (1997): A threat in the air: How stereotypes shape intellectual identity and performance. In: American Psychologist, 52. Jg., S. 613-629.

TESSER, A. (2000): On the confluence of self-esteem maintenance mechanisms. In: Personality and Social Psychology Review, 4. Jg., S. 290-299.

TODT, E. (1979). Geschlechtsrolle und schulisches Lernen. In: Unterrichtswissenschaft, 7. Jg., S. 101-115.

TRAUTNER, H. M. (1997): Lehrbuch der Entwicklungspsychologie (2. Auflage). – Bd. 1 u. 2 – Göttingen.

TRAUTNER, H. M./HELBING, N./SAHM, W. B./LOHAUS, A. (1988): Unkenntnis – Rigidität – Flexibilität: Ein Entwicklungsmodell der Geschlechtsrollen-Stereotypisierung. In: Zeitschrift für Entwicklungspsychologie und Pädagogische Psychologie, 19. Jg., S. 105-120.

WENDER, I./BADE, A. (1994): Technik zum Begreifen speziell für junge Frauen. In: Braunschweiger Arbeiten Nr.1994/2. – Braunschweig.

ZINNECKER, J. (1975). Der heimliche Lehrplan. – Weinheim.

Anschrift der Verfasserin: Prof. Dr. Bettina Hannover, Freie Universität Berlin, Fachbereich Erziehungswissenschaft und Psychologie, Habelschwerdter Allee 45, 14195 Berlin, Email: hannover@fu-berlin.ewi-psy.de

Ingrid Gogolin

Zum Problem der Entwicklung von „Literalität" durch die Schule

Eine Skizze interkultureller Bildungsforschung im Abschluss an PISA

Zusammenfassung:
In diesem Beitrag wird die Frage gestellt, welche PISA-Folgen-Forschung aus der Sicht der interkulturellen Erziehungswissenschaft angebracht wäre. Konkretisiert wird dies am Beispiel der sprachbezogenen Ergebnisse der PISA-Studie, und zwar insonderheit der Hinweise auf Zusammenhänge zwischen der getesteten „Lesekompetenz" und den Leistungen in den beiden Bereichen „mathematische" und „naturwissenschaftliche Grundbildung". Zunächst wird ein möglicher Erklärungszusammenhang für die in dieser Hinsicht in PISA erzielten Resultate zur Diskussion gestellt. Sodann wird vor diesem Hintergrund eine Vorstellung davon entwickelt, welche Folgeforschung unternommen werden sollte, um die Annahmen über Erklärungszusammenhänge weiter abzustützen – oder mit gutem Grund verwerfen zu können.

Abstract:
This article discusses the problem of PISA-follow-up research from the perspective of Intercultural educational research. The discussion focuses on the PISA-results about the connection between reading skills and "mathematical" as well as "scientific literacy". The first part of the article offers explanations for the differences in achievement between students with a minority background and autochthonous students in German schools. The second part presents the outline of a research programme within which the supposed explanations could be either confirmed or rejected.

1. Einige PISA-Ergebnisse aus der Sicht interkultureller Erziehungswissenschaft

Die Ergebnisse der PISA-Studie sind aus der Sicht der interkulturellen Erziehungswissenschaft nicht zuletzt relevant, weil es mit ihrer Hilfe gelang der Allgemeinheit zu verdeutlichen, dass der Abstand zwischen Leistungen von Schülerinnen und Schülern mit und ohne Migrationshintergrund nicht nur auf spezielle, aus einer Majoritätsperspektive zu vernachlässigende Probleme der Kinder und Jugendlichen aus zugewanderten Familien im deutschen Schulsystem weist, sondern auf ein generelles Strukturproblem: seine hochgradige herkunftsbezogene Selektivität.

In PISA 2000 (vgl. zum folgenden DEUTSCHES PISA-KONSORTIUM 2001) wurde die „Migrationsgeschichte" der Schülerinnen und Schüler durch Angaben zum Geburtsort der Mutter und des Vaters sowie zur Sprache in der Familie ermittelt. Damit ist gegenüber den üblichen Bildungsstatistiken eine deutlich weiterreichende Möglichkeit gegeben, Disparitäten der Bildungsbeteiligung von Kindern und Jugendlichen mit und ohne Migrationshintergrund zu ermitteln und Ansätze für Erklärungen zu suchen. Dennoch ist die gewählte Operationalisierung noch nicht hinreichend, um Zuverlässiges über den Migrationshintergrund eines Schülers oder einer Schülerin zu erfahren. Eine Optimierung wäre in folgenden Aspekten nötig: Bei der Ermittlung des sprachlichen Hintergrunds der Befragten müssten Formulierungen gewählt werden, die nicht zur dichotomisierenden Betrachtung der sprachlichen Praxis in der Familie auffordern. Die Frage, ob Deutsch *oder* eine andere Sprache gesprochen wird, fängt nach den vorliegenden Forschungsergebnissen zur Sprachpraxis von Migranten die faktischen Verhältnisse in Migrantenfamilien nicht ein, da in diesen überwiegend sowohl die mitgebrachten Sprachen benutzt werden als auch das Deutsche; Sprachpräferenzen und Sprachdominanzen können sich sehr unterschiedlich über die Mitglieder einer Familie verteilen (vgl. hierzu z.B. FÜRSTENAU/ GOGOLIN/YAGMUR 2003). Ebenso kann die Unterstellung, dass in Familien, in denen beide Eltern in Deutschland geboren wurden, kein Migrationshintergrund zu vermuten ist, verzerrend wirken. Hierbei werden verschiedene relevante Erkenntnisse der Migrationsforschung außer Acht gelassen: zum einen das demographische Faktum, dass Zuwanderer in Deutschland in wachsendem Maße „altansässig" sind; zum anderen die Ergebnisse der Forschung zur Transmigration, die besagen, dass jenseits der dauerhaften Ansässigkeit an einem Lebensort die Verbindungen, die Migrantinnen und Migranten zur Region, zu den Institutionen und der Sprache der Herkunft pflegen, aufrecht erhalten bleiben, was insbesondere für die Vitalität der Sprachen Zugewanderter sorgt (vgl. hierzu z.B. HAUG/ PICHLER 1999).

Ungeachtet des weiteren Optimierungsbedarfs der Instrumente in dieser Hinsicht liegen jedoch mit PISA erstmals belastbare Daten vor, die die Leistungsfähigkeit des deutschen Schulsystems gegenüber Kindern und Jugendlichen mit Migrationshintergrund erkennen lassen. In die Auswertungen zum Problem der Bildungsbeteiligung von Jugendlichen aus Migrationsfamilien gingen zunächst nur die Angaben zum Geburtsort der Eltern ein. Bei Jugendlichen, deren beide Elternteile nicht in Deutschland geboren sind, zeigte sich eine Bildungsbeteiligung, wie sie in Deutschland um 1970 anzutreffen war: Etwa 50% der Zugewanderten besuchen die Hauptschule – fast doppelt so viele wie bei Gleichaltrigen ohne im Ausland geborene Eltern. Nur 15% der Zugewanderten hingegen besuchen das Gymnasium – weniger als die Hälfte der Gleichaltrigen ohne im Ausland geborene Eltern (DEUTSCHES PISA-KONSORTIUM 2001, S. 373).

Auf der Ebene des internationalen Vergleichs ist das Ergebnis besonders bemerkenswert, dass nur etwa 2% der Jugendlichen, deren beide Eltern nach Deutschland zugewandert sind, zu den „exzellenten Lesern" gehören, die die „Kompetenzstufe V" der Skala der Lesefähigkeit erreichen. Hingegen gehören etwa 20% von ihnen zu den „extrem schwachen Lesern". Fast 50% der Zugewanderten überschreiten die elementaren Kompetenzstufen im Lesen nicht.

In Bezug auf das hier nachfolgend präsentierte denkbare Forschungsprogramm aus interkultureller Perspektive ist besonders relevant, dass dieses Resultat nicht domänenspezifisch ist. Vielmehr wurde ermittelt, dass sich eine mangelnde Lesekompetenz im Deutschen kumulativ auf die mathematische und naturwissenschaftliche Leistungsfähigkeit auswirkt. Schülerinnen und Schüler mit unzureichender Lesekompetenz sind vermutlich in allen akademischen Domänen in ihrem Kompetenzerwerb beeinträchtigt (DEUTSCHES PISA-KONSORTIUM 2001, S. 376).

Bei den ersten Versuchen, diese Ergebnisse zu erklären, wurden die Angaben zur Sozialschichtzugehörigkeit der Familien, die Verweildauer der Jugendlichen in Deutschland sowie „die Umgangssprache" der Familie im oben angedeuteten Sinne in Analysen einbezogen. Im Resultat steht, dass weder die soziale Lage noch die Verweildauer oder die familiale Sprachpraxis als solche primär verantwortlich für das schlechtere Abschneiden der Jugendlichen mit Migrationshintergrund sind. Vielmehr ist die „Beherrschung der deutschen Sprache auf einem dem jeweiligen Bildungsgang angemessenen Niveau" entscheidend (DEUTSCHES PISA-KONSORTIUM 2001, S. 379). Aus der Sicht der interkulturellen Bildungsforschung muss diese Formulierung und die hinter ihr zu vermutende Sichtweise deutlich differenziert werden; nicht zuletzt dazu würde ein Forschungsprogramm, wie es unten skizziert wird, beitragen müssen. Hier kann aber zunächst die Feststellung genügen, dass diesem Ergebnis eine klare Aussage über die Leistungsfähigkeit des deutschen Schulsystems liegt, denn ca. 70% der Jugendlichen mit Migrationshintergrund in der PISA-Stichprobe haben ihre gesamte Schulzeit in Deutschland absolviert (vgl. auch STANAT 2003). Das Ergebnis weist insbesondere auf die Bedeutung hin, die der Schule bei der Vermittlung schulspezifischer Sprache zukommt. Die 15-jährigen Schülerinnen und Schüler mit Migrationshintergrund, die in der PISA-Studie untersucht wurden, wurden offenbar in ihrem Bildungsgang mit der speziellen Spielart von Sprache, die nur die Schule selbst an die breite Schülerschaft vermitteln kann, nicht hinreichend vertraut gemacht.

Durch die inzwischen vorliegenden Ergebnisse der „Internationalen Grundschul-Leseuntersuchung (IGLU)" (vgl. BOS u.a. 2003) ist deutlich geworden, dass das Hineinführen der Kinder mit Migrationshintergrund in die Sprache der Schule bereits in der Grundschule nicht zufriedenstellend gelingt. Diese Untersuchung ergibt zwar, dass die deutsche Grundschule im internationalen Leistungsvergleich besser abschneidet als die Sekundarstufe. Es wurden respektable mittlere Leistungen sowohl bei der Lesekompetenz als auch beim naturwissenschaftlichen Verständnis und der mathematischen Kompetenz erreicht. Bemerkenswert ist insbesondere, dass die Grundschule geringere Leistungsspreizungen erzeugt als die Schulen der Sekundarstufe: Das relativ hohe Leistungsniveau am Ende der vierten Jahrgangsstufe wird von einem verhältnismäßig hohen Anteil der Schülerschaft erreicht. Auch sind die Leistungen in der Grundschule weniger vom sozialen Hintergrund abhängig als dies in der Sekundarstufe der Fall ist. Dennoch ist der Zusammenhang zwischen sozialer Schicht und erreichtem Leistungsniveau in Deutschland und Ungarn am höchsten.

Ein unmittelbarer Vergleich der PISA- und der IGLU-Studie oder eine quasi-longitudinale Interpretation ist aus methodischen Gründen unstatthaft. Dennoch weisen die deutlichen Gemeinsamkeiten in den Ergebnissen, die in Bezug auf die Kinder mit Migrationshintergrund erzielt wurden, einmal mehr auf das Problem der hochgradigen herkunftsbezogenen Selektivität des deutschen Schulsystems. Bereits in der Grundschule ist die Abhängigkeit zwischen Herkunft und Erfolgschancen überaus hoch ist (vgl. SCHWIPPERT/BOS/LANKES 2003): Auch hier nimmt Deutschland die zweifelhafte Spitzenposition der Staaten dabei ein, eine Leistungsdifferenz zwischen den Kindern aus zugewanderten Familien und denen ohne Migrationshintergrund zu erzeugen. Dies sei am Beispiel der Ergebnisse zur Lesekompetenz illustriert:

Abbildung 1: Leistungsvorsprung im Leseverständnis von Kindern aus Familien ohne Migrationshintergrund und solchen mit zwei im Ausland geborenen Eltern

Abb.1: Leistungsvorsprung im Leseverständnis von Kindern aus Familien ohne Migrationshintergrund vor Kindern, deren Eltern beide im Ausland geboren sind (PISA-Vergleichswerte hinterlegt)

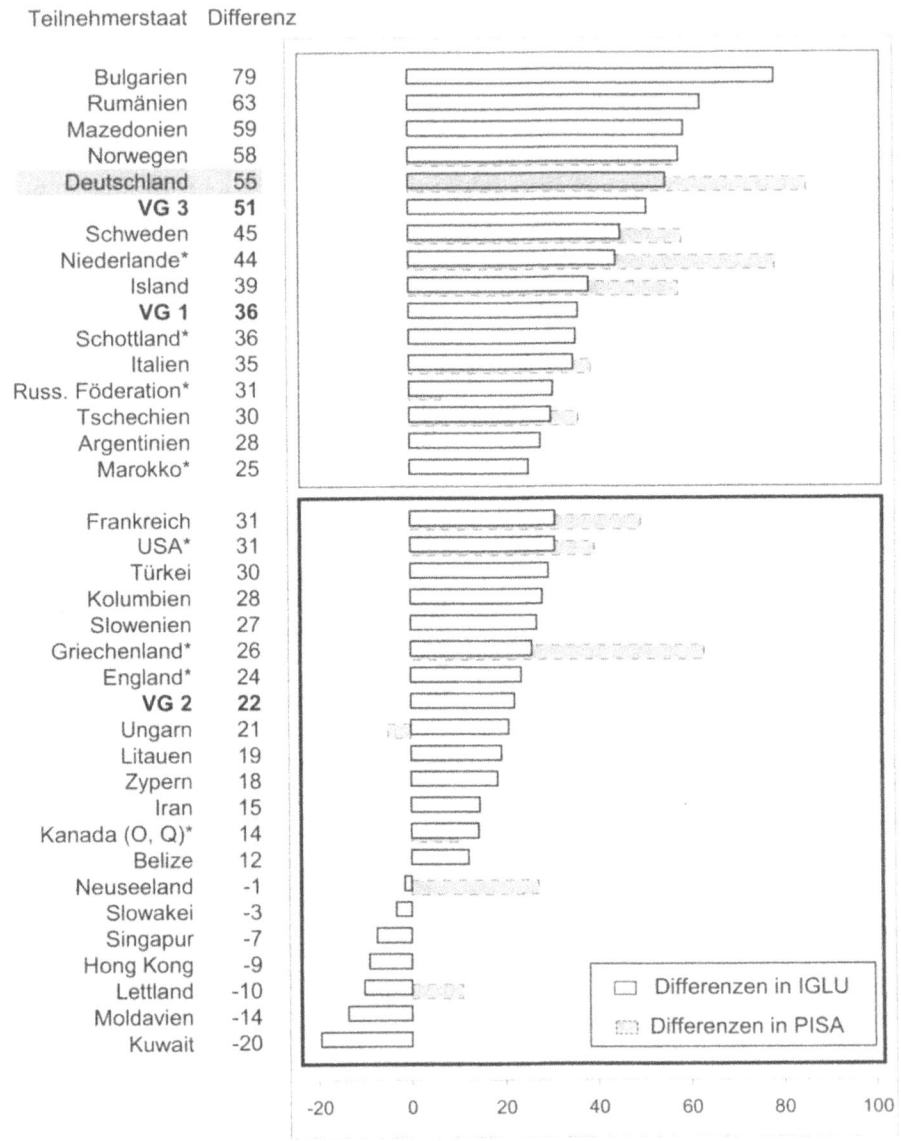

☐ Länder, in denen die Differenz nicht signifikant von der deutschen Differenz abweicht.
◼ Länder, in denen die Differenz signifikant (p < .05) unter der deutschen Differenz liegt.
* Zu Besonderheiten der Stichproben vgl. Kapitel II.

Quelle: SCHWIPPERT/BOS/LANKES 2003, S. 296.

Die in der IGLU-Stichprobe vertretenen Kinder mit Migrationshintergrund sind zu einem noch höheren Anteil als die Jugendlichen in PISA das Produkt des Unterrichts in der deutschen Schule: Ca. 75% von ihnen sind in Deutschland geboren, weitere ca. 14% sind vor dem 5. Lebensjahr zugewandert – etwa 90% dieser Stichprobe hat also keine andere Schule als die deutsche erlebt. Dennoch sind ihre Leistungen in allen getesteten Bereichen geringer als die der Kinder aus Familien ohne Migrationsgeschichte (vgl. SCHWIPPERT/BOS/LANKES 2003, S. 285). Ungeachtet aller Evidenz der Verantwortlichkeit sozioökonomischer und -kultureller Faktoren für die Erzeugung dieser Ergebnisse muss es ein Interesse der Anschlussforschung an PISA sein, die daran mitwirkenden schul- und unterrichtsbasierten Ursachen zu ermitteln. Dazu kann interkulturelle Bildungsforschung, wie sie nachfolgend exemplarisch skizziert wird, beitragen[1].

2. „Kompetenz", „Literacy", „Grundbildung", „Literalität"

„Man kann gar nicht nachdrücklich genug betonen, dass PISA keineswegs beabsichtigt, den Horizont moderner Allgemeinbildung zu vermessen, oder auch nur die Umrisse eines internationalen Kerncurriculums. Es ist gerade die Stärke von PISA, sich solchen Allmachtsfantasien zu verweigern und sich statt dessen mit der Lesekompetenz und mathematischen Modellierungsfähigkeit auf Basiskompetenzen zu konzentrieren, die nicht die einzigen, aber wichtige Voraussetzungen für die [..] *Generalisierung* universeller Prämissen für die Teilhabe an Kommunikation und damit auch für Lernfähigkeit darstellen" – so das DEUTSCHE PISA-KONSORTIUM (2001, S. 21; Hervorhebung im Original). Mit der Verwendung eines theoretisch gewonnenen kompetenzorientierten Bildungskonzepts entwickelte das internationale PISA-Konsortium eine neue Qualität der Konstruktion von großangelegten Leistungsvergleichsuntersuchungen. Traditionell wurde versucht, den erreichten Leistungsstand der getesteten Schülerinnen und Schüler vorrangig durch eine curriculumvalide Testkonstruktion abzubilden. In PISA 2000 hingegen wird ein bildungstheoretisch fundiertes Konzept verwendet, bei dem die funktionale Sicht „[...] auf muttersprachliche, mathematische und naturwissenschaftliche Kompetenzen als basale Kulturwerkzeuge" dominiert (DEUTSCHES PISA-KONSORTIUM 2001, S. 20). Diese Sicht ist von angelsächsischen Auffassungen beeinflusst, die unter dem Begriff „Literacy" diskutiert wird.

Die Itemkonstruktion in PISA lenkt primär auf die prominente Rolle, die die Sprache für Lernerfolgschancen besitzt. Zu den gemessenen Leistungsbereichen gehören „Lesekompetenz", betrachtet als die Fähigkeit zum verstehenden Umgang mit vielschichtigen Texten, sowie „Mathematische" und „Naturwissenschaftliche" Kompetenz. Auch die Letzteren sind in einem bedeutenden Maß sprachlich belegt. Nicht die Kenntnis mathematischer bzw. naturwissenschaftlicher Sätze und Regeln oder die bloße Beherrschung von Lösungsroutinen steht im Vordergrund, sondern die Fähigkeit zur begrifflichen Durchdringung der Rolle und Funktion, die die Mathematik bzw. die Naturwissenschaften in der Welt innehaben. Für das Lösen von Aufgaben auf den höchsten Kompetenzstufen ist es erforderlich, dass die Probanden einen reflexiven – sprachgebundenen – Zugang zu den unterschiedlichen Modi der Welterfahrung entwickelt haben und diesen auf die Aufgabenstellungen anzuwenden vermögen, die mathematische oder naturwissenschaftliche Konzepte enthalten.

Während die „sprachhaltige" Auffassung von den beiden nicht explizit sprachlichen Leistungsbereichen in der internationalen PISA-Terminologie durch die Verwendung der Begriffe „Mathematical Literacy" und „Scientific Literacy" anklingt, ist vom deutschen PISA-Konsortium der Begriff „Grundbildung" für die Bezeichnung der beiden Bereiche gewählt worden. Begründet wird dies mit Bedenken dagegen, den Begriff „Literalität" im deutschen Sprachraum zu verwenden, denn damit werde „das Bild der elementaren Alphabetisierung" (vgl. DEUTSCHES PISA-KONSORTIUM 2001, S. 20) hervorgerufen.

Eine Analyse der einschlägigen englisch- und deutschsprachigen Literatur lässt erkennen, dass durchaus vielfältigere Assoziationen mit dem Literacy-Begriff verbunden sind (vgl. hierzu z.B. COPE/KALANTZIS 2000). Auch ist der Begriff „mathematische Literalität" in der mathematikdidaktischen Diskussion nicht eindeutig besetzt (vgl. JABLONKA 2003; KAISER/SCHWARZ 2003). Daher erscheint es durchaus aussichtsreich, den Begriff der Literalität im deutschen Sprachraum neu zu besetzen. Besonderen Anlass dafür geben jedoch die folgenden Erwägungen aus der Perspektive interkultureller Bildungsforschung (vgl. GOGOLIN/KAISER 2000; GOGOLIN/KAISER/ROTH 2003).

Der große Vorzug in der Beibehaltung des „Literalitäts"-Begriffs besteht darin, dass der Bezug zur Schriftlichkeit in der Bezeichnung des Konzepts erhalten bleibt. Damit ist ein wesentliches Merkmal schulischer Sprachlichkeit in die ihm gebührende Aufmerksamkeit gerückt: der Umstand nämlich, dass schulspezifische Kommunikation nicht allgemeinsprachlich, sondern fachsprachlich bestimmt ist. Schulische Kommunikation hat auch dann, wenn sie sich mündlich vollzieht, tendenziell die konzeptionellen Merkmale der Schriftlichkeit. Sie ist situationsentbunden, arbeitet stark mit symbolischen und kohärenzbildenden Redemitteln, z.B. mit eigentlich „inhaltsleeren" Funktionswörtern wie Artikeln, Pronomen oder anderen Verweisformen und mit komplexen Strukturen. Damit unterscheidet sich das Deutsch der Schule sehr deutlich von den Sprachvarianten, die in der alltäglichen mündlichen Kommunikation eine Rolle spielen: in dieser überwiegen die kontextabhängigen, die bedeutungstragenden, assoziativen, konkreten und illustrativen Elemente.

Der hiermit angesprochene Aspekt ist von entscheidender Bedeutung für das Erreichen hoher mathematischer oder naturwissenschaftlicher Kompetenz. Dies belegen vermittelt auch die Konstruktionsprinzipien der Aufgaben sowie die Ergebnisse der PISA- und der IGLU-Studie: Die Aufgaben auf höheren Kompetenzstufen sind zwar „verständlich" formuliert in dem Sinne, dass eine Lösung nicht von der Beherrschung allzu abstrakter bzw. realitätsferner mathematischer oder naturwissenschaftlicher Terminologie abhängt. Aber sie weisen gleichwohl die üblichen Merkmale sich steigernder Schriftförmigkeit auf, die die schulischen Fachsprachen kennzeichnet.

Für Sprache lernende Menschen ist besonders gravierend, dass die Unterschiede zwischen der mündlichen Alltagssprache und der Sprache der Schule vor allem im strukturellen Bereich liegen. Gewiss ist es unerlässlich, dass Schülerinnen und Schüler lernen, über die mit einer Sache sich verbindenden bedeutungstragenden Wörter zu verfügen – also die Fachterminologie. Aber damit, dass ein solcher spezieller Vokabelschatz unterrichtet bzw. gelernt wird, ist das grundlegende Sprachlernproblem nicht gelöst, das in der konzeptionellen Schriftförmigkeit der Sprache der Schule liegt.

Es ist aus Sicht der interkulturellen Bildungsforschung besonders naheliegend, einen Fokus in PISA-Folgestudien auf die Frage zu legen, ob und auf welche Weise dem mathematischen und naturwissenschaftlichen Fachunterricht in deutschen Schulen die Einführung in die Spezifika der Sprache der Schule in diesem Sinne gelingt – also mathematische und naturwissenschaftliche Literalität angebahnt wird. Anzunehmen ist, dass hier Schwächen des Unterrichts in deutschen Schulen liegen, die nicht zuletzt in den messbaren Leistungsdifferenzen zwischen Kindern und Jugendlichen mit und ohne Migrationshintergrund ihren Ausdruck finden. Die Kinder und Jugendlichen aus zugewanderten Familien in Deutschland, die überwiegend nicht mit Deutsch als einziger Sprache aufwachsen, können – so die These – zwar für das Deutsch der Alltagsbewältigung von ihrer deutschsprachigen Umwelt und ggf. vom der Spracherziehung in der Familie profitieren. Das Deutsch der Schule aber kann ohne die zielgerichteten Beiträge des Unterrichts nur in dem Ausnahmefall erworben werden, dass andere Instanzen – etwa ein gebildetes und schriftnahes Elternhaus, das die Geldmittel für außerschulische Unterweisung aufwendet – diese Aufgabe übernehmen. Angesichts der sozio-ökonomisch und -kulturell nachteiligen Lebensumstände, unter denen ein beträchtlicher Teil der zugewanderten Familien in Deutschland existiert, ist anzunehmen, dass die Kinder aus diesen Familien überwiegend auf die Leistungen der Schule angewiesen sind.

3. Sprachliche Heterogenität und Bildung[2]

Die Fokussierung auf diesen Aspekt der Schriftförmigkeit der (auch gesprochenen) Sprache der Schule und ihrer Fächer bei der Frage nach Gründen für die messbar geringere Leistungsfähigkeit der Kinder und Jugendlichen mit Migrationshintergrund im deutschen Schulsystem wird durch die im angelsächsischen Kontext verbreitete Forschung über Zusammenhänge zwischen den Spezifika der fachlichen Sprache der Schule und den Lernerfolgschancen gestützt, die im Anschluss an die älteren Arbeiten Basil BERNSTEINs in u.a. in multilingualen Schülerkonstellationen durchgeführt wurde. So liegen z.B. aus England vergleichende Untersuchungen von Schulen vor, die nach den Ergebnissen von nationalem *monitoring* extrem unterschiedliche Schülerleistungen erzeugen, obwohl ihre Schülerschaften im Hinblick auf die soziale Lage und sprachlich-kulturelle Differenz sehr ähnlich zusammengesetzt sind (vgl. z.B. BLAIR/BOURNE 1998; GILLBORN/MIRZA 2000).

Die Ergebnisse der Studien weisen zum einen – wie schon wiederholt in der Schulqualitätsforschung ermittelt – auf ein *set* an pädagogischen Grundzügen, die in erfolgreichen Schulen Geltung haben. Die Schulen waren "outstanding in terms of the school ethos achieved, offering students a wide and rich curriculum, and inspiring full participation" (so BOURNE 2002, S. 2). Die Ergebnisse dieser und anderer, z.B. in Australien angestellter Untersuchungen weisen aber zudem auf den hohen Stellenwert, den die Vermittlung der Sprache der Schule für den Schulerfolg besitzt (vgl. etwa MOSS 2001; HASAN 2000). Anknüpfend an BERNSTEINs begriffliches Angebot (vgl. etwa BERSTEIN 1999) wird hier auf die Wichtigkeit der Einführung von sozial benachteiligten Schülerinnen und Schülern in die spezielle dekontextualisierte Sprache der Schule hingewiesen. In Schulen, die gute Erfolge erzielen, wurde ein hohes Maß an Lehr- und Lernintensität darauf verwendet, die Schülerinnen und Schüler mit dem *disembedded talk* des Unterrichts vertraut zu machen und sie explizit an die Divergenzen zwischen der Sprache des Lebensalltags und der der Schule heranzuführen.

Dem Forschungsprogramm aus Sicht interkultureller Bildungsforschung, das vor diesem Hintergrund konzipiert wird, unterliegt die Annahme, dass die Einführung in die Welt der Schrift für einen „schulsprachlichen Habitus" entscheidend ist, den eine Schülerin oder ein Schüler entwickelt. Die Entwicklung Literalität durch den Unterricht fügt den vorhandenen und auch außerhalb der Schule und des Unterrichts sich weiterentwickelnden Registern ein *set* an Varianten hinzu, denen schulerfolgsentscheidende Bedeutung zukommt. Dies nicht nur, weil – was auf der Hand liegt – das Schrifttum überhaupt zugänglich wird (vgl. HURRELMANN 2002), sondern darüber hinaus, weil Gesetzmäßigkeiten des geschriebenen Worts auch in der gesprochenen Sprache der Schule wirksam sind. Zum sprachlichen Habitus eines erfolgreichen Schülers und einer erfolgreichen Schülerin gehört es nach dieser These, innerhalb dieser Gesetzmäßigkeiten funktionieren zu können und die Register der Schule sowie der Fächer aktiv differenzieren zu können von jenen, die in anderen Ausschnitten seiner Lebenswelt Gültigkeit haben. Die Schule ist ein spezifischer „sprachlicher Markt" (BOURDIEU 1990; vgl auch GRENFELL 1998), an dem Schülerinnen und Schüler zu partizipieren lernen müssen.

Ein erfolgreiches Einfinden in diesen sprachlichen Markt ist ganz sicher nicht beschränkt auf die Lebens- und Lernphase, die in der Grundschule verbracht wird; der Unterricht der Sekundarstufe wird und muss hier spezielle Funktionen übernehmen – was nicht zuletzt die Ergebnisse der PISA-Studie belegen. Es ist aber wahrscheinlich, dass entscheidende Weichenstellungen in den grundlegenden Phasen des Prozesses geschehen. Im Fokus des Forschungsprogramms, dessen grobe Kontur hier skizziert wird, steht daher der Unterricht, in dem die grundlegende Einführung in Literalität geschieht. Diese Einführung ist keineswegs auf den Prozess der Alphabetisierung im Sprachunterricht beschränkt, sondern erfordert die Untersuchung anderer Unterrichtsfächer unter der Frage, ob und auf welche Weise die Einführung in die Welt der Schrift vonstatten geht.

Intendiert ist eine longitudinale Anlage des Forschungsprogramms, und zwar die Untersuchung der Klassenstufen 1 bis 7. Hierbei und für die weitere Fokussierung der Fragestellung können wir uns auf Forschungsergebnisse zur Sprachentwicklung bei bilingualem Primärspracherwerb stützen, die überwiegend aus den USA, Kanada und Australien vorliegen (vgl. zusammenfassend REICH/ROTH u.a. 2002; siehe zu neuropsychologischen Forschungsergebnissen auch LIST 2000).

Diese Forschungsergebnisse untermauern die Annahme, dass der Zugang, den ein Kind zum Angebot des Unterrichts entwickelt, nicht nur von den kontextuellen Bedingungen seines Lebens abhängt, sondern auch stark von seinen sprachlichen Lebensumständen. Es ist insbesondere davon auszugehen, dass sich Zweisprachigkeit als Bildungsvoraussetzung auf das Entstehen und die Gestalt eines „schulsprachlichen Habitus" auswirkt. In Untersuchungen, in denen Unterrichtskonzepte für Bilinguale in Kanada, USA und Schweden evaluiert wurden, wurde die mit dem Namen Cummins verbundene Interdependenzhypothese untermauert, die besagt, dass besonders bei kognitiv anspruchsvollen Aufgaben gegenseitige Beeinflussungen der Sprachen und interlinguale Transfers von Kompetenzen stattfinden (vgl. CUMMINS 2000; 2003; Überblick bei VERHOEVEN 1994, S. 146). Vor allem die Fähigkeit, mit abstrakter und dekontextualisierter Sprache umzugehen, ist demnach bei zweisprachigen Schülerinnen und Schülern eng mit ihrem Sprachvermögen in der Erstsprache verbunden. In einer Expertise zum Stand der internationalen und nationalen Forschung zum Spracherwerb zweisprachig Aufwachsender heißt es diesbezüglich zusammenfassend: „Es herrscht weit gehender Konsens darüber, dass auch im Bereich der schriftsprachlichen Textfähigkeiten wie im Bereich des Erwerbs der „technischen" Lese- und Schreibfähigkeiten mit Transferleistungen gerechnet werden kann [...], die nicht nur das Prinzip der Schriftlichkeit als solches, sondern auch Lesestrategien, Textkohärenz und Textsortenkenntnis betreffen" (REICH/ROTH u.a. 2002, S. 34). Unterstützt wird die Annahme, dass es einen signifikanten Zusammenhang zwischen Bilingualität als sprachlicher Bildungsvoraussetzung und den dem Unterricht verdankten Leseleistungen gibt durch die Zusatzauswertungen der Schweizer Resultate der IAE „Reading Literacy"-Studie (vgl. RÜESCH 1998).

Für die longitudinale Anlage des Forschungsprogramms sprechen vor allem Modellevaluationen zur Einbeziehung von Zweisprachigkeit in das Unterrichtsangebot aus den USA. Sie kommen zu dem Ergebnis, dass es einen klaren Zusammenhang zwischen der Dauer und Intensität der Sprachförderung und dem allgemeinen Kompetenzerwerb gibt. Insbesondere wurde nachgewiesen, dass eine kontinuierliche, didaktisch und methodisch mit dem Unterricht der Zweisprache abgestimmte Förderung in der Herkunftssprache bilingual aufwachsender Kinder und Jugendlicher auch zu besseren Erfolgen in der Zweitsprache führt (vgl. THOMAS/COLLIER 1997). In diesen Studien wurde aufgezeigt, dass vor einer Förderdauer von mindestens sechs Jahren nachhaltige Erfolge kaum nachweisbar sind. Wir gehen davon aus, dass dies ein verallgemeinerbares Ergebnis ist: Nachhaltige Effekte der Einführung in Literalität werden sich erst nach ca. sechs Jahren Unterricht zeigen.

Neben der longitudinalen Anlage des Forschungsprogramms gehört eine an verschiedene Unterrichtsfächer gebundene, vergleichende Prüfung der forschungsleitenden Annahme zu seinen Kennzeichen. Untersucht werden soll Unterricht aus dem mathematischen und naturwissenschaftlichen Bereich im Vergleich zu Unterricht aus dem sozial- bzw. geisteswissenschaftlichen Fächerspektrum und zum expliziten Sprachunterricht. Dabei ist die Überlegung leitend, dass diese Bereiche je spezifische Leistungen für die Entwicklung schulsprachlicher Literalität zu erbringen haben; zu prüfen ist, ob und wie diese Aufgabe in der Praxis des Unterrichts wahrgenommen wird. Im Rahmen des Forschungsprogramms können unter anderem die Effekte spezifischer Sprachlehrkonzepte für die Entwicklung schulsprachlicher Literalität überprüft werden. Insbesondere kann Anschluss an den US-amerikanischen Forschungsstand gewonnen werden, indem ein Schulversuch zur bilingualen Alphabetisierung, der wissenschaftlich begleitet wird, in das Forschungsprogramm einbezogen wird (vgl. GOGOLIN/NEUMANN/ROTH 2003).

Die multiperspektivische Herangehensweise an die forschungsleitenden Fragen ergibt sich nicht allein aus der Einbeziehung unterschiedlicher Unterrichtsfächer, sondern sie soll ergänzt werden durch Untersuchungen der verschiedenen Akteure beim Problem der Entwicklung von schulsprachlicher Literalität. Beabsichtigt ist die Einbeziehung einer Lehrersicht auf das gestellte Problem; ferner sollen die sprachlichen Selbstkonzepte von Schülerinnen und Schülern sowie ihre Entwicklung über die Zeit untersucht werden. Intendiert ist des weiteren die Integration einer international vergleichenden Dimension in das Forschungsprogramm. Hierbei bietet es sich an Schulsysteme einzubeziehen, die in vergleichbarer Weise wie das Deutsche mit Migrationsfolgen konfrontiert sind und in denen bessere Leistungen als in den deutschen Schulen erzielt werden. Besondere Anknüpfungspunkte bieten das schwedische und das englische Schulsystem, weil in beiden aufschlussreiche Forschungsergebnisse zum Problem der sprachlichen Förderung von Kindern und Jugendlichen mit Migrationshintergrund vorliegen (vgl. neben den erwähnten englischsprachigen: SKOLEVERKET 2002).

Soweit die vorläufigen, unabgeschlossenen Überlegungen zu einem Forschungsprogramm aus der Perspektive interkultureller Bildungsforschung im Anschluss an PISA. Sie greifen insbesondere das PISA-Ergebnis auf, dass im internationalen Vergleich die Lesekompetenz mit einer sich lockernden Koppelung von sozialer Herkunft und Kompetenzerwerb steigt. „Die Optimierung beider Gesichtspunkte – Sicherung eines hohen Kompetenzniveaus und Verminderung sozialer Disparitäten – hängt maßgeblich vom Erreichen eines befriedigenden Niveaus der Lesekompetenz in den unteren Sozialschichten ab" (vgl. DEUTSCHES PISA-KONSORTIUM 2001, S. 402). Das skizzierte Forschungsprogramm soll Beiträge dazu leisten, die Frage zu erhellen, wie es auch im deutschen Schulsystem gelingen könnte, die Abhängigkeit des Schulerfolgs von sozialer, sprachlicher und kultureller Herkunft zu lockern.

Anmerkungen

1 Die folgenden Ausführungen stützen sich auf Ergebnisse eines DFG-geförderten Forschungsprojekts sowie den in Vorbereitung befindlichen Anschlussantrag zum Thema „Mathematiklernen im Kontext sprachlich-kultureller Pluralität", das unter der Leitung von Ingrid GOGOLIN und Gabriele KAISER an der Universität Hamburg durchgeführt wird. Vgl. GOGOLIN/KAISER 2000 sowie GOGOLIN/KAISER/ ROTH 2003.
2 In die folgenden Ausführungen fließen Vorarbeiten zur Vorbereitung eines Antrags auf Einrichtung einer Forschergruppe zum Thema „Heterogenität und Bildung" am Fachbereich Erziehungswissenschaft der Universität Hamburg ein, der 2003 bei der DFG gestellt werden soll. Federführend dabei sind Ingrid GOGOLIN und Wilfried BOS, Institut für International und Interkulturell Vergleichende Erziehungswissenschaft der Universität Hamburg.

Literaturverzeichnis

BERNSTEIN, B. (1999): Vertical and horizontal discourse: an essay. In: British Journal of Sociology of Education, 20. Jg., H. 2, S. 157-173.
BLAIR, M./BOURNE, J. (1998): Making the difference: teaching and learning strategies in successful multi-ethnic schools. – London (Dept. for Education and Skills/DfES WWW.GTCE.ORG.UK/RESEARCH/ DIFFERENCESTUDY.ASP.).
BOS u.a. 2003 = BOS, W./LANKES, E.-M./PRENZEL, M./SCHWIPPERT, K./WALTHER, G./VALTIN, R. (Hrsg.) (2003): Erste Ergebnisse aus IGLU. Schülerleistungen am Ende der vierten Jahrgangsstufe im internationalen Vergleich. – Münster.
BOURDIEU, P. (1990): Was heißt sprechen? Die Ökonomie des sprachlichen Tausches. – Wien.
BOURNE, J. (2002): Framing talk: the role of the teacher in the transmission and acquisition of decontextualised language. Paper presented for the 2nd International Basil Bernstein Symposium on 'Knowledges, Pedagogy and Society', University of Cape Town, 17-19 July 2002; erscheint demnächst in: European Educational Research Journal (EERJ).
COPE, B./KALANTZIS, M. (Hrsg.) (2000): Multiliteracies. Literacy Learning and the Design of Social Futures. – London.
CUMMINS, J. (2000): Language, power and pedagogy. Bilingual children in the crossfire. – Clevedon (Multilingual Matters).
CUMMINS, J. (2003): Bilingual Education. In: BOURNE, J./REID, E. (Hrsg.) (2003): Language Education. World Yearbook of Education 2003. – London, S. 3-19.
DEUTSCHES PISA-KONSORTIUM (Hrsg.) (2001): PISA 2000. Basiskompetenzen von Schülerinnen und Schülern im internationalen Vergleich. – Opladen.
FÜRSTENAU, S./GOGOLIN, I./YAGMUR, K. (Hrsg.) (2003): Mehrsprachigkeit in Hamburg. Ergebnisse einer Sprachenerhebung an den Grundschulen in Hamburg. – Münster.
GILLBORN, D./MIRZA, H. (2000): Educational inequality: mapping race, class and gender. – London (Office for Standards in Education OFSTED).
GOGOLIN, I./KAISER, G. (2000): Mathematiklernen im Kontext sprachlich-kultureller Diversität. Antrag an die DFG. Hamburg (Universität Hamburg, Typoskript).
GOGOLIN, I./KAISER, G./ROTH, H.-J. (2003): Mathematiklernen im Kontext sprachlich-kultureller Diversität. Fortsetzungsantrag an die DFG. Hamburg (in Vorb., Universität Hamburg, Typoskript).
GOGOLIN, I./NEUMANN, U./ROTH, H.-J. (2003): Schulversuch bilinguale Grundschulklassen in Hamburg. Bericht 2003. – Hamburg (Universität Hamburg, Mimeo).
GRENFELL, M. (1998) Bourdieu and education: Acts of practical theory. – Routledge.

HASAN, R. (2000): The ontogenesis of decontexualised language: some achievements of classification and framing. In: MORAIS, A./DAVIES, B./DANIELS, H./SADOVNIK, A. (Hrsg.) (2000): Towards a sociology of pedagogy. – Berlin. [Fehlende Seitenzahlen!]

HAUG, S./PICHLER, E. (1999): Soziale Netzwerke und Transnationalität. Neue Ansätze für die historische Migrationsforschung. In: MOTTE, J./OHLINGER, R. (Hrsg.) (1999): 50 Jahre BRD – 50 Jahre Einwanderung. – Frankfurt, S. 259-284.

HURRELMANN, B. (2002): Prototypische Merkmale der Lesekompetenz. In: GROEBEN, N./HURRELMANN, B. (Hrsg.) (2002): Lesekompetenz. Bedingungen, Dimensionen, Funktionen. – Weinheim, S. 275-286.

JABLONKA, E. (2003): Mathematical Literacy. In: BISHOP, A. J./CLEMENTS, M. A./KEITEL, C./LEUNG, F.K.S. (eds.): Second International Handbook of Methematics Education. – Dordrecht, S. 77-104.

KAISER, G./SCHWARZ, I. (2003): Mathematische Literalität unter einer sprachlich-kulturellen Perspektive. In: Zeitschrift für Erziehungswissenschaft (ZfE), 6. Jg., H. 3, S. 357-377.

LIST, G. (2000): Fremdsprachenunterricht – aus der Perspektive der Gedächtnispsychologie betrachtet. In: HELBIG, B./KLEPPIN, K./KÖNIGS, F.G. (Hrsg.) (2000): Sprachlehrforschung im Wandel. Beiträge zur Erforschung des Lehrens und Lernens von Fremdsprachen. – Tübingen, S. 501-510.

MOSS, G. (2001): On literacy and the social organisation of knowledge inside and outside school. In: Language and Education, 15. Jg., H. 2, S. 146-161.

REICH, H. H./ROTH, H.-J. u.a. (2002): Spracherwerb zweisprachig aufwachsender Kinder und Jugendlicher. Ein Überblick über den Stand der nationalen und internationalen Forschung. Hamburg (Behörde für Bildung und Sport).

RÜESCH, P. (1998): Spielt die Schule eine Rolle? Schulische Bedingungen ungleicher Chancen von Immigrantenkindern. – Bern.

SCHWIPPERT, K./BOS, W./LANKES, E.-M. (2003): Heterogenität und Chancengleichheit am Ende der vierten Jahrgangsstufe im internationalen Vergleich. In: BOS, W./LANKES, E.-M./PRENZEL, M./SCHWIPPERT, K./WALTHER, G./VALTIN, R. (Hrsg.) (2003): Erste Ergebnisse aus IGLU. Schülerleistungen am Ende der vierten Jahrgangsstufe im internationalen Vergleich. – Münster, S. 265-300.

SKOLEVERKET (2002): Bericht zum Thema „Mehr Sprachen – mehr Möglichkeiten". Die Entwicklung der Muttersprachunterstützung und des Muttersprachlichen Unterrichts in Schweden. Ein Bericht im Regierungsauftrag. Stockholm (Skolverket), unpubl. Manuskript.

STANAT, P. (2003): Schulleistungen von Jugendlichen mit Migrationshintergrund: Differenzierung deskriptiver Befunde aus PISA und PISA-E. In: DEUTSCHES PISA-KONSORTIUM (Hrsg.) (2003): PISA 2000 – Ein differenzierter Blick auf die Länder der Bundesrepublik Deutschland. – Opladen, S. 243-259.

THOMAS, W. P./COLLIER, V. (1997): School effectiveness for language minority students. – Washington D.C. (National Clearing House for Bilingual Education).

VERHOEVEN, L. (1994): Transfer in bilingual development: The linguistic interdependence hypothesis revisited. In: Language Learning, 44. Jg., H. 3, S. 381-415.

Anschrift der Verfasserin: Prof. Dr. Ingrid Gogolin, Universität Hamburg, Institut für Schulpädagogik, Von-Melle-Park 8, 20146 Hamburg, Email: gogolin@erzwiss.uni-hamburg.de

Fritz C. Staub

Fachspezifisch-Pädagogisches Coaching: Ein Beispiel zur Entwicklung von Lehrerfortbildung und Unterrichtskompetenz als Kooperation

Zusammenfassung
International vergleichende sowie auf Standards basierende Schulleistungsstudien führen zu einem verbreiteten sense of urgency für die Verbesserung von Unterricht. Ausgehend von einem Entwicklungsprojekt, das in den USA zu einer innovativen Form der Lehrerfortbildung geführt hat (Content-Focused Coaching^{SM}), wird danach gefragt, welche Rolle die Erziehungswissenschaft als Partnerin in einer Kooperation von Wissenschaft und Praxis bei der Entwicklung von Unterricht und Lehrerfortbildung einnehmen kann. Am Beispiel des Fachspezifisch-Pädagogischen Coachings wird für eine Entwicklungsforschung plädiert, in der Akteure aus Wissenschaft und Praxis theoriebasierte Settings und Werkzeuge ko-konstruieren, die für die Weiterentwicklung von Praxis genutzt werden können. Die exemplarische Dokumentation von Tatbeweisen innovativer Praxis und die zu ihrer Realisierung verwendeten Werkzeuge, Settings und Strategien führen zu Prototypen, die zur Replikation an weiteren Orten dienen können und zugleich neue Gegenstände für empirisch-analytische Forschung schaffen. Eine um Wirksamkeit bemühte Erziehungswissenschaft hat die aktive Gestaltung und wissenschaftliche Untersuchung der Anwendung und Nutzung ihres Grundlagenwissens in Praxisfeldern als wesentlichen Teil wissenschaftlicher Arbeit anzuerkennen und institutionelle Strukturen zu schaffen, die solche Kooperationen mit der Praxis ermöglichen.

Summary
International studies of student achievement and standards-based assessments have generated a new sense of urgency to improve the quality of teaching. What different roles can educational science play in partnerships that improve teaching and professional development? This question is addressed by building on a U.S. project that led to an innovative approach for professional development. Called Content-Focused Coaching^{SM}, this approach was based on the work of scientists and practitioners who collaborated in co-constructing theory-based settings and tools to transform professional development and teaching. Documented examples of the new practices that emerged, along with the tools, settings and strategies that helped to create them, delineate a prototype. Such prototypes can guide transfer and replication as well as generate new objects for empirical research. A key argument is that an educational science, that is co-accountable for its usefulness in practice needs to engage in partnerships with practice by deliberately initiating and assisting in the use and application of basic knowledge on learning and teaching in the service of particular fields of practice. This requires that the transformation of scientific knowledge to knowledge usable in practice be recognized as pivotal and become an object of study. Institutional structures are needed for such collaborations to become possible.

1. Einleitung

In Deutschland haben die Veröffentlichungen zur ersten Welle der PISA-Studie das Bildungssystem ins Zentrum des öffentlichen Interesses katapultiert. Damit verbreitet sich zugleich ein Gefühl der Dringlichkeit für die Notwendigkeit von Reformanstrengungen. Auf der Suche nach notwendigen und Erfolg versprechenden Maßnahmen und Anstrengungen richtet die Öffentlichkeit insbesondere auch an die Erziehungswissenschaft hohe Erwartungen. Über dieses plötzliche Interesse müsste sich diese eigentlich freuen, kann sie doch auf eine Fülle von relevanten wissenschaftlichen Arbeiten in einschlägigen Fachzeitschriften und Büchern verweisen. Die Tatsache, dass es trotz der Existenz all dieser Forschungsarbeiten zum gegenwärtig beklagten Zustand gekommen ist, führt aber auch hier zumindest zu einer gewissen Verlegenheit.

Dieser für deutschsprachige Länder relativ neue „sense of urgency" für Anstrengungen zu Veränderungen im Bildungsbereich besteht dagegen in einem Land wie den USA schon seit mehreren Jahren. Gerade in den USA ist allerdings die Diskrepanz zwischen der Menge international anerkannter Spitzenforschung in erziehungswissenschaftlichen Teildisziplinen und dem in den internationalen Vergleichsstudien erreichten Leistungsniveau des Bildungssystems besonders krass. Das Missverhältnis zwischen der Menge an Publikationen in erziehungswissenschaftlichen Teildisziplinen und deren scheinbar geringen Nutzung in Praxisfeldern wirft zumindest die Frage auf, ob sich die Erziehungswissenschaft nicht aktiver um die Initiierung und Unterstützung der Anwendung wissenschaftlichen Wissens bemühen müsste. Die Frage nach dem Verhältnis von Grundlagenforschung und deren Anwendung in der Praxis stellt sich jedoch nicht nur hier. Selbst für naturwissenschaftliche Disziplinen wird dieses Verhältnis problematisiert und es wird zunehmend nach Forschung gefragt, die sowohl praktisch als auch theoretisch relevant ist (vgl. STOKES 1997).

Dieser Beitrag plädiert dafür, dass innerhalb der Erziehungswissenschaft die Anwendung und Nutzung erziehungswissenschaftlichen Wissens in spezifischen Praxisfeldern als legitimer Teil erziehungswissenschaftlicher Arbeit anerkannt und vermehrt auch zum Gegenstand wissenschaftlicher Reflexion und Analyse gemacht wird. Im Interesse einer besseren Nutzung vorhandenen wissenschaftlichen Wissens und einer im Hinblick auf praxisrelevante Problemstellungen erfolgenden Weiterentwicklung von Theorien ist vermehrte Kooperation zwischen Praxis und Wissenschaft anzustreben.

Ausgehend von einem seit 1996 in den USA laufenden Entwicklungsprojekt, in dessen Rahmen der Autor am Institute for Learning an der Universität Pittsburgh in Zusammenarbeit mit Praktikerinnen und Praktikern aus verschiedenen US-amerikanischen Schuldistrikten den Ansatz des Fachspezifisch-Pädagogischen Coachings (Content-Focused Coaching^{SM}) entwickelt hat, soll grundsätzlich nach Formen der Zusammenarbeit zwischen Wissenschaft und Praxis gefragt werden. Hierzu wird nach Interaktionsmodi zwischen Theorie und Praxis gefragt, in welchen die Erziehungswissenschaft als Partnerin für die Entwicklung von Unterricht sowie der Fort- und Weiterbildung von Lehrpersonen unterschiedliche Rollen spielt. Auf dieser Grundlage wird für eine Form von Entwicklungsforschung plädiert, in welcher Akteure aus Wissenschaft und Praxis in Kooperation theoriebasierte Settings und Werkzeuge für die Entwicklung von Praxisfeldern zu konstruieren suchen. Trotz der anzustrebenden engen Zusammenarbeit zwischen Theorie und Praxis wird dabei auch anerkannt, dass Wissenschaftssystem und Praxissystem als weitgehend getrennte Systeme operieren. Diese Art von Entwicklungsforschung als Ko-konstruktion von Settings und Werkzeugen führt im günstigen Fall zu innovativer Praxis, die im Praxisfeld eine Modellfunktion übernehmen kann und der Wissenschaft einen neuen praxisrelevanten Gegenstand für weitere Forschung – mit veränderten Rollen der Wissenschaftler und Wissenschaftlerinnen – bringt.

2. Erziehungswissenschaft als Partnerin bei der Entwicklung von Unterricht und Lehrerweiterbildung

Dass Erziehung und Bildung Prozesse seien, die durch Erziehungswissenschaft nicht nur aufgeklärt, sondern auch angeleitet werden könnten, ist eine Grundannahme, die vielen erziehungswissenschaftlichen Ansätzen gemeinsam ist (vgl. LENZEN 1989, S. 1108). Das Verhältnis zwischen Theorie und Praxis ist jedoch komplex und wird unterschiedlich konzeptualisiert (vgl. z.B. MOSER 1995; HERZOG 2002). Im Folgenden wird grundsätzlich danach gefragt, wie erziehungswissenschaftliche Forschung (worunter hier auch die Pädagogische Psychologie subsumiert wird) zur Entwicklung von Unterrichtskompetenz sowie zur Gestaltung der Fort- und Weiterbildung von Lehrpersonen beitragen kann. Dazu werden zunächst in allgemeiner Form die Problemstellungen charakterisiert, zu deren Lösung Beiträge gesucht sind. Sodann werden verschiedene Formen der Zusammenarbeit zwischen Wissenschaft und Praxis differenziert und mit Bezug auf ihre Beiträge zur Lösung von Gestaltungsproblemen erörtert.

2.1 Gesucht: Hilfestellungen zur Lösung von komplexen Gestaltungsaufgaben

Tätigkeiten wie das Unterrichten sowie das Planen und die Durchführung von Weiterbildung sind komplex und anspruchsvoll. Die hierzu erforderlichen Handlungen stellen uns vor wirkliche Probleme, wenn uns zur Bewältigung der Anforderungen kein bekanntes Verfahren zur Verfügung steht oder wenn wir mit der Qualität und/oder Effizienz unserer bisherigen Handlungsmuster nicht (mehr) zufrieden sind.
  Die Gestaltung von Handlungen, die eine unbefriedigende Situation in eine erwünschte zu transformieren suchen, erfordert die Entwicklung von geeigneten *Designs* (vgl. SIMON 1981). Designs befassen sich mit Überlegungen dazu „how things ought to be, with devising artifacts to attain goals" (SIMON 1981, S. 133). Im Lösen von Designproblemen auf der Grundlage wissenschaftlichen Wissens sieht Simon den gemeinsamen Kern von Professionen und Ingenieurwissenschaften, die alle die Realität aktiv zu gestalten suchen.
  Die Tätigkeit des Unterrichtens umfasst hoch komplexe Gestaltungsarbeit und gilt als eine typische *Gestaltungsprofession* (vgl. SCHÖN 1987; SIMON 1981; WIGGINS/MCTIGHE 1998). Probleme können sich darin unterscheiden, wie präzise der angestrebte Zielzustand und in welchem Ausmaß die Mittel und Wege zur Zielerreichung bekannt sind (vgl. DÖRNER 1976). Ein Charakteristikum von Gestaltungsproblemen kann darin gesehen werden, dass deren Ziele meist nur schematisch vorgegeben sind (vgl. AEBLI 1981).
  Im Hinblick auf die Entwicklung von Unterrichtskompetenz stellt sich die Frage, welches Wissen und/oder welche Art von Erfahrungen Lehrpersonen dazu verhelfen, in ihrem Berufsalltag angemessene(re) Unterrichtsdesigns zu entwerfen und erfolgreich umzusetzen.

Diese Frage verweist ihrerseits auf ein komplexes Designproblem auf der Ebene der Aus- und Weiterbildung von Lehrpersonen: Wie sind Weiterbildungen für Lehrpersonen zu gestalten? Welche Wissensinhalte und welche Lerngelegenheiten können wirksam zur Förderung der Unterrichtskompetenz beitragen?

Traditionelle Fort- und Weiterbildung wurde in den letzten Jahren zunehmend kritisiert. Im Zentrum der Kritik stehen die fehlende Kohärenz des Angebots im Hinblick auf Curricula und Unterrichtsstandards, die meist große Praxisferne und fehlende Situierung im Arbeitskontext der Lehrpersonen sowie die geringe Wirksamkeit von Fortbildung als reiner Wissensvermittlung ohne Nachbetreuung (vgl. z.B. HAWLEY/VALLI 1999; HUBERMAN 1995; JOYCE/SHOWERS 1995; MESSNER/REUSSER 2000; PUTNAM/BORKO 2000; THOMPSON/ZEULI 1999). Die Vermittlung von wissenschaftlich fundiertem Wissen ohne direkten Bezug auf die zu verändernde Praxis ist für eine Mehrzahl von Lehrpersonen kaum effektiv. Darüber, was und wie Lehrpersonen im Kontext eines äußerst komplexen Flickwerks von informellen, formellen, obligatorischen, freiwilligen, geplanten wie auch zufälligen Lerngelegenheiten tatsächlich lernen, wissen wir jedoch erst wenig (vgl. WILSON/BERNE 1999). Auch strukturelle Veränderungen in Schulen allein bringen kaum Verbesserungen der Unterrichts- und Lernprozesse (vgl. ELMORE 1996; TYACK/CUBAN 1995). Die Herausforderung für Schulreformen besteht darin, kohärente und systemisch angelegte Ansätze zu entwickeln, welche zu nachhaltigen Verbesserungen führen (vgl. z.B. FULLAN 1995).

2.2 Die Gestaltung der Fort- und Weiterbildung von Lehrpersonen betrifft multiple verschachtelte Ebenen

Die Gestaltung der Fort- und Weiterbildung von Lehrpersonen hat verschiedene Ebenen zu berücksichtigen (vgl. Abb. 1). Die didaktischen Entscheide auf der Ebene der Weiterbildung von Lehrpersonen bezüglich Inhalten und Lernarrangements hängen von Vorstellungen und Wissen über Unterricht ab, die das Lernen der Schüler auf der Zielstufe ermöglichen und unterstützen soll.. Die Lerngelegenheiten in der Weiterbildung von Lehrpersonen werden ihrerseits durch übergeordnete institutionelle Strukturen und politische Rahmenbedingungen ermöglicht, aber auch eingeschränkt.

In welcher Abfolge sind die unterschiedlichen Ebenen eines solch komplexen Gestaltungsproblems zu bearbeiten? Eine hierarchisch sequenzielle Strategie bestünde darin, ausgehend vom Lernen auf der Ebene der Schüler – als der primären Zielebene des Gestaltungsproblems – danach zu fragen, wie die jeweils darüber liegende Ebene zu gestalten ist, damit die Lernprozesse der Schüler und Schülerinnen optimal gefördert werden. Auf Grund von Wissen über diese Lernprozesse ist nach den Bedingungen des Unterrichts zu fragen, welche das Lernen der Schüler und Schülerinnen in optimaler Weise initiieren und unterstützen. Weiter müssen die hierzu notwendigen Kompetenzen der Lehrpersonen bestimmt werden. Aus diesen Analysen sowie dem Wissen über das Lernen von Lehrpersonen ergeben sich die Anforderungen an die Lehrerweiterbildung, geeignete Lerngelegenheiten zur Entwicklung der entsprechenden Kompetenzen bereitzustellen. Auf der institutionellen und politischen Ebene sind schließlich die Bedingungen und Ressourcen zu sichern, welche die Handlungen und Lernprozesse auf allen tiefer liegenden Ebenen ermöglichen. Eine solcherart hierarchisch sequenziell organisierte Strategie ist jedoch aus verschiedenen Gründen unrealistisch und problematisch.

Abb. 1: Für die Gestaltung von Fort- und Weiterbildung relevante verschachtelte Ebenen des Bildungssystems

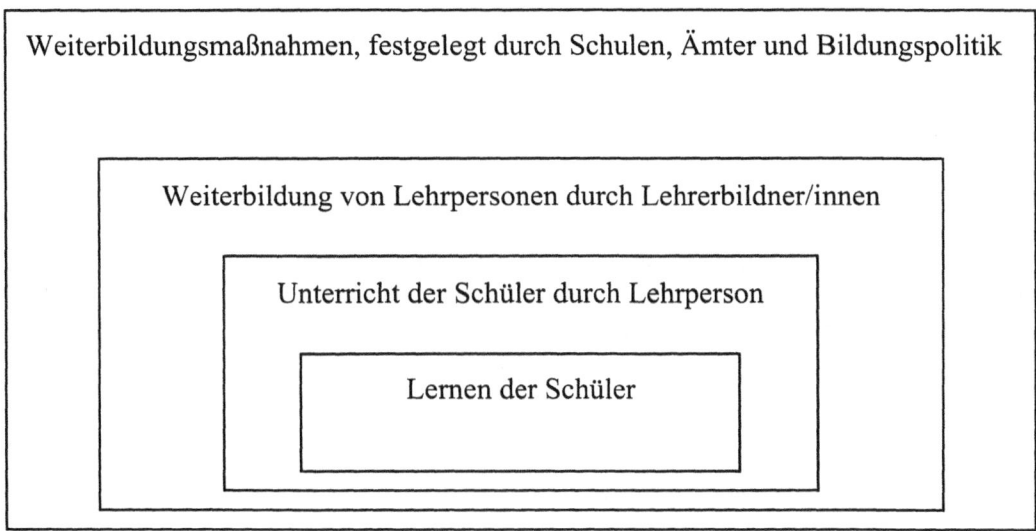

Schon die Analyse von schulischen Lernprozessen auf der Ebene der Schüler setzt die Berücksichtigung der institutionell-politischen Ebene voraus. Aus kognitiv-konstruktivistischer Sicht sind Lehr-Lernprozesse mit Bezug auf spezifische Inhalte zu analysieren (vgl. AEBLI 1983; COBB 1994; STAUB/STERN 2002). Da Lehrplan, Curriculum und Standards auf der institutionell-politischen Ebene ausgehandelt und festgelegt werden, ist die Untersuchung von spezifischen Lernprozessen ohne Bezug auf diese Ebene problematisch oder sie läuft zumindest Gefahr, lediglich periphere schulische Lernprozesse zu untersuchen.

Die Umkehrung der Reihenfolge der Ebenen in der Bearbeitung des Gestaltungsproblems der Fort- und Weiterbildung ist allerdings ebenfalls problematisch, da institutionelle Fragen entschieden werden müssten, bevor bezüglich der mit der Fortbildung zu erreichenden Ziele auf den darunter liegenden Ebenen Klarheit besteht. Beispielsweise läuft die institutionelle Ermöglichung oder gar Verordnung von Zusammenarbeit zwischen Lehrpersonen Gefahr, ohne inhaltliche Zielklarheit dieser Arbeit aufwändig und unproduktiv zu sein. Die Weiterbildungsstrukturen sind unter Berücksichtigung der Ziele der Lehrerweiterbildung mit Bezug auf den Unterricht und dem damit intendierten Lernen der Schüler festzulegen.

Eine rein hierarchisch sequentielle Bearbeitung des Gestaltungsproblems setzt voraus, dass das erforderliche Wissen auf jeder Ebene verfügbar ist. Wissenslücken würden den Designprozess insgesamt aufhalten und entsprechende Reformbemühungen verzögern oder gar verunmöglichen. Bei Anwendung eines rein sequentiellen Verfahrens würden konkrete Reformbemühungen wohl noch lange auf sich warten lassen. Auf Grund der Interdependenzen zwischen den Ebenen und in Anbetracht noch bestehender Wissenslücken sind für die Weiterbildung von Lehrpersonen Designs gesucht, die möglichst umfassend die verschiedenen Ebenen zu berücksichtigen suchen – wie partiell unser Wissen auch sein mag. Im Hinblick auf die prinzipiellen Interdependenzen zwischen den Ebenen wäre zu wünschen, dass erziehungswissenschaftliche Forschung im Praxisfeld der Schule verstärkt bereits in Koordination mit den für die Aus- und Weiterbildung von Lehrpersonen relevanten Problemstellungen erfolgt und für die Praxis relevante Fragen aufnimmt.

2.3 Interaktionsmodi zwischen Wissenschaft und Praxis zur Lösung von Gestaltungsaufgaben

Welche Formen der Interaktion zwischen Wissenschaft und Praxis können unterschieden werden? Welche Formen der Kooperation zwischen Erziehungswissenschaft und der Weiterbildung von Lehrpersonen tragen zur Herstellung von Anwendungsbezügen bei? Im Folgenden werden verschiedene Beziehungsformen zwischen Wissenschaft und Praxis unterschieden. Auf der Grundlage des damit entfalteten Rahmens wird die Entwicklungsarbeit, die zum Ansatz des Fachspezifisch-Pädagogischen Coachings geführt hat, mit verschiedenen Formen der Forschungs- und Entwicklungsarbeit in Beziehung gesetzt.

Die differenzierten Interaktionsmodi sollen zur Reflexion der Ausgestaltung praxisrelevanter Forschung beitragen. Ohne die Interaktionsmodi gegeneinander auszuspielen soll damit auf unterschiedliche Möglichkeiten der Kooperation zwischen Wissenschaft und Praxis hingewiesen werden.

Praktikerinnen und Praktiker als autonome Anwender des von der Wissenschaft produzierten Grundlagenwissens

Wissenschaft sucht auf Grund von klaren theoretischen Perspektiven grundlegende Phänomene zu beschreiben und zu erklären. Das produzierte Wissen soll möglichst große Allgemeingültigkeit beanspruchen. Weder die Wissensproduktion noch die Wissensvermittlung erfolgt durchwegs im Hinblick auf die Lösung von spezifischen Gestaltungsfragen in Praxisfeldern. Es wird jedoch meist stillschweigend vorausgesetzt, dass solch allgemeines Wissen zwar nicht direkt Praxis anzuleiten vermag, dass aber die auf der Basis solchen Grundlagenwissens ausgebildeten Praktiker und Praktikerinnen in eigener Verantwortung dessen Anwendungen situationsspezifisch vornehmen. Solch allgemeine und unverbindlich diffuse Erwartungen an eine Theorie-Praxis-Verknüpfung dienen, soweit sie überhaupt explizit gemacht werden, vor allem der rhetorischen Legitimation von Wissenschaft einerseits oder einer auf wissenschaftliche Fundierung Anspruch erhebenden Profession andererseits. Der dabei verwendete Anwendungsbegriff unterschlägt jedoch die Komplexität von Anwendungs- und Transferprozessen. In Anbetracht der Fülle der innerhalb der erziehungswissenschaftlichen Teildisziplinen bestehenden und sich teilweise gar widersprechenden Theorien und empirischen Befunde sind die Erwartungen an die je individuell herzustellenden fruchtbaren Theorie-Praxis-Bezüge wohl kaum realistisch. Insoweit sich Wissenschaft nur als Produzentin von Grundlagenwissen versteht und sich nicht um dessen Vermittlung *und* Anwendung im Hinblick auf die Lösung von Gestaltungsproblemen in spezifischen Anwendungsfeldern kümmert, kann jedoch kaum ernsthaft von einer Interaktion zwischen Wissenschaftssystem und Praxissystem gesprochen werden.

Wissenschaft als Grundlage zur Herstellung von Technologien für die Praxis

In Anlehnung an die Ingenieurwissenschaften kann das Verhältnis zwischen Wissenschaft und Praxis über die Herstellung von Technologien und technologischem Wissen konzeptualisiert werden. Auf der Grundlage wissenschaftlichen Wissens werden für praktische Probleme und Gestaltungsaufgaben Lösungen oder Lösungsansätze entwickelt. Die Produktion von Lehrmitteln beispielsweise kann als ingenieurwissenschaftliche Aufgabenstellung verstanden werden (vgl. WITTMANN 1995).

Für die Anwendungsfelder der Erziehungswissenschaft bleibt allerdings umstritten, wie weit allgemein nutzbare Technologien möglich und zu rechtfertigen sind. So haben sich etwa die Bestrebungen zur Entwicklung von Curricula, die relativ unabhängig von den Voraussetzungen der Lehrperson einsetzbar sein sollten, als unrealistisch erwiesen (vgl. z.B. WESTBURY 2000). Die Geschichte der Erziehungswissenschaft scheint kaum weiter verbreitete und allgemein anerkannte Praktiken vorzuweisen, die aus der technologischen Anwendung von Wissen zur Lösung von praktischen Problemen hervorgegangen sind. In der Erziehungswissenschaft scheinen die Analogien zu Erfolgsgeschichten wie dem Pasteurisieren in der Biologie noch weitgehend zu fehlen. Selbst die wohl erfolgreichste Technologie im Bereich der Erziehungswissenschaft, das Messen von individuellen Unterschieden, ist nicht unumstritten (vgl. BRUNER 1999). Ein wesentlicher Grund für die Schwierigkeiten von Technologien in den Erziehungswissenschaften ist mit BRUNER (1999) darin zu sehen, dass die Ziele von Bildungsprozessen grundsätzlich immer streitbar bleiben und als kulturelle und politische Fragen nicht alleine mittels wissenschaftlicher Methoden geklärt werden können.

Trotz der offensichtlichen Grenzen für die Herstellung von Technologien im Bereich der Erziehungswissenschaft besteht das berechtigte Anliegen, auf der Grundlage von vorhandenem wissenschaftlichem Wissen allgemeine Strategien für die Lösung von Gestaltungsproblemen zu entwickeln und für die Praxis bereitzustellen. SIMON (1981) sieht als eine wesentliche Aufgabe für die Ausbildung von Professionen, eine entsprechende „science of design" zu entwickeln. „The professional schools will reassume their professional responsibilities just to the degree that they can discover a science of design, a body of intellectually tough, analytic, partly formalizable, partly empirical, teachable doctrine about the design process" (S. 132). In der Didaktik besteht eine Fülle von unterschiedlichen Ansätzen als Vorgaben und Strategien für die Gestaltung von Unterricht. Allerdings hat sich bisher kein einzelner Ansatz als eine allgemein anerkannte Technologie durchsetzen können.

Abb. 2: Die Interaktion zwischen Wissenschaft und Praxis als technologischer Bezug

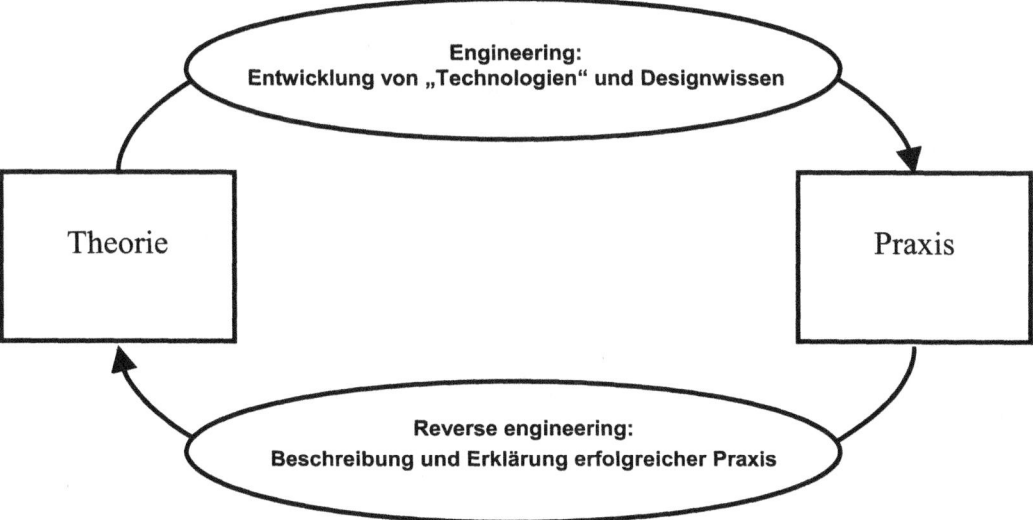

Wissenschaft zur Beschreibung und Erklärung erfolgreicher Praxis

Eine andere Beziehung zwischen Wissenschaft und Praxis ergibt sich, wenn von bereits bestehender erfolgreicher Praxis ausgegangen werden kann und die Aufgabe der Wissenschaft darin gesehen wird, zu verstehen und zu erklären, warum diese Praxis so erfolgreich ist. Dieser Prozess wird auch als *reverse engineering* bezeichnet (vgl. COLARELLI 1998). Damit wird in Praxissystemen implizit vorhandenes Wissen seitens der Wissenschaft ernst genommen. Die Aufgabe angewandter Sozialwissenschaften besteht aus dieser Sicht des Theorie-Praxis-Verhältnisses in der wissenschaftlichen Explikation erfolgreicher Praxis. Beispiele hierzu sind „best practice"-Studien, beispielsweise im Rahmen der Third International Mathematics and Science Video-Studie. Unterrichtsmerkmale von Ländern, die in der TIMS-Leistungsstudie erfolgreich abgeschnitten haben, werden bezüglich Merkmalen und Mustern eines lediglich durchschnittlichen Landes (USA) verglichen (für erste Ergebnisse vgl. NATIONAL CENTER FOR EDUCATIONAL STATISTICS 2003).

Untersuchungen von Bildungssystemen zu den Bedingungen schulischer Leistungen können unser Verständnis über schulische Wissenserwerbsprozesse wesentlich verbessern (vgl. BAUMERT/STANAT/DEMMRICH 2001). Wird jedoch das Handeln und Wissen von Lehrerinnen und Lehrern nicht zum expliziten Gegenstand solcher Untersuchungen gemacht – wie dies in PISA 2000 der Fall war –, dann liefern solche Studien kaum Erkenntnisse über Inhalt und Struktur von Unterrichtskompetenz, welche für die Gestaltung der Aus- und Weiterbildung von Lehrpersonen direkt nutzbar sind.

Kann bezüglich der Frage nach der Bestimmung erfolgreicher Praxis Einigkeit vorausgesetzt werden (z.B. auf Grund von anerkannten Leistungsvergleichen), dann kann die Beschreibung und Erklärung erfolgreicher Praxis dazu beitragen, das in der Praxis nur implizit vorhandene, den Akteuren nicht bewusste stille Wissen (tacit knowledge) explizit zu machen (vgl. z.B. STERNBERG/HORVATH 1999). Beschreibungen und Erklärungen erfolgreicher Praxis können dazu verhelfen, diese an neuen Orten einzuführen. Allerdings bleibt es immer auch eine empirische Frage, auf welchem Auflösungsniveau die Beschreibung und Erklärung einer Praxis für einen bestimmten Adressatenkreis zu erfolgen hat, damit diese Praxis von neuen Akteuren und in einem neuen Kontext replizierbar wird.

Eine besonders grundlegende Aufgabe von Wissenschaft liegt darin, dass sie zur Entwicklung von reliablen Beschreibungen und Dokumentationsweisen beiträgt, auf deren Grundlage erst in transparenter und allgemeiner Weise befunden werden kann, welche Praxis als „erfolgreich" gilt. Mit Bezug auf die Leistungsmessung in den Bereichen Mathematik, Leseverständnis und Naturwissenschaft haben hierzu die TIMS- und die PISA-Studie (vgl. z.B. BAUMERT/BOS/LEHMANN 2000a; 2000b; DEUTSCHES PISA-KONSORTIUM 2001; 2002) wertvolle Grundlagen geliefert.

Empirische Untersuchungen von Bildungssystemen berücksichtigen nur die tatsächlich praktizierten Handlungsmuster und erbrachten Leistungen. Auf dieser Grundlage allein können sich somit kaum Anregungen für grundsätzlich innovative Entwicklung von Unterricht und Weiterbildung ergeben, die über die bestehende Praxis hinaus gehen. Für insgesamt wenig erfolgreiche Systeme besteht die Gefahr, dass empirisch-analytische Arbeiten diese gar noch stabilisieren, indem suboptimale Handlungsmuster innerhalb des Systems als „best practice" gelten.

Design-Experimente unter Einbezug von Akteuren aus der Praxs

Unter der Bezeichnung „design experiments" sucht sich im anglo-amerikanischen Raum, vor allem im Anschluss an Arbeiten von BROWN (1992) und COLLINS (1992), eine Form von Forschung zu etablieren, die nicht alleine Grundlagenforschung sein will, sondern zugleich in der Praxis Innovationen zu realisieren sucht. Zu diesem Zweck werden zwischen Wissenschaft und Praxis enge Formen der Kooperation eingegangen (beispielsweise zwischen Forschern eines Universitätsinstituts und Lehrpersonen). Es werden Design-Teams zusammengestellt, in welchen auch Akteure aus der Praxis mitarbeiten. Damit sind die Voraussetzungen dafür geschaffen, dass Wissensressourcen aus dem Praxisfeld in die Entwicklungsprozesse eingebracht werden sowie dafür, dass die Praktikerinnen und Praktiker die beschlossenen Interventionen auch tatsächlich in der geplanten Weise umsetzen.

Design-Experimente suchen durch das Engagement in spezifischen Praxiskontexten innovative Lernumgebungen zu entwickeln. Dabei soll es aber nicht alleine um Entwicklungsarbeit gehen. Design-Experimente sind theoriegeleitet und haben zum Ziel, im Prozess der Designarbeit die Theorieentwicklung weiter zu bringen. In sich wiederholenden Zyklen von Designentwürfen, Umsetzung, Analyse und Designüberarbeitung stehen Entwicklungsarbeit und Theorieentwicklung in enger Verschränkung (THE DESIGN-BASED RESEARCH COLLECTIVE 2003). Dabei sollen die Iterationen von Evaluation und Designüberarbeitungen eine ähnliche Rolle spielen wie die systematische Variation von Bedingungen in einem klassischen Experiment (vgl. COBB u.a. 2003). Bei den in solchen Studien entwickelten Theorien handelt es sich vorwiegend um domänespezifische Lehr-Lernprozesse. „The purpose of design experimentation is to develop a class of theories about both the process of learning and the means that are designed to support that learning, be it the learning of individual students, of a classroom community, of a professional teaching community, or of a school or school district viewed as an organization" (COBB u.a. 2003, S. 9/10). Diese Theorien sollen an die für die Gestaltung schulischer Lernprozesse Verantwortlichen vermittelbar sein. Ein weiteres Merkmal von Design-Experimenten sehen COBB u.a. (2003) in ihrer *interventionistischen Methodologie*. Wissenschaftler und Wissenschaftlerinnen nehmen auf der Grundlage ihrer Theorien Einfluss auf die Gestaltung der Praxis. Sie übernehmen damit auch Verantwortung und konfrontieren sich mit der Praxis, in welcher sie sich engagieren.

Innerhalb der empirisch-analytisch arbeitenden Erziehungswissenschaft ist der wissenschaftliche Status dieser Art von Forschung nicht unbestritten (vgl. z.B. SHAVELSON u.a. 2003). Wie auf Grund der umfangreichen und vielfältigen Daten, die im Rahmen von Design-Experimenten gesammelt werden, theoretische Schlussfolgerungen und Behauptungen methodologisch stringent begründet werden können, wirft noch viele Fragen auf. Design-Experimente setzen voraus, dass in der Zusammenarbeit zwischen Wissenschaft und dem jeweiligen Praxisfeld die Wissenschaft über Möglichkeiten zur Einflussnahme in der Praxis verfügen und ein hohes Maß an Bestimmungsmacht erreichen. Um im Rahmen von Design-Teams theoretisch motivierte Veränderungen in der Praxis erproben zu lassen, haben die Wissenschaftlerinnen und Wissenschaftler die Akteure in der Praxis von der Fruchtbarkeit und Nützlichkeit dieser Ideen zu überzeugen. Ein sehr hohes Maß an Durchsetzungsmacht seitens der Wissenschaft ist erforderlich, wenn die Wirksamkeit von Veränderungen in rigoroser Weise auf Grund von randomisierten experimentellen Versuchsplänen untersucht werden soll. Je komplexer die zu untersuchenden Veränderungen in der Praxis sind und je vielfältiger das einbezogene Praxisfeld ist, desto aufwändiger und schwieriger wird die Realisierung von Versuchsplänen, die Konfundierungen ausschließen lässt.

Akteure aus Wissenschaft und Praxis als Ko-konstrukteure von theoriebasierten Settings und Werkzeugen zur Entwicklung innovativer Praxis

Bildungssysteme sind komplexe soziale Systeme. Aus systemisch-evolutionärer Sicht ist ihre Entwicklung auch nie alleine das Ergebnis der Gestaltungsarbeit von Spezialisten auf der Grundlage rigoroser experimenteller Forschung. Zur Entwicklung komplexer Systeme tragen ebenso Alltagswissen, Ausprobieren, Erfahrungslernen, soziales Lernen sowie zufällige Veränderungen bei (vgl. z.B. COLARELLI 1998; MALIK 1996). Die soweit dargestellten Interaktionsmodi zwischen Wissenschaft und Praxis unterscheiden sich vor allem darin, in welchem Ausmaß sich Wissenschaftlerinnen und Wissenschaftler im Austausch mit Praktikerinnen und Praktikern um eine Aufklärung oder gar Anleitung von spezifischer Praxis bemühen. Wissenschaft kann sich einerseits auf theoretisch klar abgrenzbare Grundphänomene konzentrieren und sich dabei weitgehend von Anwendungsfragen in komplexen Praxisfeldern dispensieren. In anderen Modi, wie etwa im Rahmen von Design-Experimenten, sucht Wissenschaft dagegen gestaltend in die Praxis einzuwirken.

Als eine weitere Form der Zusammenarbeit wird im Folgenden jener Modus charakterisiert, auf dessen Grundlage der Ansatz des Fachspezifisch-Pädagogischen Coachings entwickelt worden ist. Auch hierbei handelt es sich um eine enge Kooperation zwischen Wissenschaft und Praxis. Im Unterschied zu Design-Experimenten erfolgt die Einflussnahme der Wissenschaft auf die Praxis in diesem Modus jedoch nur mittels der in Interaktion mit der Praxis entwickelten Settings und Werkzeuge, deren Verwendung seitens der Wissenschaftler lediglich angeregt, jedoch nicht auch durchgesetzt werden kann.

Das Ziel dieser Zusammenarbeitsweise zwischen Wissenschaft und Praxis besteht darin, die Praxis in der Entwicklung von innovativen Praxisformen zu unterstützen. Für die Bearbeitung der Gestaltungsprobleme suchen Wissenschaftlerinnen und Wissenschaftler relevante Wissensbestände in einer für die Praxis nutzbaren Form einzubringen. Damit übernimmt in diesem Designprozess die Wissenschaft *Mitverantwortung* für die Nutzung und Transformation vorhandenen Wissens im Hinblick auf die Lösung von Gestaltungsproblemen.

Abb. 3: Die Interaktion zwischen Wissenschaft und Praxis als Ko-konstruktion von theoriebasierten Settings und Tools zur Entwicklung innovativer Praxis

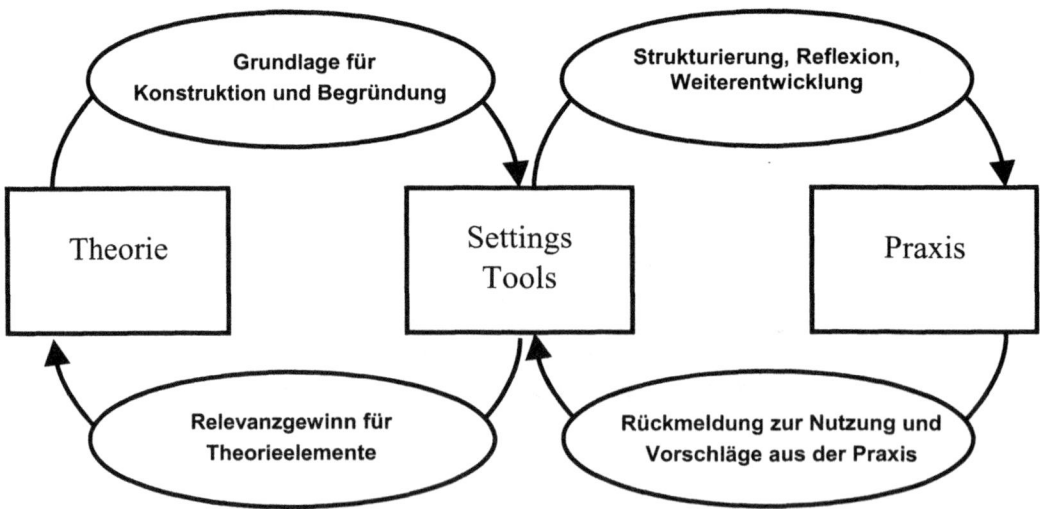

Zwischen den Akteuren innerhalb des Wissenschaftssystem einerseits und den Handelnden im Praxissystem andererseits werden zugleich Grenzen der Verantwortlichkeit gesetzt und anerkannt. Die Hauptaufgabe der Wissenschaftlerinnen und Wissenschaftler liegt dabei darin, für die anstehenden Gestaltungsprobleme geeignetes Wissen auszuwählen und dieses im Dialog mit Praktikerinnen und Praktikern in kohärente theoretische Werkzeuge und Orientierungsrahmen zu transformieren, welche sich in der Praxis zur Deutung und Strukturierung von Gestaltungsproblemen nutzen lassen. Für die Handelnden im Praxisfeld wird vorausgesetzt und akzeptiert, dass sie die Wirkungen ihres Handelns auf der Grundlage der in ihrem System relevanten Kriterien und Standards zu beurteilen haben. Gestaltungsstrategien und konkrete Vorschläge aus der Wissenschaft auf der Grundlage von Theorien sind in der Regel auf ausgewählte Aspekte beschränkt. Handeln in komplexen Praxisfeldern basiert jedoch auf einer Fülle von explizitem und implizitem Wissen. Dieses Wissen kann bei Akteuren aus der Wissenschaft, die nicht zugleich auch voll sozialisierte Mitglieder des Praxissystems sind, nicht einfach vorausgesetzt werden. Die Verantwortung für die Aufnahme von Anregungen aus der Wissenschaft wird in diesem Modus der Zusammenarbeit explizit der Praxis überlassen. Der Wissenschaft kommt hier im Praxissystem keine direkte Bestimmungsmacht zu. Damit werden keine einzuhaltenden experimentellen Bedingungen vorgegeben und durchgesetzt. Die im Dialog mit Praktikerinnen und Praktikern erarbeiteten Vorschläge zur Gestaltung von Settings und begrifflichen Werkzeugen werden lediglich als Hilfestellungen angeboten. Unter diesen Bedingungen liefern die effektive Nutzung und die Verbreitung der vorgeschlagenen Settings und Werkzeuge empirische Hinweise für deren praktischen Nutzen im entsprechenden Praxissystem. Die theoretischen Grundlagen von Werkzeugen und Settings, die in einem bestimmten Praxiskontext Verwendung finden, erfahren so eine Bestätigung ihrer Praxisrelevanz.

Diese Entwicklungsarbeit erfolgt in einem langen iterativen Prozess, der voraussetzt, dass die Akteure aus der Wissenschaft mit entsprechenden Praxisgemeinschaften in einen intensiven Austausch treten. Auf Grund eines erarbeiteten gemeinsamen Problemverständnisses werden sodann aus der Wissenschaft eingebrachte Vorschläge mit Praktikerinnen und Praktikern ausführlich besprochen und in eine möglichst zugängliche Darstellungsform gebracht. Die Beobachtungen und Berichte über die Nutzung der Vorschläge führen zu Überarbeitung, zu verbesserten sprachlichen Darstellungen oder allenfalls auch zu einem Fallenlassen von wenig brauchbaren Ideen. Im Dialog der gemeinsamen Konstruktion von Ideen für die Gestaltung von Settings und begrifflichen Werkzeugen muss die Quelle der Vorschläge nicht ausschließlich in den Theorien der Wissenschaftlerinnen und Wissenschaftler liegen. Auf dem Hintergrund ihrer eigenen Deutungs- und Handlungsmuster bringen auch die Akteure aus der Praxis ihre Vorschläge ein, die von den Wissenschaftlerinnen und Wissenschaftlern auf der Grundlage der verfügbaren Theorie zu assimilieren sind.

Im günstigen Fall etabliert sich auf Grund solcher Zusammenarbeit bei den involvierten Praktikern eine neue Praxis. Settings und Werkzeuge, die sich in diesem Entwicklungsprozess als nützlich erwiesen haben, die von den Wissenschaftlerinnen und Wissenschaftlern hergestellten Theoriebezüge sowie dokumentierte exemplarische Beispiele der neuen Praxis lassen die entsprechende Praxis als Prototyp neuer Praxis fassbar werden. Auf der Grundlage der benutzten Werkzeuge, Settings, exemplarischen Beispielen und theoretischen Erklärung können solche Prototypen als Modelle dienen und auch zum Gegenstand von weiteren empirischen Forschungsarbeiten werden. Insofern die Entwicklung von Werkzeugen, Settings und Materialien bereits im Hinblick auf deren Nutzung zur Veränderung der Praxis an vielen weiteren Orten erfolgt, handelt es sich bei dieser Art von Entwicklungsarbeit um ein *designing for scale* (STEIN/COBURN 2003).

Eine der wohl größten Herausforderungen für die Durchführung von solch kokonstruktiven Entwicklungsprojekten, die als Teil aktueller Reformprojekte mit Bezug auf ganze Schulsysteme betrieben werden, ist die Herstellung von institutionellen Strukturen, in deren Rahmen Akteure aus Praxis und Wissenschaft in einer entsprechenden Form zusammenarbeiten können. Das im Folgenden dargestellte Entwicklungsprojekt konnte im Rahmen solch neu geschaffener Strukturen realisiert werden.

3. Fachspezifisch-Pädagogisches Coaching und seine Entwicklung als Kooperation von Wissenschaft und Praxis

Fachspezifisch-Pädagogisches Coaching ist ein Ansatz zur Fort- und Weiterbildung von Lehrpersonen „on the job" bei der Planung, Durchführung und Reflexion von Unterricht in einem bestimmten Fachbereich im Rahmen eines bestimmten Settings unterstützt (vgl. STAUB/WEST/MILLER 1998; STAUB 2001). Ein im entsprechenden Unterrichtsfach kompetenter Coach beteiligt sich gemeinsam mit einer Lehrperson oder einer Gruppe von Lehrpersonen an der Planung, Durchführung und Reflexion von Unterricht. Dabei übernimmt der Coach für die Gestaltung der Lektion und für das Lernen der Schüler *Mitverantwortung*. Das Coaching orientiert sich an allgemeinen Lehr-Lernprinzipien sowie Kernperspektiven für die Gestaltung und Reflexion von Lektionsdesigns. Das unmittelbare Ziel besteht in der gemeinsamen Gestaltung eines für das Lernen der Schüler möglichst optimalen Unterrichts. Das langfristige Ziel Fachspezifisch-Pädagogischen Coachings ist die nachhaltige Entwicklung von Unterrichtskompetenz. Dabei sollen insbesondere allgemein-didaktische *Planungs- und Reflexionsstrategien* eingeübt und *fachspezifisch-pädagogisches Wissen* erworben werden. Fachspezifisch-Pädagogisches Coaching wird als Teil einer Schulentwicklung verstanden, welche Unterrichtskompetenz entwickeln und Lehrpersonen darin fördern will, in ihren Schulen auf den Unterricht bezogene (informelle) Beratungs- und Coachingaufgaben zu übernehmen.

Das Modell macht auf verschiedenen Ebenen Vorschläge zur Gestaltung schulinterner Fortbildung von Lehrpersonen. Mit Bezug auf die Schulen geht es um die *organisatorisch-institutionelle* Ermöglichung und Gestaltung von *Settings* für die Zusammenarbeit von fachkompetenten Coachs und Lehrpersonen. Die in solchen Settings entstehenden Lerngelegenheiten werden wesentlich dadurch bestimmt, worüber Coach und Lehrperson kommunizieren. Bezüglich der *Inhalte* von Coaching-Gesprächen macht Fachspezifisch-Pädagogisches Coaching Vorschläge dazu, welche pädagogisch-psychologischen und psychologisch-didaktischen Perspektiven in den Besprechungen von Unterricht besonders zu berücksichtigen sind. Ein wesentliches Merkmal dieses Coaching-Ansatzes besteht weiter darin, dass Coaching-Gespräche über Fragen der Unterrichtsgestaltung in einem hohen Masse als *inhaltsspezifische Thematisierungen von Lehr-Lernprozessen* erfolgen. Zur Herausbildung einer entsprechend fokussierten Gesprächskultur wird die Arbeit mit konzeptuellen Werkzeugen in der Form von flexibel zu handhabenden Leitfäden vorgeschlagen. Das durch die Gespräche zwischen Coach und Lehrperson(en) geförderte Lernen wird weiter von der Art und Weise beeinflusst, wie Inhalte aufgegriffen und verhandelt werden. Dies hängt sowohl mit dem Rollenverständnis der Akteure wie auch mit der

Qualität der Gesprächsführung zusammen. Fachspezifisch-Pädagogisches Coaching strebt eine möglichst *dialogische Gestaltung* von Coaching-Interaktionen an. Das Coaching findet in der Regel verteilt über mindestens ein ganzes Schuljahr alle ein bis zwei Wochen statt. Es wird jedoch auch so gearbeitet, dass Coachs in Blöcken jeweils mehrere Tage sehr intensiv mit bestimmten Lehrpersonen zusammenarbeiten und zwischen den Blöcken längere Phasen eigenständiger Arbeit liegen.

Für die Rolle des Coachs wird vorgeschlagen, erfolgreiche ehemalige Lehrkräfte oder erfahrene Weiterbildner oder Weiterbildnerinnen zu gewinnen, die mit Erwachsenen zu arbeiten verstehen und in den zu betreuenden Fachbereichen über fachliche, methodische, didaktische, psychologische und pädagogische Kompetenzen sowie stufenspezifische Unterrichtserfahrung verfügen. Allerdings ist es (in den USA) bisher ein Problem, für dieses anspruchsvolle Profil genügend qualifizierte Personen zu finden. Daher wird auch die Lernbereitschaft der Bewerber und Bewerberinnen zu einem wichtigen Kriterium.

Vor dem Hintergrund des starken öffentlichen Reformdrucks, der ernüchternden Befunde bezüglich der Wirksamkeit bisheriger Fortbildungsanstrengungen sowie auf Grund der in der Fachliteratur zunehmend geforderten praxisorientierten Formen der Fortbildung (vgl. z.B. BALL/COHEN 1999) werden im gegenwärtigen Reformklima der USA in vielen Schuldistrikten Coachs angestellt – oft ohne dass deren Aufgabe und Rolle klar festgelegt sind.

Die Entwicklung des Ansatzes des Fachspezifisch-Pädagogischen Coachings erfolgte von Beginn weg in enger Zusammenarbeit mit Schulpraktikerinnen und Schulpraktikern. Im Folgenden werden wesentliche Designmerkmale des Fachspezifisch-Pädagogischen Coachings sowie ausgewählte Aspekte seiner Entwicklung als Interaktion zwischen Praxis und Wissenschaft dargestellt.

3.1 Das Institute for Learning an der Universität Pittsburgh: ein institutioneller Rahmen für Kooperationen zwischen Akteuren aus Wissenschaft und Praxis im Dienste der Praxis

Das Zustandekommen von langfristigen Kooperationen zwischen Wissenschaft und Praxis setzt seitens der Wissenschaft wie auch seitens der Praxis entsprechende institutionelle Rahmenbedingungen voraus. Solche Voraussetzungen schuf Lauren B. RESNICK 1995 in Pittsburgh mit der Gründung des Institute for Learning (IfL) am Learning Research and Development Center (LRDC) der Universität Pittsburgh. Ziel und Zweck dieses Instituts ist es, US-amerikanische Schuldistrikte bei der Gestaltung und Realisierung von Schul- und Unterrichtsentwicklungsprozessen zu beraten und zu unterstützen. In den USA führte in den Achtziger- und Neunzigerjahren insbesondere die Einführung von Standards in den zentralen Schulfächern (vgl. z.B. RESNICK/RESNICK 1985; SIMMONS/RESNICK 1993; THOMPSON/ZEULI 1999) bei Schulverantwortlichen zur Artikulation von Bedürfnissen nach externer Unterstützung zur Verbesserung der Unterrichtsqualität. Neue Formen von Schulleistungstests auf der Grundlage von ausformulierten Standards ließen die oft geringen Erfolge vieler Schulen deutlich werden. Die Berichte darüber, wie groß der Anteil der Schüler war, die festgelegte minimale Standards nicht erreichten, erzielten eine stärkere Wirkung in der Öffentlichkeit als die üblichen Berichte auf der Grundlage von sozialen Normverteilungen. Mit den neuen Tests auf der Basis von Standards wurde für die Schulen ihre teilweise erschreckend geringe Wirksamkeit in den gemessenen Leistungsbereichen besonders offensichtlich. Gleichzeitig fehlt es jedoch den in Bedrängnis geratenen Schulen an Wissen zur wirksamen Verbesserung ihres Bildungsangebots. Hier bietet das Institute for Learning auf erziehungswissenschaftlicher Grundlage Hilfestellungen an, indem es Schuldistrikten Beratung für ihre Reformvorhaben sowie Fortbildungsveranstaltungen für das Kader der Distriktleitung, für die Schulleitungen sowie für Lehrerbildner und Lehrerbildnerinnen anbietet. Die Fortbildungsveranstaltungen finden sowohl am IfL in Pittsburgh wie auch vor Ort in den Partnerdistrikten statt. Ein Teil der vom IfL organisierten Weiterbildung bezieht Praktikerinnen und Praktiker aus unterschiedlichen Schulkreisen mit ein, wodurch der Austausch zwischen den Schulkreisen gefördert wird. Die Schuldistrikte, die mit dem IfL zusammenarbeiten und in unterschiedlichem Ausmaß Dienstleistungen beanspruchen, verteilen sich auf verschiedene Regionen der USA und unterscheiden sich in ihrer Größe teils beträchtlich. Es handelt sich sowohl um kleine ländliche Schuldistrikte als auch um Schuldistrikte in Stadtagglomerationen mit bis zu 750.000 Schülern und Schülerinnen[1].

Zur Erfüllung seiner Aufgabe ist das Institute for Learning zugleich auch „think tank" und Entwicklungszentrum, in welchem Wissenschaftler und Wissenschaftlerinnen in Kooperation mit den Praktikerinnen und Praktikern am Institut (resident fellows, die sich aus erfolgreichen Lehrerbildnerinnen und Lehrerbildnern, Schulleiterinnen und -leitern sowie Personen aus Distriktleitungen rekrutieren) sowie mit den Praktikerinnen und Praktikern in den Partnerschulkreisen Strategien und Werkzeuge für die Reformarbeit entwickeln. Die Dienstleistungen an Beratung und Weiterbildung des IfL werden von den Schuldistrikten bezahlt. Die Entwicklung der Werkzeuge wird dagegen durch die Universität sowie durch Drittmittel finanziert.

Zum Zeitpunkt der Gründung des Institute for Learning forschte der Autor dieses Artikels als Gastwissenschaftler[2] am Learning Research and Development Center und wurde eingeladen, im Rahmen der Zusammenkünfte und Seminare des IfL mitzuarbeiten. Daraus entwickelte sich eine mehrjährige Forschungs- und Entwicklungszusammenarbeit, welche zum Ansatz des „Content-Focused Coaching^{SM}" führte (STAUB/WEST/MILLER 1998). „Fachspezifisch-Pädagogisches Coaching" ist die deutsche Bezeichnung dieses Ansatzes (STAUB 2001). Seine bisher weitestgehende Umsetzung erfolgte im Bereich der Grundschulmathematik im Schulkreis 2 von New York City (WEST/STAUB 2003). Vor drei Jahren wurde damit begonnen, Fachspezifisch-Pädagogisches Coaching auf die Lehrerfortbildung im Englischunterricht zu übertragen, und das IfL unterstützt die Schuldistrikte in Providence (RI), Los Angeles (CA) und Denver (CO) darin, die in großer Anzahl bereits vorhandenen Coachs entsprechend auszubilden (STAUB/BICKEL 2003).

3.2 Lehr-Lernprinzipien als Verdichtung wissenschaftlichen Grundlagenwissens

In den letzten Jahrzehnten des 20. Jahrhunderts haben sich auf der Grundlage vielfältiger Forschungsarbeiten in Psychologie und Erziehungswissenschaft unsere Vorstellungen von Wissen, Lernen und Lehren erheblich differenziert und teilweise grundlegend gewandelt. Die Praxis von Schule und Unterricht hat sich dagegen kaum in einem vergleichbaren Ausmaß verändert. Die Hauptmotivation für die Gründung des IfL lag darin, vorhandenes wissenschaftliches Wissen für die Gestaltung von Schule, Unterricht und Lehrerfortbildung fruchtbar zu machen. Daraus ergibt sich die Aufgabe, das vorhandene Wissen in eine verdichtete und der Praxis zugängliche Form zu bringen. Die Arbeit des Institute for Learning nahm ihren Ausgang auf der Grundlage eines Entwurfs von Prinzipien des Lernens und Lehrens (vgl. RESNICK 1995a; 1995b), die wesentliche und für die Gestaltung von Schule relevante Ergebnisse der Forschung der letzten Jahrzehnte zusammenfassend darstellen. Diese Verdichtung von Forschungsergebnissen in Form von Prinzipien hat jedoch unter Berücksichtigung der Adressaten zu erfolgen. Ein Großteil der Arbeit des IfL bestand in den ersten Jahren denn auch darin, die von RESNICK vorgeschlagenen grundlegenden Prinzipien im weiteren Dialog zwischen Wissenschaftlerinnen und Wissenschaftlern und einer großen Anzahl von Praktikerinnen und Praktikern aus verschiedenen Schuldistrikten zu diskutieren und zu konkretisieren. Die Prinzipien wurden dabei als begriffliche Werkzeuge (tools) zur Reflexion von konkreter Praxis in Schule und Unterricht genutzt. Anlässlich von Schulbesuchen und in der gemeinsamen Analyse von Videoaufnahmen, Dokumenten und Produkten aus den Partnerschulen wurde eingehend diskutiert, welche Formen der Praxis die Prinzipien bereits verwirklichen respektive in welcher Richtung die Praxis zu verändern wäre. Im Verlauf dieser komplexen und aufwändigen Diskurse wurden die Prinzipien erweitert und sprachlich in eine der Praxis zugängliche Form gebracht. In ihrer aktuellsten Version sind es neun Lehr-Lernprinzipien (RESNICK/HALL 1998), die in den Partnerschuldistrikten in Fortbildungsveranstaltungen sowie mittels einer CD (RESNICK/ HALL 2001) anhand von exemplarischen Videoaufnahmen vorgestellt und eingeführt werden. Nachstehend werden drei der neun Lehr-Lernprinzipien in ihrer Kurzfassung wiedergegeben (http://www.instituteforlearning.org/index.html, 10.6.2003):

Clear Expectations

If we expect all students to achieve at high levels, then we need to define explicitly what we expect students to learn. These expectations need to be communicated clearly in ways that get them "into the heads" of school professionals, parents, the community and, above all, students themselves. Descriptive criteria and models of work that meets standards should be publicly displayed, and students should refer to these displays to help them analyze and discuss their work. With visible accomplishment targets to aim toward at each stage of learning, students can participate in evaluating their own work and setting goals for their own effort.

Academic Rogor in a Thinking Curriculum

Thinking and problem solving will be the "new basics" of the 21st century. But the common idea that we can teach thinking without a solid foundation of knowledge must be abandoned. So must the idea that we can teach knowledge without engaging students in thinking. Knowledge and thinking are intimately joined. This implies a curriculum organized around major concepts that students are expected to know deeply. Teaching must engage students in active reasoning about these concepts. In every subject, at every grade level, instruction and learning must include commitment to a knowledge core, high thinking demand, and active use of knowledge.

Accountable Talk[SM]

Talking with others about ideas and work is fundamental to learning. But not all talk sustains learning. For classroom talk to promote learning it must be accountable – to the learning community, to accurate and appropriate knowledge, and to rigorous thinking. Accountable Talk[SM] seriously responds to and further develops what others in the group have said. It puts forth and demands knowledge that is accurate and relevant to the issue under discussion. Accountable Talk[SM] uses evidence appropriate to the discipline (e.g., proofs in mathematics, data from investigations in science, textual details in literature, documentary sources in history) and follows established norms of good reasoning. Teachers should intentionally create the norms and skills of Accountable Talk[SM] in their classrooms.

Die IfL-Prinzipien des Lehrens und Lernens verweisen in konzentrierter Form auf allgemeine Merkmale, die – auf der Grundlage der Lehr-Lernforschung der letzten Jahrzehnte – für das Design von Schule und Unterricht als besonders wichtig beurteilt werden. Prinzipien sind jedoch notwendigerweise relativ abstrakt. Es stellt sich daher das Problem ihrer praxiswirksamen Vermittlung und Anwendung. Damit allgemeine Prinzipien eine strukturierende Wirkung für die Lösung von Gestaltungsproblemen in der Praxis entfalten können, sind sie auf einer konkreten Ebene mit den pädagogisch-didaktischen Überlegungen im Schulalltag in Einklang zu bringen. Gespräche über die Gestaltung von Unterricht im Rahmen von Coaching-Beziehungen können hierzu geeignete Anlässe sein. Da diese Prinzipien im Hinblick auf die tägliche Lektionsgestaltung sehr allgemein gehalten sind, wurden für das Fachspezifisch-Pädagogische Coaching weitere Kernperspektiven für die Planung und Reflexion von Unterricht formuliert, welche mit den Prinzipien übereinstimmen, jedoch konkretere Strukturierungshilfen bieten (vgl. STAUB/WEST/ BICKEL 2003).

3.3 Unterrichtskompetenz und deren Förderung durch Coaching

Die empirische Unterrichts- sowie die Lehr-Lernforschung haben gezeigt, dass Unterricht ein hoch komplexer und dynamischer Prozess ist (vgl. z.B. BORKO/PUTNAM 1995; CLARK/PETERSON 1986; LEINHARDT 1993; WEINERT/HELMKE 1997). Bezüglich der Inhalte und Strukturen der Wissensbasis von Unterrichtskompetenz sind theoretische Vorstellungen und empirisch begründete Modelle entwickelt worden (vgl. BROMME 1992; GESS-NEWSOME/LEDERMAN 1999; SHULMAN 1986; WEINERT/HELMKE/SCHRADER 1992). Bezüglich der Inhaltsbereiche des Wissens von Lehrpersonen hat SHULMAN (1986; 1987) vor allem auf die Bedeutung des fachspezifisch-pädagogischen Wissens (pedagogical content knowledge) hingewiesen. Unter dem *fachspezifisch-pädagogischen Wissen* versteht er jenen Teil des Wissens, der aus einer Mischung von fachinhaltlichem Wissen und allgemein pädagogisch-didaktischem Wissen besteht und die Grundlage dafür ist, wie bestimmte Themen, Inhalte oder Aufgabenstellungen im Unterricht ausgewählt, dargestellt und an die unterschiedlichen motivationalen und kognitiven Voraussetzungen der Lernenden angepasst werden (vgl. SHULMAN 1986). Aus wissenspsychologischer Sicht erweist sich das *fachspezifisch-pädagogische Wissen als zentraler Bestandteil professioneller Lehrkompetenz* (vgl. BROMME 1992; 1995). Dieses Wissen, verstanden als Verschmelzung von Wissen aus verschiedenen Wissensbereichen wie auch eigener Erfahrung, wird *weder durch direkte Wissensvermittlung allein, noch allein durch Erfahrung erworben*. Die Entwicklung von fachspezifisch-pädagogischem Wissen setzt einerseits Wissen über die zu lehrenden disziplinären Fachinhalte sowie allgemein pädagogisch-didaktisches und psychologisch-didaktisches Wissen voraus, andererseits muss die Möglichkeit bestehen, diese Wissensbestände in konkreten Handlungssituationen zur Anwendung zu bringen.

Lehrpersonen aus unterschiedlichen Kulturen unterscheiden sich bezüglich der von ihnen explizit oder implizit vertretenen fachspezifisch-pädagogischen Überzeugungen zum Teil erheblich (vgl. z.B. JACOBS u.a. 1997). Auch Schulkulturen können als Ausdruck von impliziten und expliziten Überzeugungssystemen verstanden werden. So kann die Gestaltung von Unterricht und Schule in den USA auch heute noch zu guten Teilen als Ausdruck der im 20. Jahrhundert dort dominierenden *assoziationistischen Lerntheorien* gesehen werden (vgl. RESNICK/HALL 1998). Auf der Grundlage eines durch diese psychologischen Theorien geprägten Mathematikunterrichts erscheint es beispielsweise nicht besonders sinnvoll, Schülern und Schülerinnen schon anspruchsvolle mathematische Textaufgaben zu stellen, bevor sie das kleine Einmaleins beherrschen. Demgegenüber würde eine Lehrkraft, deren fachspezifisch-pädagogische Überzeugungen sich eher an *kognitiv konstruktivistischen Lehr-Lerntheorien* (vgl. z.B. AEBLI 1983; RESNICK 1987) orientieren, es als durchaus wünschenswert beurteilen, dass Kinder anhand von mathematischen Textaufgaben verstehens- und problemlöseorientiert arbeiten, lange bevor sie das Einmaleins beherrschen. Die Anwendung kognitiv konstruktivistischer Lehr-Lerntheorien verlangt immer auch eine *inhaltsspezifische Analyse* (vgl. AEBLI 1983). Angeleitetes Lernen, verstanden als kognitiv-konstruktiver Prozess des lernenden Subjekts, erfordert von der Lehrperson, dass sie sich proaktiv fragt, wie Lernprozesse ausgelöst und auf der Grundlage des bereits vorhandenen Vorwissens durch die Gestaltung einer motivierenden sozial-interaktiven Lernumgebung unterstützt werden können. Lehrpersonen sind sowohl „Stoffdarstellerinnen und Lektionengeber" als auch „Gestalter und Gestalterinnen von Lernumgebungen" (vgl. REUSSER 2001, S. 130).

Empirische Untersuchungen für den Bereich der Grundschulmathematik zeigen, dass Unterschiede in den fachspezifisch-pädagogischen Überzeugungen von Lehrkräften für die Unterrichtsgestaltung und den Lernfortschritt der Lernenden bedeutsam sind. Für das Lösen von anspruchsvollen mathematischen Textaufgaben ist die Leistungssteigerung bei Schülern von eher kognitiv-konstruktivistisch orientierten Lehrpersonen signifikant größer als bei Schülern, die von assoziationistisch orientierten Lehrpersonen unterrichtet werden. Hinsichtlich des Erwerbs von rein numerischen Grundfertigkeiten scheint es dagegen keine Unterschiede zu geben (vgl. PETERSON/CARPENTER/FENNEMA 1989; PETERSON u.a. 1989; STAUB/STERN 2002).

Personale Überzeugungen sind stabil. Sie gelten aber im Prinzip als veränderbar durch Erfahrung, Reflexion und Argumentation (DANN 1992; 1994; SCHÖN 1987). Einen vielversprechenden Ansatz zur praxisbezogenen Entwicklung von fachspezifisch-pädagogischem Lehrerwissen sehen wir im Coaching, dessen Bedeutung für die Ausbildung in Gestaltungsprofessionen SCHÖN (1987) als einer der ersten deutlich gemacht hat. SCHÖN vertritt die Auffassung, dass Gestaltungsarbeit zwar nicht direkt lehrbar ist, dass sie aber unter geeigneten Bedingungen *im Tun lernbar* sei. „Designing, both in its narrower architectural sense and in the broader sense in which all professional practice is designlike, must be learned by doing. However much students may learn about designing from lectures or reading, there is a substantial component of design competency – indeed, the heart of it – that they cannot learn in this way. A designlike practice is learnable but is not teachable by classroom methods. And when students are helped to learn to design, the interventions most useful to them are more like coaching than teaching" (SCHÖN 1987, S. 157)[3]. Coaching verweist hier auf die *individualisierte* und *situationsbezogene Unterstützung eines Lerners, einer Lernerin bei der Bearbeitung einer komplexen Aufgabenstellung* durch eine Person, die in der Bewältigung solcher Anforderungen selber über eine hohe *Expertise* verfügt. Diese Art von Lehr-Lernprozessen findet sich in vielfältiger Weise in Formen der *Meisterlehre* oder in Interaktionen zwischen kompetenten Erwachsenen und Kindern (vgl. z.B. LAVE/WENGER 1991; ROGOFF 1990). Das auf der Grundlage von Arbeiten zum situierten Lernen entwickelte Konzept der *kognitiven Meisterlehre* (vgl. COLLINS/BROWN/NEWMAN 1989) sucht für die Schule Konsequenzen für die Gestaltung von didaktischen Arrangements zur Förderung des Erwerbs von höheren kognitiven Fertigkeiten wie Leseverständnis oder das eigenständige Lösen von mathematischen Aufgaben zu ziehen. COLLINS/BROWN/NEWMAN (1989) fassen unter den Begriff Coaching die Tätigkeiten einer sachkompetenten Person, welche dazu dienen, in einem bestimmten Kompetenzbereich die Leistungen der vom Coach unterstützten Person näher an die Leistungsfähigkeit eines Experten heranzuführen. Hierzu *beobachtet* der Coach das Tun der betreuten Person, *gibt Hinweise, Erinnerungshilfen, Rückmeldungen, dient als Modell, gibt die zur Bewältigung der Aufgabe minimal notwendige Unterstützung (scaffolding)* und er *stellt neue Aufgaben.*

Im Bereich der Personalentwicklung wurde „Coaching" in den letzten Jahren auch im deutschsprachigen Raum zunehmend populär. Unter „Coaching" wird dabei im Allgemeinen ein zeitlich begrenzter, individueller, unterstützender Beratungsprozess verstanden, der berufliche und private Inhalte umfassen kann. Dabei agiert der Coach „primär immer als *Prozessberater* und nicht als direkter Problemlöser" (RAUEN 1999, S. 30). Diese Art von Coaching findet meist in einem Setting statt, in welchem die eigentlichen beruflichen Tätigkeiten nicht unmittelbar vollzogen werden. Der im Folgenden dargestellte Ansatz des Fachspezifisch-Pädagogischen Coachings findet dagegen innerhalb des aktuellen beruflichen Settings als Teil der eigentlichen Arbeit statt. Weiter steht das Fachspezifisch-Pädagogische Coaching einem Coaching im Sinne der Meisterlehre näher als einer Auffassung von Coaching als allgemeiner Prozessberatung. Im fachspezifisch-pädagogischen Coaching geht die Hilfestellung und die Arbeit von Coachs wesentlich über reine Prozessberatung hinaus. Von einer Meisterlehre unterscheidet sich das Fachspezifisch-Pädagogische Coaching jedoch unter anderem darin, dass sich die Coachs nicht ausschließlich auf ihr persönliches Wissen und ihre Erfahrung stützen, sondern auch vorgegebene Werkzeuge wie die Lehr-Lernprinzipien oder Kernperspektiven zur Lektionsgestaltung als theoriebasierte Orientierungsrahmen benutzen. Ein im Sinne des Fachspezifisch-Pädagogischen Coachings arbeitender Coach versteht sich zudem selber als *Lernender*, der sowohl sein unterrichtsrelevantes Wissen wie auch seine Strategien und Fertigkeiten als Coach reflektiert und durch eigene Fortbildung permanent weiter zu entwickeln sucht.

3.4 Das Setting für Fachspezifisch-Pädagogisches Coaching

Die Grundstruktur des Aktivitätssettings für Fachspezifisch-Pädagogisches Coaching zielt darauf, die Lehrpersonen in der Unterrichtsplanung, im Unterricht und bei der Unterrichtsreflexion von Lektionen und/oder Lektionseinheiten zu unterstützen. Exemplarische Fallbeispiele für diese Art von Coaching sind in WEST und STAUB (2003) beschrieben und anhand von Videoaufnahmen veranschaulicht. Im Gegensatz zu den in der Aus- und Fortbildung von Lehrpersonen oft dominierenden Lektionsnachbesprechungen kommt der Unterrichtsvorbesprechung eine ebenso grundlegende Bedeutung zu wie der nachfolgenden Unterrichtsreflexion. Dem Coach fällt zudem auch im Unterricht eine meist sehr aktive Rolle zu. Die Ausgestaltung der Zusammenarbeit berücksichtigt die Voraussetzungen und Bedürfnisse der Lehrperson und verändert sich im Laufe der Zeit.

Die folgende Darstellung bezieht sich primär auf dyadische Settings. Fachspezifisch-Pädagogisches Coaching lässt sich jedoch in Variationen auch mit Gruppen von Lehrpersonen durchführen. Eine Erweiterung kann beispielsweise darin bestehen, dass zur Planung, Durchführung und Reflexion des Unterrichts, die der Coach mit einer bestimmten

Lehrperson durchführt, weitere Lehrpersonen als Beobachter und Diskussionspartner zugezogen werden. Eine weitergehende Möglichkeit besteht darin, dass eine Gruppe von Lehrpersonen, moderiert durch einen Coach, gemeinsam eine bestimmte Lektion entwirft und plant. Auf Grund des gemeinsam erarbeiteten Designs werden die Lektionen von den Gruppenmitgliedern in verschiedenen Klassen durchgeführt, beobachtet und die Erfahrungen sodann in der Gruppe ausgewertet.

Vorbesprechung und Entwicklung des Lektionsplans

Vor der Lektion besprechen Lehrperson und Coach die Gestaltung des Unterrichts und einigen sich auf einen Plan. Zeitpunkt und Ort dieser Besprechung variieren je nach organisatorischen Rahmenbedingungen. Oft finden die Besprechungen am Unterrichtstag statt, in einer für die Unterrichtsvorbereitung vorgesehenen Zwischenstunde. Die Unterrichtsvorbesprechung dient Lehrperson und Coach zur *Verständigung über Lektionsziele, Lektionsplan sowie Gestaltungsüberlegungen*. Meist verfügt die Lehrperson schon über einen Unterrichtsentwurf, der zur Grundlage des Lektionsplanes wird. Aber auch der Coach kann einen mehr oder weniger ausgearbeiteten Unterrichtsplan in die Besprechung einbringen. Wesentlich ist, dass eine Einigung auf einen *gemeinsam verantworteten* Lektionsplan erfolgt.

Die Rolle des Coachs beschränkt sich nicht darauf, den Unterricht der Lehrperson erst im Nachhinein zu reflektieren. Er beteiligt sich vielmehr als ein *für das Lernen der Schüler mitverantwortlicher Partner* auch schon während der Unterrichtsvorbereitung und während der Unterrichtsdurchführung. Damit kann der Coach *sein Wissen schon für die Gestaltung des Unterrichts einbringen*. Der Entscheid darüber, wer die Durchführung des Unterrichts als ganzem oder bestimmter Teile davon übernimmt, wird oft erst im Verlauf oder am Ende dieser gemeinsamen Planungssitzung getroffen.

Die zentrale Bedeutung der Vorbesprechung für das Fachspezifisch-Pädagogische Coaching ergab sich aus den in der Praxis der alltäglichen Unterrichtsplanung festgestellten Defiziten sowie auf Grund von theoriebezogenen Überlegungen. Zahlreiche Unterrichtsbesuche, Interviews mit Lehrpersonen sowie Gespräche im Rahmen der Seminare am IfL zeigten, dass die Unterrichtsvorbereitung von US-amerikanischen Lehrpersonen oft nur sehr oberflächlich ist. So ist es beispielsweise für den Mathematikunterricht nicht selbstverständlich, dass Lehrpersonen die von den Schülern zu lösenden Aufgaben vor der Lektion selber gelöst haben. Dies ist sowohl im Zusammenhang mit der Ausbildung der Lehrpersonen wie auch im Zusammenhang mit der Rolle der Lehrmittel zu verstehen. Viele Lehrpersonen betrachten das vom Schuldistrikt verbindlich vorgeschriebene Schulbuch als „das Curriculum", das zu einem hohen Grad den Unterricht steuert. Dies entspricht dem in den USA verbreiteten Verständnis vom Curriculum als „Curriculum-as-manual", das genaue Vorgaben macht, welcher Stoffbereich mittels welcher Methoden zu unterrichten ist (vgl. WESTBURY 2000). Lange Zeit wurden Lehrkräfte in den USA gar als „semi-skilled managers of practice programs" (RESNICK/HALL 1998, S. 5) gesehen, von welchen nicht viel eigenständiges intellektuelles Engagement zur Gestaltung ihrer Arbeit erwartet wurde. Ein konstruktivistisch orientierter Unterricht setzt jedoch voraus, dass die Lehrperson sehr gut auf den Unterricht vorbereitet ist, dass sie sich in der Sache auskennt und die Bearbeitung der Inhalte auch aus der Sicht der Schüler und Schülerinnen durchdacht hat. Nur so wird ein an die Voraussetzungen der Schüler angepasster und unterstützender Unterricht möglich.

Das Planen und gründliche Durchdenken von Unterricht setzt entsprechende Denkgewohnheiten und vielfältiges Wissen voraus. Der Erwerb komplexer Fertigkeiten lässt sich durch angeleitetes Tun fördern (vgl. COLLINS/BROWN/NEWMAN 1989; ROGOFF 1990; 1995). Es ist daher naheliegend, die Kompetenz zur Unterrichtsvorbereitung durch Lernsituationen im Sinne der kognitiven Meisterlehre zu fördern, indem Lehrpersonen gemeinsam mit einem Coach, der selber über hohe Unterrichtskompetenz verfügt, auch Unterricht planen. Mit der im Fachspezifisch-Pädagogischen Coaching expliziten Erwartung gemeinsam verantworteter Lektionen wird ein hohes Maß an Koordination der Unterrichtshandlungen notwendig. Ein wesentlicher Teil dieser Koordination wird im Rahmen von Unterrichtsvorbesprechungen hergestellt. Im Verlaufe einer längeren Zusammenarbeit sind dabei jene Aspekte zu thematisieren, die für das Gelingen des gemeinsam gestalteten Unterrichts relevant sind.

In US-amerikanischen Schulen kann nicht vorausgesetzt werden, dass es für die Rolle des Coachs bereits eine genügende Anzahl von „Meisterlehrern" gibt, die in der gewünschten Qualität unterrichten. Fachspezifisch-Pädagogisches Coaching sucht deshalb über das durch die Zusammenarbeit mit einem „Meisterlehrer" mögliche Lernen hinauszugehen, indem für die Vor- und Nachbesprechungen die Lehr-Lernprinzipien sowie ein Leitfaden mit Kernperspektiven für Lektionsdesigns vorgegeben werden, die in flexibler Weise zur Orientierung der Unterrichtsbesprechungen zu verwenden sind. Damit wird die Planungs- und Reflexionsarbeit von Coach und Lehrperson zusätzlich durch theoriebasierte Werkzeuge unterstützt. Diese Werkzeuge sollen dazu beitragen, dass relevante pädagogisch-didaktische und pädagogisch-psychologische Denkmuster aufgebaut und im Verlauf der gemeinsamen Arbeit insbesondere auch das fachspezifisch-pädagogische Wissen erweitert und verändert wird.

Unterstützung während des Unterrichts

Während des Unterrichts unterstützt der Coach die Lehrperson je nach Bedürfnis und Absprache auf unterschiedliche Weise. Eher selten beschränkt sich die Unterstützung darauf, dass der Coach die Lehrperson lediglich *beobachtet*. Es kommt vor, dass der Coach Teile oder gar die Lektion als ganze *unterrichtet*. Häufig unterrichten Lehrperson und Coach gemeinsam, indem sie abwechselnd Teile des Unterrichts übernehmen. Selbst in Lektionen oder Lektionsteilen, die von der Lehrperson unterrichtet werden, hat der Coach oft eine sehr *aktive Rolle: der Coach beteiligt sich am Unterricht* nicht nur während Einzel- oder Gruppenarbeitsphasen, sondern gelegentlich auch während Klassengesprächen. Die Art und Weise dieser Beteiligung wird mit der Lehrperson abgesprochen. Direkte Berichtigungen der Lehrperson werden unterlassen. Der Coach kann sich jedoch in natürlicher Weise am Klassengespräch beteiligen, indem er, koordiniert mit der Lehrperson, Schülerbeiträge aufgreift, diese zueinander in Beziehung setzt oder mittels kurzer Erklärungen weiterzuentwickeln hilft.

Unterrichtsnachbesprechung

Im Anschluss an die Lektionsdurchführung wird der Unterricht reflektiert. Ort und Dauer sind wiederum abhängig von den organisatorischen Rahmenbedingungen. Bleibt am Tag des Unterrichts keine oder nur wenig Zeit für die Nachbesprechung, wird diese gelegentlich auch zu einem späteren Zeitpunkt telefonisch durchgeführt, oder der Coach lässt der Lehrperson eine schriftliche Rückmeldung in Form einer Handnotiz oder mittels elektronischer Mail zukommen.

In Unterrichtsnachbesprechungen ist der Hauptfokus wiederum auf den inhaltsspezifisch gefassten Lernprozess der Schüler gerichtet. Wo genügend Zeit vorhanden ist, werden Arbeitsergebnisse der Schüler gemeinsam untersucht und besprochen. Der Unterricht wird im Hinblick auf die intendierten und effektiv ausgelösten Lernprozesse der Schüler analysiert und es wird über Verbesserungsmöglichkeiten nachgedacht. Nachbesprechungen gehen oft über in eine Vorbesprechung für die nächste Lektion oder Unterrichtseinheit. Der Coach sucht die Lehrperson auch mit Bezug auf die *curriculare Jahresplanung* zu unterstützen.

3.5 Werkzeuge zur Förderung theoriebezogener Planung, Antizipation und Reflexion von Unterricht im ko-konstruktiven Gespräch

Welche Aspekte sind für das Verständnis von *didaktischen Situationen* besonders relevant und wie können Coach und Lehrperson(en) darin unterstützt werden, diese Aspekte zu berücksichtigen? Für den Aufbau entsprechender Orientierungen und Reflexionsgewohnheiten werden für das Fachspezifisch-Pädagogische Coaching nebst den grundlegenden Lehr-Lernprinzipien weitere „Werkzeuge" benutzt.

Leitfaden mit Kernperspektiven für Lektionsdesigns

Die Werkzeuge zum Fachspezifisch-Pädagogischen Coaching machen keine direkten Vorschläge bezüglich anzuwendender Methoden oder didaktischer Grundstrukturen. Der Ansatz geht davon aus, dass Lehrpersonen und Coach in ihrem lokalen Kontext bereits über ein (zu erweiterndes) Repertoire an Methoden verfügen. Sowohl von Coachs wie von Lehrpersonen wird erwartet, dass sie sich im Rahmen von Fortbildungsveranstaltungen sowohl fachinhaltlich, allgemein pädagogisch-didaktisch und fachdidaktisch weiterbilden. Coaching-Gespräche im Fachspezifisch-Pädagogischen Coaching richten sich *nicht* primär oder gar ausschließlich auf die Methoden oder Oberflächenmerkmale von Unterricht. Der Einsatz bestimmter Methoden oder Lehrformen ist vielmehr im Hinblick auf ihre Funktion und ihren Nutzen für das *fachspezifische Lernen* der Schüler und Schülerinnen zu bedenken und zu reflektieren. Die Gesichtspunkte des Leitfadens zielen größtenteils auf zentrale lehr-lernpsychologische Aspekte von Lektionsgestaltung, die – im Prinzip – mit Bezug auf jede Lektion bei deren Planung wie auch bei deren Reflexion thematisiert werden können. Damit werden auch fachspezifisch-pädagogische Überzeugungen explizit gemacht, die sich als Ergebnis solcher Gespräche differenzieren oder gar verändern können.

Die im Leitfaden aufgenommenen Kernperspektiven für Lektionsdesigns betreffen die folgenden drei Hauptbereiche, die hier durch je drei Beispiele illustriert werden (für eine vollständigere Liste vgl. STAUB/WEST/BICKEL 2003, S. 11/12).

Klärung der sachlichen Lernziele und deren Einordnung in die Unterrichtseinheit und den Lehrplan:
– Welches sind die zentralen Begriffe?
– Welche Fertigkeiten sollen in der Lektion gefördert werden?
– Auf welche Standards wird mit dieser Lektion hingearbeitet?

Durchdenken der Lektionsinhalte in Bezug auf Vorwissen und antizipierte Schwierigkeiten der Schüler:
− Welche für die Lektion relevanten Konzepte sind mit der Klasse bereits behandelt worden?
− An welche Kontexte aus dem Erfahrungsbereich der Schüler kann angeknüpft werden?
− Welche Schwierigkeiten, Unklarheiten oder falschen Begriffe kommen bei den unterrichteten Schülern vor?

Auslösung und Unterstützung der intendierten Lernprozesse:
− Wie können die Schüler in dieser Lektion ihr fachspezifisches Denken und Verstehen mitteilen?
− Woran ist das intendierte Lernen der Schüler erkennbar?
− Wie werden Schüler mit besonderen Schwierigkeiten unterstützt?

Der Entwicklungsprozess, der zu solchen Kernperspektiven für Lektionsdesigns führte, begann damit, dass auf der Grundlage lehr-lerntheoretischer und didaktischer Literatur Perspektiven für das Planen, Durchdenken und Reflektieren von Lektionen zusammengetragen und diese im Rahmen von Seminaren am IfL präsentiert und zur Diskussion gestellt wurden. In der Folge entstanden mehrfache Überarbeitungen und Verdichtungen der ursprünglich vorgelegten Gesichtspunkte. Seminarteilnehmer und Seminarteilnehmerinnen begannen in ihrer Arbeit als Coach oder als Ausbilder von Coachs in ihren Schuldistrikten Versionen des Leitfadens zu benutzen. Von dieser Arbeit in den Schuldistrikten wurden teilweise Videodokumente hergestellt, die in weiteren Seminaren besprochen wurden. Die Erprobung des Leitfadens durch die an den Seminaren teilnehmenden Praktiker und Praktikerinnen zeigte einerseits, dass die Kernperspektiven zur Lektionsgestaltung von den Coachs als Instrument verwendet und als hilfreich beurteilt wurden. Andererseits führten die Rückmeldungen aus der Praxis zu weiteren Überarbeitungen und Vereinfachungen des Leitfadens. Dieser sich über mehrere Jahre erstreckende iterative Prozess führte zu einem konzeptuellen Werkzeug in Form einer überschaubaren und in der Praxis gut kommunizierbaren Sammlung von Kernperspektiven für Lektionsdesigns. Die Seminarteilnehmer und Seminarteilnehmerinnen begannen in ihren Schuldistrikten damit, sich für ihre Unterrichtsbesprechungen an diesen Kernperspektiven sowie an den IfL-Prinzipien des Lehrens und Lernens zu orientieren. Ein komplexer Prozess, bestehend aus Anregungen, Ausprobieren, Erfahrungsberichten sowie der gemeinsamen Analyse von Videodokumenten führte zur Entwicklung neuer Besprechungskulturen.

Werkzeuge zur Förderung von ko-konstruktiven Gesprächen

Das gemeinsam verantwortete Lösen von Gestaltungsproblemen ist ein *dialogischer* Prozess. Im Fachspezifisch-Pädagogischen Coaching beschränkt sich die Aufgabe des Coachs nicht auf eine Prozessberatung. Von ihm wird vielmehr erwartet, dass er auch substanzielle Hilfestellungen und Vorschläge einbringt, beispielsweise indem Unterrichtsmaterialien oder Lektionselemente vorgeschlagen werden. Der Coach sucht dies aber auf eine Weise zu tun, welche die Lehrperson mit ihrem Wissen, ihren Überzeugungen und in ihrem Denken ernst nimmt und auf die Lehrperson abgestimmt ist. Der Coach unterstützt die Lehrperson darin, eigene Vorschläge, Begründungen und Sichtweisen einzubringen (invitational moves). Nur auf dieser Grundlage kann der Coach *adaptiv* und *situationsspezifisch* auf die Lernbedürfnisse und Lernerfordernisse der Lehrperson eingehen. Coaching, das auf gemeinsam verantworteten Unterricht abzielt, ist anspruchsvoll. Es gilt, zwischen aktivem Zuhören einerseits und dem Einbringen von Deutungen, Gestaltungsvorschlägen und Erklärungen andererseits immer wieder ein optimales Gleichgewicht zu finden. Novizen-Coachs haben die Tendenz, auf eine Seite zu kippen. Im Bemühen, möglichst hilfreich zu sein, überhäufen sie die Lehrperson mit eigenen Ideen und Vorschlägen oder aber sie führen lediglich eine Art Interview, ohne selber substantielle Hilfestellungen einzubringen. Ein Coach hat gleichzeitig zwei Hauptziele zu verfolgen und in Einklang zu bringen. Einerseits geht es um die optimale Förderung der Schüler, indem der Coach mit Bezug auf die gemeinsam verantworteten Lektionen die Lehrperson unterstützt und so in der gegebenen Situation dazu beiträgt, für die Schüler möglichst lernförderliche Lektionen zu gestalten. Andererseits soll durch den gemeinsam gestalteten Unterricht und die dabei entstehenden Gespräche langfristig die Entwicklung der Unterrichtskompetenz der Lehrperson gefördert werden. Es geht darum, eine der jeweiligen Lehrperson angepasste Balance zu finden. Zur Sensibilisierung für die Gestaltung von ko-konstruktiven Gesprächen lernen Coachs anhand von Coaching-Moves ihre Gespräche zu analysieren (vgl. STAUB/WEST/BICKEL 2003, S. 14-17).

3.6 Zur Einführung von Fachspezifisch-Pädagogischem Coaching in einem Schuldistrikt

Wie Fachspezifisch-Pädagogisches Coaching in einem Schuldistrikt eingeführt und organisatorisch ermöglicht werden kann, hängt von dessen Größe sowie von vielen weiteren lokalen Gegebenheiten ab. Der hier vorgestellte Ansatz ist bisher am umfassendsten im New York City Community School District # 2 (der Großteil von Manhattan mit 41 Grundschulen) realisiert worden, wo während mehrerer Jahre sukzessive eine Gruppe von Coachs ausgebildet werden konnte (WEST/STAUB 2003).

Die Einführung des Fachspezifisch-Pädagogischen Coachings muss durch die Leitung eines Schuldistrikts und die jeweiligen Schulleitungen beschlossen werden, welche hierzu auch die notwendigen Ressourcen bereitzustellen haben. Die *systemische Ausrichtung* auf ganze Schulkreise ist von großer Bedeutung, weil das Coaching von Lehrpersonen nicht isolierte Einzelmaßnahme, sondern vernetzter Teil des gesamten Weiterbildungsangebots eines Schuldistrikts sein soll. Fachspezifisch-Pädagogisches Coaching kann zur adaptiven Gestaltung des gesamten Weiterbildungsangebots eines Schuldistrikts beitragen. Fachspezifisch-Pädagogisches Coaching erlaubt es, einzelne Lehrpersonen auf sehr individualisierte Weise zu unterstützen. Weiter führt diese Art von Coaching auch zu differenzierten Diagnosen der Lernbedürfnisse der betreuten Lehrpersonen durch die Coachs. Dieses diagnostische Wissen der Coachs kann für die Planung des gesamten Weiterbildungsangebotes im Schuldistrikt eine wertvolle Grundlage bilden. Es lässt sich nutzen, indem Coachs nicht nur im Unterricht mit Lehrpersonen arbeiten, sondern zusätzlich auch zur Planung und zur Durchführung von fachbereichsspezifischen Kursen für die Lehrkräfte des gesamten Schuldistrikts beigezogen werden. Damit lässt sich das Angebot an Fortbildung auf jene Bereiche konzentrieren, die, auf Grund der differenzierten Kenntnisse der Coachs hinsichtlich der Unterrichtspraxis und den fachspezifisch-pädagogischen Überzeugungen der Lehrkräfte, für die Unterrichtsentwicklung im Schuldistrikt als besonders relevant beurteilt werden.

Die Auswahl der Lehrpersonen für das Coaching erfolgt *auf weitgehend freiwilliger Basis*. Fachspezifisch-Pädagogisches Coaching erhalten zuerst vor allem die bereits als erfolgreich und/oder als besonders lernmotiviert geltenden Lehrkräfte. Ziel des Coachings ist nicht nur die Weiterentwicklung der Unterrichtskompetenz, sondern auch die Förderung schulinterner unterrichtsbezogener Beratungsarbeit (beispielsweise in der Rolle als „teacher leader"). Das Coaching soll auch zur Verbesserung der Voraussetzungen zur Kommunikation über Lehr-Lernprozesse beitragen. Coaching ist ein *Privileg* und wird als *ressourcenorientierter Ansatz* eingeführt – *nicht* als defizitorientierter Ansatz zur Nachhilfe für schlechte Lehrkräfte. Schulleitungen tendieren oft dazu, Coachs zur „Nachhilfe" für Lehrpersonen einsetzen zu wollen. Es ist deshalb wichtig, dass die Schulleitungen von Beginn weg die Ziele dieses Modells verstehen und auch klar vertreten. Die Einführung von Coaching als ein defizitorientierter Ansatz droht zu Stigmatisierungen zu führen. Das prioritäre Coachen von Lehrpersonen, die mit großer Wahrscheinlichkeit in ihren Schulen als Vorbilder selber weitere Lehrpersonen aktiv unterstützen und beraten können, dürfte sich für die Schulen langfristig besser rechnen als ein forciertes Coaching von schwachen Lehrkräften.

Für die Ausbildung von Coachs stellen sich vielfältige Aufgaben. So gilt es unter anderem, die Coachs darin zu unterstützen, mit Kernperspektiven für Lektionsdesigns oder Coaching-Moves zu arbeiten und entsprechende Gewohnheiten zu entwickeln (vgl. WEST/STAUB 2003, Kapitel 10; STAUB/BICKEL 2003).

4. Ausblick

International vergleichende Schulleistungsstudien und auf Standards basierende Tests erzeugen in der Öffentlichkeit zunehmend einen starken Reformdruck auf die weniger erfolgreichen Bildungssysteme und Schulen. Weder Untersuchungen zur Wirkung von Reformen auf der Grundlage von rein strukturellen Veränderungen noch Untersuchungen zur Wirkung traditioneller Formen der Fortbildung von Lehrpersonen lassen Strategien erkennen, welche diesen Schulen mit guten Aussichten auf Erfolg empfohlen werden könnten.

Dagegen hat sich auf der Grundlage der Forschung in Psychologie und Pädagogischer Psychologie das Wissen über Lernen in den letzten Jahrzehnten erheblich erweitert und zu grundsätzlichen Veränderungen in unserem Verständnis von Wissen und Lernen geführt. Dieses neue Wissen wird jedoch erst in Ansätzen auch für die Gestaltung von Schule und Unterricht genutzt.

Ausgangspunkt dieses Artikels war die Frage, auf welche Weise die Erziehungswissenschaft die Praxis in der Entwicklung von Unterrichtskompetenz und der Weiterbildung von Lehrpersonen unterstützen kann. Es wurden unterschiedliche Modi der Interaktion zwischen Wissenschaftssystem und Praxissystem differenziert, die sich vor allem darin unterscheiden, ob und wie Wissenschaftler und Wissenschaftlerinnen aktiv zur Gestaltung von Praxis beizutragen suchen.

Anhand des Beispiels der Entwicklung des Fachspezifisch-Pädagogischen Coachings plädiert dieser Artikel dafür, dass sich Wissenschaft und Praxis vermehrt in Kooperationen einlassen, um im Rahmen ko-konstruktiver Entwicklungsarbeit innovative Formen der Praxis zu erzeugen, zu dokumentieren und zu analysieren. Diese Art der Zusammenarbeit von Wissenschaft und Praxis ist jedoch nur möglich, wenn Wissenschaftler und Wissenschaftlerinnen bereit sind, sich in die komplexen Arbeitsfelder realer Reformanstrengungen zu begeben. Dies bedingt, dass Entwicklungsarbeit, die wissenschaftliches Wissen in eine für spezifische Praxisfelder nützliche Form und damit auch zur Anwendung zu bringen sucht, innerhalb der Erziehungswissenschaft als wissenschaftliche Arbeit akzeptiert und gefördert wird. Die Nutzung und Anwendung von wissenschaftlichem Wissen für die Praxis erfordert komplexe und vielfältige Transformations-, Anwendungs- sowie Lehr-Lernprozesse, deren aktive Gestaltung und wissenschaftliche Untersuchung zentraler Teil einer sich um Wirksamkeit bemühenden Wissenschaft sein sollte. Der Ansatz des Fachspezifisch-Pädagogischen Coachings ist Beispiel für eine innovative Praxis, die aus einer komplexen und mehrjährigen Kooperation von Wissenschaftlern und Praktikern entstanden ist. Wesentliche Designmerkmale dieses Ansatzes sowie ein Teil seiner Entwicklung wurden dargestellt.

Die Frage, wie Schulen und Bildungssysteme darin unterstützt werden können, Lehr-Lernprozesse zu verbessern, ist ein komplexes Designproblem, das verschiedene ineinander verschachtelte Ebenen betrifft. Schulreformen sind keine linearen Entwicklungsprozesse (Grundlagenforschung – Entwicklung von technologischem Wissen – Implementation). Es geht nicht nur um die Frage nach der Gestaltung von Unterricht, der das intendierte Lernen der Schüler optimal fördert. Unterricht auf der Grundlage von wissenschaftlichem Wissen über Lehr-Lernprozesse zu optimieren, stellt darüber hinaus auch vielfältige Lern- und Entwicklungsaufgaben auf der Ebene der Fort- und Weiterbildung von Lehrpersonen – wie auf der Ebene der Schulleitung und Schuladministration. Wie erwerben und nutzen Lehrpersonen (wissenschaftliches) Wissen über Bedingungen wirksamen Unterrichts? Welche Art von nützlichem Wissen kann seitens der Wissenschaft bereitgestellt werden? Welche Lernsettings sind für die Entwicklung von Unterrichtskompetenz förderlich? Sollen Fortbildungsanstrengungen zudem nicht nur zu Verbesserungen bei einzelnen Lehrpersonen führen, ist weiter auch danach zu fragen, wie das Insgesamt an Fort- und Weiterbildung zu orchestrieren und zu koordinieren ist, damit ein kohärentes Angebot an Lerngelegenheiten entsteht, das allen Lehrpersonen eine ihren Voraussetzungen angepasste Weiterentwicklung erlaubt. Auswahl und inhaltliche Steuerung dieses Angebots haben sowohl mit Blick auf die Bildungsziele wie auch auf den aktuellen Ausbildungsstand der verantwortlichen Akteure zu erfolgen. Zur Optimierung von Bildungssystemen sind Strategien gesucht, welche auf der Grundlage des vorhandenen Wissens die verschiedenen Ebenen des Bildungssystems in kohärenter Weise verknüpfen und die verfügbaren Ressourcen in fokussierter Weise zum Einsatz bringen. Mit Bezug auf das Design und die Führung von Reformen in großen städtischen Schuldistrikten wurden auf der Grundlage von erfolgreichen Partnerschuldistrikten des Institute for Learning erste Designprinzipien erarbeitet (vgl. RESNICK/GLENNAN 2002; STEIN/D'AMICO 2002). Fachspezifisch-Pädagogisches Coaching ist Teil einer systemisch angelegten Strategie, die zu einer möglichst großen Kohärenz und Breitenwirkung der Fortbildungsmaßnahmen bei gleichzeitig hoher Individualisierung in der Unterstützung der einzelnen Lehrpersonen beizutragen sucht.

Die im Rahmen von kooperativen Entwicklungsprojekten von Praxis und Wissenschaft erbrachten Existenzbeweise innovativer Formen von Praxis können ihrerseits vielversprechende Ausgangspunkte für empirisch-analytische Forschung an interessanten neuen Gegenständen sein. So ist mit Bezug auf die Praxis des Fachspezifisch-Pädagogischen Coachings weiter nach den empirischen Wirkungen dieses Ansatzes zur Fortbildung zu fragen. In den Schuldistrikten, in welchen dieser Ansatz bisher umgesetzt worden ist, sind die Testleistungen zwar gestiegen. Da das Coaching jedoch nur eine unter mehreren Fortbildungsmaßnahmen war, lassen sich die Erfolge nicht eindeutig dem Coaching zuschreiben. Erforderlich sind also in Zukunft systematische und gut kontrollierte Wirkungsstudien. Soweit sich in der Praxis kooperative Partner finden, ist auf der Grundlage des existierenden Modells weiter auch eine Vielzahl unterschiedlicher Design-Experimente möglich, die zu einer Weiterentwicklung und Optimierung des Ansatzes führen können. Um in der Praxis Partner für rigorose experimentelle Projekte zu gewinnen, welche gewillt sein müssten, Wissenschaftlerinnen und Wissenschaftlern wesentlich mehr Bestimmungsmacht zu gewähren als dies für die Entwicklung des hier dargestellten Prototyps der Fall war, ist es sicherlich ein Vorteil, auf eine bereits bestehende Praxis als Existenzbeweis verweisen zu können. Mit der aus der Kooperation von Wissenschaft und Praxis hervorgegangenen Praxis des Fachspezifisch-Pädagogischen Coachings und seiner theoretischen Konzeptualisierung eröffnet sich ein weites Feld für eine Vielzahl weiterführender Fragen und Arbeiten, die sowohl praktisch wie auch wissenschaftlich relevant sind.

Anmerkungen

1 Darunter befinden oder befanden sich u.a. Monaca School District (PA), New York City Community School Districts 2 and 15, Los Angeles Unified School District (CA), Denver Public Schools (CO) und Providence Public Schools (RI).
2 Dieser mehrjährige Aufenthalt wurde vom Schweizerischen Nationalfonds zur Förderung der wissenschaftlichen Forschung (No. 8210-037090) unterstützt. Seit 1997 wird diese wissenschaftliche Zusammenarbeit von der Universität Pittsburgh getragen.
3 Die Gegenüberstellung von Coaching und Teaching in diesem Zitat von SCHÖN beruht auf einem engen Begriff von Unterricht. Coaching kann auch als Tätigkeitsform unter ein erweitertes Verständnis von Lehre und Unterricht integriert werden (vgl. REUSSER 1994).

Literatur

AEBLI, H. (1981): Denken: das Ordnen des Tuns. – Band II: Denkprozesse – Stuttgart.
AEBLI, H. (1983): Zwölf Grundformen des Lehrens. – Stuttgart.
BALL, D. L./COHEN, D. K. (1999): Developing Practice, Developing Practitioners. Toward a practice-based theory of professional education. In: DARLING-HAMMOND, L./SYKES, G. (Hrsg.) (1999): Teaching as the learning profession. Handbook of policy and practice. – San Francisco, S. 3-32.
BAUMERT, J./BOS, W./LEHMANN, R. (Hrsg.) (2000a): Dritte Internationale Mathematik- und Naturwissenschaftsstudie: Mathematische und naturwissenschaftliche Bildung am Ende der Schullaufbahn. – Band 1: Mathematisch-naturwissenschaftliche Grundbildung am Ende der Pflichtschulzeit – Opladen.
BAUMERT, J./BOS, W./LEHMANN, R. (Hrsg.) (2000b): Dritte Internationale Mathematik- und Naturwissenschaftsstudie: Mathematische und naturwissenschaftliche Bildung am Ende der Schullaufbahn. – Band 2: Mathematische und physikalische Kompetenzen am Ende der gymnasialen Oberstufe – Opladen.
BAUMERT, J./STANAT, P./DEMMRICH, A. (2001): Untersuchungsgegenstand, theoretische Grundlagen und Durchführung der Studie. In: Deutsches PISA-KONSORTIUM (Hrsg.) (2001): PISA 2000. Basiskompetenzen von Schülerinnen und Schülern im internationalen Vergleich. – Opladen, S. 15-68.
BORKO, H./PUTNAM, R. T. (1995): Expanding a teacher's knowledge base. A cognitive psychological perspective on professional development. In: GUSKEY, T. R./HUBERMAN, M. (Hrsg.) (1995): Professional development in education. New paradigms and practices. – New York, S. 35-65.
BROMME, R. (1992): Der Lehrer als Experte. Zur Psychologie des professionellen Wissens. – Bern.
BROMME, R. (1995): Was ist „pedagogical content knowledge"? Kritische Anmerkungen zu einem fruchtbaren Forschungsprogramm. In: HOPMANN, S./RIQUARTS, K. (Hrsg.) (1995): Zeitschrift für Pädagogik, 33. Beiheft. – Weinheim, S. 105-112.

BROWN, A. L. (1992): Design experiments: Theoretical and methodological challenges in creating complex interventions in classroom settings. In: The Journal of the Learning Sciences, 2. Jg., H. 2, S. 141-178.
BRUNER, J. (1999): Some reflections on education research. In: LAGEMANN, E. C./SHULMAN, L. S. (Hrsg.) (1999): Issues in education research. Problems and possibilities. – San Francisco, CA, S. 399-409.
CLARK, C. M./PETERSON, P. L. (1986): Teachers' thought processes. In: WITTROCK, M. C. (Hrsg.) (1986): Handbook of research on teaching. – New York, S. 255 - 296.
COBB, P. (1994): Constructivism in mathematics and science education. In: Educational Researcher, 23. Jg., H. 7, S. 4.
COBB u.a. 2003 = COBB, P./CONFREY, J./DISESSA, A./LEHRER, R./SCHAUBLE, L. (2003): Design experiments in educational research. In: Educational Researcher, 32. Jg., H. 1, S. 9-13.
COLARELLI, S. M. (1998): Psychological interventions in organizations. An evolutionary perspective. In: American Psychologist, 53. Jg., H. 9, S. 1044-1056.
COLLINS, A. (1992): Toward a design science of education. In: SCANLON, E./O'SHEA, T. (Hrsg.) (1992): New directions in educational technology. – Berlin, S. 15-22.
COLLINS, A./BROWN, J. S./NEWMAN, S. (1989): Cognitive apprenticeship: Teaching the craft of reading, writing, and mathematics. In: RESNICK, L. B. (Hrsg.) (1989): Knowing, learning, and instruction. – Hillsdale, NJ, S. 453-494.
DANN, H.-D. (1992): Subjective theories and their social foundation in education. In: VON CRANACH, M./DOISE, W./MUGNY, G. (Hrsg.) (1992): Social Representations and the social basis of knowledge. – Lewiston, NY, S. 161-168.
DANN, H.-D. (1994): Pädagogisches Verstehen: Subjektive Theorien und erfolgreiches Handeln von Lehrkräften. In: REUSSER, K./REUSSER-WEYENETH, M. (Hrsg.) (1994): Verstehen. – Bern, S. 163-182.
DEUTSCHES PISA-KONSORTIUM (Hrsg.) (2001): PISA 2000. Basiskompetenzen von Schülerinnen und Schülern im internationalen Vergleich. – Opladen.
DEUTSCHES PISA-KONSORTIUM (Hrsg.) (2002): PISA 2000. Basiskompetenzen von Schülerinnen und Schülern im internationalen Vergleich. – Opladen.
DÖRNER, D. (1976): Problemlösen als Informationsverarbeitung. – Stuttgart.
ELMORE, R. F. (1996): Getting to scale with good educational practice. In: Harvard Educational Review, 66. Jg., H. 1, S. 1-26.
FULLAN, M. G. (1995): The limits and the potential of professional development. In: GUSKEY, T. R./HUBERMAN, M. (Hrsg.) (1995): Professional development in education. – New York, S. 258-267.
GESS-NEWSOME, J./LEDERMAN, N. G. (Hrsg.) (1999): Examining pedagogical content knowledge. – Dordrecht.
HAWLEY, W. D./VALLI, L. (1999): The essentials of effective professional development. A new consensus. In: DARLING-HAMMOND, L./SYKES, G. (Hrsg.) (1999): Teaching as the learning profession. Handbook of policy and practice. – San Francisco, S. 127-150.
HERZOG, W. (2002): Zeitgemäße Erziehung. Die Konstruktion pädagogischer Wirklichkeit. – Weilerswist.
HUBERMAN, M. (1995): Networks that alter teaching: conceptualizations, exchanges and experiments. In: Teachers and Teaching: theory and practice, 1. Jg., H. 2, S. 193-211.
JACOBS u.a. 1997 = JACOBS, J. K./YOSHIDA, M./STIGLER, J. W./FERNANDEZ, C. (1997): Japanese and American teachers' evaluations of mathematic lessons: A new technique for exploring beliefs. In: Journal of Mathematical Behavior, 16. Jg., S. 7-24.
JOYCE, B./SHOWERS, B. (1995): Student achievement through staff development. Fundamentals of school renewal (2nd ed.). – White Plains, NY.
LAVE, J./WENGER, E. (1991): Situated learning. Legimate peripheral participation. – Cambridge.
LEINHARDT, G. (1993): On teaching. In: GLASER, R. (Hrsg.) (1993): Advances in instructional psychology. – Hillsdale, NJ, S. 1-54.
LENZEN, D. (1989): Pädagogik – Erziehungswissenschaft. In: LENZEN, D. (Hrsg.) (1989): Pädagogische Grundbegriffe. – Reinbek bei Hamburg, S. 1105-1117.
MALIK, F. (1996): Strategie des Managements komplexer Systeme. Ein Beitrag zur Management-Kybernetik evolutionärer Systeme. – Bern.
MESSNER, H./REUSSER, K. (2000): Berufliches Lernen als lebenslanger Prozess. In: Beiträge zur Lehrerbildung, 18. Jg., S. 277-294.

MOSER, H. (1995): Grundlagen der Praxisforschung. – Freiburg im Breisgau.
NATIONAL CENTER FOR EDUCATIONAL STATISTICS (2003): Highlights from the TIMSS 1999 video study of eighth-grade mathematics teaching. In: U.S. Department of Education Institute of Education Sciences, NCES 2003-011, S. 1-12. (http://nces.ed.gov/timss).
PETERSON, P. L./CARPENTER, T./FENNEMA, E. (1989): Teachers' knowledge of students' knowledge in mathematics problem solving: Correlational and case analyses. In: Journal of Educational Psychology, 81. Jg., H. 4, S. 558-569.
PETERSON u.a. 1989 = PETERSON, P. L./FENNEMA, E./CARPENTER, T. P./LOEF, M. (1989): Teachers' pedagogical content beliefs in mathematics. In: Cognition and Instruction, 6. Jg., H. 1, S. 1-40.
PUTNAM, R. T./BORKO, H. (2000): What do new views of knowledge and thinking have to say about research on teacher learning. In: Educational Researcher, 29. Jg., H. 1, S. 4-15.
RAUEN, C. (1999): Coaching: innovative Konzepte im Vergleich. – Göttingen.
RESNICK, D. P./RESNICK, L. B. (1985): Standards, curriculum, and performance: A historical and comparative perspective. In: Educational Researcher, 14. Jg., H. 4, S. 5-20.
RESNICK, L. B. (1987): Education and learning to think. – Washington, D.C.
RESNICK, L. B. (1995a): From aptitude to effort: A new foundation for our schools. In: DAEDALUS Journal of the American Academy of Arts and Sciences, 124. Jg., H. 4, S. 55-62.
RESNICK, L. B. (1995b): From the bell curve to all children can learn. (Video-based lecture). – Pittsburgh, PA: University of Pittsburgh, Institute for Learning.
RESNICK, L. B./GLENNAN, T. K. J. (2002): Leadership for learning: A theory of action for urban school districts. In: HIGHTOWER, A. M./KNAPP, M. S./MARSH, J. A./MCLAUGHLIN, M. W. (Hrsg.) (2002): School districts and instructional renewal. – New York, S. 160-172.
RESNICK, L. B./HALL, M. W. (1998): Learning organizations for sustainable educational reform. In: Daedalus, 127. Jg., H. 4, S. 89-118.
RESNICK, L. B./HALL, M. W. (2001): The Principles of Learning: Study tools for educators [CD-ROM, version 2.0]. – University of Pittsburgh, Learning Research and Development Center, Institute for Learning. (www.instituteforlearning.org).
REUSSER, K. (1994): Die Rolle von Lehrerinnen und Lehrern neu denken. Kognitionspädagogische Anmerkungen zur „neuen Lernkultur". In: Beiträge zur Lehrerbildung, 12. Jg., S. 19-37.
REUSSER, K. (2001): Unterricht zwischen Wissensvermittlung und Lernen lernen. Alte Sackgassen und neue Wege in der Bearbeitung eines pädagogischen Jahrhundertproblems. In: FINKBEINER, C./SCHNAITMANN, G. W. (Hrsg.) (2001): Lehren und Lernen im Kontext empirischer Forschung und Fachdidaktik. – Donauwörth, S. 106-140.
ROGOFF, B. (1990): Apprenticeship in thinking. Cognitive development in social context. – New York.
ROGOFF, B. (1995): Observing sociocultural activity on three planes: participatory appropriation, guided participation, and apprenticeship. In: WERTSCH, J. V./DEL RIO, P./ALVAREZ, A. (Hrsg.) (1995): Sociocultural studies of mind. – Cambridge, England, S. 139-163.
SCHÖN, D. A. (1987): Educating the reflective practicioner. Toward a new design for teaching and learning in the professions. – San Francisco.
SHAVELSON u.a. 2003 = SHAVELSON, R. J./PHILLIPS, D. C./TOWNE, L./FEUER, M. J. (2003): On the science of education design studies. In: Educational Researcher, 32. Jg., H. 1, S. 25-28.
SHULMAN, L. S. (1986): Those who understand: Knowledge growth in teaching. In: Educational Researcher, 15. Jg., H. 2, S. 4-14.
SHULMAN, L. S. (1987): Knowledge and teaching: Foundations of the new reform. In: Harvard Educational Review, 57. Jg., H. 1, S. 1-21.
SIMMONS, W./RESNICK, L. (1993): Assessment as the catalyst of school reform. In: Educational Leadership, 50. Jg., H. 5, S. 11-15.
SIMON, H. A. (1981): The sciences of the artificial. – Cambridge, MA.
STAUB, F. C. (2001): Fachspezifisch-pädagogisches Coaching: Förderung von Unterrichtsexpertise durch Unterrichtsentwicklung. In: Beiträge zur Lehrerbildung, 19. Jg., S. 175 -198.
STAUB, F. C./BICKEL, D. D. (2003): Developing Content-Focused Coaching in elementary literacy: A case study on designing for scale. – Paper presented at the 10th Biennial Conference of the European Association for Research on Learning and Instruction, Padova, Italy, August 2003.
STAUB, F. C./STERN, E. (2002): The nature of teachers' pedagogical content beliefs matters for students' achievement gains: Quasi-experimental evidence from elementary mathematics. In: Journal of Educational Psychology, 94. Jg., H. 2, S. 344-355.

STAUB, F. C./WEST, L./BICKEL, D. D. (2003): What is Content-Focused Coaching? In: WEST, L./STAUB, F. C. (2003): Content-Focused Coaching. Transforming mathematics lessons. – Portsmouth, NH, S. 1-17.
STAUB, F. C./WEST, L./MILLER, A. (1998): Content-Focused Coaching: Scaffolding teaching and reflection on core issues of instructional practice. – Paper presented at the Annual meeting of the American Educational Research Association, San Diego, CA.
STEIN, M. K./D'AMICO, L. (2002): Inquiry at the crossroads of policy and learning. In: Teachers College Record, 104. Jg., S. 1313-1344.
STEIN, M. K./COBURN, C. (2003): Toward producing usable knowledge for the improvement of educational practice: A conceptual framework and typology. – Paper presented at the 10th Biennial Conference of the European Association for Research on Learning and Instruction, Padova, Italy, August 2003.
STERNBERG, R. J./HORVATH, J. A. (Hrsg.) (1999): Tacit knowledge in professional practice. – Mahwah, NJ.
STOKES, D. E. (1997): Pasteur's quadrant: Basic science and technological innovation. – Washington DC.
THE DESIGN-BASED RESEARCH COLLECTIVE (2003): Design-based research: An emerging paradigm for educational inquiry. In: Educational Researcher, 32. Jg., H. 1, S. 5-8.
THOMPSON, C. L./ZEULI, J. S. (1999): The frame of tapestry. Standards-based reform and professional development. In: DARLING-HAMMOND, L./SYKES, G. (Hrsg.) (1999): Teaching as the learning profession. Handbook of policy and practice. – San Francisco, CA, S. 341-375.
TYACK, D. B./CUBAN, L. (1995): Tinkering toward utopia. A century of public school reform. – Cambridge, MA.
WEINERT, F. E./HELMKE, A. (Hrsg.) (1997): Entwicklung im Grundschulalter. – Weinheim.
WEINERT, F. E./HELMKE, A./SCHRADER, F. W. (1992): Research on the model teacher and the teaching Model. In: OSER, F. K./DICK, A./PATRY, J. L. (Hrsg.) (1992): Effective and responsible teaching. – San Francisco, S. 249-260.
WEST, L./STAUB, F. C. (2003): Content-Focused Coaching. Transforming mathematics lessons. – Portsmouth, NH.
WESTBURY, I. (2000): Teaching as a reflective practice: What might Didaktik teach Curriculum? In: WESTBURY, I./HOPMANN, S./RIQUARTS, K. (Hrsg.) (2000): Teaching as a reflective pracitce. The German Didaktik tradition. – Mahwah, NJ, S. 15-39.
WIGGINS, G./MCTIGHE, J. (1998): Understanding by design. – Alexandria, VA.
WILSON, S. M./BERNE, J. (1999): Teacher learning and the acquisition of professional knowledge: An examination of research on contemporary professional development. In: Review of Research in Education, 24. Jg., S. 173-209.
WITTMANN, E. C. (1995): Mathematics education as a 'design science'. In: Educational Studies in Mathematics, 29. Jg., S. 355-374.

Anschrift des Verfassers: Dr. Fritz C. Staub, Universität Zürich, Pädagogisches Institut, Scheuchzerstrasse 21, CH-8006 Zürich, Email: fstaub@paed.unizh.ch

Jürgen Baumert, Werner Blum, Michael Neubrand

Drawing the lessons from PISA 2000

Long-term research implications: Gaining a better understanding of the relationship between system inputs and learning outcomes by assessing instructional and learning processes as mediating factors

This article summarises the strengths and weaknesses of the first PISA cycle and identifies research questions that could not be addressed within the existing PISA design. To reduce the explanatory gap between student performance and system or context variables that can be influenced by political means, the authors develop a conceptual framework that focuses on the mediating processes of teaching and learning. They identify teachers' professional expertise as a promising tool for improving the system. Having developed a theoretical model of teachers' professional expertise, they present a feasibility study that breaks new ground by implementing a computer-based assessment of mathematics teachers' pedagogical content knowledge.

1. Strengths of the Programme for International Student Assessment (PISA)

When considering the strengths of PISA, at least three features should be highlighted:

(1) the well-elaborated theoretical and methodological underpinning of PISA's core assessment programme, which fits in well with modern theories of education, and especially domain-specific conceptualisations of teaching and learning (OECD 1999; 2003a; NCTM 2000; AAAS 1993; BILDUNGSKOMMISSION DER LÄNDER BERLIN UND BRANDENBURG 2003).
(2) the extension of the assessment programme beyond the core competencies of reading, mathematical and scientific literacy (STANAT/KUNTER 2001; KUNTER/STANAT 2003; WIRTH/KLIEME 2003; ARTELT et al. 2003; WIRTH 2004)
(3) the combination of standardised international data-collection procedures and rigorous quality standards with national research options (BAUMERT/ARTELT/KLIEME/STANAT 2001; ADAMS/WU 2003). The national options not only ensure a better fit between the international PISA assessments and national concerns, but can also help further the development of the international programme.

The PISA 2000 findings provide a good description of the structure of core competencies, their patterns of distribution in the student population of 15-year-olds, and their relationships with social background characteristics (OECD 2001a; 2003b; KIRSCH et al. 2002). This makes PISA a useful instrument for ensuring the transparency of educational outcomes in most of the participating countries. Of course, transparency is a necessary though not sufficient precondition for improving and optimising educational systems.

2. Open Questions

Nevertheless, some challenges are still to be overcome. PISA has not yet provided answers to at least two important questions. First, to what extent do the core competencies assessed in PISA serve as personal resources that shape the individual biography in terms of personal growth, career success and societal participation and – even more difficult to gauge – as societal resources contributing to the development of the national human capital (OECD 2001b)? The first part of this question can only be addressed by means of a longitudinal study beginning with a PISA assessment (or indeed earlier in the school career) and focusing on how young adults cope with critical life events over the next 10 to 15 years (see KÖLLER's contribution to this volume). Most of the OECD member countries participating in PISA have not yet conducted assessments of this kind. Exceptions are the USA with High School and Beyond (HS & B) and the National Education Longitudinal Study (NELS); Canada with the National Longitudinal Survey on Children and Youth (NLSCY); the United Kingdom with the National Child Development Study (NCDS) and the British Cohort Study (BCS70); and Australia with the Longitudinal Survey of Australian Youth (LSAY).

Second, assuming that the starting assumption holds, and that PISA assesses core competencies, what is it that makes one country more successful than another in preparing young people to meet the challenges of the future? Supplying answers to this question is a key objective of the programme. PISA aims to provide the governments of the participating countries with instrumental knowledge about where and how their educational systems, and particularly the processes of teaching and learning, can be improved. This political commitment is one of the great strengths of PISA, and ensures that the programme is clearly focused towards interventions on the system level. At the same time, however, it masks a potential weakness that must be approached with due care and responsibility – namely the serious risk that bivariate correlations between educational outcomes and properties of the system that can be influenced by political means are interpreted as direct causal relationships. The international OECD report (OECD 2001a) did not always manage to circumvent this risk.

To answer the question of what makes one country more successful than another, we have to explain cross-country differences in the relevant measurement criteria – be it the level of performance, the distribution of performance scores, or the relationship between social background and performance – by reference to factors or relations located on the system level. This is where things start getting very difficult. The performance of a school system is dependent on networks of interacting conditions. These are only indirectly connected to outcome variables, by way of complex mediating processes. Furthermore, many system variables are not integral characteristics of the system, but are obtained by aggregating properties that are located below the country level. The aggregation of variables to the system level involves specific problems and pitfalls that are often difficult, and sometimes impossible, to discern. The ecological fallacy is just one example of many (BAKER 2002; STANAT/LÜDTKE in press)

In such situations of multiple conditionality, it is common practice to perform multivariate analyses taking account of the hierarchical structure of the data. Where international comparisons are concerned, however, there are a small number of countries with a multitude of variables. Furthermore, the less well elaborated the theoretical structure, the more variables there tend to be. This precludes the application of complex multivariate tools, and the problem is essentially insurmountable. It means that, in many cases, quantitative analyses on the level of the international comparison are necessarily restricted to bivariate analyses or focus on a small, theoretically well-founded selection of variables. Such analyses can, of course, be of great value, especially when they are based on a sound theoretical perspective. It is important, however, to bear in mind the explorative character of such analyses, and the hypothetical nature of any conclusions drawn. Most of the correlational analyses presented in PISA 2000 are, in a manner of speaking, elements of a heuristic toolbox. Additional cross-national case studies are tools from the same box (STEVENSON/NERISON-LOW 2000; STEVENSON 1998; KLIEME 2003). The value of these tools is largely dependent on the expertise of the user and on the intelligent country-specific interpretation of the study's findings.

Two implications for the future development of the PISA assessment programme have emerged thus far:

1. It is probably not wise to broaden the spectrum of system and context variables assessed in PISA unsystematically, adding further explorative bivariate analyses to those already existing.
2. It would seem more astute to take a theory-driven approach to filling explanatory gaps. A long-term goal here could be to reduce the explanatory gap between student performance and system or context variables that can be influenced by political means, by moving the mediating factors of successful teaching and learning processes to the centre of the analysis. After all, the performance of the system ultimately hinges on the intelligent dovetailing of learning opportunities and the individual construction of knowledge by students.

3. New Perspectives: Conceptual Framework for Indicators of Teaching and Learning

The OECD has recently begun to pursue this goal with a draft „Conceptual Framework for Indicators of Teaching and Learning" presented by the Networks A and C Task Force on Teaching and Learning (cf. Figure 1). The framework proposed by the Task Force is based on BRONFENBRENNER'S ecological model of human development (BRONFENBRENNER 1976). According to this model, the individual is embedded within proximal and distal layers of environmental systems that interact with one another and with the developing person to influence development. Likewise, the draft framework distinguishes various hierarchically ordered environmental layers. The teaching and learning process is situated in the centre of the model, while system factors make up the outer layer. The Task Force regards this conceptual framework as a tool that can be used to bring structure to the field, to identify relevant factors in the interactions between the layers, and to map out theory-driven connections between micro- and macro characteristics based on the existing research literature. The aim is to use this framework to identify weaknesses in the PISA context questionnaires and to close the gaps detected using theory-based, parsimonious measures. In Figure 1, two further layers have been added to the Task Force's basic model. Schools are portrayed as embedded in, first, the community environment and, second, the all-embracing societal level.

Figure 1: Extended conceptual framework for indicators of teaching and learning – OECD Task Force

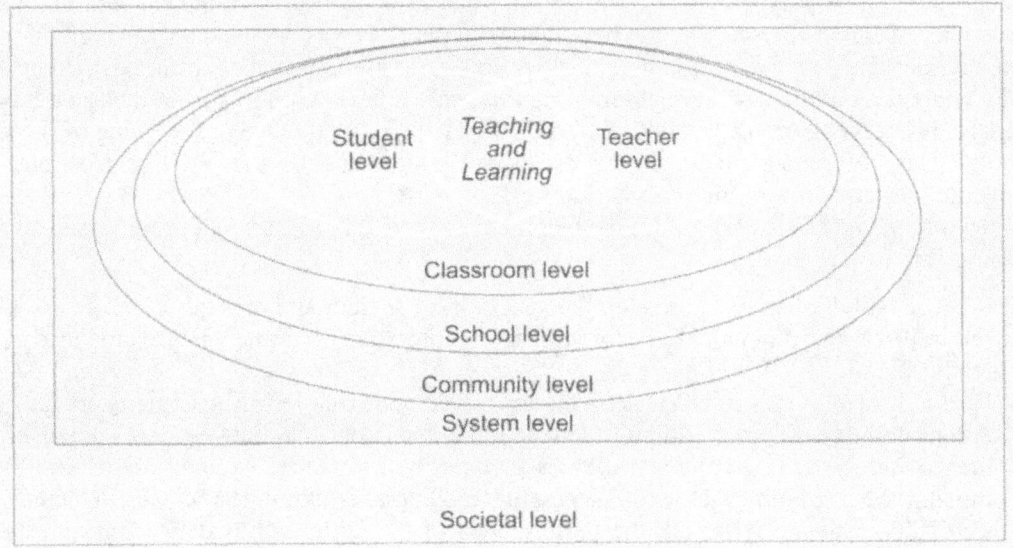

The societal level comprises important characteristics that can help to explain performance differences between countries, but which are often overlooked and may be difficult to measure. The value a society places on education and learning, the standing of school as an institution, the reputation of the teaching profession, and the importance attached to effort and achievement are all societal conditions that can be presumed to impact on school and education.

In the attempt to identify factors affecting the quality of teaching and learning processes, the Task Force distinguishes system-level categories such as the following:

– *school system policies relevant to teaching and learning* (the pre-service training/certification and professional development of teachers, school and classroom organisation, the curriculum, teacher workload, evaluation and accountability of teachers and schools)
– *teacher-workforce characteristics* (age, gender, ethnicity distribution, qualification and experience, full-time or part-time status)

- *factors influencing the supply of teachers* (salaries, career structure, working conditions, certification requirements), and
- *factors influencing the demand for teachers* (school-age population, class size, teacher workload).

The most important factors at the community level are family and catchment area characteristics, as well as the resources allocated to school maintenance. Nested within this layer are school-level factors. All factors that have been discussed in the context of school development and school improvement come into play here (SLAVIN et al. 1996; GRAY et al. 1996; SCHEERENS/BOSKER 1997; TEDDLIE/REYNOLDS 2000; BORMAN et al. 2003). Situated within the school layer is the classroom level. Factors identified on this level are peers, social climate, and enacted curriculum.

Within the classroom layer are the teacher and student levels. According to the OECD Task Force, both of these levels are classified into actor antecedents and actions – that is, antecedents of teaching and teacher actions at the teacher level, and antecedents of learning and student actions at the student level (cf. Figures 2a and 2b). These two inner levels are shown as having an overlapping area, represented as teaching and learning – or the interaction between teachers and students that ideally results in student growth.

Figure 2a: Teaching and learning framework – Student level

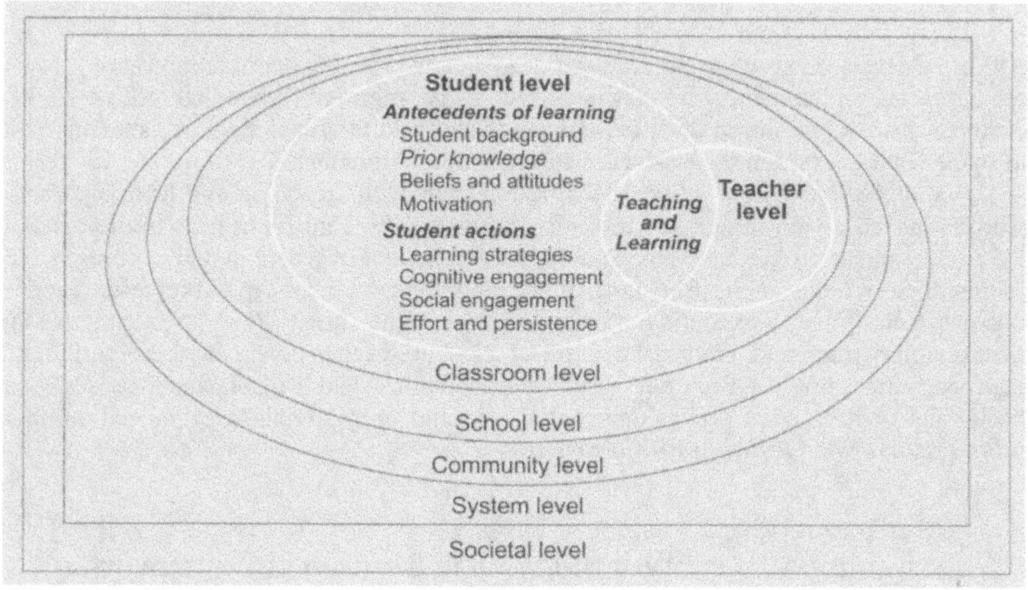

1 Variables not sufficiently covered in PISA 2000 are shown in italic.

Figure 2b: Teaching and learning framework – Teacher level

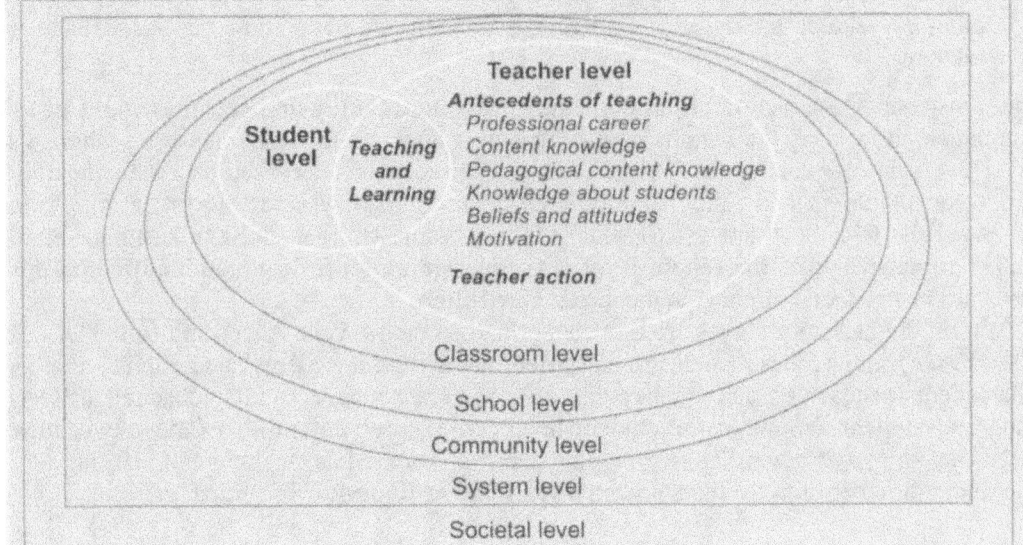

1 Variables not sufficiently covered in PISA 2000 are shown in italic.

All of the levels making up this framework – society, system, community, school, classroom, teacher and student – are conceptualised as having multidirectional influences. For example, just as classroom level factors can influence individual students, students help to shape what goes on in the classroom as a shared environment.

Upon closer inspection, it soon becomes clear that this teaching and learning framework is indeed a useful heuristic tool for systematically identifying gaps in the existing PISA assessment programme. Undeniably, the interaction of teaching and learning is merely implied in the existing PISA programme, and there is no conceptual representation of this interface. With the exception of prior knowledge, the current PISA questionnaires tap an exemplary range of student-level variables, but teacher-level variables within the classroom have not yet been addressed. No account is taken of teachers' professional background, declarative knowledge, belief systems or motivation, or indeed of their procedural knowledge and professional action.

4. Designing a Feasibility Study: The Multilevel Framework of Analysis

As a feasibility study designed to test whether teacher and teaching characteristics can be examined effectively in the context of a large-scale assessment programme, the PISA 2003 cycle in Germany includes a longitudinal component focusing on the teaching and learning process in mathematics. As outlined above, the conceptual framework of the OECD Task Force seems to be a good heuristic instrument for bringing structure to the complex pattern of conditions that impact on the acquisition of competencies. Clearly, the conceptual gaps in the existing PISA programme are located on the level of teacher characteristics and instructional processes. Therefore, the feasibility study focuses on the question of how insightful learning can be facilitated in classrooms.

As a non-recursive model, in which everything is related to everything else, however, the OECD model is less suitable as a framework for empirical analyses. The feasibility study planned in Germany does not intend to model non-recursive relationships, but instead assumes directional causal relationships. The model is presented in Figure 3 (cf. BAUMERT/BLUM/NEUBRAND, M. 2002); fields of the model that are insufficiently covered or not covered at all in the existing PISA programme are shown in italics.

Figure 3: Multilevel framework of analysis

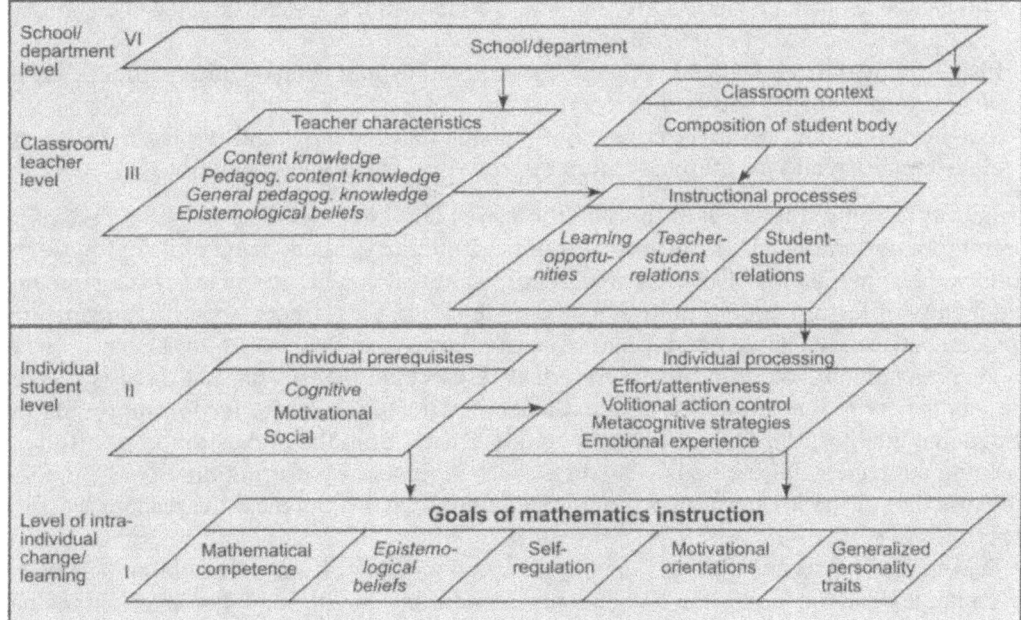

1 Variables not sufficiently covered in PISA 2000 are shown in italic.

5. Insightful Learning and High-Quality Instruction

Despite certain differences on points of detail in research on instruction and learning, there is a broad consensus about some central principles of insightful learning (BAUMERT/ KÖLLER 2000).

– Insightful learning is an active individual process of construction, in the course of which knowledge structures are modified, extended, cross-linked, hierarchically ordered or generated. In this sense, insightful receptive learning is a constructive activity. Even in rote learning, understanding-based support strategies play a role. The decisive factor in insightful learning is active mental processing, which occurs in the active engagement with the social or natural environment or with symbolic representations. The

opportunity structure of a learning environment should thus be evaluated in terms of the extent to which it supports, fosters or impedes this kind of mental activity.
- Insightful learning is dependent on individual cognitive prerequisites, and particularly on domain-specific prior knowledge. The scope and organisation of the available knowledge base determines the quality and ease of further learning. The more demanding a task or problem, the more important a student's prior knowledge becomes.
- Despite its cumulative nature, insightful learning is always situated – it inevitably occurs in a given, mostly social context. Knowledge thus contains what might be referred to as the index of the situational context of acquisition. To a certain extent, learning is always anchored in the life world – be it as artificial as the life world of the school. Because knowledge is situated in the context of acquisition, the transferability of the knowledge acquired is necessarily limited. To broaden the area of transfer, the contexts of acquisition and application must be varied.
- Insightful learning is also regulated by motivation and metacognitive processes of planning, monitoring and evaluation.
- Insightful learning is supported by mechanisms that reduce cognitive load. These include chunking and the automatisation of processes of thought and action.

Insightful learning thus evolves through the active and intelligent use of rich and diverse learning opportunities. This person-environment interaction cannot be replaced by technology. The only aspect of the learning supply side that can be optimised is the structure and quality of learning opportunities. The double line in Fig. 3 represents the fundamental division between the supply and usage of learning opportunities (FEND 2002).

There is now broad consensus in empirical research on instruction that there is no recipe – in the form of a single instructional teaching strategy or method – for improving instructional quality. Rather, instructional quality results from the orchestration of different teaching strategies and methods. This process is regulated by instructional goals, the social structure of the learner group, situational conditions and not least the teacher's action repertoire.

Despite the consensus that high-quality instruction results from a flexible orchestration of strategies and methods, the fundamental conditions for high-quality instruction that have been identified in research on teaching and learning should not be overlooked. These basic properties are (HELMKE/WEINERT 1997; HELMKE 2003):

- good classroom management and effective response to critical events,
- appropriate pacing – i.e., optimisation as opposed to maximisation of lesson speed – and interactional exchange that allows for a high level of student attentiveness and participation,
- clarity and structure in the presentation of material and the setting of tasks,
- adaptivity of task selection and feedback given by the teacher, based on a diagnostic understanding of the ability and learning progress of individual students, and
- the affective quality of the teacher-student and student-student relations.

What is common to all of these dimensions is that they describe generic characteristics of high-quality instruction, but are distal to the domain-specific learning processes themselves. They seem to be necessary, but not sufficient, conditions for cognitively activating instruction. Recent research with more of a constructivist orientation draws attention to the significance for high-quality instruction of demanding and open-ended tasks, the structural and contextual variation of such tasks, the teacher's response to student errors, and the acquisition and automatisation of cognitive and metacognitive strategies (FENNEMA/CARPENTER/LOEF 1990; DE CORTE/GREER/VERSCHAFFEL 1996; NEUBRAND 2002; GRUEHN 2000; STAUB/STERN 2002; KLIEME/SCHÜMER/KNOLL 2001; RITTLE-JOHNSON/SIEGLER/ALIBALI 2001; KUNTER in press).

6. Teachers' Professional Knowledge

These findings draw attention to the significance of teachers' domain-specific expert knowledge. The video analyses conducted in the framework of TIMSS and the TIMSS-Repeat have shown that there can be considerable cross-country differences in the intelligent choreography of domain-specific opportunities for insightful learning in the classroom (STIGLER et al. 1996; STIGLER/HIEBERT 1999; BAUMERT/LEHMANN et al. 1997). Subsequent analyses of mathematics teachers' selection and sequencing of tasks in the participating countries have shown that these instructional scripts do not – as is sometimes presumed (LETENDRE et al. 2001) – merely reflect surface structures, but that they derive from differing deep structures, indicating different beliefs about teaching and learning mathematics (NEUBRAND 2002; KNOLL 2003; see also PAULI/REUSSER 2003).

In the context of the feasibility study, the parsimonious model of teacher expertise shown in Figure 4 was developed to distinguish different facets and types of teachers' professional knowledge.

Figure 4: Structure of teachers' professional knowledge

Facets of professional knowledge	Declarative expert knowledge Knowing „that"	Procedural expert knowledge Knowing „how"	Beliefs and attitudes Taking a perspective
Subject matter knowledge			
Pedagogical content knowledge			
General pedagogical classroom knowledge			

The research focus is on what Lee SHULMAN (1987) termed pedagogical content knowledge and the related beliefs and attitudes. In other words, the model focuses on the expert knowledge needed to transform subject matter into opportunities for insightful learning. The most important features are presented in Figure 5.

Figure 5: Pedagogical content knowledge

Declarative expert knowledge	Procedural expert knowledge	Beliefs and attitudes
Structure of the mathematics curriculum	Selecting mathematical tasks and problems	Goals of instruction
Cognitive demands and pedagogical potentials of mathematical problems	Handling tasks in classroom instruction	Preference for specific models of teaching mathematics
	Sequencing tasks in classroom instruction	
Student preconceptions	Responding to unexpected student ideas	Subjective theory of learning mathematics
	Responding to student mistakes	
Typical student difficulties in understanding mathematical problems	Organizing cognitively demanding practice in classroom	Enthusiasm about teaching mathematics
	Selecting and sequencing tasks for homework and tests	
	Diagnostic competence in the field of mathematics	

This conceptual framework also raises the problem of data collection, however, particularly in the context of a large-scale assessment programme. To date, the results of written teacher surveys on instructional processes and practices have been disappointing, and there is no reason to believe that traditional standardised questionnaires facilitate the in-depth assessment of professional expertise (BALL et al. 1999; MAYER 1999). In the context of the TIMSS video study, which was embedded in a one-year longitudinal study in Germany, we asked students, teachers and independent observers to rate video-taped instruction with respect to the same theoretical constructs. We ensured that the wording of the items and instructions was as uniform as possible. Nevertheless, the concurrent validity of the three rating methods was remarkably low, as CLAUSEN (2002) has shown. Teachers, students and independent observers perceive instruction from different perspectives and focus on different facets. Nevertheless, all three approaches were shown to have differential validity where the prediction of learning progress is concerned. Summing up the findings of CLAUSEN (2002), the following points should be highlighted:

– Students seem to be experts on the general affective quality of instruction, the efficacy of classroom management and infrequent, but significant, classroom events.
– Independent observers are distinguished by their relatively reliable evaluation of the overall quality of instruction with high inference ratings. However, their reports are also reliable when assessing frequent events with low inference ratings (cf. HELMKE 2003).

- Teacher reports on their own instruction are characterised primarily by a self-serving bias. However, their assessments do seem to be worthy of note when focusing on dimensions that can only evaluated by raters with the necessary professional expertise and, more specifically, the necessary pedagogical content knowledge. Precisely these aspects are rarely, if ever, addressed in traditional questionnaires. The works of Deborah Loewenberg BALL, who takes a systematic approach to the assessment of mathematics teachers' professional expertise, are one exception here (BALL 2003; MA 1999; KENNEDY 1997).

The goal of a profitable teacher survey must be to involve teachers in a kind of conversation about their work and to give them the opportunity to document their professional expertise in very specific teaching situations. Does this imply that we should be using qualitative interviews in the context of large-scale assessment studies? Clearly, this is not a viable alternative.

Instead, we have developed a computer-based assessment instrument to engage mathematics teachers in conversation about their professional activities. This instrument, which has been evolved in a research project funded by the German Research Foundation (BAUMERT/BLUM/NEUBRAND 2002, 2003; KRAUSS et al. 2003) allows us to:

- present and manipulate mathematic tasks on the computer screen,
- generate short scenarios of significant classroom episodes, and
- show videos presenting critical situations from mathematics lessons or different choreographies of mathematics instruction.

In other words, the instrument allows us to generate situations that require professional responses and that necessitate the activation of pedagogical content knowledge.

7. Computer-Based Assessment of Mathematics Teachers' Pedagogical Content Knowledge

The instrument aims to address the following aspects of mathematics teachers' pedagogical content knowledge:

- local knowledge of the cognitive and didactic potential of individual mathematics tasks
- process knowledge of how insightful learning processes can be orchestrated by the sequence of tasks chosen in a lesson
- the ability to recognise instructional patterns quickly and to use well-integrated pedagogical content knowledge flexibly
- knowledge of student thinking that is activated when working on tasks typical of the mathematics curriculum
- diagnostic ability with respect to tasks and individual students/groups of learners.

The following examples are intended to give an impression of how these goals are addressed in the computer-based assessment. To assess their local knowledge of mathematics tasks, teachers are presented with a series of tasks of differing cognitive potential. Some of these tasks allow different levels of student prior knowledge to be taken into account, in that they permit several solution-finding processes. Teachers are asked to select tasks appropriate for introducing a new mathematics topic and for organising practice periods, and to give reasons for their choice.

In the next step, the same tasks are used to measure aspects of teachers' process knowledge. The teachers are asked to arrange the tasks they have selected in an appropriate order for introducing a new mathematics topic, and to give reasons for their choices. They are then presented with „master sequences", each of which represents a different instructional approach, and asked to choose the sequence that seems most suitable for their lessons and to give reasons for their choice.

Short videos of mathematics lessons are used to assess the teachers' ability to recognise instructional patterns quickly and to use well-integrated subject didactic knowledge flexibly. The videos break off at a critical point, at which it is determined whether the potential level of cognitive activation is maintained or the instruction is trivialised. The teachers are asked how they would continue the lesson at this point. We are considering piloting another variant of this approach. The idea is to show teachers short videos depicting different instructional choreographies in the mathematics classroom. The videos, which recreate authentic situations from mathematics lessons in Germany, Japan, Switzerland and the USA, portray the introduction of a new topic at the beginning of the lesson. As soon as the topic has been introduced, the video breaks off. Teachers are asked to continue the lesson and give reasons for their decisions.

To assess teachers' knowledge of student thinking that is activated when working on tasks typical of the mathematics curriculum, they are presented with short scenarios in which students either make mistakes or express unexpected mathematical ideas. The errors represent temporary misunderstandings, typical misconceptions in the topic area, and more unusual errors that can be put to good use in cognitively activating instruction. The teachers are asked how they would react to the errors, which are presented in random order, and to give reasons for their responses. Similarly, they are asked how they would respond to the students' unexpected ideas and use them to activate learning processes .

This computer-based instrument for the assessment of teachers' expert knowledge is complemented by an analysis of randomly selected homework assignments and informal tests. The written material is analysed from the perspective of its implicit pedagogical conception. Finally, a traditional questionnaire is used to assess socio-demographic teacher variables and aspects of the teachers' occupational career, professional commitment and belief systems. The following dimensions of epistemological beliefs, subjective theories of learning mathematics, and motivational orientations are assessed:

- epistemological beliefs about the nature of mathematics
- goals and normative ideas about mathematics instruction
- subjective theories of effective mathematics learning
- teachers' enthusiasm for the subject they teach
- teachers' self-efficacy beliefs with respect to mathematics instruction.

Parallel to this teacher study, we also tap into student expertise. A student questionnaire collects data on those characteristics of the instructional process for which students reports are reliable and have predictive validity. For the purposes of construct validation, these aspects of instruction are also assessed from the teachers' perspective in the context of a traditional teacher questionnaire.

Following initial testing in face-to-face situations in which teachers commented on the computer presentations, the first field trial has been completed successfully. We do not yet know whether the new assessment format will prove successful as an analytical tool. One thing is already certain, however: Our new approach does succeed in involving teachers in an expert conversation – and one that the majority of participants find fascinating and worthwhile.

References

AAAS (1993) = American Association for the Advancement of Science (Ed.) (1993). Benchmarks for science literacy. Project 2061. – New York.
ADAMS. R./WU, M. (Eds.) (2003): PISA 2000 Technical Report. – Paris.
ARTELT, C. et al. (2003) = ARTELT, C./BAUMERT, J./JULIUS-MCELVANY, N./PESCHAR, J. (2003): Learners for life. Student approaches to learning. Results from PISA 2000. – Paris.
BAKER, D. P. (2002): Should we be more like them? American High School Achievement in Crossnational Comparison. In: Brookings Papers on Education Policy. – Washington.
BALL et al. (1999) = BALL, D. L./CAMBURN, E./CORRENTI, R./PHELPS, G./WALLACE, R. (1999): New Tools for Research on Instruction and Instructional Policy. A Web-based Teacher Log. – Seattle, WA.
BALL, D. L. (2003): What Mathematical Knowledge is Needed for Teaching Mathematics? U.S. Department of Education, Secretary's Summit on Mathematics. – Washington.
BAUMERT, J./KÖLLER, O. (2000). Motivation, Fachwahlen, selbstreguliertes Lernen und Fachleistungen im Mathematik- und Physikunterricht der gymnasialen Oberstufe. In: J. BAUMERT, J./BOS, W./LEHMANN, R. (Eds.): Dritte Internationale Mathematik- und Naturwissenschaftsstudie – Mathematische und naturwissenschaftliche Bildung am Ende der Schullaufbahn. Kapitel IV in Band II: TIMSS – Mathematische und physikalische Kompetenzen am Ende der gymnasialen Oberstufe (pp. 181-213). – Opladen.
BAUMERT, J./ARTELT, C./KLIEME, E./STANAT, P. (2001). PISA (Programme for International Student Assessment) – Zielsetzung, theoretische Konzeption und Entwicklung von Messverfahren. In: WEINERT, F. E. (Ed.), Leistungsmessungen in Schulen. – Weinheim. pp. 285-310.
BAUMERT, J./BLUM, W./NEUBRAND, M. (2002). Professionswissen von Lehrkräften, kognitiv aktivierender Mathematikunterricht und die Entwicklung von mathematischer Kompetenz. DFG-Antrag im Rahmen des Schwerpunktprogramms „Die Bildungsqualität von Schule: Fachliches und fächerübergreifendes Lernen im mathematisch-naturwissenschaftlichen Unterricht in Abhängigkeit von schulischen und außerschulischen Kontexten (BIQUA)". Unpublished manuscript.
BAUMERT, J./BLUM, W./NEUBRAND, M. (2003). Folgeantrag: Professionswissen von Lehrkräften, kognitiv aktivierender Mathematikunterricht und die Entwicklung von mathematischer Kompetenz. DFG-Antrag im Rahmen des Schwerpunktprogramms „Die Bildungsqualität von Schule: Fachliches und fächerübergreifendes Lernen im mathematisch-naturwissenschaftlichen Unterricht in Abhängigkeit von schulischen und außerschulischen Kontexten (BIQUA)". Unpublished manuscript.
BAUMERT, J./LEHMANN, R. et al. (1997). TIMSS – Mathematisch-naturwissenschaftlicher Unterricht im internationalen Vergleich. Deskriptive Befunde. – Opladen.
BILDUNGSKOMMISSION DER LÄNDER BERLIN UND BRANDENBURG unter Vorsitz von Jürgen Baumert (Ed.) (2003). Bildung und Schule in Berlin und Brandenburg. Herausforderungen und gemeinsame Entwicklungsperspektiven. – Berlin.
BORMAN et al. (2003) = BORMAN, G. D./HEWES, G. M./OVERMAN, L. T./BROWN, S. (2003): Comprehensive School Reform and Achievement: A Meta-Analysis. In: Review of Educational Research, Vol. 73, No. 2, pp. 125-230.
BRONFENBRENNER, U. (1976). Ökologische Sozialisationsforschung. – Stuttgart.
CARPENTER, T.P./FENNEMA, E./PETERSON, P.L./CHIANG, C.P./LOEF, M. (1990). Using knowledge of children's mathematical thinking in classroom teaching: An experimental study. American Educational Research Journal, 26 (4), 499-531.
CLAUSEN, M. (2002). Unterrichtsqualität – Eine Frage der Perspektive? – Münster.
DE CORTE, E./GREER, B./VERSCHAFFEL, L. (1996): Mathematics teaching and learning. In: BERLINER, D/CALFEE, R. (Eds.): Handbook of educational psycholog. – New York, pp. 491-549.
FEND, H. (2002): Mikro- und Makrofaktoren eines Angebot-Nutzungsmodells von Schulleistungen. Zum Stellenwert der pädagogischen Psychologie bei der Erklärung von Schulleistungsunterschieden verschiedener Länder. In: Zeitschrift für Pädagogische Psychologie, Vol. 16, No. 3/4, pp. 141-149.

FENNEMA, E./CARPENTER, T. P./LOEF, M. (1990): Teacher belief scale: Cognitively guides instruction project. – Madison, WI.
GRAY, J. et al. (1996) = GRAY, J./REYNOLDS, D./FITZ-GIBBON, C./JEESON, D. (Eds.) (1996): Merging traditions: The future of research on school effectiveness and school improvement. – London.
GRUEHN, S. (2000). Unterricht und schulisches Lernen. – Münster.
HELMKE, A./WEINERT, F. E. (1997). Bedingungsfaktoren schulischer Leistungen. In F. E. WEINERT (Ed.), Psychologie des Unterrichts und der Schule (Enzyklopädie Psychologie, Serie Pädagogische Psychologie, Bd. 3). – Göttingen, pp. 71-176.
HELMKE, A. (2003). Unterrichtsqualität erfassen, bewerten, verbessern. – Seelze.
KENNEDY, M. (1997): Defining Optimal Knowledge for Teaching Science and Mathematics. National Institute for Science Education (NISE). Research Monograph No. 10.
KIRSCH et al. (2002) = KIRSCH, I./de JONG, J./LAFONTAINE, D./MCQUEEN, J./MENDELOVITS, J./MONSEUR, Ch. (2002): Reading for Change. Performance and engagement across countries. Results from PISA 2000. – Paris.
KLIEME, E. (2003): Fragestellungen, zentrale Befunde und Konsequenzen der Studie „Vertiefender Vergleich der Schulsysteme ausgewählter PISA-Teilnehmerstaaten". In: TiBi (Trends in Bildung International) Nr. 7, November/Dezember 2003.
KLIEME, E./ SCHÜMER, G./KNOLL, S. (2001): Mathematikunterricht in der Sekundarstufe I: „Aufgabenkultur" und Unterrichtsgestaltung. In: BMBF (Bundesministerium für Bildung und Forschung (Ed.): TIMSS – Impulse für Schule und Unterricht. Forschungsbefunde, Reforminitiativen, Praxisberichte und Video-Dokumente. – Bonn, pp. 43-57.
KNOLL, S. (2003): Verwendung von Aufgaben in Einführungsphasen des Mathematikunterrichts. Unveröffentlichte Dissertation. – Berlin
KRAUSS, S. et al. (2003) = KRAUSS, S./BAUMERT, J./BLUM, W./NEUBRAND, M./BRUNNER, M. (2003): Arbeitsbericht des Projektes: Professionswissen von Lehrkräften, kognitiv aktivierender Mathematikunterricht und die Entwicklung von mathematischer Kompetenz („COACTIV"). Unveröffentlichtes Manuskript. – Berlin.
KUNTER, M./STANAT, P. (2003): Soziale Lernziele im Ländervergleich. In: J. BAUMERT et al. (Eds.): PISA 2000: Ein differenzierter Blick auf die Länder der Bundesrepublik Deutschland. – Opladen, pp. 165-193.
KUNTER, M. (in press): Multiple Ziele im Mathematikunterricht. Berlin: Unveröffentlichte Dissertation am Fachbereich Erziehungswissenschaft und Psychologie der Freien Universität Berlin.
LETENDRE, G. et al. (2001): Teachers' work: Institutional isomorphism and cultural variation in the U.S., German, and Japan. In: Educational Researcher, Vol. 30, No. 6, pp. 3-5.
MA, L. (1999): Knowing and teaching elementary mathematics: Teachers' understanding of fundamental mathematics in China and the United States. – Mahwah, NJ.
MAYER, D.P. (1999): Measuring Instructional Practice: Can Policymakers Trust Survey Data? In: Eduational Evaluation and Policy Analysis, Vol. 21. No. 1, pp. 29-45.
NCTM – National Council of Teachers of Mathematics (2000): Principles and standards for school mathematics. – Reston, VA.
NEUBRAND, J. (2002): Eine Klassifikation mathematischer Aufgaben zur Analyse von Unterrichtssituationen. Selbsttätiges Arbeiten in Schülerarbeitsphasen in den Stunden der TIMSS-Video-Studie. – Hildesheim.
OECD – Organisation for Economic Co-operation and Development (Ed). (1999). Measuring student knowledge and skills: A new framework for assessment. – Paris: OECD. [In deutscher Sprache: OECD/Deutsches PISA-Konsortium (Ed.). (2000): Schülerleistungen im internationalen Vergleich. Eine neue Rahmenkonzeption für die Erfassung von Wissen und Fähigkeiten. – Berlin: Max-Planck-Institut für Bildungsforschung.]
OECD – Organisation for Economic Co-Operation and Development (2001a): Knowledge and skills for life – First results from PISA 2000. – Paris.
OECD – Organisation for Economic Co-Operation and Development (2001b): The Well-being of Nations. The Role of Human and Social Capital. – Paris.
OECD – Organisation for Economic Co-Operation and Development (2003a): The PISA 2003 Assessment Framework – Mathematics, Reading, Science and Problem Solving Knowledge and Skills. – Paris.
OECD – Organisation for Economic Co-Operation and Development (2003b): Literacy Skills for the World of Tomorrow. Further Results from PISA 2000. – Paris.

PAULI, C./REUSSER, K. (2003): Unterrichtsskripts im schweizerischen und im deutschen Mathematikunterricht. In: Unterrichtswissenschaft, Vol. 31, No. 2, pp. 238-272.
RITTLE-JOHNSON, B./SIEGLER, R. S./ALIBALI, M. W. (2001): Developing conceptual understanding and procedural skill in mathematics: An iterative process. In: Journal of Educational Psychology, Vol. 93, No. 2, pp. 346-362.
SCHEERENS, J./BOSKER, R. J. (1997): The foundations of educational effectiveness. – Oxford.
SHULMAN, L. S. (1987). Knowledge and teaching: Foundations of the new reform. Harvard Educational Review, 57 (1), pp. 1-21.
SLAVIN et al. (1996) = SLAVIN, R. E./MADDEN, N.A./DOLAN, L. J./WASIK, B. A. (1996): Every Child, Every School. Success for all. – Thousand Oaks.
STANAT, P./KUNTER, M. (2001): Kooperation und Kommunikation. In: BAUMERT, J. et al. (Eds.): PISA 2000. Basiskompetenzen von Schülerinnen und Schülern im internationalen Vergleich. – Opladen, pp. 299-322.
STANAT, P./LÜDTKE, O. (in press): Internationale Schulleistungsvergleiche. In: TROMMSDORFF, G./KORNADT, H.-J. (Eds.): Enzyklopädie der Psychologie: Kulturvergleichende Psychologie, Band 2 Kulturelle Determinanten des Erlebens und Verhaltens. – Göttingen.
STAUB, F. C./STERN, E. (2002): The Nature of Teachers' Pedagogical Content Beliefs Matters for Students' Achievement Grains. Quasi-Experimental Evidence from Elementary Mathematics. In: Journal of Educational Psychology, Vol. 92, No. 2, pp. 344-355.
STEVENSON, H. W./NERISON-LOW, R. (2000): To Sum It Up: Case Studies of Education in Germany, Japan, and the United States. National Institute on Student Achievement, Curriculum, and Assessment. Office of Educational Research and Improvement. U.S. Department of Education.
STEVENSON, H. W. (1998): A Study of Three Cultures: Germany, Japan, and the United States. In: Phi Delta Kappa, Vol. 79, No. 7, pp. 524-529.
STIGLER et al. (1996) = STIGLER, J. W./GONZALES, P./KAWANAKA, T./KNOLL, S./SERRANO, A. (1996). The TIMSS videotape classroom study: Methods and preliminary findings. Prepared for the National Center for Education Statistics, U.S. Department of Education. – Los Angeles, CA.
STIGLER, J. W./HIEBERT, J. (1999): The teaching gap. Best ideas from the world's teachers for improving education in the classroom. -New York.
TEDDLIE, C./REYNOLDS, D. (2000): The International Handbook of School Effectiveness Research. – London.
WIRTH, J./KLIEME, E. (2003): Computernutzung. In: BAUMERT, J. et al. (Eds.): PISA 2000: Ein differenzierter Blick auf die Länder der Bundesrepublik Deutschland. – Opladen, pp. 195-209.
WIRTH, J. (2004). Selbstregulation von Lernprozessen. – Münster.

Anschrift der Verfasser: Prof. Dr. Jürgen Baumert, Max-Planck-Institut für Bildungsforschung, Lentzeallee 94, 14195 Berlin, Email: sekbaumert@mpib-berlin.mpg.de; Prof. Dr. Werner Blum, Universität Kassel, FB Mathematik, 34109 Kassel, Email: blum@mathematik.uni-kassel.de; Prof. Dr. Michael Neubrand, Universität Flensburg, Institut für Mathematik und ihre Didaktik, Meurwiker Str. 77, 24943 Flensburg, Email: neubrand@uni-flensburg.de

Hans-Peter Langfeldt, Tanja Nieder

Subjektive Lerntheorien von Lehramtsstudierenden

– ein Forschungsprogramm zur Qualitätsverbesserung in der universitären Lehrerbildung

Zusammenfassung

Der Beitrag diskutiert drei Forschungsperspektiven zur Qualitätsverbesserung der universitären Lehrerbildung: (1) Vergleichende erziehungswissenschaftliche Forschung zur Curriculumsentwicklung, um eine professionsorientierte Ausbildung zu gewährleisten; (2) Forschung zur Hochschulevaluation als Grundlage effektiverer Studiengänge und (3) Überlegungen zu einem Forschungsprogramm, dessen Ziel die Veränderung und Professionalisierung subjektiver Lernkonzepte von Lehramtsanwärtern ist. Der Entwurf dieses Programms nimmt eine zentrale Stellung im vorliegenden Beitrag ein. Ausgehend von theoretischen Konzepten und empirischen Befunden werden Methodenprobleme ebenso wie eine Reihe potentieller Forschungsfragen diskutiert. Wenn es stimmt, dass „Veränderungen im Kopf beginnen", muss eine verbesserte Lehrerbildung in der Lage sein, zielgerichtet Impulse zur Entwicklung angemessener Lernkonzepte von Lehrern und Schülern zu geben.

Summary

This article discusses three issues in research to improve the quality of university teacher training: (1) comparative educational research on curriculum development to ensure profession-oriented teacher training; (2) research on university program evaluation to establish a basis for more effective courses; and (3) considerations on a research program which aims to contribute to the development of prospective teachers' professional subjective learning concepts. The outline of this research program is of major interest in this article. Theoretical conceptions, empirical evidence as well as methodological problems and possible research questions are discussed. Given that any change originates in the mind, improved teacher training ought to promote the development of teachers' and pupils' appropriate subjective learning concepts.

Wenn gegenwärtig nach der Veröffentlichung der internationalen PISA-Studie (DEUTSCHES PISA-KONSORTIUM 2001) über die Lehrerbildung diskutiert wird, sollte nicht vergessen werden: Schon Jahre zuvor war sie so gründlich ins Gerede gekommen, dass sich für einen Einstieg in einschlägige Debatten bereits die Lektüre von Sammelrezensionen (FAUST-SIEHL 2000; ROTERMUND 2001) empfiehlt. Der Bericht der „Terhart-Kommission" (TERHART 2000) stellt dabei zweifellos einen markanten Zwischenschritt dar.

Aus diesen Debatten lassen sich eine Reihe unterschiedlicher Forschungsperspektiven ableiten. Als besonders naheliegend bieten sich die Curriculumsforschung und die Evaluationsforschung an. Ihre Bedeutung für die Qualitätsverbesserung in der Lehrerbildung wird in diesem Beitrag kurz dargestellt, bevor ein Forschungsprogramm zur Veränderung subjektiver Lernkonzepte von Lehramtsstudierenden skizziert wird. Ein solches Programm könnte auch Impulse für Curriculums- und Evaluationsforschung geben.

Curriculum als Forschungsperspektive

In den einzelnen Bundesländern hat es eine Reihe von Expertenrunden und Kommissionen gegeben, die Schwachstellen der Lehrerausbildung identifizieren und Lösungsvorschläge erarbeiten sollten. Die Analysen sind eindeutig und weitgehend einheitlich. Die Lehrerbildung sei beispielsweise gekennzeichnet (stellvertretend für viele, in Anlehnung an die GEMEINSAME KOMMISSION FÜR DIE STUDIENREFORM IM LAND NORDRHEIN-WESTFALEN 1996, S. 61-65) durch:

- Desintegration der zu studierenden Fächer,
- Sprachlosigkeit zwischen den einzelnen Ausbildungsphasen (Studium, Referendariat, Fort- und Weiterbildung),
- Mangel an durchdachten Curricula,
- mangelnde Konkurrenzfähigkeit mit Absolventen fachwissenschaftlicher Studiengänge,
- Fachdidaktik als „Leerformel",
- Erziehungswissenschaftliches Studium als „fünftes Rad",
- Schulpraktische Studien als unbeliebtes Alibi und
- aufgeblähtes Prüfungswesen

Solche Analysen legen nahe, verführen gerade dazu, die Qualität der Lehrerbildung im Wesentlichen als ein strukturelles Problem zu betrachten und ihre Verbesserung in einer Neugestaltung zu suchen. Diese ist allerdings nicht voraussetzungslos, denn: „Eine Neugestaltung der Lehrerausbildung, wie immer diese auch im einzelnen aussehen mag, wird sich also der Aufgabe nicht entziehen können, zwei wichtige Fragen zunächst explizit zu machen und schließlich auch zu beantworten: a) Welche inhaltlich bestimmten und damit operationalisierbaren Zielsetzungen verfolgt die Ausbildung? b) Ist sie in der Lage, diese Ausbildungsziele tatsächlich zu erreichen?" Dieses Zitat entstammt gerade *nicht* einem aktuellen Papier zur Reform der Lehrerbildung, sondern es ist bereits 30 Jahre alt (KOCH 1972, S. 15). Die Frage nach den Zielen ist offensichtlich nicht neu und immer noch nicht zufriedenstellend beantwortet.

Gegenwärtig formuliert TERHART (2002, S. 30) in einer Expertise für die Kultusministerkonferenz vier Ziele (Standards) für die Absolventen der ersten Phase der Lehrerbildung:

- „*Wissensbasis* für und über das spätere Berufsfeld,
- *Reflexionsfähigkeit* über Fachthemen, aber auch über die eigene Person in Verbindung mit den Anforderungen des beruflichen Feldes,
- *Kommunikationsfähigkeit* über Inhalte, Strukturen und Probleme des unterrichtsfachlichen, pädagogisch-didaktischen und schulbezogenen Bereichs sowie
- *Urteilsfähigkeit* angesichts pädagogischer Handlungsprobleme und Entscheidungsfragen."

Eine notwendige, gleichwohl nicht hinreichende Voraussetzung, solche Ziele zu erreichen, ist die Entwicklung und praktische Anwendung entsprechend zielorientierter Curricula. Hier sind in letzter Zeit Fortschritte erzielt worden. Die Deutsche Gesellschaft für Psychologie (DGPs) beispielsweise hat die Situation ihres Faches diskutiert (DEUTSCHE GESELLSCHAFT FÜR PSYCHOLOGIE 2001; LANGFELDT 2001), einen Vorschlag für ein Rahmencurriculum „Psychologie in den Lehramtsstudiengängen" veröffentlicht (DEUTSCHE GESELLSCHAFT FÜR PSYCHOLOGIE 2002) und den zuständigen Ministerien sowie dem Sekretariat der Kultusministerkonferenz zur Verfügung gestellt (persönliche Mitteilung des Präsidenten der DGPs, 02.07.2002). Das Curriculum erhebt den Anspruch, professions- und wissenschaftsorientiert, psychologisch profiliert und hinreichend komplex zu sein. Es ist in vier Curricularbereiche gegliedert:

1. Grundlagen des Lernens und Lehrens
– kognitive Grundlagen
– motivationale und emotionale Voraussetzungen
– soziale und unterrichtliche Bedingungen

2. Entwicklung und Erziehung in sozialen Kontexten
– Grundlagen
– Entwicklungsbereiche (Phänomene, Theorien, Sozialisationseinflüsse)
– entwicklungsgemäßes Erziehen und Unterrichten

3. Pädagogisch-psychologische Diagnostik und Evaluation
– Grundlagen: Ziele, Methoden, Verfahren
– Diagnostische Aufgaben
– Evaluation und Qualitätssicherung

4. Intervention und Beratung
– Grundbegriffe, Prinzipien und Techniken
– Lern- und Verhaltensauffälligkeiten
– sozial-emotional auffälliges Verhalten

Es steht zu hoffen, dass solche Beispiele Schule machen und schließlich in eine interdisziplinäre Curriculumsforschung aufgehen. Es könnte die Aufgabe einer vergleichend-historischen erziehungswissenschaftlichen Forschung sein, Curricula zielorientiert zu entwerfen und zu legitimieren. Empirisch arbeitende Pädagogen und Psychologen könnten ihre Implementation und Evaluation forschend begleiten.

Evaluation als Forschungsperspektive

Glaubt man nicht an den „geborenen" Lehrer, sondern an die Wirksamkeit von Ausbildung, dann ist es nur konsequent, wenn der Bericht der „Terhart-Kommission" mit den Sätzen endet: „Eine (...) *Wendung zu den Realitäten* (Hervorhebung im Original) sollte auch in der Lehrerbildungsdiskussion stattfinden. Ein erster wichtiger Schritt hierzu ist eine solide, breit angelegte Evaluation der Lehrerbildung in Deutschland." (TERHART 2000, S. 156).

Evaluation setzt voraus, dass die Ziele der zu evaluierenden Ausbildung bekannt sind. Nur aus der Differenz zwischen erreichtem Status und angestrebtem Ziel lassen sich bewertende Schlussfolgerungen ziehen. Da gegenwärtig konkrete, handlungsleitende Standards und Ziele der Lehrerbildung nicht generell vorliegen, sondern erst mit ungewissem Ausgang diskutiert werden, scheint es, als könne Evaluation zum gegenwärtigen Zeitpunkt nicht viel zur Qualitätsverbesserung beitragen. Diese Argumentation ist jedoch nur insoweit richtig, als sie sich auf die spezifischen Ziele des Studiums bezieht. Jenseits dieser spezifischen Ziele gibt es allerdings allgemeinere Standards, die generell gelten können. Einen dieser Standards formulierte Comenius bereits vor mehr als drei Jahrhunderten in seiner Analytischen Didaktik so: „Richtig lehren bedeutet bewirken, dass jemand schnell, angenehm und gründlich lerne." (HOFMANN 1992, S. 233). Vieles spricht dafür, dass das Lehramtsstudium gegenwärtig alles andere als schnell, angenehm oder gründlich ist. Reale Beispiele zeigen, dass an den Hochschulen einiges im Argen liegt, was mit spezifischen Zielvorstellungen wenig zu tun hat. Es braucht keine spitzfindige Analyse um festzustellen, dass es nicht zufriedenstellend sein kann, wenn

- an einer Universität das Studium zum Lehramt Grundschule bei einer Regelstudienzeit von sechs Semestern von den Studierenden im Durchschnitt erst nach neun Semestern beendet wird;
- die „Lernwerkstatt" eines erziehungswissenschaftlichen Fachbereichs sich als unbenutzte, verstaubte Sammlung alter Schulbücher und Unterrichtsmaterialien entpuppt;
- an einer Hochschule regelmäßig Kollisionen zwischen Pflichtveranstaltungen stattfinden, während an einer anderen für solche Veranstaltungen seit Jahren überschneidungsfreie feste Zeiten eingehalten werden;
- bei gleicher Belastung der Prüfer in einem Fachbereich Studierende mindestens vier Semester im Voraus einen Prüfer suchen müssen, während im anderen drei Monate ausreichen;
- ein erziehungswissenschaftlicher Fachbereich eine Einführungsveranstaltung als Ringvorlesung organisiert, in der ersten Sitzung 450 Studierende daran teilnehmen und in der vierten Sitzung nur noch 45;
- Lehramtsstudierende über Diskriminierung in den Lehrveranstaltungen der Fachwissenschaften bzw. der erziehungswissenschaftlichen Fächer im Hauptfach klagen.

Die abgeschlossenen Evaluationen der Lehramtsstudiengänge in Forschung und Lehre an den niedersächsischen Universitäten (WISSENSCHAFTLICHE KOMMISSION NIEDERSACHSEN 2002; ZENTRALE EVALUATIONS- UND AKKREDITIERUNGSAGENTUR HANNOVER 2002) zeigen, dass Erwartungen, die generell an Evaluationen gestellt werden (vgl. TERHART 2000, S. 154), nämlich:

- zuverlässige Informationen zur formalen und inhaltlichen Gestaltung des Ausbildungsprogramms zu liefern,
- ein klareres Bild hinsichtlich der Auswirkungen struktureller Entscheidungen zu vermitteln und
- eine bessere Abschätzung des Verhältnisses von Aufwand und Erfolg zu ermöglichen,

sich weitgehend erfüllen lassen.

Nun stellen Evaluationen, wie sie in Niedersachsen durchgeführt wurden, keine Forschungsleistung dar. Sie entsprechen eher den Kriterien einer rational kontrollierten Praxis. Evaluation der Hochschullehre als Forschungsbereich beschränkt sich zur Zeit weitgehend auf „Akzeptanzforschung", in der die Bedingungen der Zufriedenheit von Studierenden mit ihren Lehrveranstaltungen untersucht werden (siehe z.B. RINDERMANN 1997). So wünschenswert und im Einzelfall auch dringend notwendig Evaluationen dieser Art sind, als Forschungsprogramm zur Qualitätsverbesserung in der Lehrerausbildung reichen sie nicht aus. Dazu bedarf es anderer Fragestellungen und Methoden.

Ein Beispiel aus der Vergangenheit: Anfang der siebziger Jahre des letzten Jahrhunderts wurde in einem Sonderforschungsbereich der Universität Konstanz unter anderem auch der Frage nachgegangen, inwieweit relevante pädagogische Einstellungen durch das Lehramtsstudium beeinflusst werden. Tatsächlich führte das Studium zu erwünschten „liberaleren" Einstellungen, die jedoch im „Praxisschock" des Referendariats wieder verloren gingen (vgl. KOCH 1972). Fragestellungen dieser Art gilt es wiederzuentdecken: Führt das Studium zu einer ausreichenden Wissensbasis, fördert es die Reflexions-, Kommunikations- und Urteilsfähigkeit; inwieweit lassen sich Wissen und Fähigkeiten über die Hochschulzeit hinaus sichern?

Für eine mögliche Fragestellung, Veränderung der subjektiven Konzepte von Lernen durch das Hochschulstudium, wird im nächsten Abschnitt ein Forschungsprogramm skizziert.

Subjektive Lernkonzepte als Forschungsperspektive

Bereits im Wintersemester 2003/04 konnten die ersten Schülerinnen und Schüler der PISA-Kohorte sich für ein Lehramt an einer deutschen Hochschule immatrikulieren. Wir wissen wenig oder fast nichts darüber, mit welchen Voraussetzungen sie ihr Studium begonnen haben. So gesehen ließe sich die lange Tradition derer fortsetzen, die den intellektuellen und personalen Unterschied zwischen Lehramtsstudierenden und denen in anderen Studiengängen zum Forschungsgegenstand erhoben haben (z.B. in MAYR 1994).

Verbesserungsmöglichkeiten für die Praxis der universitären Lehrerausbildung haben sich aus dieser Forschungstradition allerdings nicht ableiten lassen. Die Untersuchung professionsorientierter Kognitionen könnte demgegenüber eine innovativere Perspektive eröffnen, die auch eine Verbesserung der Praxis in der Hochschulausbildung ermöglicht. Einblicke in das Verständnis der Lehramtsstudierenden vom zentralen Gegenstandsbereich ihrer zukünftigen Berufstätigkeit, dem „Lernen" könnten der Lehrerausbildung Hinweise und Impulse zu deren Verbesserung geben.

Welches Verständnis haben Lehramtsstudierende vom „Lernen"?

Stand der Forschung

In Fortführung einer von SÄLJÖ (1979) begründeten und in Deutschland bislang wenig beachteten Forschungstradition über individuelle Lernkonzepte fragten MARTON/DALL' ALBA/BEATY (1993, S. 81) Studienanfänger: „What exactly do you mean by 'learning'?" Aus den frei formulierten Antworten konnten sechs Kategorien isoliert werden, die sich später in einer Reihe von Studien (BOULTON-LEWIS 1994; BRUCE/GERBER 1995; WATKINS/REGMI 1992) als relativ stabiler und universeller Kern von individuellen Konzepten charakterisieren ließen (zusammenfassend RÓZSA 2002, S. 6-40):

– „increasing one's knowledge
– memorizing and reproducing
– applying
– understanding
– seeing something in a different way
– changing as a person".

Die ersten drei Kategorien werden in der Regel als Oberflächenorientierung (gegenüber dem Lerngegenstand), die drei letzten als Tiefenorientierung bezeichnet. Vergleicht man die zitierten vier Standards von TERHART mit diesen Kategorien, so lassen diese sich dem Oberflächenmerkmal „Wissen" und den drei Tiefenorientierungen des Verständnisses, des Perspektivenwechsels und der persönlichen Veränderung zuordnen.

RÓZSA (2002) hat unabhängig voneinander Studienanfänger in Lehramtsstudiengängen und erfahrene Gymnasiallehrer mit einer durchschnittlichen Berufspraxis von 22 Jahren mit der von SÄLJÖ eingeführten Vorgehensweise zu ihren individuellen Lernkonzepten befragt und die Antworten den Kategorien von MARTON/DALL'ALLBA/BEATY (1993) zugeordnet. Bei den Gymnasiallehrern ergaben sich für die einzelnen Kategorien die folgenden Benennungshäufigkeiten (RÓZSA 2002, S. 120):

– Zunahme von Wissen   85%
– Einprägen und Reproduzieren   30%
– Anwendung in der Praxis   24%
– Verständnis   61%
– Veränderung der Sichtweise   54%
– Veränderung der Person   52%

Erfahrene Gymnasiallehrer betonen also einerseits sehr deutlich das Oberflächenmerkmal „Wissen", während sie gleichzeitig generell die Merkmale der Tiefenorientierung präferieren. Das Ergebnis lässt die Interpretation zu, dass das subjektive (Lern)-Verständnis der Gymnasiallehrer strukturell den von TERHART formulierten Standards annähernd entspricht.

Im Vergleich zu den Gymnasiallehrern betonen dagegen die Studienanfänger das Oberflächenmerkmal „Anwendung in der Praxis" sehr viel stärker. Gleichzeitig messen sie den Merkmalen der Tiefenorientierung „Verständnis" und „Veränderung der Sichtweise" eine deutlich geringere Bedeutung bei (LANGFELDT/RÓZSA 2000). Es ist also den Gymnasiallehrern in neunjähriger (Schul-)Sozialisation nicht gelungen, ihren Schülern das gleiche Lernkonzept zu vermitteln, über das sie selbst verfügen. Man kann davon ausgehen, dass Anfänger in Lehramtsstudiengängen noch nicht über Lernkonzepte verfügen, die den geforderten Standards entsprechen.

Diese Annahme wird durch Untersuchungsergebnisse von DRECHSEL (1999) gestützt. Sie befragte bei querschnittlichem Design insgesamt 271 angehende Grundschullehrerinnen und Grundschullehrer in drei verschiedenen Phasen ihrer Ausbildung (zu Beginn des Studiums, nach der universitären ersten Phase und nach der zweiten Phase der Ausbildung) mittels Fragebogen unter anderem zu ihren Lernbegriffen.

Dabei ging sie der zentralen Frage nach, ob die Lehramtsanwärter im Verlauf ihrer Ausbildung Lernbegriffe erwerben, die durch Fachwissen angereichert und ausdifferenziert sind – also „professionalisierte" Lernbegriffe darstellen. Professionalisiertes Wissen definiert OSER (1997, S. 27) als einen notwendigen Standard der Lehrerausbildung: „Wissensbestände, die in absolut notwendiger Weise angeeignet werden müssen und hierin auch einen handlungsorientierten Gütemaßstab enthalten, nennen wir Standards". Anhand der beiden faktorenanalytisch gewonnenen Skalen „reaktiver Lernbegriff" und „konstruktiver Lernbegriff", die inhaltlich im Wesentlichen den Kategorien der Oberflächen- und Tiefenorientierung entsprechen, zeigt DRECHSEL generelle Entwicklungen der Lernbegriffe angehender Lehrer auf. Sie sprechen für die Hypothese, dass der „konstruktive" Lernbegriff im Verlauf der Ausbildung stärkeres Gewicht erhält und im Gegensatz zum „reaktiven" Lernbegriff von den Lehramtsanwärtern als der eigenen Vorstellung vom Lernen zunehmend ähnlicher wahrgenommen wird.

Unterteilt man allerdings die Gesamtstichprobe unabhängig von der Ausbildungsphase in eine Subgruppe, die einen „konstruktiven" und eine Subgruppe, die einen „reaktiven" Lernbegriff vertritt, so weisen die Ergebnisse auf eine „pädagogisch erwünschte" prozentuale Zunahme von Personen mit konstruktivem Lernbegriff in späteren Ausbildungsphasen hin. Es zeigt sich aber auch, dass am Ende der Ausbildung noch etwa ein Drittel der angehenden Lehrer über reaktive, nicht reflektierte Lernbegriffe verfügt. Bei ihnen hat also die Lehrerausbildung nicht zu Veränderungen in Richtung pädagogisch erwünschter Konzepte geführt.

Dieses Ergebnis verdient umso mehr unsere Aufmerksamkeit, wenn man Untersuchungsergebnisse heranzieht, die zeigen, dass sowohl Lehrende als auch Lernende, die über ein konstruktives bzw. tiefenorientiertes Lernkonzept verfügen, in verschiedenen Bereichen erfolgreicher sind als solche mit entsprechend reaktivem, oberflächenorientiertem Lernkonzept. So findet die Autorin in weiteren Analysen, dass Lehramtsanwärter mit einem konstruktiven Lernbegriff diejenigen sind, die ihren Kollegen in der Wahrnehmung von Lernsituationen, der Lernorganisation, dem Einsatz von Lernstrategien, dem Bedürfnis nach Anwendungsorientierung, der Aufgeschlossenheit gegenüber Neuem etc. überlegen sind.

Den Zusammenhang zwischen Lernkonzepten und Lernleistung untersuchten VAN ROSSUM und SCHENK (1984) an einer Stichprobe von Studierenden des ersten Semesters. Die von ihnen als „constructive" bezeichneten Kategorien, die der Tiefenorientierung entsprechen, sind ihren Ergebnissen zu Folge mit einem qualitativ höherwertigen Textverständnis assoziiert, während sich „reproductive" Lernkategorien eher als nachteilig für ein umfassendes Textverständnis erwiesen. Sie folgern aus ihren Untersuchungen: „[...] a learning outcome of relatively high quality must be especially associated with a deep-level approach and a constructive learning conception" (S. 73). Auch in der PISA-Studie finden sich Beziehungen zwischen Kontroll- und Wiederholungsstrategien (Oberflächenorientierung), Elaborationsstrategien (Tiefenorientierung) und Lesekompetenz (ARTELT/DEMMRICH/BAUMERT 2001). Bereits im Grundschulalter scheinen konstruktivistische pädagogische Überzeugungen von Lehrerinnen und Lehrern mit dem Lerngewinn der Schülerinnen und Schüler bei mathematischen Textaufgaben einherzugehen (STAUB/ STERN 2002). Der gegenwärtige Forschungsstand lässt also die Annahme zu, dass konstruktive bzw. tiefenorientierte Lernkonzepte einen positiven Einfluss auf das konkrete Lehrerverhalten und die Lernleistung ausüben können. Zudem zeigt sich, dass von einer prinzipiellen Veränderbarkeit dieser Konzepte ausgegangen werden kann.

Wenn man es nun begründeterweise für notwendig hält, die Lernkonzepte von Lehramtsstudierenden in Richtung eines „konstruktiven" Konzepts bzw. einer „Tiefenorientierung" zu verändern, muss es auch Aufgabe der Forschung sein, den Hochschulen Wissen über Veränderungsprozesse und Interventionsmethoden bereitzustellen. Die universitäre Lehrerausbildung könnte damit in die Lage versetzt werden, durch gezielte Lehrmaßnahmen positiv auf die Veränderung der subjektiven Lernkonzepte einzuwirken. Aufgabe sollte es darüber hinaus sein, die angehenden Lehrer zu befähigen, diese funktionalen Konzepte des Lernens (siehe z.B. GOOD/BROPHY 1997, Kap. 10) auch an ihre Schüler weiterzugeben.

Eine Studie von TYNJÄLÄ (1997) weist den Weg in ein Forschungsprogramm „subjektive Lernkonzepte". Sie untersuchte den Einfluss einer bestimmten Lehrform auf die subjektiven Lernkonzepte von Studierenden, indem sie deren Aufsätze zum Thema „Lernen" zu Beginn und am Ende einer Veranstaltungsreihe inhaltsanalytisch auswertete.

Bei gleichem Inhalt der Veranstaltung erhielt eine Experimentalgruppe einen „konstruktivistischen" Unterricht, der die aktive Aneignung von Wissen mittels schriftlicher Ausarbeitungen und Gruppendiskussionen fördern sollte. Die Kontrollgruppe wurde demgegenüber traditionell durch Vorlesungen unterrichtet und sollte die vorgegebene Literatur eigenständig bearbeiten. Die Antworten der Studierenden konnten insgesamt sieben verschiedenen Lernkategorien zugeordnet werden. Neben gleichförmigen Veränderungen der Lernkonzepte der beiden Versuchsgruppen über die Zeit äußerte die konstruktivistisch unterrichtete Experimentalgruppe häufiger studentische Aktivitäten, die auf eine tiefenorientierte Konzeption impliziter Lerntheorien hindeuten.

Die Arbeit von TYNJÄLÄ zeigt also, dass sich unterschiedliche Lehrformen auch unterschiedlich auf die Entwicklung von Lernkonzepten auswirken. Ein Forschungsprogramm „subjektive Lernkonzepte" könnte sich zum Ziel setzen, diese Einflüsse systematisch zu untersuchen.

Forschungsfragen

1. Entwicklung eines standardisierten Verfahrens zur Erfassung subjektiver Lernkonzepte

Die in der gegenwärtigen Forschungspraxis zu subjektiven Lernkonzepten am häufigsten verwendete Methode der Datenerhebung ist die der inhaltsanalytischen Auswertung frei formulierten verbalen Materials. Die so erhaltenen Inhalte werden bestehenden und/oder neuen, aus dem Datenmaterial generierten, Kategorien zugeordnet. Eine solche Methode unterstellt, dass die „theorielose" Erhebung impliziter Theorien möglich wäre – eine Annahme, die nicht erst seit GIGERENZER (1981) in Frage gestellt wird. Die *systematische* Erforschung subjektiver Lernkonzepte und deren Beeinflussbarkeit durch förderliche Lernumwelten setzt daher die Entwicklung standardisierter valider Verfahren zur Erfassung der subjektiven Lernkonzepte voraus.

Ein zu entwickelndes Fragebogenverfahren zur Erfassung von impliziten Lernkonzepten und deren Veränderung muss einerseits in der Lage sein, messgenau Ausprägungen subjektiver Lernkonzepte zu erfassen und andererseits sensibel genug sein, um Veränderungen in den Konzepten abzubilden. Die empirisch bislang gesicherten Kategorien der Lernkonzepte sollten zu diesem Zweck in Skalen überführt werden, die jeweils durch mehrere Items repräsentiert werden. Die Items könnten synonyme Begriffe und Beschreibungen des Begriffes „Lernen" darstellen, die den verschiedenen Lernkategorien inhaltlich zugeordnet werden können. Bittet man die Probanden, jeweils anzugeben, wie ähnlich diese Items ihrem Verständnis vom „Lernen" sind, würde die Ausprägung bestimmter Lernkonzepte quantifizierbar werden. Erst wenn es in Voruntersuchungen gelingt, mit einem so gearteten Verfahren Untergruppen von Personen zu identifizieren, die unterschiedliche Lernkonzepte vertreten, kann in weiteren Schritten geprüft werden, ob sich Veränderungen der Konzepte in Abhängigkeit vom differenziellen Einfluss unterschiedlicher Lernumwelten. Der Konstruktion eines derart globalen Inventars zur Erfassung des subjektiven Lernkonzepts liegt die Annahme zu Grunde, dass Lernkonzepte zwar in domänenspezifischer Form erworben werden, es im Laufe der (schulischen) Sozialisation aber zu einer zunehmenden Dekontextualisierung der Konzepte kommt, wie sie BAUMERT (1993) auch für die Lernstrategien annimmt. Bei Studierenden der Lehrämter wird also zunächst davon ausgegangen, dass generelle, nicht mehr an bestimmte Situationen gebundene, Lernkonzepte vorliegen, die prinzipiell erfragbar sind.

2. Analyse von Veränderungen der subjektiven Lernkonzepte von Lehramtsstudierenden

Die erwähnte Querschnittsuntersuchung von DRECHSEL (1999) weist auf Veränderungen der subjektiven Lernkonzepte von Lehramtsstudierenden im Verlauf ihrer Ausbildung hin. Um aber „echte" Veränderungen der Lernkonzepte zu untersuchen, ist ein längsschnittliches Forschungsdesign notwendig, welches eine Stichprobe von Studierenden der Lehrämter über eine längere Zeit begleitet und sie zu mehreren Zeitpunkten innerhalb ihrer Ausbildung wiederholt schriftlich befragt.

3. Analyse des Einflusses unterschiedlicher Lernumwelten auf die subjektiven Lernkonzepte

Zwei in der Lehre bewährte Methoden bieten sich zur näheren Analyse an: Kooperative Lernformen und Videofeedback.

Kooperative Lernformen:

Der Einsatz kooperativer Lernformen ermöglicht eine Lernumwelt, die die Übernahme von mehr Eigenverantwortung und eine Steigerung der Selbstbeteiligung am Lehr- und Lerngeschehen zu fördern verspricht. Das Gruppenpuzzle, dessen positive Wirkung auf das Selbstvertrauen, die Aggressionsbereitschaft, soziale Wertschätzung und den Lernerfolg sich in der Schule gezeigt hat (zusammenfassend FREY-ELLING/FREY 1999) kann, wie Arbeiten von JÜRGEN-LOHMANN/BORSCH/GIESEN (2001) zeigen, auch in studentischen Veranstaltungen eingesetzt werden. Studierende haben dabei die Möglichkeit, für sich selbst und für andere zu Experten eines bestimmten Themas zu werden und ihr Wissen an ihre Kommilitonen weiterzugeben. Um als Experte sein Wissen weitergeben zu können, muss es wirklich beherrscht werden – also „tiefenorientiert durchdrungen" werden. Man kann daher erwarten, dass so unterrichtete Studierende ein stärkeres Bewusstsein für das eigene Wissen und eine stärkere Identifikation mit dem Lerngegenstand erlangen als dies in traditionellen Seminarformen geschieht.

Videofeedback:

Als eine weitere Lernumwelt bieten sich Veranstaltungsformen an, in denen schulnahe Handlungen der Studierenden erprobt und durch Videofeedback analysiert werden. Konzepte einer so gestalteten Lehrveranstaltung sind dem microteaching angelehnt (IMHOF/RÓZSA 2002). Berufliche Fertigkeiten werden in schulnahen Situationen geübt, indem kurze Unterrichtssequenzen vor wenigen Seminarteilnehmern „gespielt", dokumentiert und bei sofortiger Rückmeldung analysiert werden. Um mentale Ressourcen zur

Selbstbeobachtung freizuhalten, wird in diesen Situationen die Komplexität des Geschehens im Unterschied zum realen Unterricht deutlich reduziert (nur eine Unterrichtssequenz, wenige Teilnehmer). Durch Videofeedback und die Diskussion in der Lerngruppe setzen sich die Studierenden mit ihrem eigenen Handeln auseinander und machen es somit einer kritischen Reflexion zugänglich. Dabei können auch Lernkonzepte, die als handlungsleitende Konzepte hinter dem gezeigten Verhalten stehen, zum Thema einer kritischen Auseinandersetzung gemacht, durch Fachwissen angereichert und in funktionale, reflektierte Konzepte transformiert werden.

Die Effekte der unterschiedlichen Lernumwelten können unter Verwendung experimenteller Designs untersucht werden, indem man Studierende der Experimentalgruppen, die mit den beschriebenen videogestützten bzw. kooperativen Lehrmethoden unterrichtet werden, mit Kontrollgruppen vergleicht, die traditionelle Veranstaltungen besuchen. Unter Kontrolle der Lernkonzepte der Studierenden zu Beginn der unterschiedlichen Interventionen können so Unterschiede in der Konzeptualisierung des Lernens nach Abschluss einer Lehrsequenz untersucht werden. Falls sich die Hypothesen bestätigen lassen, dass spezifische Lernumwelten die Bereitschaft und Fähigkeit zur kritischen Selbstreflexion und zur Verantwortungsübernahme fördern und Lernkonzepte in Richtung auf Tiefenorientierung verändern, müssten in einem weiteren Schritt Mikro-Analysen der Wirkungsbeziehungen einzelner Lehrmethoden und den Veränderungen der Lernkonzepte durchgeführt werden.

4. Analyse spezifischer Lehrmethoden

Erweist sich eine Lernumwelt als förderlich für die Entwicklung konstruktiver, tiefenorientierter Lernkonzepte, empfiehlt es sich, auf einer Mikroebene konkrete Methoden, Lehrtechniken und Medien zu isolieren, um ihren spezifischen Einfluss auf subjektive Lernkonzepte zu beschreiben. Das weitere Vorgehen sollte also innerhalb der Lernumwelten prüfen warum bzw. auf Grund welcher Techniken sich diese Lernumwelten positiv auf die Veränderung subjektiver Lernkonzepte auswirken.

Zum Beispiel gilt es herauszufinden, inwieweit die Wirkung von Rückmeldungen über das gezeigte Verhalten mit dem technischen Medium der Videoaufzeichnung konfundiert ist oder ob auch andere Arten des Feedbacks von gleicher Wirksamkeit sind.

Gelingt es, einzelne Lehrtechniken zu identifizieren, die die Entwicklung konstruktiver Lernkonzepte fördern, könnten diese je nach den Anforderungen der jeweiligen Veranstaltung in die universitäre Lehrerausbildung übernommen und als fester Bestandteil der Ausbildung implementiert werden. Darüber hinaus sollten solche förderlichen Lehrformen auch in die didaktische Ausbildung der Lehramtsanwärter integriert werden. Es kann nicht ausreichen, für die Studierenden ein angemessenes Lernkonzept sicherzustellen, ohne sie gleichzeitig in die Lage zu versetzen, dieses Lernkonzept auch an ihre Schüler weiterzugeben.

5. Analyse moderierender Effekte auf die Veränderung der subjektiven Lernkonzepte

Die erwähnte Untersuchung von DRECHSEL (1999) deutete allerdings auch darauf hin, dass die Lernkonzepte bei etwa einem Drittel der Lehramtsstudierenden sich als veränderungsresistent erwiesen und durch die Lehrerausbildung nicht zu beeinflussen waren. Hier sind moderierende Variablen zu identifizieren, die vermutlich in Merkmalen und Erfahrungen der Person, wie dem Vorwissen, der Intelligenz und/oder der individuellen Wahrnehmung und Verarbeitung des Unterrichts begründet liegen. Eine differenzierte Analyse der Zusammenhänge zwischen Person und dem Erfolg gezielter Lehrmaßnahmen zur Veränderung der subjektiven Lernkonzepte kann hemmende und förderliche Bedingungen beschreiben, um aus Studierenden der Lehramtsstudiengänge Lehrer zu machen, die über pädagogisch erwünschte, professionalisierte Konzepte verfügen und Methoden kennen gelernt haben, mit Hilfe derer sie eben solche Konzepte auch an ihre Schüler vermitteln können.

Résumée

Die Situation der Lehrerbildung an deutschen Hochschulen kann aus verschiedenen Perspektiven als strukturell oder inhaltlich defizitär beschrieben werden. Aus jeder einzelnen lassen sich eigene Forschungsfragen und Wege zur Verbesserung der Lehrerbildung ableiten. Unter der Perspektive der Professionalisierung des Lehrerberufs sollte eine *gute* Lehrerbildung also in der Lage sein, „ihren" Studierenden ein angemessenes Konzept von „Lernen" nahe zu bringen. Eine *bessere* Lehrerbildung muss die Studierenden befähigen, dieses Konzept auch an ihre späteren Schüler weiterzugeben. So verstanden vermag ein Forschungsprogramm „subjektive Lerntheorien" die Perspektive der Curriculumentwicklung und der Evaluationsforschung in den Lehramtsstudiengängen zu ergänzen und ihnen innovative Impulse zu geben.

Literatur

ARTELT, C./DEMMRICH, A./BAUMERT, J. (2001). Selbstreguliertes Lernen. In: Deutsches PISA-Konsortium (Hrsg.) (2001): PISA 2000 – Basiskompetenzen von Schülerinnen und Schülern im internationalen Vergleich. – Opladen, S. 276-280.
BAUMERT, J. (1993). Lernstrategien, motivationale Orientierungen und Selbstwirksamkeitsüberzeugungen im Kontext schulischen Lernens. In: Unterrichtswissenschaft, 21. Jg., S. 327-354.
BOULTON-LEWIS, G. M. (1994): Tertiary students' knowledge of their own learning and a SOLO taxonomy. In: Higher Education, 28. Jg., S. 387-402.
BRUCE, C./GERBER, R. (1995): Towards university lecturers' conceptions of student learning. In: Higher Education, 29. Jg., S. 443-458.
DEUTSCHE GESELLSCHAFT FÜR PSYCHOLOGIE (2001): Kommissionsbericht: Psychologie in den Lehramtsstudiengängen. In: Psychologische Rundschau, 52. Jg., S. 115-117.
DEUTSCHE GESELLSCHAFT FÜR PSYCHOLOGIE (2002): Psychologie in den Lehramtsstudiengängen. Ein Rahmencurriculum. In: www.dgps.de/dgps/kommissionen/lehramt/001.php4.
DEUTSCHES PISA-KONSORTIUM (Hrsg.) (2001): PISA 2000 – Basiskompetenzen von Schülerinnen und Schülern im internationalen Vergleich. – Opladen.
DRECHSEL, B. (1999): Subjektive Lernbegriffe und Interesse am Thema Lernen und Lerntheorien bei angehenden Lehrerinnen und Lehrern. – Dissertation, Christian Albrechts-Universität, Kiel.
FAUST-SIEHL, G. (2000): (Rezensionen zu:) Terhart, E. (Hrsg.) (2000): Perspektiven der Lehrerbildung in Deutschland; Radtke, F.-O. (Hrsg.) (1999): Lehrerbildung an der Universität; Blömeke, S. (Hrsg.) (1998): Reform der Lehrerbildung?; Rinkens, H.-D./ Tulodziecki, G./Blömeke, S. (Hrsg.) (1999): Lehrerbildung im Umbruch. In: Zeitschrift für Pädagogik, 46. Jg., S. 637-643.
FREY-ELLING, A./FREY, K. (1999): Gruppenpuzzle. In: Wiechmann, J. (Hrsg.) (1999): Zwölf Unterrichtsmethoden. – Weinheim, S. 50-58).
GEMEINSAME KOMMISSION FÜR DIE STUDIENREFORM IM LAND NORDRHEIN-WESTFALEN (Hrsg.) (1996): Perspektiven: Studium und Beruf. – Neuwied.

GIGERENZER, G. (1981): Implizite Persönlichkeitstheorien oder quasi-implizite Persönlichkeitstheorien. In: Zeitschrift für Sozialpsychologie, 12. Jg., S. 65-80.
GOOD, T. L./BROPHY, J.E. (1997). Looking in classrooms (Kap. 10, S.395-442). – New York.
HOFMANN, F. (Hrsg.) (1992): Comenius, Jan Amos: Allweisheit: Schriften zur Reform der Wissenschaften, der Bildung und des gesellschaftlichen Lebens. – Neuwied.
IMHOF, M./RÓZSA, J. (2002): The classroom as a stage: Use of self-modeling techniques and videofeedback in teacher education. Poster presented at International Conference on Psychology Education, ICOPE, St. Petersburg.
JÜRGEN-LOHMANN, J./BORSCH, F./GIESEN, H. (2001): Kooperatives Lernen an der Hochschule: Evaluation des Gruppenpuzzles in Seminaren der Pädagogischen Psychologie. In: Zeitschrift für Pädagogische Psychologie, 15. Jg., S. 74-84.
KOCH, J. J. (1972): Lehrer-Studium und Beruf. – Ulm.
LANGFELDT, H. P. (2001): Zur Diskussion gestellt: Psychologie in den Lehramtsstudiengängen. In: Psychologische Rundschau, 52. Jg., S. 170-172.
LANGFELDT, H. P./RÓZSA, J. (2000): Learning conceptions of teachers and teacher students: The role of experience. Paper presented at European Conference on Educational Research, ECER 2000. University of Edinburgh.
MARTON, F./DALL'ALLBA, G./BEATY, E. (1993): Conceptions of learning. In: International Journal of Educational Research, 19. Jg., S. 277-300.
MAYR, J. (Hrsg.) (1994): Lehrer/in werden. – Innsbruck.
OSER, F. (1997): Standards in der Lehrerbildung. Teil 1: Berufliche Kompetenzen, die hohen Qualitätsmerkmalen entsprechen. In: Beiträge zur Lehrerbildung, 15. Jg., S. 26-37.
RINDERMANN, H. (1997): Die studentische Beurteilung von Lehrveranstaltungen. In: Jäger, R. S./Lehmann, R. H./Trost, G. (Hrsg.) (1997): Tests und Trends 11. – Weinheim, S. 12-53.
ROSSUM, E. J. VAN/SCHENK, S. M. (1984): The relationship between learning conception, study strategy and learning outcome. In: British Journal of Educational Psychology, 54. Jg., S. 73-83.
ROTERMUND, M. (2001): Lehrerbildung für eine neue Schule. Eine Sammelrezension von Neuerscheinungen zur Lehrerbildung. In: Zeitschrift für Pädagogik, 47. Jg., S. 577-595.
RÓZSA, J. (2002): Was bedeutet Lernen? Saliente Konzepte und Aspekte der Wichtigkeit subjektiver Auffassungen von Lernen. – Frankfurt.
SÄLJÖ, R. (1979): Learning from the learner's perspective. In: Reports from the Institute of Education, University of Göteborg, 76. Jg., S. 1-21.
STAUB, F. C./STERN, E. (2002). The nature of teachers' pedagogical content belief matters for students' achievement gains: Quasiexperimental evidence from elementary mathematics. In: Journal of Educational Psychology, 94. Jg., S.344-355.
TERHART, E. (Hrsg.) (2000): Perspektiven der Lehrerbildung in Deutschland. Abschlussbericht der von der Kultusministerkonferenz eingesetzten Kommission. – Weinheim.
TERHART, E. (2002): Standards für die Lehrerbildung. Eine Expertise für die Kultusministerkonferenz. Texte der Zentralen Koordination Lehrerausbildung. – Münster.
TYNJÄLÄ, P. (1997): Developing education students' conceptions of the learning process in different learning environments. In: Learning and Instruction, 7. Jg., S. 277-292.
WATKINS, D./REGMI, M. (1992): How universal are student conceptions of learning? A Nepalese investigation. In: Psychologia, 35. Jg., S. 101-110.
WISSENSCHAFTLICHE KOMMISSION NIEDERSACHSEN (2002): Forschungsevaluation an niedersächsischen Hochschulen und Forschungseinrichtungen. Berufswissenschaften der Lehrerbildung. – Hannover.
ZENTRALE EVALUATIONS- UND AKKREDITIERUNGSAGENTUR HANNOVER (2002): Lehre und Studium in den Grundwissenschaften der Lehramtsausbildung an den niedersächsischen Universitäten. – Hannover.

Anschrift der Verfasserin und des Verfassers: Prof. Dr. Hans-Peter Langfeldt, Johann-Wolfgang-Goethe-Universität, Institut für Pädagogische Psychologie, Postfach 111932, 60054 Frankfurt/Main. Email: langfeldt@paed.psych.uni-frankfurt.de; Dipl.-Psych. Tanja Nieder, Johann-Wolfgang-Goethe-Universität, Institut für Pädagogische Psychologie, Postfach 111932, 60054 Frankfurt/Main

Cornelia Gräsel, Ilka Parchmann

Die Entwicklung und Implementation von Konzepten situierten, selbstgesteuerten Lernens

Zusammenfassung

Die PISA-Ergebnisse erlauben keine kausalen Erklärungen von Schulleistungen durch Merkmale des Unterrichts. Allerdings lässt sich aus der theoretischen Konzeption von Literacy und aus Studien der Unterrichtsforschung ableiten, dass eine Ausweitung situierten und selbstgesteuerten Lernens eine Möglichkeit darstellen könnte, die Unterrichtsqualität und damit die Schulleistung zu verbessern. Auf der theoretischen Basis von Instruktionsmodellen des situierten Lernens werden Merkmale von Lernumgebungen skizziert, die ein situiertes und selbstgesteuertes Lernen ermöglichen und zentrale Forschungsergebnisse dazu zusammengefasst. Zukünftige Forschung sollte drei Aspekte integrieren: die Entwicklung von Lernumgebungen, ihre Implementation sowie die differenzierte empirische Untersuchung ihrer Effektivität. Die Integration dieser Aspekte erfordert eine Kooperation zwischen Fachdidaktiken und allgemeiner Lehr-Lernforschung. Als Beispiel für diese Forschungsstrategie werden Arbeiten zum Unterrichtskonzept *Chemie im Kontext* vorgestellt.

Abstract

The results of PISA do not allow for causal explanations of student achievement through variables of classroom learning. Nevertheless, the concept of literacy in PISA bears resemblance to the goals of approaches of situated learning. Furthermore, analyses of German classroom teaching show that an increase of situated and self-regulated learning is *one* possibility to enhance the quality of teaching and learning at schools. On the basis of theories of situated learning, key features of learning environments are presented which encourage situated and self-regulated learning. Further research on that topic should aim at integrating three aspects: the development of learning environments, their implementation, and detailed empirical investigation of their effects. The integration of development, implementation and evaluation in research projects requires cooperation between general and domain-specific research on teaching and learning. The project *Chemie im Kontext* (chemistry in context) is presented as an example for this research strategy.

1. Einführung

Eine der zahlreichen Konsequenzen, die aus PISA gezogen werden, ist die Notwendigkeit, den Unterricht stärker verstehens- und anwendungsorientiert zu gestalten. Diese Forderung unterliegt derselben Problematik wie zahlreiche der anderen diskutierten Konsequenzen aus PISA. Die Studie macht zwar auf die Defizite der Leistungsfähigkeit deutscher Schülerinnen und Schüler aufmerksam; sie gibt aber nur eingeschränkt Hinweise darauf, welche Maßnahmen ergriffen werden können, um Schulleistungen zu verbessern. Dies trifft insbesondere auf die Frage der Unterrichtsgestaltung zu: Weder die Ergebnisse des internationalen Vergleiches (DEUTSCHES PISA-KONSORTIUM 2001) noch die nationale Ergänzungsstudie (DEUTSCHES PISA-KONSORTIUM 2002) rechtfertigen es bisher, Schulleistungen kausal durch bestimmte Unterrichtsmerkmale zu erklären, auch wenn allgemeiner Konsens darüber besteht, dass Variablen der Unterrichtsqualität als proximale Größen bedeutsam für die Leistungsentwicklung sind.

Allerdings lassen sich aus der theoretischen Konzeption von PISA und aus Ergebnissen anderer Studien der Unterrichtsforschung Begründungen ableiten, warum eine stärkere Verstehens- und Anwendungsorientierung im Unterricht wünschenswert ist. In diesem Zusammenhang ist die Ausweitung situierten Lernens im Unterricht zu sehen: Im Rahmen der situierten Ansätze des Lernens wurden Unterrichtskonzeptionen entwickelt, deren zentrales Ziel die Anwendung des Gelernten darstellt und deren Gestaltungsprinzipien das Lernen in Kontexten, das selbstgesteuerte und das kooperative Lernen umfassen. Eine „Ausweitung" kann und soll dabei nicht bedeuten, ausschließlich diesen Prinzipien zu folgen. Auf lehrergesteuerten Unterricht kann nicht verzichtet werden; er ist für den Erwerb organisierten und systematischen Wissens unabdingbar (vgl. HELMKE/WEINERT 1997; WEINERT 1996). Eine stärkere Berücksichtigung situierten Lernens ist also weder in theoretischer noch in praktischer Hinsicht als Alternative zu lehrergesteuertem Unterricht zu sehen, sondern als dessen Ergänzung. Die Realisierung von Prinzipien des situierten Lernens in bestimmten Zeitspannen des Unterrichts kann aber dazu beitragen, den Unterricht stärker verstehens- und anwendungsorientiert zu gestalten. Im Folgenden wird zunächst auf die Ansätze des situierten Lernens eingegangen und diskutiert, inwieweit ihre stärkere Berücksichtigung eine „Antwort auf PISA" darstellen kann. Vor diesem Hintergrund wird eine Strategie für Forschungen zu Lernumgebungen auf der Grundlage der situierten Ansätze des Lernens skizziert und anhand des Projektbeispiels *Chemie im Kontext* veranschaulicht.

2. Situiertes Lernen

Ansätze zum „situierten Lernen" haben in den letzten zwanzig Jahren in der Lehr-Lernforschung breite Beachtung erfahren und kontroverse Diskussionen ausgelöst. Unter diesem Sammelbegriff werden allerdings unterschiedliche theoretische Ansätze zusammengefasst. Ein Teil der Autorinnen und Autoren beansprucht, ein neues Paradigma des Lernens und der Kognition zu entwickeln, das sich von einem kognitivistischen fundamental unterscheidet (vgl. zusammenfassend RENKL 1996). Zwischen ihnen und Vertreter(n)/-innen der klassischen kognitiven Sichtweise auf Lernen und Lehren kam es in den letzten Jahren zu lebhaften Auseinandersetzungen (z.B. ANDERSON/REDER/SIMON 1996; 1997; GREENO 1997; KLAUER 1999; RENKL 2000).

Die Mehrzahl der Wissenschaftler/-innen, die sich dem situierten Lernen zuordnen lassen, verfolgt einen weniger weit reichenden Anspruch: Sie postuliert keinen Paradigmenwechsel, sondern befasst sich mit Ansätzen zur Gestaltung von Lernumgebungen, die auf ein stärkeres Verstehen und Anwenden des Gelernten abzielen (vgl. REINMANN-ROTHMEIER/MANDL 2001). Anlass für die Entwicklung dieser Instruktionsmodelle war zum einen das Phänomen des „trägen Wissens", also der mangelnden Anwendbarkeit schulisch erworbenen Wissens auf alltagsnahe Problemstellungen (vgl. GRUBER/RENKL 2000; RENKL 1996). Zum anderen wurden diese Lernumgebungen entwickelt, um die Lernmotivation zu steigern und das Interesse an den jeweiligen Inhalten zu fördern (vgl. STARK/MANDL 2000; COGNITION AND TECHNOLOGY GROUP AT VANDERBILT 1997). Diese „Hauptrichtung" des situierten Lernens, an der sich der folgende Beitrag orientiert, teilt mit der kognitivistischen die Annahme, dass Lernen ein *aktiver Prozess der Wissenskonstruktion* ist, bei dem zu erwerbendes Wissen auf der Basis von Vorwissen und bestehenden Erfahrungen verarbeitet, organisiert und elaboriert wird. Etwas stärker als in den kognitivistischen Ansätzen wird das Lernen als *situierter Prozess* akzentuiert. Angenommen wird, dass die Gestaltung der Lernsituation entscheidend beeinflusst, welche Kompetenzen erworben und auf welche Situationen sie transferiert werden können (z.B. BROWN/COLLINS/DUGUID 1989; RESNICK 1987). Zudem wird Lernen stärker als in traditionellen Ansätzen als *sozialer Prozess* begriffen: Individuelle Lernprozesse sind auch davon abhängig, wie in der umgebenden Lerngruppe interagiert, über die Inhalte kommuniziert und Bedeutung konstruiert wird. Dementsprechend kommt der Qualität des Diskurses unter Lernenden und zwischen Lernenden und Lehrenden eine hohe Bedeutung für den individuellen Wissenserwerb zu (BROWN 1997; BROWN/CAMPIONE 1994; 1996; RESNICK/PONTECORVO/SÄLJÖ 1997). Auf dieser konzeptuellen Basis wurden verschiedene Modelle für die Gestaltung von Lernumgebungen entwickelt, die mehrere Gestaltungsprinzipien als Gemeinsamkeit aufweisen:

1. Um der Situationsgebundenheit des Lernens Rechnung zu tragen und den Erwerb anwendungsorientierten Wissens zu unterstützen, wird Lernen in *semantisch reichhaltige und authentische Kontexte* eingebettet, die für die Lernenden von Bedeutung sind und einen Bezug zu ihrer außerschulischen Erfahrungswelt und ihrem außerschulischen Handeln aufweisen[1] (vgl. COLLINS/BROWN/NEWMAN 1989; vgl. GRÄSEL 1997). Diese Kontextualisierung soll den Transfer von Lern- zu Anwendungssituationen unterstützen, indem deutlich gemacht wird, in welchen Handlungszusammenhängen und zur Lösung welcher Probleme und Aufgaben das erworbene Wissen von Bedeutung sein kann. Zudem verspricht man sich von authentischen Kontexten eine Förderung der Motivation und des Interesses der Lernenden: Die Kontexte bzw. die in ihnen eingebetteten Aufgaben- und Problemstellungen sollen für die Lernenden relevant und interessant sein. In einer der häufig als Beispiel herangezogenen Lernumgebung auf situierter Grundlage, dem Anchored-Instruction Ansatz, wird den Schülerinnen und Schülern etwa ein komplexes mathematisches Problem als Videofilm präsentiert (z.B. die Geschichte eines verletzten Adlers, der möglichst schnell ärztlich versorgt werden muss; COGNITION AND TECHNOLOGY GROUP AT VANDERBILT 1997). Dieses Problem kann nur gelöst werden, wenn die Lernenden mathematische Kenntnisse erwerben und gleichzeitig anwenden (z.B. den Satz des Pythagoras).
2. Eine Gefahr der Situierung des Lernens besteht darin, dass die erworbenen Kompetenzen zu sehr auf einen Anwendungskontext beschränkt bleiben. Um dies zu vermeiden, werden Inhalte in verschiedenen Kontexten gelernt bzw. erneut angewendet. Dieses Prinzip der *multiplen Kontexte* soll einen flexiblen Transfer des Gelernten auf verschiedene Situationen unterstützen (BRANSFORD/BROWN/COCKING 2000).
3 Ein weiteres Merkmal ist die hohe Bedeutung, die dem selbstgesteuerten Lernen zugesprochen wird. Die authentischen Problemstellungen bilden den Rahmen für *selbstgesteuerte Lernaktivitäten* der Schüler/-innen. Durch die Gestaltung der Lernumgebung

werden bestimmte Aktivitäten angeregt und die dafür erforderlichen Ressourcen zur Verfügung gestellt (beispielsweise durch die Vorbereitung von Experimenten, die Bereitstellung von Medien). Das Lernen ist insofern selbstgesteuert, als die Lernenden selbst aktiv sind und Schritte auswählen bzw. unternehmen, mit denen sie die Problem- oder Aufgabenstellungen beantworten können. Darüber hinaus werden sie dazu aufgefordert, selbst Aufgabenstellungen zu formulieren bzw. sich Lernziele zu setzen. Auch die Selbststeuerung wird mit kognitiven und motivationalen Argumenten begründet: Die eigenverantwortlichen Lernaktivitäten unterstützen aktive Lernprozesse und den Erwerb von Problemlöse- und Lernstrategien. Man verspricht sich von ihnen aber auch die Unterstützung einer motivierten Auseinandersetzung mit den Lerngegenständen und eine Förderung des Interesses (vgl. STARK/MANDL 2000).

Im Unterricht kommt der Lehrperson die entscheidende Funktion zu, die Lernenden bei der selbstgesteuerten Auseinandersetzung angemessen zu unterstützen. Diese Aktivitäten lassen sich folgenden Funktionen zuordnen: (1) Schülerinnen und Schülern muss es ermöglicht werden, ihr Wissen und ihre Lernprozesse zu explizieren und sichtbar zu machen. Dadurch erhalten sie Feedback über ihr Wissen und ihre Fähigkeiten und erwerben u.a. die metakognitiven Fähigkeiten des „Monitoring", also der Reflexion über eigene Lernerfahrungen (COLLINS 1996). Als Anregung für die Explikation von Wissen und Lernprozessen können beispielsweise spezifische Formen des kooperativen Lernens (z.B. BROWN/PALINCSAR 1989) oder Computer-Tools eingesetzt werden (z.B. FISCHER/ BRUHN/GRÄSEL/MANDL 2002). (2) Die Fähigkeiten des selbstgesteuerten Lernens werden selbst Gegenstand des Unterrichts. Beispielsweise erhalten Lernende Hilfestellungen für das Verstehen von Texten oder für Strategien des Problemlösens in der jeweiligen Domäne usw. (vgl. BROWN/CAMPIONE 1994; COLLINS/BROWN/NEWMAN 1989). Der Erwerb von Strategien ist also mit konkreten Lernerfahrungen und den Anforderungen der jeweiligen Domäne und Aufgaben verbunden. (3) Die eigenständige Arbeit an (multiplen) Kontexten wird um Phasen ergänzt, in denen das erworbene Wissen dekontextualisiert und abstrahiert wird. Eine anspruchsvolle Aufgabe der Lehrenden besteht darin, zwischen den inhaltlichen Konzepten und der Arbeit an den Problemstellungen Beziehungen herzustellen und den Erwerb dekontextualisierten Wissens zu unterstützen.

4. Die Auffassung vom Wissenserwerb als *sozialem Prozess* wird in den Lernumgebungen dadurch berücksichtigt, dass die Lernaktivitäten häufig in kooperativen Kleingruppen durchgeführt werden. Bei der Gestaltung der Gruppenarbeit kommt der Anregung der sachorientierten Diskurse zwischen den Lernenden ein entscheidender Stellenwert zu, die die Grundlage für die gemeinsame Konstruktion von Bedeutungen und Wissen legt (vgl. BROWN/CAMPIONE 1994).

Lernumgebungen mit diesen Merkmalen sind natürlich keine „Erfindung" der situierten Ansätze. Zu Recht wird darauf hingewiesen, dass selbstgesteuertes und situiertes Lernen im Rahmen der allgemein- und fachdidaktischen Forschung bereits seit vielen Jahren thematisiert wird und zahlreiche Konzepte für diese Art des Lernens entwickelt wurden. „Neu" sind diese Ansätze daher im Kern nicht – viele Grundideen der Ansätze des situierten Lernens sind bereits in der Reformpädagogik zu finden (z.B. offener Unterricht; vgl. JÜRGENS 2000). Allerdings gehen die Ansätze in folgender Hinsicht über die historischen Quellen hinaus:

1. Auf Grund ihrer Wurzeln in kognitiven Lerntheorien sind sie detaillierter in der Analyse der zu erwerbenden Kompetenzen und der dafür erforderlichen Lernprozesse. Dem-

entsprechend können die Gestaltungsmerkmale der Lernumgebungen theoretisch besser begründet werden.
2. Vertreter/-innen des situierten Lernens haben sich stärker darum bemüht, die Wirkungen ihrer Lernumgebungen empirisch zu überprüfen, und sie auf dieser Basis weiter zu entwickeln. In einer ersten Phase wurden vornehmlich qualitative Feldstudien durchgeführt, in denen die Unterschiede zwischen alltäglichem und schulischem Problemlösen analysiert wurden (z.B. LAVE 1988; vgl. GERSTENMAIER/MANDL 2001). In späteren Phasen wurden Lernumgebungen mit den oben dargestellten Merkmalen in der Praxis realisiert und hinsichtlich ihrer Effektivität empirisch untersucht. Hier sind insbesondere die Forschungsaktivitäten der COGNITION AND TECHNOLOGY GROUP AT VANDERBILT (1993; 1997) und um James GREENO (GREENO/MMAP 1998) zu erwähnen. Diese empirischen Studien weisen überwiegend auf positive kognitive und motivationale Effekte hin. Insbesondere wird berichtet, dass sich derartige Lernumgebungen positiv auf die Motivation und das Interesse auswirken. In einigen Arbeiten konnte auch eine Unterstützung des Transfers nachgewiesen werden (z.B. COGNITION AND TECHNOLOGY GROUP AT VANDERBILT 1997). Ein deutlicher Forschungsbedarf ergibt sich hinsichtlich der Frage, wie für verschiedene Inhaltsgebiete und Lernvoraussetzungen ein optimaler Ausgleich zwischen selbstgesteuerter Bearbeitung der kontextualisiert dargebotenen Aufgaben einerseits und Unterstützung durch die Lehrenden andererseits herzustellen ist.
3. In den aktuellen Projekten der „situated learning"-Bewegung wird zunehmend die Frage thematisiert, wie Lernumgebungen in der Praxis implementiert werden können. Der Erfolg situierter Lernumgebungen ist in hohem Maße davon abhängig, dass Lehrkräfte ein entsprechendes Verständnis vom Lernen und Lehren entwickeln und dieses in ihrer Unterrichtspraxis umsetzen. Dementsprechend ist eine Implementation von Lernumgebungen damit verbunden, geeignete Formen der Professionalisierung zu realisieren (ZECH/GAUSE-VEGA/BRAY/SECULES/GOLDMAN 2000; siehe unten).

3. Die Ausweitung situierten, selbstgesteuerten Lernens – eine Antwort auf PISA?

Die Konzeption und die Ergebnisse von PISA eröffnen zwei Argumentationsstränge, mit denen sich eine stärkere Berücksichtigung situierten und selbstgesteuerten Lernens im Sinne der skizzierten Ansätze begründen lässt:

1. PISA folgt einem funktionalen Verständnis von Literacy oder Grundbildung (BAUMERT/STANAT/DEMMRICH 2001; OECD 2001), das in hoher Übereinstimmung mit den Bildungszielen der Ansätze des situierten Lernens steht. Mit der Studie sollen jene Basiskompetenzen erfasst werden, von denen angenommen werden kann, dass sie für eine aktive Teilnahme am gesellschaftlichen Leben und eine sowohl persönlich wie auch beruflich befriedigende Lebensführung erforderlich sind. Damit kommt der Anwendbarkeit des in der Schule erworbenen Wissens eine hohe Bedeutung zu. Beispielsweise wird Scientific Literacy (naturwissenschaftliche Grundbildung) als Fähigkeit verstanden, naturwissenschaftliches Wissen anzuwenden und ein Verständnis von naturwissenschaftlichen Arbeitsweisen und deren Grenzen zu entwickeln, „um Entscheidungen

zu verstehen bzw. zu treffen, welche die natürliche Welt und die durch menschliches Handeln an ihr vorgenommenen Veränderungen betreffen" (OECD 1999, S. 60; vgl. PRENZEL/ROST/SENKBEIL/HÄUßLER/KLOPP 2001). Bei der Beantwortung der PISA-Aufgaben ist dementsprechend (nicht nur im Bereich der Naturwissenschaften) die Anwendung von Wissen auf Frage- und Problemstellungen aus verschiedenen Kontexten erforderlich. Hinsichtlich des Ziels, den Erwerb von Verständniswissen und anwendbarem Wissen zu unterstützen, ergibt sich damit eine große Übereinstimmung mit den Ansätzen des situierten Lernens. Das Literacy-Konzept weist zudem auf die Bedeutung des selbstgesteuerten Lernens hin: Die Basiskompetenzen in den Bereichen Lesen, Mathematik und Naturwissenschaften werden als Grundlage für ein lebenslanges Weiterlernen betrachtet – als Orientierungswissen, das am Ende der Pflichtschulzeit anschlussfähig für weiteren Kompetenzerwerb ist (BAUMERT/STANAT/DEMMRICH 2001). Lesekompetenz wird etwa als Fähigkeit verstanden, Texte zu verstehen, sie zu nutzen und über sie zu reflektieren, um eigene Ziele zu erreichen, das eigene Wissen weiter zu entwickeln und am gesellschaftlichen Leben teilzuhaben. Darüber hinaus wird erfasst, inwieweit Bildungssysteme dazu beitragen, die Fähigkeiten zu selbstgesteuertem Lernen als eine zentrale fächerübergreifende Kompetenz zu fördern (ARTELT/DEMMRICH/BAUMERT 2001). Vor dem Hintergrund des lebenslangen Lernens kommt der Unterstützung der Lernmotivation und des Interesses der Schüler/-innen hohe Bedeutung zu – auch dies stellt eine Gemeinsamkeit mit den Zielen der Ansätze des situierten Lernens dar.

2. Betrachtet man die spezifischen Schwächen und Stärken deutscher Schülerinnen und Schüler, repliziert PISA Befunde, die bereits in TIMSS deutlich wurden: Deutsche Schülerinnen und Schüler schneiden in Aufgaben vergleichsweise gut ab, die auf Routinen basieren oder auf der Basis von Faktenwissen zu beantworten sind. Dagegen haben sie vergleichsweise große Schwierigkeiten mit Aufgaben, die den Umgang mit mentalen Modellen bzw. der Anwendung konzeptuellen Wissens erfordern (KLIEME 2000; KLIEME/NEUBRAND/LÜDTKE 2001; PRENZEL u.a. 2001). Diese Befunde werden mit einer problematischen Unterrichtskultur in Zusammenhang gebracht (KLIEME/STANAT 2002). Es zeichnet sich ab, dass Unterricht in Deutschland zu wenig verstehens- und anwendungsorientiert gestaltet ist und sich zu sehr auf die Vermittlung von Faktenwissen und Routinefertigkeiten konzentriert. Zudem wurde in TIMSS deutlich, dass der Mathematik- und Physikunterricht durch Frontalunterricht dominiert ist (BAUMERT/KÖLLER 2000). Besonders deutlich wurde dies in den Videostudien, die Unterrichtsskripts von Lehrkräften untersuchten, die als routinisierte Handlungsmuster, als „Drehbücher des Unterrichts", verstanden werden können. Die überwiegend verwendeten Unterrichtsskripts sind durch eine große Einförmigkeit gekennzeichnet, in denen lehrergesteuerte fragend-entwickelnde Verfahren eine tragende Rolle einnehmen (KLIEME/SCHÜMER/KNOLL 2002; PRENZEL u.a. in Druck; SEIDEL u.a. 2002; STIGLER/GALLIMORE/HIEBERT 2000). Komplexe und realitätsnahe Probleme als Aufgaben spielen im Unterricht dagegen eine untergeordnete Rolle. Wenn komplexe Aufgabenstellungen mit Anwendungsbezug verwendet werden, dann kann häufig ein Phänomen beobachtet werden, das als „Kleinarbeiten komplexer Anforderungen" bezeichnet werden kann (KLIEME/SCHÜMER/KNOLL 2002, S. 45): Die Aufgabe wird nicht von den Schülerinnen und Schülern in ihrer Komplexität, sondern im gemeinsamen Unterrichtsgespräch Schritt für Schritt bearbeitet, wobei die Lehrperson stark steuernd wirkt.

Insgesamt kann festgestellt werden, dass die Ziele der Ansätze des situierten Lernens mit denen der Literacy-Konzeption von PISA in beträchtlichem Maße übereinstimmen. Hinsichtlich der Gestaltung von Unterricht ist zu konstatieren, dass eine Umsetzung der Gestaltungsprinzipien des situierten Lernens zu einer methodischen Anreicherung der relativ variationsarmen deutschen Unterrichtsskripts beitragen kann. Diese Prinzipien und die beispielhaft entwickelten Lernumgebungen bieten Ansatzpunkte dafür, wie Unterrichtsphasen gestaltet werden können, in denen stärker selbstgesteuert anhand von authentischen Kontexten gelernt wird. Eine Integration von Phasen des situierten Lernens in den Unterricht könnte damit eine Möglichkeit darstellen, Lehr- und Lernprozesse stärker verstehens- und anwendungsorientiert zu gestalten.

4. Forschung zu situiertem und selbstgesteuertem Lernen

Damit stellt sich die Frage, wie durch weitere Forschungsaktivitäten situiertes und selbstgesteuertes Lernen im Unterricht verbreitet *und* untersucht werden kann, ob dies tatsächlich zu den gewünschten Effekten führt. Hier wird von der These ausgegangen, dass zukünftige Forschungsprojekte zu dieser Frage drei Aspekte verbinden sollten, die bisher eher getrennt betrachtet wurden: (1) die Entwicklung von Lernumgebungen, (2) ihre Implementation sowie (3) empirische Forschung zu ihren Effekten. Diese Aufgabe kann – und das ist die zweite These – besonders gut in einer engen Kooperation zwischen Fachdidaktiken, allgemeiner Lehr-Lernforschung und Personen aus der Schulpraxis bewältigt werden.

Verbindung von Entwicklung, Implementation und empirischer Forschung

Die *Entwicklung von Unterrichtskonzepten* war bisher in erster Linie das Feld der Fachdidaktiken und daneben das der Allgemeinen Didaktik: Es entstanden zahlreiche Konzepte, Handreichungen und Materialien, wie in einzelnen Fächern Lernumgebungen realisiert werden können, die ein situiertes und selbstgesteuertes Lernen ermöglichen. Allerdings wurden diese Bemühungen nicht systematisch mit den beiden anderen Aufgaben verbunden: der Implementation und der Forschung zu diesen Lernumgebungen. Nicht zuletzt deswegen ist empirisch gesichertes Wissen über die Effekte dieser Lernumgebungen bisher eher spärlich.

Bei der *Implementation neuer Unterrichtskonzeptionen* dominierte häufig das Modell, sie weitgehend ohne Einbeziehung der Praxis zu entwickeln und sie den Schulen und Lehrkräften nach Abschluss der Arbeiten zur Verfügung zu stellen. Der Mangel an Überlegungen zur Implementation ist sowohl der Didaktik als auch der Lehr-Lernforschung anzulasten – beide Forschungsrichtungen konzentrieren sich auf die Mikroprozesse des Lehrens und Lernens und weisen eine gewisse „Institutionenblindheit" auf (TERHART 2002). Dies hatte häufig zur Folge, dass Innovationen an den Bedürfnissen der Schulen vorbei gingen und bei den Lehrkräften nur in geringem Ausmaß auf Akzeptanz stießen bzw. von ihnen übernommen wurden. Die Problematik dieser Vorgehensweise kann an den Ergebnissen der ersten Implementationsversuche der „Anchored Instruction" verdeutlicht werden (COGNITION AND TECHNOLOGY GROUP AT VANDERBILT 1997), in denen den beteiligten Lehrkräften lediglich Materialien und (kurze) Lehrerfortbildungen als Unterstützung angeboten wurden. Diese Maßnahmen genügten nur bei einem Teil der Schulen für eine Ausweitung des situierten und selbstgesteuerten Lernens im Unterricht. Sehr viele Lehrkräfte veränderten ihre Handlungsroutinen nur eingeschränkt und fügten die Materialien den traditionellen Unterrichtsskripts additiv hinzu. Auch die subjektiven Theorien von Lehrkräften und ihre Vorstellungen von „gutem Lehren" wurden nur eingeschränkt geändert – Lernen wurde von vielen nach wie vor als Akkumulation von Faktenwissen verstanden, das in Prüfungssituationen wiedergegeben werden kann.

Dementsprechend befassen sich die neueren Arbeiten mit geeigneten Formen der Implementation von Lernumgebungen, wobei der Professionalisierung von Lehrkräften ein besonderer Stellenwert zukommt. Insgesamt zeichnet sich ein Konsens ab, dass Lehrkräfte viele Lerngelegenheiten benötigen, um ihre subjektiven Theorien von gelingenden Lern- und Lehrprozessen zu verändern, stärker auf Vorwissen und Lernprozesse von Schülerinnen und Schülern zu achten und ihr Methodenrepertoire bzw. ihre Unterrichtsskripts zu erweitern (BRANSFORD/BROWN/COCKING 2000; PUTNAM/BORKO 2000). Allerdings liegt bisher nur wenig empirisch gesichertes Wissen zur Frage vor, welche Merkmale erfolgreiche Qualifikationsmaßnahmen aufweisen. In einer Überblicksstudie zur Effektivität verschiedener Fortbildungen mit über 1000 Lehrkräften erwiesen sich vor allem zwei Merkmale als unterstützend für den Erfolg, der durch Selbsteinschätzungen des Kompetenzzuwachses und der Veränderung der Lehr- und Lernprozesse im Klassenzimmer durch die Lehrkräfte gemessen wurde (GARET/PORTER/DESIMONE/BIRMAN/YOON 2001): (1) Die Lehrkräfte bewerteten jene Fortbildungen als effektiver, die sie als kohärent mit ihrer gesamten Professionalisierung erlebten. Diese „Kohärenz" umfasst die Einordnung der Maßnahme in eine abgestimmte Personalentwicklung, die Übereinstimmung mit den administrativen und curricularen Anforderungen sowie die Möglichkeit, die Inhalte der Fortbildung im Kollegium zu diskutieren und weiter zu entwickeln. (2) Das zweite Merkmal, das in deutlich positivem Zusammenhang mit dem Lernerfolg der Lehrkräfte stand, war die Berücksichtigung des Fachinhaltes bzw. fachspezifischer Aspekte des Lehrens und Lernens in den Fortbildungen. Das Format der Fortbildungen – traditioneller Workshop oder schulinternes Coaching – erwies sich dagegen nicht als bedeutsam.

Es stellt sich die Frage, welche Formen von Fortbildungen Lehrkräfte effektiv dazu qualifizieren können, situiertes und selbstgesteuertes Lernen stärker zu realisieren. Viele der vorliegenden Arbeiten basieren auf dem Ansatz der Learning communities (Lern- und Arbeitsgemeinschaften), die mit Personen aus unterschiedlichen Arbeitsfeldern (Lehrkräfte, Wissenschaftler/-innen, Schulaufsicht) besetzt sind (COGNITION AND TECHNOLOGY GROUP AT VANDERBILT 1997; ZECH u.a. 2000). Andere Ansätze befassen sich stärker mit Coaching (WEST/STAUB 2002, siehe STAUB in diesem Band). Welche Formen der Implementation und Professionalisierung für bestimmte Inhalte geeignet sind, wurde bisher in Deutschland nur wenig verfolgt. Als eine der wenigen Ausnahmen können die Arbeiten zum BLK-Programm SINUS gesehen werden, in dem eine Implementationsstrategie entwickelt und empirisch untersucht wurde (z.B. PRENZEL 2000; PRENZEL/OSTERMEIER/BAHR/HAMMANN 2000). Es wäre dringend erforderlich, in weiteren Forschungen verstärkt zu untersuchen, wie Qualifizierungen gestaltet werden müssen, um sowohl das Unterrichtshandeln der Lehrkräfte zu verändern als auch die Qualität des Unterrichts auf der Schülerebene (z.B. Leistungen, Motivation) zu verbessern.

Eine Implementation von Ansätzen des situierten Lernens wäre schließlich mit der Frage nach der *Effektivität situierten und selbstgesteuerten Lernens* zu verbinden. Dabei sollte die Frage eines Vergleichs zwischen „situierten" und „traditionellen" Unterrichtskonzepten nicht im Zentrum stehen. Vielmehr wäre es von Bedeutung, genauer zu untersuchen, wie beide Zugänge sinnvoll kombiniert werden können, um erwünschte Lernprozesse anzuregen. Von besonderem Interesse ist hier, welche Formen von Unterstützung Schüler/-innen mit verschiedenen Lernvoraussetzungen für das selbstgesteuerte Lernen benötigen und wie die Brücke von kontextualisiertem Lernen zu dekontextualisiertem Wissen zu schlagen ist. Gerade im Hinblick auf die PISA-Ergebnisse stellt sich beispielsweise die Frage, ob und wie diese Unterrichtskonzeptionen in eher leistungsschwachen Gruppen, etwa an Hauptschulen, eingesetzt werden können. Diese Themen für empirische Studien sollten in engem Zusammenhang mit der Implementation stehen: Es ist weniger aufschlussreich, mit welchen Effekten einzelne ausgewählte und hoch motivierte Lehrkräfte (die möglicherweise intensiv in die Forschungsaktivitäten involviert sind) diese Konzepte in ihren Unterricht integrieren. Relevanter ist es zu untersuchen, wie sich eine Verbreitung dieser Lernumgebungen unter „realen" Bedingungen auf die Veränderung des Lehrens und Lernens auswirkt.

Kooperation zwischen Fachdidaktik und allgemeiner Lehr-Lernforschung

Die Verbindung von Entwicklung, Implementation und empirischer Forschung erfordert auch auf der Ebene der Forscher/-innen die Bildung einer Learning community mit Akteuren aus verschiedenen Handlungsfeldern. Insbesondere scheint eine Kooperation zwischen allgemeiner Lehr-Lernforschung und Fachdidaktiken sinnvoll. Für die Entwicklung von Lernumgebungen müssen die allgemeinen Gestaltungsprinzipien von Lernumgebungen gemäß den situierten Ansätzen in den jeweiligen Domänen umgesetzt werden – und dies ist ohne fachdidaktische Expertise nicht möglich. Auch die Implementation erfordert die Berücksichtigung fachlicher Gegebenheiten – etwa eine Kenntnis der curricularen Anforderungen oder das erforderliche Wissen, um Fortbildungen mit fachlichem Schwerpunkt zu gestalten. Schließlich sind Leistungs- und Wissenstests als ein Bestandteil der empirischen Forschung nicht ohne Fachdidaktik zu konzipieren. Der Ansatz der „Learning communities" legt zudem nahe, auch Lehrkräfte in den Forschungsprozess einzubinden. Ihre spezifische Expertise kann nicht nur genutzt werden, um die „Kohärenz" der Fortbildungen zum professionellen Handlungsfeld von Lehrkräften zu erhöhen. Lehrkräfte spielen auch eine entscheidende Rolle bei der Weiterentwicklung von Ansätzen und der Entwicklung formativer Methoden der Evaluation der Lernumgebungen. Schließlich wäre auch die Perspektive der Schüler/-innen zu berücksichtigen. Ein zentrales Anliegen der Ansätze des situierten Lernens ist die Verwendung von Kontexten, die von den Lernenden als relevant und interessant eingeschätzt werden. Zur Auswahl von Kontexten und zur Ausgestaltung konkreter Problem- und Aufgabenstellungen ist es unabdingbar, die (durchaus wechselnden) Interessen von Schülerinnen und Schülern zu erfassen.

Ein Projektbeispiel: Chemie im Kontext

Ein Beispiel für die Verbindung von Entwicklung, Implementation und empirischer Forschung stellen die Arbeiten zu *Chemie im Kontext* dar, die von Vertreter/-innen der Fachdidaktik und der allgemeinen Lehr-Lernforschung gemeinsam durchgeführt werden. Diese Unterrichtskonzeption, die an Vorbilder aus Großbritannien (BURTON/HOLMAN/PILLING/ WADDINGTON 1994; PILLING/HOLMAN/WADDINGTON 2001) und den USA (AMERICAN CHEMICAL SOCIETY 1993) anknüpft, wird seit etwa vier Jahren entwickelt und exemplarisch umgesetzt (PARCHMANN/DEMUTH/RALLE/PASCHMANN/HUNTEMANN 2001; PARCHMANN/GRÄSEL/NENTWIG in Druck; PARCHMANN/RALLE/DEMUTH 2000).

Theoretisch orientiert sich die *Entwicklung* von *Chemie im Kontext* explizit an den Instruktionsansätzen des situierten Lernens – in der Konzeption werden die drei eingangs erwähnten Prinzipien folgendermaßen umgesetzt: (1) Den Ausgangspunkt für das Lernen stellen Frage- und Problemstellungen dar, die aus der Alltagswelt der Lernenden stammen und für sie relevant und interessant sind. Anhand dieser Kontexte soll ein systematisches Verständnis zentraler Basiskonzepte der Chemie erarbeitet werden (z.B. des Stoff-Teilchen-Konzeptes oder des Donator-Akzeptor-Konzeptes). (2) Im Unterricht wird der Aufbau der Basiskonzepte durch ein Wechselspiel von Dekontextualisierung (Phasen der Abstraktion und Systematisierung) und Rekontextualisierung (Anwendung der Basiskonzepte auf neue Kontexte) erreicht. (3) *Chemie im Kontext* sieht die Verwendung verschiedener Unterrichtsmethoden vor, wobei sich die Wahl der Methoden dem aktuellen Lernziel unterordnet. Dadurch werden die Lernaktivitäten auf vielfältige Weise angeregt und unterstützt, wobei Formen des selbstgesteuerten Lernens eine besondere Rolle zukommt. In der Unterrichtseinheit „Kohlenstoffdioxid und Klima" stellen die Schüler/-innen etwa zunächst Hypothesen über den Verbleib des emittierten Kohlenstoffdioxids auf, auf deren Grundlage Untersuchungen gemeinsam geplant und durchgeführt werden. Die dadurch gewonnenen Erkenntnisse sind der Ausgangspunkt dafür, um die tatsächliche Verteilung und Transportvorgänge von CO_2 in den Ozeanen zu interpretieren. Über ein abschließendes Planspiel bekommen die Lernenden Gelegenheit, sich zum einen über die aktuelle Forschungsdiskussion zu informieren und zum anderen die im Verlauf gewonnenen Erkenntnisse in einem gemeinsamen Diskurs zu artikulieren und zu reflektieren. (4) In *Chemie im Kontext* werden zahlreiche Formen des kooperativen Lernens eingesetzt (z.B. Gruppenpuzzle, Stationenarbeit).

Hinsichtlich der *Implementation* verwendet *Chemie im Kontext* verschiedene Strategien: In einem vom BMBF und 12 beteiligten Ländern[2] geförderten Projekt wird eine Implementationsstrategie verfolgt, die durch einen intensiven Austausch zwischen der Projektgruppe und den beteiligten Lehrkräften gekennzeichnet ist. Dieser Ansatz orientiert sich am Ansatz der Learning communities, wie er in den amerikanischen Implementationsstudien verwendet wird (PUTNAM/BORKO 2000; COGNITION AND TECHNOLOGY GROUP AT VANDERBILT 1997; ZECH u.a. 2000). In einem zweiten Projekt wird eine andere Implementationsstrategie verfolgt und untersucht: Es wird der Frage nachgegangen, wie externe Lehrerfortbildungen gestaltet werden können, um ein Mindestmaß an Unterstützung zu bieten und sowohl die individuelle Kompetenzentwicklung von Lehrkräften als auch die Lernkultur an Schulen zu beeinflussen[3]. Dazu wurde eine Fortbildungskonzeption entwickelt, die *Chemie im Kontext* in einem ersten Workshop anhand zentraler Bausteine vorstellt. In einem zweiten Workshop werden die Unterrichtserfahrungen der Lehrkräfte in einer Reflexionsphase aufgegriffen. Diese Form der Fortbildung wird mit einer Version verglichen, in der die Lehrkräfte zwischen den beiden Workshops zusätzlich zu einer schulinternen Kooperation und Kommunikation angeregt werden.

In beiden Projekten sind empirische Studien auf zwei Ebenen geplant. Es wird untersucht, welche Effekte die Implementation von *Chemie im Kontext* auf die Unterrichtsqualität hat. Dazu werden Lehrkräfte wie Schüler/-innen nach der Wahrnehmung der Unterrichtsqualität befragt; bei den Schüler/-innen wird zusätzlich erfasst, ob sich *Chemie im Kontext* positiv auf die Lernmotivation und das Interesse an Chemie auswirkt. Schließlich wird überprüft, inwieweit durch die Konzeption der Erwerb von Verständniswissen und anwendungsorientiertem Wissen unterstützt wird. Auf einer zweiten Ebene wird die jeweils verwendete Implementationsstrategie daraufhin analysiert, wie sie sich auf die subjektiven Überzeugungen von Lernen, auf die Kompetenzentwicklung der Lehrkräfte und die Realisierung von *Chemie im Kontext* im Unterricht auswirkt. Im BMBF-Projekt steht dabei die Frage im Vordergrund, welche Faktoren sich für die Implementation als förderlich bzw. hinderlich erweisen. Im DFG-Projekt wird gefragt, inwieweit die Kooperationsanregung dazu beiträgt, dass sich sowohl die Lehrkräfte als auch die beteiligten Schulen weiter entwickeln.

Die Forschungen von *Chemie im Kontext* können als ein Beitrag gesehen werden, wie Lernumgebungen auf der Basis der situierten Ansätze empirisch untersucht und in der Unterrichtspraxis an Schulen verbreitet werden können. Forschungen dieser Art sollten aber nicht (erneut) den Fehler begehen, für eine bestimmte Art von Unterrichtskonzeption Ausschließlichkeitsansprüche zu formulieren. Die Lehr-Lernforschung zeigt zu deutlich, dass eine Vielfalt an Herangehensweisen im Unterricht dafür ausschlaggebend ist, ob der Aufbau von Kompetenzen und Motivation unterstützt wird (HELMKE/WEINERT 1997). Gelingende Lehr-Lernprozesse werden sich – allein wegen der unterschiedlichen Lernvoraussetzungen der Schüler/-innen – immer dadurch auszeichnen, dass sie verschiedene Unterrichtskonzeptionen anforderungsgerecht kombinieren und integrieren. Forschung zur Entwicklung und Implementation selbstgesteuerten und situierten Lernens sollte dazu beitragen, mehr Wissen darüber zu erhalten, wie diese Kombination für verschiedene Inhalte und Lernvoraussetzungen erfolgreich gestaltet werden kann.

Anmerkungen

1 Der Begriff „situiertes Lernen" legt fälschlicherweise nahe, dass die Situierung bzw. Kontextualisierung das einzige Merkmal dieser Lernumgebungen ist – dies stellt jedoch eine verkürzte Sichtweise dar.
2 BMBF-Projekt „Optimierung von Implementationsstrategien bei innovativen Unterrichtskonzeptionen am Beispiel *Chemie im Kontext*" (Laufzeit 2002–2005). Leibniz-Institut für die Pädagogik der Naturwissenschaften (IPN, Kiel), Universität Dortmund und Universität des Saarlandes.
3 DFG-Projekt „Lehrerfortbildung und ihre Wirkungen auf Unterricht und Lernkultur an Schulen: Ein Feld-Experiment zu Fortbildungskonzeptionen für den Chemie-Unterricht" (Projekt im Rahmen des DFG-Schwerpunktes „Bildungsqualität von Schule"). Leibniz-Institut für die Pädagogik der Naturwissenschaften (IPN, Kiel), Universität des Saarlandes.

Literatur

AMERICAN CHEMICAL SOCIETY (1993): ChemCom, Chemistry in the Community. – Dubuque.
ANDERSON, J. R./REDER, L. M./SIMON, H. A. (1996): Situated learning and education. In: Educational Researcher, 25. Jg., 4, S. 18-21.
ANDERSON, J. R./REDER, L. M./SIMON, H. A. (1997): Situative versus cognitive perspectives: Form versus substance. In: Educational Researcher, 26. Jg., 1, S. 18-21.
ARTELT, C./DEMMRICH, A./BAUMERT, J. (2001): Selbstreguliertes Lernen. In: DEUTSCHES PISA-KONSORTIUM (Hrsg.) (2001): PISA 2000. Basiskompetenzen von Schülerinnen und Schülern im internationalen Vergleich. – Opladen, S. 271-298.
BAUMERT, J./KÖLLER, O. (2000): Unterrichtsgestaltung, verständnisvolles Lernen und multiple Zielerreichung im Mathematik- und Physikunterricht der gymnasialen Oberstufe. In: BAUMERT, J./BOS,

W./LEHMANN, R. (Hrsg.) (2000): TIMSS/III. Dritte internationale Mathematik- und Naturwissenschaftsstudie. Mathematisch und naturwissenschaftliche Bildung am Ende der Schullaufbahn. – Band 2: Mathematische und physikalische Kompetenzen am Ende der gymnasialen Oberstufe – Opladen, S. 271-315.

BAUMERT, J./STANAT, P./DEMMRICH, A. (2001): PISA 2000: Untersuchungsgegenstand, theoretische Grundlagen und Durchführung der Studie. In: DEUTSCHES PISA-KONSORTIUM (Hrsg.) (2001): PISA 2000. Basiskompetenzen von Schülerinnen und Schülern im internationalen Vergleich. – Opladen, S. 15-68.

BRANSFORD, J. D./BROWN, A. L./COCKING, R. R. (2000): How people learn. Brain, mind, experience, and school. – Washington.

BROWN, A. L. (1997): Transforming schools into communities of thinking and learning serious matters. In: American Psychologist, 52. Jg., S. 399-413.

BROWN, A. L./CAMPIONE, J. C. (1994): Guided discovery in a community of learners. In: MCGILLY, K. (Hrsg.) (1994): Classroom lessons: Integrating cognitive theory and classroom practice. – Cambridge, S. 229-279.

BROWN, A. L./CAMPIONE, J. C. (1996): Psychological theory and the design of innovative learning environments: On procedures, principles, and systems. In: SCHAUBLE, E./GLASER, R. (Hrsg.) (1996): Innovation in learning. New environments for education. – New Jersey, S. 289-325.

BROWN, A. L./PALINCSAR, A. (1989): Guided, cooperative learning and individual knowledge acquisition. In: RESNICK, L. B. (Hrsg.) (1989): Knowing, learning, and instruction. Essays in the honour of Robert Glaser. – Hillsdale, S. 391-451.

BROWN, J. S./COLLINS, A./DUGUID, P. (1989): Situated cognition and the culture of learning. In: Educational Researcher, 18. Jg., 1, S. 32-42.

BURTON, G./HOLMAN, J./PILLING, G./WADDINGTON, D. (1994): Salters Advanced Chemistry, Chemical storylines. – Oxford.

COGNITION AND TECHNOLOGY GROUP AT VANDERBILT (1993): Designing learning environments that support thinking: The Jasper series as a case study. In: DUFFY, T. M./LOWYCK, J./JONASSEN, D. H./WELSH, T. M. (Hrsg.) (1993): Designing environments for constructive learning. – Berlin, S. 9-36.

COGNITION AND TECHNOLOGY GROUP AT VANDERBILT (1997): The Jasper Project: Lessons in curriculum, instruction, assessment, and professional development. – Mahwah.

COLLINS, A. (1996): Design issues for learning environments. In: VOSNIADOU, S./CORTE, E. D./GLASER, R./MANDL, H. (Hrsg.) (1996): International perspectives on the design of technology-supported learning environments. – Mahwah, S. 347-362.

COLLINS, A./BROWN, J. S./NEWMAN, S. E. (1989): Cognitive apprenticeship: Teaching the crafts of reading, writing, and mathematics. In: RESNICK, L. B. (Hrsg.) (1989): Knowing, learning, and instruction. Essays in the honour of Robert Glaser. – Hillsdale, S. 453-494.

DEUTSCHES PISA-KONSORTIUM (Hrsg.). (2001): PISA 2000. Basiskompetenzen von Schülerinnen und Schülern im internationalen Vergleich. – Opladen.

DEUTSCHES PISA-KONSORTIUM (2002): PISA 2000 – die Länder der Bundesrepublik Deutschland im Vergleich. – Opladen.

FISCHER, F./BRUHN, J./GRÄSEL, C./MANDL, H. (2002): Fostering collaborative knowledge construction with visualization tools. In: Learning and Instruction, 12. Jg., S. 213-232.

GARET, M. S./PORTER, A. C./DESIMONE, L./BIRMAN, B. F./YOON, K. S. (2001): What makes professional development effective? Results from a national sample of teachers. In: American Educational Research Journal, 38. Jg., S. 915-945.

GERSTENMAIER, J./MANDL, H. (2001). Methodologie und Empirie zum situierten Lernen (Forschungsbericht Nr. 137). – München: Institut für Empirische Pädagogik und Pädagogische Psychologie.

GRÄSEL, C. (1997): Problemorientiertes Lernen. – Göttingen.

GREENO, J. G. (1997): On claims that answer the wrong questions. In: Educational Researcher, 26. Jg., 1, S. 5-17.

GREENO, J. G. /MMAP. (1998): The situativity of knowing, learning, and research. In: American Psychologist, 53. Jg., S. 5-26.

GRUBER, H./RENKL, A. (2000): Die Kluft zwischen Wissen und Handeln: Das Problem des trägen Wissens. In: NEUWEG, G. H. (Hrsg.) (2000): Wissen – Können – Reflexion. Ausgewählte Verhältnisbestimmungen. – Innsbruck, S. 155-174.

HELMKE, A./WEINERT, F. E. (1997): Bedingungsfaktoren schulischer Leistungen. In: WEINERT, F. E. (Hrsg.) (1997): Enzyklopädie der Psychologie (D3/I/3, Psychologie des Unterrichts und der Schule). – Göttingen, S. 71-176.

JÜRGENS, E. (2000): Die 'neue' Reformpädagogik und die Bewegung Offener Unterricht. – Sankt Augustin.
KLAUER, K. J. (1999): Situated Learning: Paradigmenwechsel oder alter Wein in neuen Schläuchen? In: Zeitschrift für Pädagogische Psychologie, 13. Jg., S. 117-121.
KLIEME, E. (2000): Fachleistungen im voruniversitären Mathematik- und Physikunterricht: Theoretische Grundlagen, Kompetenzstufen und Unterrichtsschwerpunkte. In: BAUMERT, J./BOS, W./LEHMANN, J. (Hrsg.) (2000): TIMSS/III. Dritte Internationale Mathematik- und Naturwissenschaftsstudie – Mathematische und naturwissenschaftliche Bildung am Ende der Schullaufbahn. – Opladen, S. 57-128.
KLIEME, E./NEUBRAND, M./LÜDTKE, O. (2001): Mathematische Grundbildung: Testkonzeption und Ergebnisse. In: DEUTSCHES PISA-KONSORTIUM (Hrsg.) (2001): PISA 2000. Basiskompetenzen von Schülerinnen und Schülern im internationalen Vergleich. – Opladen, S. 139-190.
KLIEME, E./SCHÜMER, G./KNOLL, S. (2002): Mathematikunterricht in der Sekundarstufe I. In: FORSCHUNG, B. F. B. U. (Hrsg.) (2002): TIMSS – Impulse für Schule und Unterricht. Forschungsbefunde, Reforminitiativen, Praxisberichte und Videodokumente. – Bonn, S. 42-57.
KLIEME, E./STANAT, P. (2002): Zur Aussagekraft internationaler Schulleistungsvergleiche – Befunde und Erklärungsansätze am Beispiel von PISA. In: Bildung und Erziehung, 55. Jg., S. 25-44.
LAVE, J. (1988): Cognition in practice: Mind, mathematics, and culture in everyday life. – Cambridge.
OECD (1999): Measuring Student Knowledge and Skills. A new framework for assessment. – Paris: OECD.
OECD (2001): Lernen für das Leben. Erste Ergebnisse der internationalen Schulleistungsstudie PISA. – Paris.
PARCHMANN, I./DEMUTH, R./RALLE, B./PASCHMANN, A./HUNTEMANN, H. (2001): Chemie im Kontext – Begründung und Realisierung eines Lernens in sinnstiftenden Kontexten. In: Praxis der Naturwissenschaften – Chemie, 50. Jg., S. 2-7.
PARCHMANN, I./GRÄSEL, C./NENTWIG, P. (in Druck): Chemie im Kontext – Curriculum development and evaluation strategies. In: HOLMAN, J./MILLAR, R. (Hrsg.) (in Druck): Evaluation of context-based curricula.
PARCHMANN, I./RALLE, B./DEMUTH, R. (2000): *Chemie im Kontext* – eine Konzeption zum Aufbau und zur Aktivierung fachsystematischer Strukturen in lebensweltlichen Kontexten. In: MNU, 53. Jg., 3, S. 132-136.
PILLING, G./HOLMAN, J./WADDINGTON, D. (2001): The Salters' experience. In: Education in Chemistry, 38. Jg., S. 131-137.
PRENZEL, M. (2000): Steigerung der Effizienz des mathematisch-naturwissenschaftlichen Unterrichts: Ein Modellversuchsprogramm von Bund und Ländern. In: Unterrichtswissenschaft, 28. Jg., 2, S. 103-126.
PRENZEL, M./OSTERMEIER, C./BAHR, S./HAMMANN, M. (2000). Befragung zur Akzeptanz im BLK-Modellversuchsprogramm „Steigerung der Effizienz des mathematisch-naturwissenschaftlichen Unterrichts": Ergebnisse und Implikationen für die weitere Steuerung des Programms. – Kiel: Institut für die Pädagogik der Naturwissenschaften.
PRENZEL u.a. 2001 = PRENZEL, M./ROST, J./SENKBEIL, M./HÄUßLER, P./KLOPP, A. (2001): Naturwissenschaftliche Grundbildung: Testkonzeption und Ergebnisse. In: DEUTSCHES PISA-KONSORTIUM (Hrsg.) (2001): PISA 2000. Basiskompetenzen von Schülerinnen und Schülern im internationalen Vergleich. – Opladen, S. 191-248.
PRENZEL u.a. (in Druck) = PRENZEL, M./SEIDEL, T./LEHRKE, M./RIMMELE, R./DUIT, R./EULER, D./GEISER, H./HOFFMANN, H./MÜLLER, C./WIDODO, A. (in Druck): Lehr-Lern-Prozesse im Physikunterricht – eine Videostudie. In: Zeitschrift für Pädagogik, 50. Jg., S. 139-156.
PUTNAM, R. T./BORKO, H. (2000): What do new views of knowledge and thinking have to say about research on teacher learning? In: Educational Researcher, 29. Jg., 1, S. 4-15.
REINMANN-ROTHMEIER, G./MANDL, H. (2001): Unterrichten und Lernumgebungen gestalten. In: Weidenmann, B./Krapp, A./Huber, M./Hofer, G. L./Mandl, H. (Hrsg.) (2001): Pädagogische Psychologie. – Weinheim, S. 603-648.
RENKL, A. (1996): Träges Wissen: Wenn Erlerntes nicht genutzt wird. In: Psychologische Rundschau, 47. Jg., S. 78-92.
RENKL, A. (2000). Weder Paradigmenwechsel noch alter Wein! – Eine Antwort auf Klauers „Situated Learning": Paradigmenwechsel oder alter Wein in neuen Schläuchen? Pädagogische Psychologie, 14. Jg., S. 5-7.

RESNICK, L. (1987): Learning in school and out. In: Educational Researcher, 16. Jg., 9, S. 13-20.
RESNICK, L./PONTECORVO, C./SÄLJÖ, R. (1997): Discourse, Tools, and Reasoning, Essays on Situated Cognition. In: RESNICK, L./SÄLJÖ, R./PONTECORVO, C./BURGE, B. (Hrsg.) (1997): Discourse, Tools, and Reasoning, Essays on Situated Cognition. – New York, S. 1-20.
SEIDEL u.a. 2002 = SEIDEL, T./PRENZEL, M./DUIT, R./EULER, M./LEHRKE, M./GEISER, H./HOFFMANN, L./MÜLLER, C./RIMMELE, R. (2002): „Jetzt bitte alle nach vorne schauen" – Lehr-Lernskripts im Physikunterricht und damit verbundene Bedingungen für individuelle Lernprozesse. In: Unterrichtswissenschaft, 30. Jg., S. 52-77.
STARK, R./MANDL, H. (2000): Konzeptualisierung von Motivation und Motivierung im Kontext situierten Lernens. In: SCHIEFELE, U./WILD, K. P. (Hrsg.) (2000): Interesse und Lernmotivation. – Münster, S. 95-115.
STIGLER, J. W./GALLIMORE, R./HIEBERT, J. (2000): Using Video Surveys to Compare Classrooms and Teaching across Cultures: Examples and Lessons From the TIMSS Video Studies. In: Educational Psychologist, 35. Jg., 2, S. 87-100.
TERHART, E. (2002): Fremde Schwestern. Zum Verhältnis von Allgemeiner Didaktik und Lehr-Lern-Forschung. In: Zeitschrift für Pädagogische Psychologie, 16. Jg., S. 77-86.
WEINERT, F. E. (1996): Für und Wider die „neuen Lerntheorien" als Grundlagen pädagogisch-psychologischer Forschung. In: Zeitschrift für Pädagogische Psychologie, 10. Jg., S. 1-12.
WEST, L./STAUB, F. (2002): Content-focused coaching. – Oxford.
ZECH u.a. (2000) = ZECH, L. K./GAUSE-VEGA, C. L./BRAY, M. H./SECULES, T./GOLDMAN, S. R. (2000): Content-based collaborative inquiry: A professional development model for sustaining educational reform. In: Educational Psychologist, 35. Jg., S. 207-217.

Anschrift der Verfasserinnen: Prof. Dr. Cornelia Gräsel, Universität des Saarlandes, Fakultät für Empirische Humanwissenschaften, Fachrichtung Erziehungswissenschaft, Postfach 15 11 50, 66041 Saarbrücken, Email: graesel@mx.uni-saarland.de; Prof. Dr. Ilka Parchmann, Leibniz-Institut für die Pädagogik der Naturwissenschaften, Abteilung Didaktik der Chemie, Olshausenstr. 62, D-24098 Kiel, Email: parchmann@ipn.uni-kiel.de

Olaf Köller

Schulische Leistungen am Ende der gymnasialen Oberstufe:
Wichtige Ressourcen für den Übergang ins Studium und eine erfolgreiche Berufskarriere?[1]

Zusammenfassung
Die Veröffentlichungen zur PISA- und TIMS-Studie haben erhebliche Leistungsdefizite bei Jugendlichen und jungen Erwachsenen aufgedeckt. Vor dem Hintergrund, dass Kompetenzen in den Bereichen Muttersprache, Mathematik und Naturwissenschaften, kombiniert mit guten Kenntnissen in der ersten Fremdsprache (oftmals Englisch), als Kernvoraussetzungen für eine erfolgreiche Teilnahme am gesellschaftlichen und beruflichen Leben gelten, überrascht es, wie wenig Studien es im Schnittbereich von Soziologie, Psychologie und Erziehungswissenschaft gibt, die sich mit der Rolle schulisch erworbenen Wissens für berufliche Karrieren befassen. Es ist weitgehend offen, inwieweit schulisch erworbene Kompetenzen – jenseits der erreichten Abschlüsse und der Abschlussnoten – individuelle Ressourcen darstellen, welche die Bewältigung des Übergangs von der Schule in die duale oder universitäre Ausbildung und von der Ausbildung in den Beruf beeinflussen. Im vorgestellten Projekt soll diese Frage für mathematische Kompetenzen und Englischkenntnisse am Ende der gymnasialen Oberstufe beantwortet werden. Neben der Bedeutung schulischer Kompetenzen für den akademischen bzw. beruflichen Werdegang soll beleuchtet werden, welche Rolle unterschiedliche Organisationsformen (allgemein bildende vs. berufliche Gymnasien) für den Übergang ins Studium oder die duale Ausbildung spielen.

Summary
Recent publications of the PISA and TIMS-study have reported substantial achievement deficits of German students in different domains, i.e., reading, mathematics, and science literacy. Although high competencies in these three domains, combined with sufficient skills in English as a foreign language, represent prerequisites for the successful coping with societal and occupational demands, there is still a lack of educational, psychological and sociological studies investigating the effects of academic competencies on individual careers across the life-span. Therefore, it is still an open question whether these competencies represent important determinants of the successful school-to-work, school-to-university, and university-to-work transition beyond and above academic certificates and final grades (GPA) at the end of secondary school. The project presented in this paper intends to overcome these research deficits by analyzing competencies in mathematics and English in the final school year at German academically selected high schools (in German: Gymnasien). In addition to the study of effects of math and English competencies on academic and occupational careers, it is planned to investigate the role of different types of upper secondary schools (vocational vs. traditional high schools) on the school-to-university and school-to-work transition.

1. Überblick

Die Veröffentlichungen der letzten Jahre zur PISA- und TIMS-Studie (BAUMERT/BOS/ LEHMANN 2000a; 2000b; BAUMERT u.a. 1997; DEUTSCHES PISA-KONSORTIUM 2001; 2002) haben in den Bereichen Mathematik, Leseverständnis und Naturwissenschaft auf erhebliche Leistungsdefizite bei Jugendlichen und jungen Erwachsenen aufmerksam gemacht. PISA für 15-jährige und TIMSS für die Jahrgangsstufen 7 und 8 sowie für junge Erwachsene am Ende der Schullaufbahn haben gezeigt, dass nicht einmal deutsche Gymnasiastinnen und Gymnasiasten in ihren Mathematik-, Naturwissenschafts- und Leseleistungen im internationalen Vergleich Spitzenleistungen zeigen, unser institutionalisiertes Bildungssystem also möglicherweise individuelle Ressourcen suboptimal ausschöpft. Hinter Bildungszertifikaten wie dem Realschulabschluss oder dem Abitur stehen zum Teil Leistungsniveaus, die erheblich unter den Standards liegen, die Lehr- bzw. Rahmenpläne vorgeben. So zeigen die PISA-Befunde zum Leseverständnis, dass es zwischen 40 und 50 Prozent der Realschüler und zwischen 5 und 10 Prozent der Gymnasiasten im Alter von 15 Jahren nicht gelingt, kontinuierliche und nicht-kontinuierliche Texte verständnisvoll zu lesen, so dass Textinhalte richtig wiedergegeben, gehaltvoll interpretiert und kritisch reflektiert werden können. Die TIMSS-Befunde zur mathematisch-naturwissenschaftlichen Grundbildung am Ende der Schullaufbahn machen deutlich, dass substanzielle Anteile der Schülerinnen und Schüler mit erfolgreichem Haupt- und Realschulabschluss in den untersuchten Fächern Kenntnisse auf einem Niveau aufweisen, wie man es üblicherweise am Ende der Grundschulzeit erwartet. Zu dieser empirischen Befundlage passen die wiederholt vorgetragenen, wenn auch empirisch kaum gesicherten, Klagen von Ausbildungsbetrieben, wonach sehr viele Bewerberinnen und Bewerber um eine Lehrstelle hinsichtlich ihrer Mathematik- und Lese-Rechtschreibkompetenzen unzureichend vorbereitet seien und konsequenterweise in entsprechenden Auswahltests scheitern würden. Im Hinblick auf die Studierfähigkeit wurden ähnliche Probleme aufgeworfen (KAZEMZADEH/MINKS/NIGMANN 1987). Auch die TIMSS-Befunde für die gymnasiale Oberstufe (BAUMERT/ BOS/LEHMANN 2000b), wonach lediglich ein Drittel der untersuchten Schülerinnen und Schüler ein Leistungsniveau in Mathematik aufweisen, wie man es in der Oberstufe auf Grund der Lehrpläne erwartet, haben Kritik an den Erträgen schulischer Bildungsprozesse in der Bundesrepublik Deutschland laut werden lassen.

Vor dem Hintergrund, dass Kompetenzen in den Bereichen Muttersprache, Mathematik und Naturwissenschaften, kombiniert mit hinreichenden Kenntnissen in der ersten Fremdsprache (hier vor allem in Englisch als *lingua franca*) als Kernvoraussetzungen für eine erfolgreiche Teilnahme am gesellschaftlichen und beruflichen Leben gelten (vgl. BAUMERT/ STANAT/DEMMRICH 2001), überrascht es, wie wenig empirische Studien es in Deutschland im Schnittbereich von Soziologie, Entwicklungspsychologie und Erziehungswissenschaft gibt, die sich mit der Bedeutung schulisch erworbenen Wissens für berufliche Karrieren befassen. Rezente Studien beschränken sich in der Regel auf die prädiktive Kraft von Bildungsabschlüssen und Noten, obwohl seit langem bekannt ist, dass hinter identischen Zertifikaten und Noten ganz unterschiedliche Kompetenzniveaus stehen können (vgl. z.B. KÖLLER/BAUMERT/SCHNABEL 1999). Es ist daher eine weitgehend offene Frage, inwieweit schulisch erworbene Kompetenzen – jenseits der erreichten Bildungsabschlüsse und Abschlussnoten – noch zusätzliche individuelle Ressourcen darstellen, welche die erfolgreiche Bewältigung des Übergangs von der Schule in die duale oder universitäre Ausbildung und von der Ausbildung in den Beruf erleichtern und langfristig erfolgreiche Berufskarrieren ermöglichen.

Im Rahmen des hier vorgestellten, längerfristig ausgerichteten Forschungsprojekts soll diese Frage für die Bereiche der mathematische Kompetenzen und Englischkenntnisse am Ende der gymnasialen Oberstufe beantwortet werden. In einem Längsschnitt soll die prädiktive Kraft beider Kompetenzbereiche für berufliche Karrieren eruiert werden. Für beide Domänen werden in einem ersten Schritt Mindeststandards definiert, von denen angenommen wird, dass sie im Hinblick auf die Studierfähigkeit erreicht werden sollten.

Neben der Bedeutung schulischer Kompetenzen für den akademischen bzw. beruflichen Werdegang soll auch beleuchtet werden, welche Rolle unterschiedliche Organisationsformen (allgemein bildende vs. berufliche Gymnasien) für den Übergang ins Studium oder die duale Ausbildung spielen. Den theoretischen Hintergrund bilden neben erziehungswissenschaftlichen Ansätzen entwicklungspsychologische Überlegungen (BALTES 1997; FREUND/BALTES 1998), wonach erfolgreiche Berufskarrieren auf der klaren Definition individueller Ziele zum rechten Zeitpunkt (Selektion) und deren Erreichung unter optimalem Einsatz persönlicher Ressourcen (Optimierung) basieren. Schulische Kompetenzen stellen dabei wichtige persönliche Ressourcen dar.

Durch die Fokussierung auf schulische Kompetenzen als Voraussetzungen für den Übergang ins Hochschulstudium ergibt sich die folgende Gliederung dieses Beitrags: Im nächsten Abschnitt finden sich Ausführungen, was üblicherweise unter Studierfähigkeit verstanden wird und was messbare Indikatoren dafür sind. Für die Bereiche Mathematik und Englisch werden dann operationale Definitionen für Studierfähigkeit gegeben. Es folgen Ausführungen zu der Rolle von schulisch erworbenen Kompetenzen für den Ausbildungs-, Studien- und Berufserfolg. Daran schließen sich weitere pädagogisch-psychologische und entwicklungspsychologische Überlegungen darüber an, welche Faktoren den erfolgreichen Übergang in das Studium steuern bzw. welches die handlungsregulierenden Prozesse bei der Wahl eines Studienzweiges sind. Danach wird eine bereits begonnene empirische Studie mit ihrer Anlage und den weiteren Planungen beschrieben.

2. Schulleistungen und Studierfähigkeit

Das differenzierte Schulsystem der Bundesrepublik Deutschland versucht sehr früh, mit der Zuweisung auf die verschiedenen Schulformen des Sekundarsystems (mit wenigen Ausnahmen nach der 4. Jahrgangsstufe) akademische und nicht-akademische Berufslaufbahnen vorzubereiten. Der frühe Übergang auf das Gymnasium soll gewährleisten, dass diejenigen Schülerinnen und Schüler, die später ein Studium aufnehmen, auch die für den erfolgreichen akademischen Abschluss erforderlichen kognitiven und motivationalen Kompetenzen sowie Lernhaltungen und -strategien erwerben können. Im Gegensatz zu anderen Ländern wie beispielsweise Großbritannien, wo bereits die Wahl der Schwerpunktfächer (sogenannte *A-Level-Courses*) in den voruniversitären Schuljahren die Wahl der Studienfächer einschränkt, wird Absolventen im deutschen System mit der Vergabe der „allgemeinen Hochschulreife" attestiert, notwendige Voraussetzungen für die Aufnahme und des erfolgreichen Abschlusses eines – grundsätzlich beliebigen – Studienfachs erworben zu haben. Die Wahlfreiheit ist in vielen Fächern faktisch dadurch eingeschränkt, dass die Zahl der Bewerber am Hochschulstandort deutlich über den bundesweit angebotenen Studienplätzen liegt (in diesen Fächern verläuft die Vergabe nach gesetzlich festgelegten Kriterien wie Durchschnittsnote im Abitur und Wartezeit). Hinter der prinzipiell nicht beschränkten Wahlfreiheit steckt ein Bildungsmodell, wonach die schulisch erworbenen Kompetenzen die Bewährung in sehr unterschiedlichen akademischen Lernmilieus der Universität wahrscheinlich machen (vgl. SCHNABEL 2001). Im Bereich fachlicher Grundqualifikationen hat die Expertenkommission der KMK 1995 als Basis der künftigen Studierfähigkeit vertiefte Kenntnisse im muttersprachlichen Bereich, in einer Fremdsprache sowie in der Mathematik gefordert und darüber hinaus die Bedeutung studienpropädeutischer Angebote betont. Weitere Kriterien einer hinreichenden Studieneignung sind nach Einschätzung dieser Expertenkommission sogenannte „Schlüsselqualifikationen" in den Bereichen der (1) sozialen Kompetenz, (2) Selbststeuerung des Lernens und (3) Eigenverantwortlichkeit. Im Wesentlichen finden sich diese von der KMK relativ allgemein gehaltenen Dimensionen der Studierfähigkeit auch in empirischen Untersuchungen wieder, in denen die Abnehmerseite (Hochschullehrerinnen und -lehrer) befragt wurde. So berichten KAZEMZADEH/MINKS/NIGMANN (1987) von einer Hochschullehrerbefragung, in der 92 Prozent aller Befragten eine vertiefte Allgemeinbildung als wichtige Voraussetzung erfolgreichen Studierens angaben. HELDMANN (1984) konnte auf Grund seiner Befragungen feststellen, dass Hochschullehrer von ihren Studentinnen und Studenten (1) eine starke Lern- und Leistungsbereitschaft, (2) eine hohe Selbständigkeit und Motivation, (3) besondere kommunikative Fähigkeiten, (4) eine hohe Ausdauer und Belastbarkeit sowie (5) intellektuelle Neugier erwarten. Die vermutlich aktuellste Studie hierzu stammt von KONEGEN-GRENIER (2002), in der zwischen kognitiven und persönlichkeitsspezifischen Fähigkeiten getrennt wurde. Auf Seiten der Persönlichkeitseigenschaften wurden von den befragten Hochschullehrern die Bereiche (1) inhaltliches Interesse, (2) Leistungsmotivation, (3) Genauigkeit, (4) Zielstrebigkeit, (5) Beharrlichkeit, (6) Eigeninitiative, (7) Selbstorganisation, (8) hohes Anspruchsniveau, (9) kompetenter Umgang mit Unsicherheit und (10) Fähigkeit zur Selbstreflexion genannt. Bezüglich der kognitiven Fähigkeiten wurden folgende Dimensionen aufgeführt: (1) Analytische Fähigkeiten, (2) Abstraktionsfähigkeit, (3) Differenzierungsvermögen, (4) Synthesefähigkeit, (5) Transferfähigkeit, (6) Kreativität und (7) sprachliche Ausdrucksfähigkeit. Für alle hier genannten Kriterien existieren in der psychologischen Literatur zwar Messinstrumente, es bleibt aber offen, welche Ausprägungen man genau auf diesen Maßen haben muss, um die Chancen für einen erfolgreichen Abschluss im jeweils gewählten Studienfach zu maximieren. Im Bereich der fachlichen Kompetenzen beschränken sich bisher publizierte psychologische, erziehungswissenschaftliche und soziologische Studien (z.B. BARON-BOLDT/ SCHULER/FUNKE 1988; SCHULER 2001) zum Zusammenspiel schulischer Leistungsniveaus und universitärer Erfolge auf die Bedeutung von Noten. Trotz aller methodischer und inhaltlicher Probleme von Noten hat sich in vielen Studien gezeigt, dass sie die besten Einzelprädiktoren für Studienerfolg sind. Die Meta-Analyse von BARON-BOLDT/SCHULER/FUNKE (1988) ergab eine mittlere Korrelation von $r = .46$ zwischen der Abiturnote und universitären Prüfungsleistungen. Gute Noten – glaubt man der rezenten Forschungsliteratur – stehen nach wie vor für schulische Kompetenzniveaus, welche die Erfolgswahrscheinlichkeit von Ausbildungs- und Studienverläufen deutlich ansteigen lassen.

Die diagnostischen Grenzen von Noten bleiben aber offensichtlich, so lange unklar ist, welche konkreten Kompetenzen sich hinter ihnen verbergen. Im Folgenden werden für zwei zentrale Leistungsbereiche der gymnasialen Oberstufe, Mathematik und Englisch, Vorgehensweisen und Messinstrumente präsentiert, mit deren Hilfe Mindeststandards möglicherweise definierbar und operationalisierbar sind.

2.1 Englischkompetenzen als Voraussetzung erfolgreichen Studierens: Die Definition von Mindeststandards anhand des Tests of English as a Foreign Language (TOEFL)

Sichere Englischkenntnisse in Wort und Schrift sind in breiten Tätigkeitsfeldern notwendige Einstellungs- und Arbeitsvoraussetzungen und die zunehmende Internationalisierung der Forschung hat dazu geführt, dass es heute in kaum einem Studienfach noch möglich ist, englische Lehr- und Forschungstexte zu umgehen. Noch zentraler wird die Bedeutung guter Englischkenntnisse in dem Fall, in dem deutsche Schülerinnen und Schüler mit allgemeiner Hochschulreife planen, ein Studium im englischsprachigen Ausland, oftmals den USA, aufzunehmen. Speziell in den USA erwarten fast alle Universitäten, egal ob staatlich oder privat, dass ausländische Bewerberinnen und Bewerber um einen Studienplatz sich zuvor einem standardisierten Englischtest unterzogen haben, in dem sie hinreichende Englischkenntnisse nachgewiesen haben. Üblicherweise handelt es sich bei diesem Verfahren um den *Test of English as a Foreign Language* (TOEFL), der vom *Educational Testing Service* (ETS) in Princeton, New Jersey, entwickelt wurde und der Feststellung der Englisch-Kenntnisse von Personen gilt, die Englisch als Fremdsprache sprechen. Die Philosophie der Abnehmer dieses Testprogramms, mehrheitlich Universitäten, ist, dass ausländische Studenten vor allem in der Sprachrezeption, weniger in der Sprachproduktion firm sein sollten. In diesem Sinne werden die Bereiche Hörverständnis, Leseverständnis, Orthographie, Wortschatz und Grammatik getestet. Die amerikanischen Universitäten und Colleges definieren üblicherweise Mindestleistungen im TOEFL, die internationale Bewerberinnen und Bewerber erreichen sollten, um dort studieren zu können. In begründeten Einzelfällen wird auch einmal von diesen Kriterien abgewichen bzw. Studenten unter der Voraussetzung aufgenommen, dass sie noch einen Sprachkurs absolvieren. Prestigearme staatliche Universitäten in den USA verlangen Werte um 500, die prestigereicheren staatlichen Universitäten (beispielsweise die *Universities of California*) Werte um 550 und die privaten Spitzenuniversitäten (Columbia, Stanford, Yale) Werte um 600. Die drei „magischen" Grenzen (500, 550 und 600) kann man durchaus als für das Studium qualifizierende Mindeststandards im Bereich Englisch verstehen. Ähnlich zur *Literacy-Konzeption* in PISA deuten hohen Testwerte im TOEFL auf ein vertieftes Lese- und Hörverständnis sowie sichere Sprachkenntnisse bezogen auf die alltagsnahe englische Sprache hin, ohne expliziten Bezug auf das Fremdsprachencurriculum. Offen bleibt die Erfassung der Sprachproduktion, wobei die empirische Forschung zeigt, dass Sprachproduktion und -rezeption in der Regel sehr hoch positiv korrelieren (vgl. z.B. SANG u.a. 1986).

Zusammenfassend liegt mit dem TOEFL ein Instrument vor, mit dessen Hilfe sich die Studierfähigkeit im Hinblick auf die Aufnahme eines Studiums in den USA operationalisieren und diagnostizieren lässt.

2.2 Mathematische Kompetenzen als Voraussetzung erfolgreichen Studierens: Die Definition von Mindeststandards anhand des TIMSS-Oberstufentests

Die hohe Relevanz der voruniversitären Mathematik zeigte sich beispielsweise in einer Befragung von Hochschullehrern, die angeben sollten, inwieweit die in TIMSS erfassten mathematischen Kompetenzen wichtige Voraussetzungen für ein erfolgreiches Studieren in den Fächern Physik, Mathematik, Informatik, Betriebswirtschaftslehre, Soziologie,

Bauingenieurswesen, Elektrotechnik und Psychologie sind (vgl. KLIEME 2000). Abgesehen von wenigen fachlichen Besonderheiten wurden von den Vertretern aller befragten Fächer die vorgelegten Aufgaben bzw. die erfolgreiche Lösung dieser Aufgaben als sehr wichtig für das jeweilige Studienfach eingeschätzt.

Über die „Abnehmerstudie" hinaus sind die TIMSS-Oberstufenaufgaben für die hier relevanten Forschungsfragen auch deshalb bedeutsam, weil dort mit Hilfe des sogenannten *Proficiency Scalings* (siehe hierzu ausführlich BEATON/ALLEN 1992) unterschiedliche Kompetenzstufen der Oberstufenschülerinnen und -schüler definiert werden konnten, aus denen sich Mindeststandards für die gymnasiale Oberstufe ableiten lassen. KLIEME (2000) konnte in TIMSS mit Hilfe von Aufgabenanalysen *post hoc* vier Kompetenzstufen identifizieren, von denen lediglich die beiden höchsten Stufen („Anwendung von Lerninhalten der Oberstufe" und „selbständiges mathematisches Problemlösen auf Oberstufenniveau") Leistungsniveaus entsprachen, wie man sie am Ende der gymnasialen Oberstufe erwartet und von denen angenommen werden kann, dass sie die notwenige Grundlage für die mathematischen Anforderungen verschiedenster Studiengänge bilden. Die Abbildungen 1 bis 3 zeigen hierfür Aufgabenbeispiele. Mit Hilfe dieser Aufgaben lassen sich Kompetenzniveaus definieren, die Gymnasiastinnen und Gymnasiasten am Ende ihrer Schulzeit erreicht haben sollten und für die gilt, dass sie sowohl Lernziele der gymnasialen Oberstufe abbilden als auch für ein erfolgreiches Studium präparieren sollten.

Abb. 1: TIMSS-Beispielaufgaben zur voruniversitären Mathematik: Teilgebiet Analytische Geometrie (vgl. KLIEME 2000, S. 89)

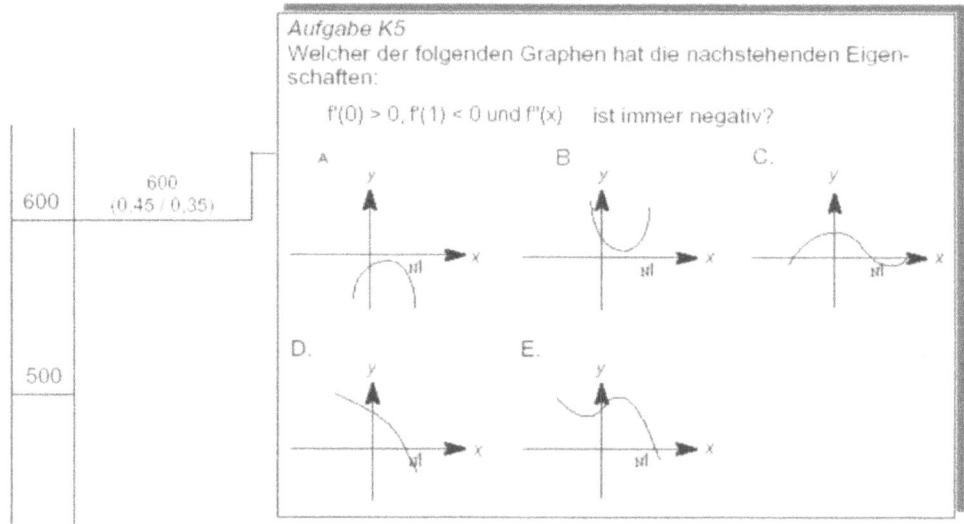

Abb. 2: TIMSS-Beispielaufgabe zur voruniversitären Mathematik: Teilgebiet Analysis (vgl. KLIEME 2000, S. 88)

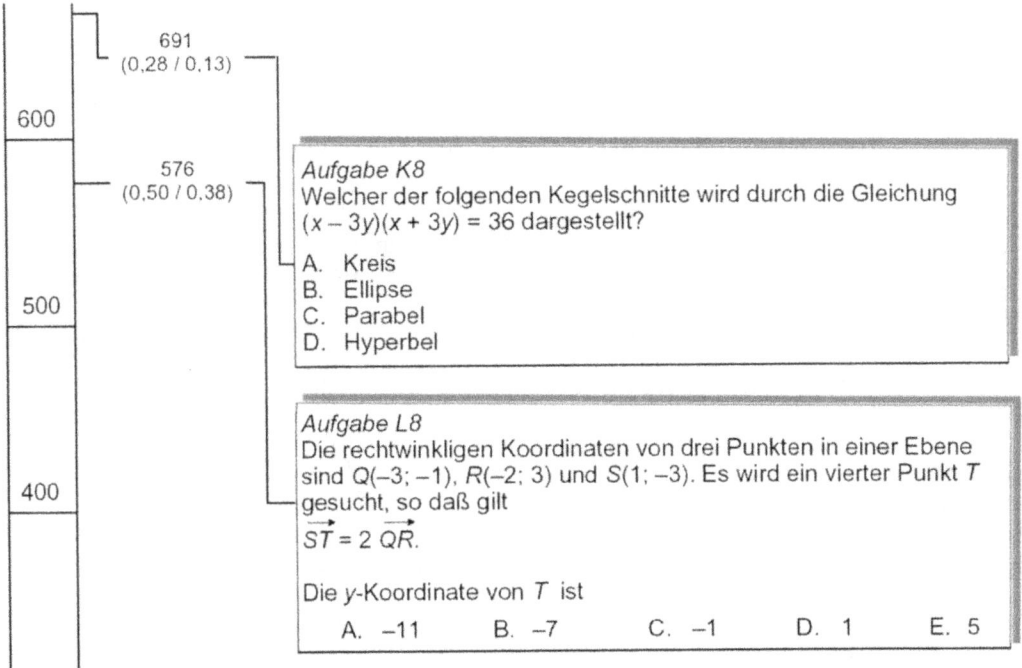

Abb. 3: TIMSS-Beispielaufgabe zur voruniversitären Mathematik: Teilgebiet Elementargeometrie (vgl. KLIEME 2000, S. 92)

Aufgabe K14
Eine Schnur ist symmetrisch um einen zylindrischen Stab gewickelt. Die Schnur windet sich genau 4mal um den Stab. Der Umfang des Stabs beträgt 4 cm und seine Länge 12 cm.

Bestimmen Sie die Länge der Schnur. Schreiben Sie alle Ihre Arbeitsschritte auf.

3. Schulleistungen, Ausbildungs-, Studien- und Berufserfolg: Empirische Befunde

Wenn man die Literatur zum Zusammenspiel von schulischen Leistungen und Berufserfolgen in Deutschland sichtet, wird deutlich, dass zwei Typen von Studien dominieren. Eher soziologisch orientierte Arbeiten (z.B. CORSTEN/HILLMERT 2001) stellen die hohe Bedeutung des Bildungsabschlusses heraus, die sich daraus ergibt, dass der stark segregierte Arbeitsmarkt in der Bundesrepublik Deutschland viele Berufsfelder formal an Zertifikate koppelt, egal welche Kompetenzen sich konkret dahinter verbergen. Ein Blick in die monatlich veröffentlichten Arbeitsmarktstatistiken untermauert dieses Bild: Für Akademiker ist die Wahrscheinlichkeit arbeitslos zu werden erheblich niedriger als für ungelernte Arbeiter.

Eher psychologisch orientierte Arbeiten (vgl. im Überblick SCHULER 2001) beleuchten den Zusammenhang zwischen schulischen Noten und Erfolgen in der Berufsausbildung und dem Studium. Für letztere ist die Befundlage relativ eindeutig: Abschlussnoten repräsentieren die besten Prädiktoren für erfolgreiche Studienkarrieren. Die entsprechende Meta-Analyse von BARON-BOLDT/SCHULER/FUNKE (1988) wurde oben bereits kurz referiert. Für Ausbildungserfolge (theoretische Zwischen- und Abschlussprüfungen) erbrachte die Metaanalyse von BARON-BOLDT/FUNKE/SCHULER (1989) eine mittlere Korrelation von $r = .41$ mit der Abschlussnote am Ende der Sekundarstufe I.

Abb. 4: Jahreseinkommen (Zugehörigkeit zu den oberen 60% der Gehaltsgruppen) nach Kompetenzstufe im Leseverständnis und in der mathematischen Grundbildung

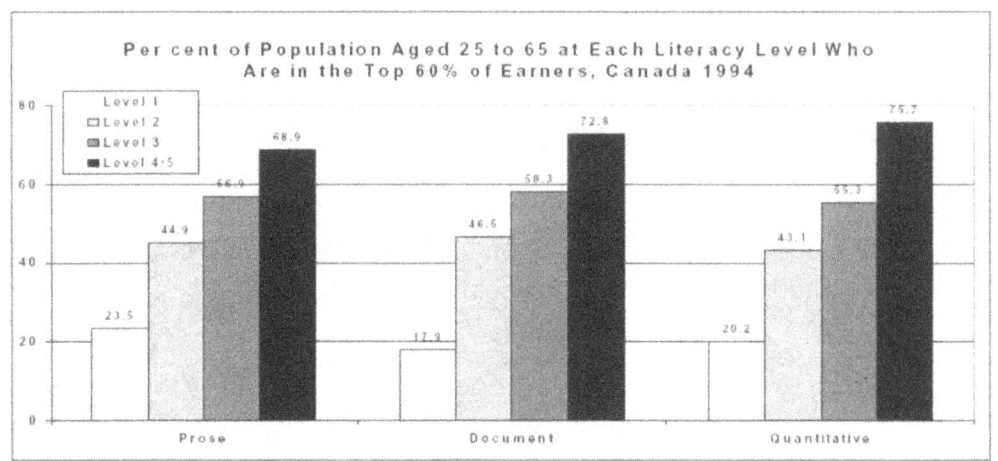

Erläuterungen: Prose: Leseverständnis (Prosa-Texte), Document (Sachtexte, kontinuierlich und diskontinuierlich; Quantitative: mathematische Grundbildung; Datengrundlage *International Adult Literacy Survey* (vgl. STATISTICS CANADA 2000).

Sehr wenige Arbeiten beschäftigen sich mit Effekten von direkt gemessenen Kompetenzen im sprachlichen oder mathematischen Bereich auf die berufliche Karriere, jenseits von Einflüssen der Ausbildungszertifikate oder Noten. Ausnahmen bilden hier die Analysen von OSBERG (2000), die auf den Daten des *International Adult Literacy Survey*

(IALS) basieren und der Frage nachgehen, ob sprachliche und mathematische Kompetenzen im Sinne der Grundbildungskonzeption, wie sie auch in PISA verwendet wurden, über die Bildungsabschlüsse (*Years of Education*) hinaus die Höhe des Einkommens erklären können. Dies ist in der Tat der Fall, auch bei Kontrolle des Bildungsabschlusses ergeben sich mit zunehmenden Grundbildungsniveaus auch steigende Jahreseinkommen. Die Abbildung 4 illustriert diese Ergebnisse für Kanada anhand des bivariaten Zusammenhangs zwischen Grundbildung und Einkommen. Interessanterweise deuten die Ergebnisse darauf hin, dass ein linearer Zusammenhang zwischen Kompetenzen und Einkommen besteht. Es scheint nicht so zu sein, dass jenseits eines gewissen Sockelniveaus oder Standards keine positiven Effekte der Grundbildung mehr auf das Einkommen beobachtbar wären.

Weiterhin zeigen die Analysen der IALS-Daten, dass mit steigenden Lesekompetenzen auch die Chancen der Arbeitslosigkeit deutlich abnehmen (vgl. Abb. 5 für ausgewählte Länder). Traut man diesen Analysen, so liegt der Schluss nahe, dass es über die Bildungsabschlüsse hinaus Effekte von Kernkompetenzen auf berufliche Karrieren gibt. Die Schwäche der Analysen liegt aber darin, dass sie auf querschnittlich erhobenen Daten beruhen und unklar bleibt, ob beispielsweise die höheren Einkommen Folge höherer sprachlicher Kompetenzen sind oder die sprachlichen Kompetenzen sich erst als Sozialisationseffekte des anspruchsvolleren Arbeitsplatzes ausgebildet haben. Erkennbar ist auf jeden Fall, dass es sich lohnt der Forschungsfrage längsschnittlich nachzugehen, ob Kernkompetenzen im sprachlichen und/oder mathematischen Bereich berufliche Karrieren mit prägen.

Abb. 5: Arbeitslosigkeitsrisiko nach Leseverständnis (aus STATISTICS CANADA 2000, S. 8)

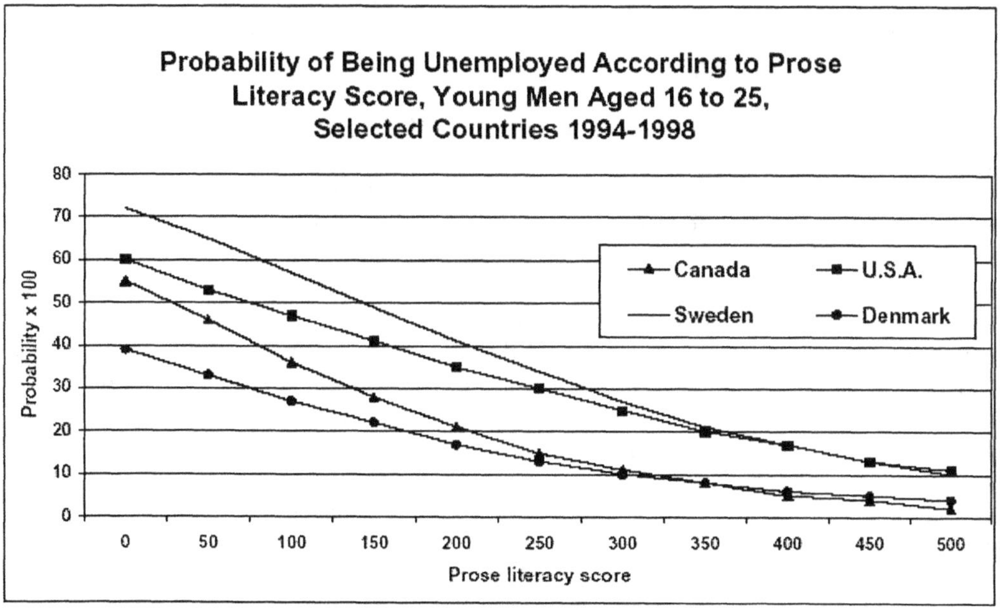

Erläuterungen: Prose literacy: Leseverständnis bei Prosa-Texten

4. Der erfolgreiche Übergang von der Schule in die Ausbildung aus entwicklungspsychologischer Perspektive: Individuelle und institutionelle Einflussfaktoren

Allein die Rolle von schulischen Kompetenzen für berufliche Karrieren zu beleuchten greift ohne Frage zu kurz. Vielmehr stellt die Bewältigung des Übergangs von der Schule in die berufliche oder universitäre Ausbildung eine Entwicklungsaufgabe (HAVIGHURST 1948) dar, deren erfolgreiche Bewältigung sowohl von individuellen als auch institutionellen und arbeitsmarktspezifischen Faktoren abhängt. Der Einsatz eigener Ressourcen (schulische Kompetenzen), die schulischen Opportunitätsstrukturen und die Restriktionen des Ausbildungsmarktes steuern die Bewältigung des Übergangs. In der Entwicklungspsychologie der Lebensspanne hat sich der Ansatz der Selektion, Optimierung und Kompensation (SOK; BALTES 1997; FREUND/BALTES 1998; MARSISKE u.a. 1995) als heuristisches Modell etabliert, mit dessen Hilfe sich die verhaltensregulierenden Prozesse bei der Bewältigung von Entwicklungsaufgaben beschreiben lassen. Die Protagonisten des SOK-Modells (z.B. FREUND/BALTES 1998) argumentieren, dass die erfolgreiche Entwicklung über die Lebensspanne vor allem solchen Personen gelingt, die in der Lage sind, sich klare Ziele zu definieren (Selektion), diese mit hohem Einsatz eigener Ressourcen zu verfolgen (Optimierung) und beim Auftreten von Schwierigkeiten oder Verlusten Mittel (Hilfen) aktivieren können, die ihnen dennoch die Zielerreichung ermöglichen (Kompensation). Folgt man diesen Annahmen, so werden Schüler am Ende der gymnasialen Oberstufe umso eher im Bereich der beruflichen Karriereentwicklung erfolgreich sein, je früher sie sich klare und realistische Berufsziele definieren und diese unter hohem Einsatz vorhandener Ressourcen verfolgen. Ohne Frage setzt die gymnasiale Oberstufe den Selektionsprozessen Grenzen, schreibt sie doch einen breiten Fächerkanon vor, von dem nur ein geringer Teil in Leistungskursen vertieft werden kann.

Will man also das SOK-Modell auf die Schule bzw. auf schulische Wissenserwerbsprozesse anwenden, so wird im Sinne des gerade Gesagten deutlich, dass die institutionellen Restriktionen der Schule lange Zeit die Prozesse der Selektion und Optimierung beschränken. Curricula und Stundentafeln definieren weitgehend, was gelernt wird (Selektion) und das Sanktionierungssystem über Noten erlaubt Schülerinnen und Schülern nur in Grenzen, in einzelnen Fächern zu optimieren, womöglich auf Kosten der anderen. Die Leistungskurswahlen in der gymnasialen Oberstufe kann man ohne Frage als Kompromiss zwischen individuellem Streben nach Selektion und Optimierung und dem Bemühen des Bildungssystems ein breites Allgemeinwissen sicherzustellen verstehen. Leistungskurse stellen im Sinne von SOK institutionelle Vorgaben dar, die Selektionsprozesse für Schüler vorstrukturieren und in der Tat längerfristige Zielverfolgung ermöglichen. Hierzu zeigen SCHNABEL/GRUEHN (2000), dass die Leistungskurswahlen in der Oberstufe in der Regel sehr gute Prädiktoren für die spätere Studienfachwahl sind, die institutionellen Freiheitsgrade der gymnasialen Oberstufe also eine längerfristige berufliche Laufbahnentscheidung einleiten.

Stellt bereits das Kurswahlsystem der gymnasialen Oberstufe eine Form institutionell gesteuerter Opportunitätsstrukturen für frühzeitige Selektion dar, so ist dies in noch viel stärkerem Maße bei solchen Gymnasien der Fall, die sich ein Profil im Hinblick auf ein spezifisches Berufsfeld geben und in diesem vertiefende Fächerangebote machen. Solche Schulen trifft man auf breiter Front im Land Baden-Württemberg an, wo berufliche Gymnasien einen alternativen Zugang zur Hochschulreife anbieten. Diese Schulen rekrutieren in überwiegendem Maße Schüler, welche die Realschule erfolgreich bewältigt haben und ein Abitur bei gleichzeitigem Erwerb von berufsqualifizierenden Kenntnissen anstreben. Das breite Netz dieser Schulen umfasst mittlerweile sechs Richtungen: wirtschaftswissenschaftliche Richtung (70 Standorte), technische Richtung (60 Standorte), ernährungswissenschaftliche Richtung (32 Standorte), biotechnologische Richtung (8 Standorte), agrarwissenschaftliche Richtung (5 Standorte) und die sozialpädagogische Richtung (4 Standorte). Rund ein Drittel aller Abiturienten Baden-Württembergs erwerben die Hochschulreife an einem beruflichen Gymnasium. Den pädagogischen Standort haben die beruflichen Gymnasien an der Nahtstelle zwischen dem traditionellen allgemein bildenden und dem jüngeren berufsbildenden Schulwesen gefunden und sich als Schultyp eigener Prägung in den Grenzbezirken von Allgemeinbildung und Berufsbildung schnell entfaltet. Hier bietet sich für Jugendliche, die potentiell akademische Karrieren verfolgen, bereits im Alter von 16 Jahren die Möglichkeit einer frühen Selektion und Optimierung im Hinblick auf die eigene berufliche Entwicklung, die vermutlich die Bewältigung der Entwicklungsaufgaben „Übergang von der Schule ins Studium" und „Übergang vom Studium in den Beruf" beschleunigt bzw. erleichtert. Eine erste empirische Unterstützung dieser Annahme liefert eine Arbeit von ZWICK und RENN (2000), wonach das technische Gymnasium in Baden-Württemberg eine herausragende Bedeutung für die Rekrutierung von Studierenden der Ingenieurwissenschaften hat, da es als einzige gymnasiale Form das Schulfach Technik anbietet.

5. Fragestellungen eines eigenen Forschungsprojektes zur Rolle von schulischen Kompetenzen für berufliche Karrieren

5.1 Mathematik- und Englisch-Kompetenzen am Ende der gymnasialen Oberstufe

Vor allem PISA hat gezeigt, dass ein erheblicher Anteil (rund 25%) von Jugendlichen gegen Ende der Sekundarstufe I in den Bereichen Naturwissenschaften, Mathematik und Lesen Defizite aufweist, die es fraglich erscheinen lassen, ob die betroffenen Jugendlichen auf der Basis der erreichten Kompetenzniveaus sich überhaupt erfolgreich in eine berufliche Erstausbildung einfädeln können. In der bereits begonnenen Studie soll im Bereich der Sekundarstufe II analog gefragt werden, ob Schülerinnen und Schüler am Ende der gymnasialen Oberstufe in den Bereichen Mathematik und Englisch über hinreichende Kenntnisse verfügen, welche die Chancen für eine erfolgreiche Bewältigung des Studiums an einer Universität oder einer Fachhochschule steigern. In diesem Zusammenhang wird es auch um einen Vergleich der Kenntnisstände an beruflichen und allgemein bildenden Gymnasien gehen.

5.2 Die Rolle von mathematischen Kompetenzen und Englischkenntnissen für eine erfolgreiche berufliche Laufbahn

Bisherige Studien geben kaum Aufschluss darüber, ob und in welchem Ausmaß schulische Kompetenzen am Ende der gymnasialen Oberstufe substanzielle Determinanten für eine erfolgreiche Berufsbiographie sind. Handelt es sich hierbei überhaupt um zentrale Ressourcen, auf die man im Sinne des SOK-Modells bei der Optimierung eigener Studien- und Berufsziele zurückgreifen muss? Oder ist es nicht vielmehr so, dass andere persönliche Ressourcen (motivationale, selbstregulative, soziale) wesentlich bedeutsamer bei der Handlungsregulation sind? In diesem Sinne soll geprüft werden, welche Rolle mathematische Kompetenzen und Englischkenntnisse am Ende der gymnasialen Oberstufe für längerfristige Erfolge im Beruf spielen. Lassen sich also direkte Effekte der schulischen Kompetenzen auf Indikatoren des Berufserfolges (Berufsprestige, Jahreseinkommen) nachweisen?

5.3 Institutionelle Vorgaben und die erfolgreiche Einfädelung in berufliche Laufbahnen: Die Rolle der Schulform für berufliche Selektion und Optimierung

Oben wurde die Rolle schulorganisatorischer Vorgaben für die Selektion und Optimierung im Hinblick auf die berufliche Ausrichtung von Jugendlichen und jungen Erwachsenen diskutiert. Es wurde argumentiert, dass institutionelle Angebote für Schwerpunktsetzungen Jugendlichen die Gelegenheiten bieten, bereits im schulischen Kontext mit Blick auf die spätere Karriere Schwerpunkte zu setzen, in die man studienvorbereitend investieren möchte. In diesem Sinne soll die Annahme geprüft werden, dass mögliche fachliche Schwerpunktsetzungen in der gymnasialen Oberstufe, die auf spezifische Berufsfelder abgestimmt sind, erfolgreiche individuelle Berufskarrieren beschleunigen. Konkret wird vorhergesagt, dass Schülerinnen und Schüler an beruflichen Gymnasien klarere berufliche Karriereplanungen haben, ihre Studienfachwünsche sehr viel konkreter sind, sie geringere *drop-out*-Risiken im Studium haben und sich früher in den Beruf einfädeln[1]. Dagegen sollten Schülerinnen und Schüler an allgemein bildenden Gymnasien, die ein stärker allgemein bildendes Programm erfahren haben, unsicherer bezüglich des anzustrebenden Studiums sein und erst verzögert sich in eine berufliche Laufbahn einfädeln. Allerdings wird auch für diese jungen Erwachsenen erwartet, dass ihre Leistungskurswahlen erhebliche Prädiktionskraft für das später gewählte Berufsfeld haben.

6. Die empirische Basis: Die TOSCA-Studie

Im Frühjahr 2002 wurde die Datenerhebung für die Studie „Transformation des Sekundarschulsystems und akademische Karrieren" (TOSCA) am Max-Planck-Institut für Bildungsforschung (MPI) in Berlin begonnen. Inzwischen handelt es sich um ein Kooperationsprojekt zwischen dem Institut für Psychologie II der Friedrich-Alexander-Universität Erlangen-Nürnberg und dem MPI für Bildungsforschung.

Die Stichprobe besteht aus 90 allgemein bildenden Gymnasien und 59 beruflichen Gymnasien. Innerhalb jeder Schule wurde eine Zufallsstichprobe von 40 Schülerinnen und Schülern der 13. Jahrgangsstufe gezogen. Sofern die Jahrgangsstärke unter 40 jungen Erwachsenen lag, wurde eine Vollerhebung des Jahrgangs durchgeführt. Auf Seiten der beruflichen Gymnasien wurden für die drei großen Fachrichtungen Ernährungswissenschaft, Technik und Wirtschaftswissenschaft Zufallsstichproben pro Richtung gezogen. Die sozialpädagogischen und agrarwissenschaftlichen Gymnasien wurden komplett in die Untersuchung einbezogen. Die biotechnologischen Standorte wurde erst im Laufe der TOSCA-Studie aufgebaut.

Auf der Basis der gezogenen Stichprobe ergab sich eine Gesamtzahl von ca. 5.700 zu untersuchenden Schülerinnen und Schülern, von denen sich $\underline{N}$ = 4.730 (54,6% weiblich) an der Datenerhebung beteiligt haben.

Zur Feststellung der voruniversitären Mathematikleistungen wurden Original-TIMSS-Tests eingesetzt, mit deren Hilfe es möglich ist herauszufinden, wie viel Prozent der untersuchten Schüler die Lernziele der gymnasialen Oberstufe erreichen und damit möglicherweise eher den Anforderungen eines Hochschulstudium nachkommen können als bei Nicht-Erreichung der Lernziele. Die Englisch-Kenntnisse wurden mit einer Kurzform des oben beschrieben TOEFL erhoben. In einer Validierungsstudie zeigte sich, dass Kurz- und Langform quasi identische Werte liefern. Zur Messung der kognitiven Grundfähigkeiten wurden die Untertests „Figurenanalogien" und „Wortanalogien" aus dem Kognitiven Fähigkeitstest von HELLER/PERLETH (2000) eingesetzt. Schließlich wurde bei den Schülerinnen und Schülern ein breiter Fragebogen vorgegeben, der den sozialen Hintergrund, die motivationalen Ressourcen, die studienpropädeutische Funktion der Schule, die sozialen Netzwerke und diverse Personmerkmale erfasst. Schulleiter-, Eltern- und Fachleiterfragebögen arrondieren das Instrumentarium. Vor kurzem wurde eine Monographie zur Studie vorgestellt (vgl. KÖLLER/WATERMANN/TRAUTWEIN/LÜDTKE 2004).

7. Ausblick

Die begonnene Studie ist bereits in der Lage, bedeutsame Fragestellungen zu beantworten, beispielsweise die nach der studienvorbereitenden Funktion von gymnasialen Oberstufen in den Bereichen Mathematik und Englisch. Erziehungswissenschaftlich und entwicklungspsychologisch wird ihre Bedeutung deutlich mit zusätzlichen Datenerhebungen ansteigen. Erst diese weiteren Erhebungen können Aufschluss geben, welche Bedeutungen schulisch erworbene Kompetenzen für akademische bzw. berufliche Karrieren über die Lebensspanne haben. Aktuell ist geplant, im Frühjahr 2004 die zweite Erhebung durchzuführen, um Informationen über den Status der Personen nach Beendigung der Schule zu erhalten. Eine dritte Erhebung im Jahr 2005 wird Informationen über erste Brüche in der Ausbildung liefern, eine vierte Erhebung (ca. 2008) Indikatoren des beruflichen Status'. Die weitere Finanzierung der Studie soll über eingeworbene Drittmittel abgedeckt werden.

Anmerkung

1 Die vorliegende Arbeit wurde mit Mitteln der Deutschen Forschungsgemeinschaft DFG, Kennzeichen Nr. KO 1531/6-1 gefördert.
2 Unbestritten bleibt dabei, dass auch andere Faktoren wie Besonderheiten des Studienortes und -faches die *Drop-out*-Quoten beeinflussen können.

Literatur

BALTES, P. B. (1997): On the incomplete architecture of human ontogeny: Selection, optimization, and compensation as foundations of developmental theory. In: American Psychologist, 52. Jg., S. 366-380.

BARON-BOLDT, J./SCHULER, H./FUNKE, U. (1988): Prädiktive Validität von Schulabschlussnoten: Eine Metaanalyse. In: Zeitschrift für Pädagogische Psychologie, 2. Jg., S. 79-90.

BARON-BOLDT, J./FUNKE, U./SCHULER, H. (1989): Prognostische Validität von Schulnoten. Eine Metaanalyse der Prognose des Studien- und Ausbildungserfolgs. In: JÄGER, R. S./HORN, R./INGENKAMP, K. (Hrsg.) (1989): Tests und Trends. – Weinheim, S. 11-39.

BAUMERT, J./BOS, W./LEHMANN, R. (Hrsg.) (2000a): Dritte Internationale Mathematik- und Naturwissenschaftsstudie: Mathematische und naturwissenschaftliche Bildung am Ende der Schullaufbahn. – Bd. 1: Mathematisch-naturwissenschaftliche Grundbildung am Ende der Pflichtschulzeit – Opladen.

BAUMERT, J./BOS, W./LEHMANN, R. (Hrsg.) (2000b): Dritte Internationale Mathematik- und Naturwissenschaftsstudie: Mathematische und naturwissenschaftliche Bildung am Ende der Schullaufbahn. – Bd. 2: Mathematische und physikalische Kompetenzen am Ende der gymnasialen Oberstufe – Opladen.

BAUMERT u.a. (1997) = BAUMERT, J./LEHMANN, R. H./LEHRKE, M./SCHMITZ, B./CLAUSEN, M./HOSENFELD, I./KÖLLER, O./NEUBRAND, J. (1997): TIMSS: Mathematisch-naturwissenschaftlicher Unterricht im internationalen Vergleich. – Opladen.

BAUMERT, J./STANAT, P./DEMMRICH, A. (2001): Untersuchungsgegenstand, theoretische Grundlagen und Durchführung der Studie. In: DEUTSCHES PISA-KONSORTIUM (Hrsg.) (2001): PISA 2000. Basiskompetenzen von Schülerinnen und Schülern im internationalen Vergleich. – Opladen, S. 15-68.

BEATON, A. E./ALLEN, N. L. (1992): Interpreting scales through scale anchoring. In: Journal of Educational Statistics, 17. Jg., S. 191-204.

CORSTEN, M./HILLMERT, S. (2001): Qualifikation, Berufseinstieg und Arbeitsmarktverhalten unter Bedingungen erhöhter Konkurrenz. Was prägt Bildungs- und Erwerbsverläufe in den achtziger und neunziger Jahren? –Arbeitspapier Nr.1 des Projekts Ausbildungs- und Berufsverläufe der Geburtskohorten 1964 und 1971 in Westdeutschland – Berlin.

DEUTSCHES PISA-KONSORTIUM (Hrsg.) (2001): PISA 2000. Basiskompetenzen von Schülerinnen und Schülern im internationalen Vergleich. – Opladen.

DEUTSCHES PISA-KONSORTIUM (Hrsg.) (2002): PISA 2000. Basiskompetenzen von Schülerinnen und Schülern im internationalen Vergleich. – Opladen.

FREUND, A. M./BALTES, P. B. (1998): Selection, optimization, and compensation as strategies of life management: Correlations with subjective indicators of successful aging. In: Psychology and Aging, 13. Jg., S. 531-543.

HAVIGHURST, R. J. (1948): Developmental tasks and education. – New York.

HELDMANN, W. (Hrsg.) (1984): Studierfähigkeit, Ergebnisse einer Umfrage. – Göttingen.

HELLER, K. A./PERLETH, C. (2000): Kognitiver Fähigkeitstest für 4. bis 12. Klassen, Revision. – Göttingen.

KAZEMZADEH, F./MINKS, K. H./NIGMANN, R. R. (1987): „Studierfähigkeit" – eine Untersuchung des Übergangs vom Gymnasium zur Universität. – Hannover.

KLIEME, E. (2000): Fachleistungen im voruniversitären Mathematik- und Physikunterricht: Theoretische Grundlagen, Kompetenzstufen und Unterrichtsschwerpunkte. In: BAUMERT, J./BOS, W./LEHMANN, R. (Hrsg) (2000): Dritte Internationale Mathematik- und Naturwissenschaftsstudie: Mathematische und naturwissenschaftliche Bildung am Ende der Schullaufbahn. – Bd. 2: Mathematische und physikalische Kompetenzen am Ende der gymnasialen Oberstufe – Opladen, S. 57-128.

KÖLLER, O./BAUMERT, J./SCHNABEL, K. U. (1999): Wege zur Hochschulreife. Offenheit des Systems und Sicherung vergleichbarer Standards. In: Zeitschrift für Erziehungswissenschaft, 2. Jg., S. 385-422.

KÖLLER, O./WATERMANN, R./TRAUTWEIN, U./LÜDTKE, O. (2004) Wege zur Hochschulreife in Baden-Württemberg. TOSCA – Eine Untersuchung an allgemein bildenden und beruflichen Gymnasien. – Opladen.

KONEGEN-GRENIER, C. (2002): Studierfähigkeit und Hochschulzugang. In: Forschung & Lehre, 9. Jg., S. 481-483.

LANG u.a. (1986) = LANG, F./SCHMITZ, B./VOLLMER, H. J./BAUMERT, J./ROEDER, P. M. (1986): Models of second language competence: A structural equation approach. In: Language Testing, 3. Jg., S. 54-79.

MARSISKE u.a. 1995 = MARSISKE, M./LANG, F. R./BALTES, P. B./BALTES, M. M. (1995): Selective optimization with compensation: Life-span perspectives on successful human development. In: DIXON, R. A./BÄCKMAN, L. (Hrsg.) (1995): Compensating for psychological deficits and declines. Managing losses and promoting gains. – Hillsdale, NJ, S. 35-79.

OSBERG, L. (2000): Schooling, literacy and individual earning. – Ottawa, Ontario.

SCHNABEL, K. U. (2001): Psychologie der Lernumwelt. In: KRAPP, A./WEIDENMANN, B. (Hrsg.) (2001): Pädagogische Psychologie. – Weinheim, S. 476-511.

SCHNABEL, K. U./GRUEHN, S. (2000): Studienfachwünsche und Berufsorientierungen in der gymnasialen Oberstufe. In: BAUMERT, J./BOS, W./LEHMANN, R. (Hrsg) (2000): Dritte Internationale Mathematik- und Naturwissenschaftsstudie: Mathematische und naturwissenschaftliche Bildung am Ende der Schullaufbahn. – Bd. 2: Mathematische und physikalische Kompetenzen am Ende der gymnasialen Oberstufe – Opladen, S. 405-443.

SCHULER, H. (2001): Noten und Studien- und Berufserfolg. In: ROST, D. H. (Hrsg.) (2001): Pädagogische Psychologie. – Weinheim, S. 501-507.

SEKRETARIAT DER STÄNDIGEN KONFERENZ DER KULTUSMINISTER KMK (1995): Weiterentwicklung der Prinzipien der gymnasialen Oberstufe und des Abiturs. – Kiel 1995.

STATISTICS CANADA (2000): Literacy in the information age: Final report of the International Adult Literacy Survey. – Ottawa, Ontario.

ZWICK, M. M./RENN, O. (2000): Die Attraktivität von technischen und ingenieurwissenschaftlichen Fächern bei der Studien- und Berufswahl junger Frauen und Männer. [Eine Präsentation der Akademie für Technikfolgenabschätzung in Baden-Württemberg]. – Stuttgart.

Anschrift des Verfassers: Prof. Dr. Olaf Köller, Friedrich-Alexander-Universität Erlangen-Nürnberg, Institut für Psychologie II, Regensburger Str. 160, D-90478 Nürnberg, Email: koeller@ewf.uni-erlangen.de

Jutta Allmendinger, Hans Dietrich

PISA und die soziologische Bildungsforschung

Zusammenfassung
Der Beitrag thematisiert den Stellenwert der PISA-Untersuchung für die soziologische Bildungsforschung in der Tradition des Statuserwerbsmodells sowie funktionalistischer und konflikttheoretischer Erklärungsansätze. Die Ergebnisse der PISA-Studie belegen nachdrücklich einen engen Zusammenhang zwischen sozialer Herkunft und den Kompetenzwerten der 15-jährigen Kinder, dieser Zusammenhang wird maßgeblich, aber nicht ausschließlich, über die besuchte Schulform vermittelt. Über den Stellenwert von Kompetenzwerten für den Übergang zwischen Bildungs- und Beschäftigungssystem und Mobilitätsprozessen im Beschäftigungssystem vermag die PISA-Studie auf Grund des Messzeitpunktes und der Anlage als Querschnittserhebung keine Auskunft zu geben. Sollten zukünftige Erhebungen diese Lücke schließen, wäre dies für die soziologische Bildungsforschung und die aktuelle Bildungs-, Sozial- und Arbeitsmarktpolitik von hohem Gewinn.

Abstract
The sociology of education in the tradition of the status attainment model, functionalism and conflict theory asks for the relation between social background, educational attainment of the offspring, the school to work transition, and mobility processes in the labour market. The PISA- study informs the first link and shows the extent to which the occupational status of the parents is associated with the competence level of 15 years old children. It further shows that schooling matters since schools work as sorting machines, matching parental status and educational outcomes. Due to the age of children studied and the cross sectional design of the study, PISA does not inform us about the impact of measured competences for the transition between school and work and mobility processes in the work force. Future work should attend to this gap and thus enhance sociological theory and inform policy interventions in education and labour force participation.

Im Mittelpunkt der soziologischen Bildungsforschung stehen Fragen der Chancen(un)gleichheit im Zugang zu Bildung und Ausbildung, die Erklärung gruppenspezifischer Bildungs- und Ausbildungsergebnisse sowie deren Folgen. Unter Berücksichtigung wesentlicher Kontextfaktoren (so etwa der Aufbau des Bildungssystems, die konjunkturelle Lage und die Kohortengröße) werden die zentralen Untersuchungsachsen durch die Beziehungen zwischen Elternhaus, eigener Bildung der Kinder, Prozessen der Einmündung in den Arbeitsmarkt und bildungsabhängigen Mobilitätsprozessen im Erwerbssystem bestimmt. Eine frühe Konzeptualisierung dieses Zusammenhangs stellt das Statuserwerbsmodell von BLAU und DUNCAN (BLAU/DUNCAN 1967) dar. Hier geht es darum, die direkten und indirekten Effekte der Triade Elternhaus – Bildung der Kinder – Erfolg im Arbeitsmarkt zu modellieren. Bildung wird in dieser Tradition operationalisiert durch die Anzahl der Jahre, die im Bildungssystem verbracht wurden oder durch den erreichten Schulabschluss. Dabei erweist sich im internationalen Vergleich eine eindeutige Operationalisierung als schwierig, da in manchen Ländern die Zertifizierung (also der Abschluss), in anderen eher die im Bildungssystem verbrachten Jahre wesentlich sind (ALLMENDINGER 1989; ALLMENDINGER/HINZ 1997).

Theoretische Ansatzpunkte

Das Statuserwerbsmodell kann mit funktionalistischen und konflikttheoretischen Ansätzen verbunden werden. Die funktionalistische Schichtungstheorie setzt am Arbeitsmarkt und einem klaren Korrespondenzprinzip zwischen Bildung und Erwerbsarbeit an: In allen Gesellschaften gibt es funktional differenzierte Positionen unterschiedlicher gesellschaftlicher Wertigkeit, welche neben einer speziellen Begabung auch entsprechende Fertigkeiten (*technical skills*) erfordern. Das Bildungssystem hat die Aufgabe, diese Fertigkeiten zu vermitteln. Gleichermaßen sind den Personen Anreize zu setzen, sich einer Ausbildung zu unterziehen und die damit einher gehenden Opfer (*sacrifices*) auf sich zu nehmen. Begabte Personen, die sich einer (langen) Ausbildung unterziehen, werden für ihre Investitionen mit Positionen belohnt, die einen entsprechend hohen Status, ein hohes Einkommen und ein hohes Prestige mit sich bringen (DAVIS/MOORE 1945; zur Kritik siehe COLLINS 1971). Der Funktionalismus geht davon aus, dass die erreichte Schulbildung für kognitive Fähigkeiten, Wissen und Kenntnisse steht und genau diese Fähigkeiten für den Übergang zwischen Schule und Erwerbstätigkeit wesentlich sind.

Die Konflikttheorie (für eine neuere Übersicht siehe BOWLES/GINTIS 2000) stellt meritokratische Elemente in Abrede. Im Vordergrund steht die Reproduktion der Klassenstruktur und die Frage, wie dies durch Eliten bewerkstelligt werden kann. Auf Grund des Ausbaus des staatlichen Schulsystems und der damit einhergehenden Öffnung von Bildung und Ausbildung kann die Weitergabe des familiären Status nicht mehr über Vererbung, sondern muss über das Bildungssystem erfolgen. Aus qua Geburt zugeschriebenen sind erworbene Zugehörigkeiten geworden. Es müssen daher andere Wege gefunden werden, um die herrschende Klassenstruktur von Generation zu Generation erhalten zu können. Die Schule eröffnet Eliten diese Möglichkeit, indem sie schichtspezifisch sozialisiert und Arbeiterkinder zu disziplinierten und autoritätshörigen Arbeitern und Oberschichtkinder zu selbständig denkenden, unabhängigen Führungspersonen macht. Dies geschieht durch entsprechende Selektionen nach Sprache und Kultur und damit einhergehende schichtspezifische Sozialisations- und Bildungsanstrengungen der Schulen. Aus der Sicht der Konflikttheorie lässt sich die Schule von Eliten vereinnahmen, schafft gesellschaftliche Ungleichheit und legitimiert diese unter Vorgabe einer Chancengleichheit für alle. Damit liegt die Konflikttheorie auf einer Linie mit den Arbeiten von Pierre BOURDIEU, der die These vertritt, die herrschenden Klassen vererbten ihre Macht – welche sie in der Vormoderne durch die Standesordnung gesichert hatten – in der Moderne unter Nutzung des Bildungssystems (BOURDIEU u.a. 1981, S. 24ff.). Nach BOURDIEU „bestimmen die objektiv gegebenen Möglichkeiten und Notwendigkeiten, die die Klassenlage ausmachen, indem sie Informationen, Verhaltensweisen, Wünsche und Zeithorizonte eröffnen und begrenzen, auch die Bildungsaspirationen und andere zum Zwecke individuellen Aufstiegs getätigte Investitionen mit dem Ergebnis, dass sie diese Menschen nahezu unausweichlich an den ihrer Klasse vorgegebenen sozialen Ort zurückführen" (KRAIS 1981, S. 14). Hier stehen also weniger die kognitiven Fähigkeiten der Kinder und deren Schulung im Vordergrund als die Ausbildung nicht kognitiver Elemente.

Empirische Ergebnisse

Untersucht man die Zusammenhänge zwischen sozialer Herkunft, Bildungserfolg der Kinder, Übergänge in den Arbeitsmarkt und späteren Mobilitätsprozessen, so sind die Ergebnisse eindeutig.

Soziale Herkunft und Bildungsergebnisse: Zunächst hat das Elternhaus einen über die Schule vermittelten Einfluss auf den von Kindern realisierten Bildungserfolg (siehe unter vielen anderen LESCHINSKY/MAYER 1999). Betrachtet man die Schwelle des Übergangs in eine weiterführende Schule (Klassenstufen 11-13) und die Schwelle der Aufnahme eines Studiums an einer Fach- oder einer Hochschule (KÖHLER 1992, S. 81): Von 100 Arbeiterkindern überwinden 28 Kinder die erste Schwelle und sechs Kinder schaffen den Schritt an eine Universität. Im Vergleich dazu nehmen 73 Beamtenkinder die erste Schwelle und 49 die zweite. Die Chance eines Beamtenkindes die Universität zu besuchen, ist damit siebenmal höher als die Chance eines Arbeiterkindes. Schaut man auf die Entwicklung seit 1985 und die Wahrscheinlichkeit, mit welcher Kinder aus verschiedenen sozialen Gruppen ein Studium an der Universität aufnehmen, so blieb die Chance für Arbeiterkinder, an einer Universität zu studieren, zwischen 1985 und 1996 prozentual nahezu unverändert niedrig, auch wenn sich die Chance um das 1,5-fache (Anstieg von vier auf sechs Prozent) erhöht hat. Der Anteil der Studierenden unter den Beamtenkindern stieg von 32% auf 49%, damit erhöhte sich die Chance eines Beamtenkindes zu studieren ebenfalls um das 1,5-fache. Dagegen konnten die Kinder von Selbständigen ihren Vorsprung ausbauen, ihr Anteil verdoppelte sich von 18 auf 36%. Demnach haben sich, trotz der Bildungsexpansion, die relativen Chancen von Arbeiterkindern, ein Studium aufzunehmen, nicht verbessert.

Wie ist das zu erklären? Sind Kinder aus Arbeiterhaushalten in ihren Leistungen schlicht schlechter als Kinder von Beamten? Hier lernen wir von einer Hamburger Untersuchung (LEHMANN/PEEK/GÄNSFUSS 1997), welche die über Leistungstests ermittelte „reine" Leistung mit den Empfehlungen von Lehrern verbindet, ein Gymnasium zu besuchen. Insgesamt haben 40% aller befragten Schülerinnen und Schüler eine Empfehlung für den Besuch eines Gymnasiums erhalten. Betrachten wir nun die Empfehlungen nach der sozialen Herkunft der Kinder, zeigen sich deutliche Unterschiede. Nur 16% der Kinder, deren Väter keinen Schulabschluss haben, erhalten eine Empfehlung für das Gymnasium, bei Kindern von Vätern mit Abitur liegt der Anteil bei 70%. Soweit ist dies auf der Grundlage unserer bisherigen Darstellung wenig überraschend. Nun erlaubt es die Hamburger Untersuchung jedoch, die Empfehlungen der Lehrer mit Ergebnissen eines Leistungstests zu verbinden. Die Mehrheit der Schülerinnen und Schüler erhält bei 78 erreichten Punkten eine Empfehlung für das Gymnasium. Kinder, deren Väter selbst das Gymnasium erfolgreich abgeschlossen haben, brauchen im Mittel gerade 65 Punkte, Kinder von Vätern ohne Schulabschluss erhalten im Allgemeinen diese Empfehlung erst bei einer Testleistung von über 98 Punkten. Diese Ergebnisse verweisen auf deutliche Grenzen einer meritokratischen Gesellschaft, ohne dass jedoch die Mechanismen der Übersetzung von sozialer Herkunft in Bildungszugänge klar geworden wären.

Bildung und Arbeitsmarkterfolg: Weiterhin übersetzt sich (Aus-)Bildung maßgeblich in Positionen auf dem Arbeitsmarkt. Die empirische Forschung zeigt, dass Personen mit höherem Schulabschluss auch heute noch ein wesentlich höheres erzieltes Einkommen als Personen mit niedrigem Abschluss haben: „Wenn das Einkommen eines männlichen (weiblichen) Ungelernten für 1993 mit 100 Prozent angesetzt wird, so beläuft sich das entsprechende Einkommen eines Absolventen der dualen Ausbildung auf 123 Prozent (121 Prozent), das eines Fachhochschulabsolventen auf 162 Prozent (156 Prozent) und das eines Universitätsabsolventen auf 215 Prozent (214 Prozent)" (KLEMM 2000). Ebenso eindeutig unterscheidet sich das Risiko, arbeitslos zu werden, nach schulischer Bildung. Die Arbeitslosenquote betrug 2000 im Durchschnitt 8,1%, bei Personen ohne Ausbildung lag sie dagegen bei 17,5% und bei Personen mit tertiärem Abschluss bei 3,5%, wobei sich die Unterschiede im Arbeitsmarktrisiko zwischen diesen Bildungsklassen über die Zeit deutlich erhöht haben (REINBERG/HUMMEL 2002). Schauen wir auf den Zusammenhang zwischen Bildungsexpansion und Bildungserträgen, so zeigt sich, dass sich die Hochschulabsolventen auch noch zu Beginn der 1980er Jahre in den traditionellen akademischen Kernberufen und damit weitgehend ausbildungsadäquat platzieren konnten (BLOSSFELD 1985; HANDL 1986; 1996). Auch für die folgenden Jahre hält Walter MÜLLER fest, dass sich Karriereperspektiven von Hochschulabsolventen im Zuge der Bildungsexpansion bislang nur wenig verändert haben. „Der wichtigste Aspekt ist das höhere Arbeitslosigkeitsrisiko, aber das ist nicht der Zunahme der Bildung, sondern dem Arbeitsmarkt geschuldet" (MÜLLER 1998, S. 96)." Die Begründung für diese Kontinuität zwischen Bildung und Bildungsertrag liegt in der Entwicklung des Arbeitsmarktes. Hier ist ein *upgrading* der Berufsstruktur festzuhalten: „Im Hinblick auf das Tätigkeitsniveau gewinnen Tätigkeiten auf mittlerem und insbesondere hohem Anforderungsniveau an Gewicht, während die Arbeitsplätze auf der unteren Anforderungsebene drastisch abnehmen werden" (WEIDIG/HOFER/WOLFF 1999, S. 58). Damit lässt sich der berufliche Status heute wesentlich besser durch Bildungsabschlüsse vorhersagen als noch in der Vorkriegszeit oder im ersten Nachkriegsjahrzehnt (MÜLLER 1998; aus ganz anderer Perspektive auch KRAEMER 1998, S. 130).

So eindeutig die erzielten Ergebnisse sind, so viele Fragen lassen sie auch offen. So wissen wir zu wenig darüber, wie sich die gezeigten Unterschiede in Bildungserfolg nach sozialer Herkunft einstellen und inwieweit der erzielte Abschluss von mehr als symbolischer Kraft für Zuweisungsprozesse auf dem Arbeitsmarkt ist. Insgesamt scheint der schulische Erfolg, hier gemessen über den erreichten Schulabschluss oder die im Bildungssystem verbrachten Jahre, als ein zu grobes Maß, als eine Art ‚catch it all' Variable, die gleichsam alle der theoretisch angesprochenen Dimensionen von Leistung, Disziplin, Motivation und Sprache erfasst, ohne diese Größen im einzelnen zu messen und deren Zusammenhänge zu bestimmen. Von daher gesehen kann auch keine klare theoretische Einordnung vorgenommen werden, eine Offenheit, die HERRNSTEIN und MURRAY in ihrem Buch ‚Bell Curve' beispielsweise dazu nutzen, von schichtspezifischen Unterschieden in der Intelligenzausstattung auszugehen, um dann die schichtspezifischen Unterschiede im Bildungserfolg mit eben jenen Intelligenzunterschieden zu erklären[1]. Für die Konflikttheorie bleibt hier kein Raum.

Ergebnisse der PISA-Studie

Man könnte nun vermuten, dass diese empirische und damit auch theoretische Offenheit mit der PISA-Untersuchung ein Ende gefunden hat. Durch die Messung von Kompetenzen im Alter von 15 Jahren können wir zunächst feststellen, inwieweit Kinder aus unterschiedlichsten sozialen Schichten (gemessen an dem beruflichen Status des Vaters) sich nach ihrer Kompetenzhöhe unterscheiden und ob und inwieweit die Schule hier eine maßgebende Rolle spielt. Kinder aus der oberen und unteren Dienstklasse erreichen einen Wert von zwischen 530 und 540 Punkten, die Klasse der Facharbeiter einen Durchschnitt von 460 Punkten und die der Arbeiter von 430 Punkten. Die durch Herkunft erklärte Varianz der Lesekompetenz beträgt 13% (Abb. 1, graue Balken). Kontrollieren wir nun auch auf den Schulbesuch, so reduzieren sich die Unterschiede maßgeblich, wenngleich nicht vollständig. Die Schule ebnet Kompetenzunterschiede ein (Abb. 1, dunkler Balken). Dies heißt nichts anderes, als dass Arbeiterkinder, wenn sie auf das Gymnasium kommen, dort höhere Kompetenzgewinne erzielen als dies Kinder aus der oberen Dienstklasse tun. In anderen Worten: Wollen wir das Kompetenzniveau vorhersagen, so hilft uns die Schulform mehr als die soziale Herkunft. Da wir aber über die unterschiedliche Verteilung von Kindern nach sozialer Herkunft auf unterschiedliche Schulformen wissen, ist diese Selektion von Herkunft das ausschlaggebende Selektionsprinzip[2].

Abb 1: Soziale Herkunft und Kompetenz unter Kontrolle der Schulart

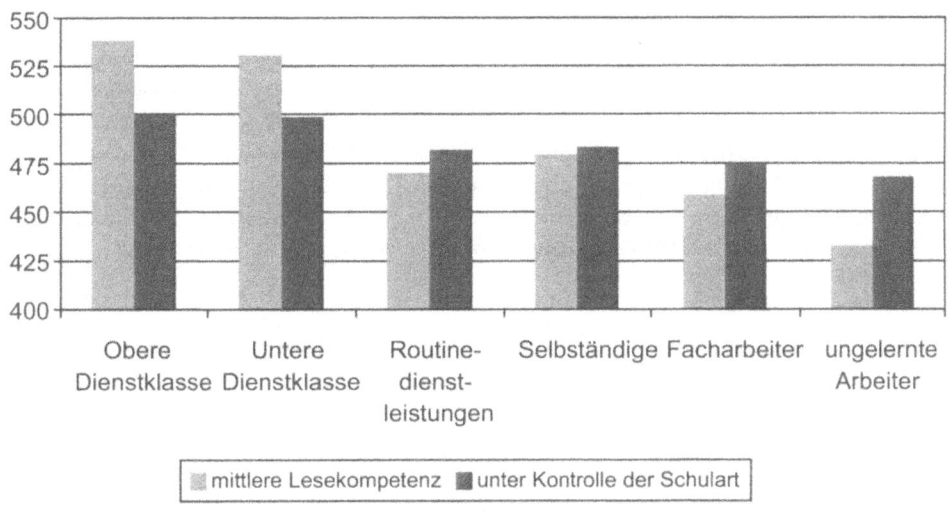

Quelle: PISA 2000, 361

Der PISA-Studie zufolge können wir also zunächst festhalten, dass sich Unterschiede in der sozialen Herkunft in Unterschiede in den gemessenen Kompetenzen übersetzen. Man könnte daraus folgern, dass meritokratische Gesichtspunkte wenig verletzt sind: Kinder aus Status hohen Elternhäusern haben nicht nur höhere Bildungsabschlüsse und eine längere Verweildauer im Bildungssystem, im Durchschnitt leisten sie auch mehr (sie haben höhere Kompetenzen), und diese höheren Kompetenzen werden belohnt. Da die Schulform aber maßgeblich zu den Kompetenzunterschieden beiträgt, könnte man auch der konflikttheoretischen Sichtweise zustimmen: Die Schule ist die zentrale Instanz, welche Status hohen Schichten erlaubt, ihre gesellschaftliche Stellung weiterzugeben. Wie das genau passiert, bleibt allerdings auch hier im Dunkeln.

Über den Zusammenhang zwischen Kompetenzen und den Einstieg in das Beschäftigungssystem informiert uns PISA nicht. Für die Soziologie ist dies eine zentrale Lücke, die auch unter Rückgriff auf die ‚konventionelle' Forschung nicht zu schließen ist. Dies liegt vor allem daran, dass Kompetenzen und Schulerfolg nicht zusammenfallen. Die PISA-Studie zeigt, dass einige Hauptschüler in ihrer Leseleistung durchaus Werte erreichen, die mit denen von Realschülern und Gymnasiasten vergleichbar sind und umgekehrt. Ein weiteres Beispiel für das Auseinanderfallen von Schulerfolg und Kompetenzen findet man im unteren Kompetenzbereich. Für diesen unteren Bereich können wir Schulerfolg und Kompetenzwerte zusammenzuführen, da wir einerseits wissen, welche Kompetenzwerte die Schülerinnen und Schüler erreichen, andererseits aber auch die Einschätzung der Lehrerinnen und Lehrer über das Erreichen des Klassenzieles kennen. Ein solcher direkter Vergleich zwischen den Einschätzungen der Lehrer und den Kompetenzpunkten der Schüler ist in keinem anderen Bereich möglich. In der PISA-Studie wird darauf hingewiesen, dass selbst Schülerinnen und Schülern, die die Kompetenzstufe I nicht erreichen, von den Lehrern über die Benotung bestätigt wird, dass sie das Klassenziel erreicht hätten: Von allen Schülerinnen und Schülern, die unter der Kompetenzstufe I liegen, werden 89% von ihren Lehrkräften als „nicht schwache Leser" eingestuft und nur 11% als „schwache Leser" bezeichnet (DEUTSCHES PISA KONSORTIUM 2001, S. 119, Tab. 2.9). In diesem Fall befinden sich, wenn wir diesen Prozess bis zum Bildungsabschluss fortdenken, auch Kompetenzarme in der Gruppe derjenigen, die einen Bildungsabschluss vorweisen können. Der auf Grund von (mangelnden) Zertifikaten gemeinhin geschätzte Anteil von etwa 10% Bildungsarmen wäre dann eine konservative Schätzung der wirklich Bildungsarmen. Allerdings könnten sich unter den an (mangelnden) Zertifikaten gemessenen Bildungsarmen durchaus auch Kompetenzreiche befinden. Hierzu sind der PISA-Studie aber keine Hinweise zu entnehmen, weil die untersuchten Kinder mit 15 zu jung sind, um einen Abschluss vorzuweisen.

Was lernen wir?

Die PISA-Studie bestätigt zum einen den engen Zusammenhang zwischen sozialer Herkunft und Schulerfolg, hier gemessen an Kompetenzen. Über den Einfluss von Kompetenzen auf den Erwerbsverlauf vermag sie qua Design nichts auszusagen. Wie aber wären Kompetenzen und Abschlüsse als zwei Maße zur Bestimmung von Bildungserfolg im Vergleich zu bewerten? Welcher Indikator wäre vorzuziehen? Auf den ersten Blick scheint vieles dafür zu sprechen, Kompetenzen zu messen[3]: Erstens, die feinere Gradierung von Kompetenzstufen im Vergleich zu Schulstufen bzw. Abschlusszertifikaten erlaubt es, Unterschiede und Veränderungen einfacher und schneller zu erfassen. Ein offensichtlicher Unterschied besteht, zweitens, auch darin, dass bei der Zertifikatmessung die Anforderungen wesentlich stärker von den Schulen aus gesetzt werden, die bei der Vergabe von Zertifikaten und der Bestimmung von Leistungsanforderungen immer einen gewissen Spielraum haben. Bei der Kompetenzmessung hingegen geht es um schulextern entwickelte Anforderungsprofile. Somit können Unterschiede zwischen Schulen nicht mehr auf unterschiedliche Anforderungsniveaus der Schulen zurückgeführt werden. Die Unterschiede ergeben sich umgekehrt daraus, dass einige Schulen „besser" als andere sind, etwa weil sie besser lehren oder die Zusammensetzung der Schülerschaft eine andere ist. Zudem werden (inter-)nationale Vergleiche durch die Nutzung von Kompetenzstufen wesentlich einfacher, da Unterschiede zwischen Bildungssystemen sich nicht mehr verzerrend auswirken können. Allerdings lassen internationale Unterschiede in der durchschnittlich erreichten Kompetenzstufe durchaus Rückschlüsse auf Unterschiede zwischen Bildungssystemen zu.

Diesen Vorteilen steht die zumindest in Deutschland ernst zu nehmende Frage entgegen: Inwieweit sind Kompetenzen als solche für den Eintritt in das Beschäftigungssystem und die Karrieremobilität überhaupt wesentlich? In Deutschland verlassen sich Arbeitgeber oft auf die Selektion durch die Schule, sie messen die Qualifikation der Bewerber über den von der Schule oder vom Ausbildungssystem verliehenen Abschluss, eben über das Zertifikat. Sie machen sich nur in wenigen Fällen die Mühe, Bewerberinnen und Bewerber selber Tests zu unterziehen und damit die Signale des Bildungssystems zu hinterfragen. Sie vertrauen oft auch darauf, dass mit dem Zertifikat auch Disziplin, Anpassungsfähigkeit und soziale Kompetenz bescheinigt werden. Mit anderen Worten: Arbeitgeber fragen nicht nach Kompetenzen, sie fragen nach Zertifikaten. In diesem Sinne ist es angemessener, Bildung über Zertifikate zu messen, da diese die relevanten Schaltgrößen sind und da man weiß, welche Folgen Zertifikate haben. Über die langfristigen Folgen von Kompetenzen wissen wir dagegen wenig[4]. Geht es um die Folgen von Bildung für die Integration in den Arbeitsmarkt, wären zumindest in Deutschland Zertifikate daher aufschlussreicher als Kompetenzmessungen. Dies gilt aber nicht für eine Betrachtung wirtschaftlicher Prosperität, also der Innovationsfähigkeit der Wirtschaft, wie auch für die individuellen, nicht am wirtschaftlichen Erfolg zu messenden Entfaltungsmöglichkeiten. Beides dürfte im Wesentlichen von den grundlegenden Kompetenzen der Individuen selbst – und nicht von der Papier-, der Zertifikatform – abhängig sein.

Die Frage, ob Kompetenz- oder Zertifikatsmaße benutzt werden sollten, ist kein entweder – oder. Solange beide Messungen nicht überlappen, ist mit Kompetenzmessungen die bisherige an Zertifikaten und Abschlüssen orientierte Messung von Bildung nicht einfach zu ersetzen, sondern nur zu ergänzen. Darüber hinaus ist zu beachten, dass Kompetenzen wie Zertifikate und andere eher als kognitive Indikatoren benutzte Variablen *per se* nur einen Teil vieler Fragen beantworten können. So hat insbesondere die US-amerikanische Forschung gezeigt (siehe zusammenfassend ROSENBAUM 2001), dass bei dem Übergang von (Aus-)Bildung in Beschäftigung bei ausschließlicher Berücksichtigung von ‚cognitive abilities' ein hoher Teil der Varianz eben nicht aufgeklärt werden kann.

Zusammenfassend lässt damit auch die PISA-Studie für die Bildungssoziologie zentrale Fragen offen: (1) Woher kommen die Unterschiede in den gemessenen Kompetenzen zwischen verschiedenen Gruppen? (2) Wie stabil sind die gemessenen Kompetenzen? In welchem Ausmaß sind sie in welchem Alter noch beeinflussbar? (3) Welche Bedeutung haben Kompetenzwerte für den späteren schulischen und beruflichen Werdegang, welche Bedeutung haben sie für den Lebensverlauf im Allgemeinen? (4) Wie verhalten sich Kompetenzen zu den von der Bildungssoziologie standardmäßig herangezogenen Indikatoren zur Messung schulischen Erfolgs, also zu Bildungsjahren und Bildungsabschlüssen? Wie verhalten sich gemessene Kompetenzwerte zu Intelligenzscores, wie zu nicht kognitiven Variablen, von denen man weiß, dass sie für Schulerfolg und Arbeitsmarkterfolg eine hohe Bedeutung haben? (5) Welchen Stellenwert haben zentrale Kontextfaktoren, wie der Aufbau von Bildungssystemen, der Einfluss konjunktureller Lagen und Kohortengrößen? Viele dieser Fragen lassen sich nur durch ein Längsschnittdesign beantworten.

Die PISA-Studie hat im Vergleich zu anderen Erhebungen (TIMSS, FISS) die Bildungspolitik aktiviert, gegenwärtige Anstrengungen konzentrieren sich auf den Kompetenzerwerb. Die Arbeitsmarktpolitik wurde auf Grund des Designs der PISA-Studie allerdings nicht erreicht. Hier werden Bildungsarme in hohem Umfang in Maßnahmen gefördert, ohne dass deren Bildungsstatus wesentlich angehoben werden könnte. Zudem wird dabei Bildungsarmut oft allzu schnell mit Kompetenzarmut gleichgesetzt. Die zukünftige Forschung muss insbesondere den Stellenwert von Kompetenzen für den Eintritt in den Arbeitsmarkt und die späteren Mobilitätsprozesse untersuchen. Aktuelle Prognosen des zukünftigen Qualifikationsbedarfs gehen von einem relativ wie absolut steigenden Bedarf höherer Qualifikationen im deutschen Arbeitsmarkt aus (vgl. REINBERG/HUMMEL 2002a). Dem entspricht bislang die Entwicklung auf der Angebotsseite, wonach im Zuge der Bildungsexpansion über Jahrzehnte hinweg steigende Anteile höher Qualifizierter zu beobachten waren. In Verbindung mit der nicht linear verlaufenden demographischen Entwicklung, die auch unter Berücksichtigung von Wanderungsbewegungen von einer insgesamt sinkenden Zahl von Erwerbspersonen ausgeht, werden somit bis 2015 Engpässe insbesondere im Bereich der mittleren Qualifikationen erwartet (REINBERG/HUMMEL 2002a, S. 595ff.). Die weiterhin steigende Bildungs- und Erwerbsbeteiligung von Frauen (REINBERG/HUMMEL 2002a) wirkt dabei entlastend. Dem stehen jedoch derzeit gegenläufige Entwicklungen gegenüber. Hier ist insbesondere auf den steigenden Anteil Jugendlicher zu verweisen, die ohne Schulabschluss die allgemeinbildenden Schulen verlassen (vgl.: ALLMENDINGER 1999; WEIßHUHN 2001). Diese Entwicklung wird insbesondere auf Jugendliche mit Migrationshintergrund zurückgeführt, die unterdurchschnittlich am Bildungs- und Ausbildungssystem in Deutschland partizipieren (KALTER/GRANATO 2002). Diese Gruppe der Bildungsarmen weist überdurchschnittliche Probleme auf, die school-to-work-transition erfolgreich zu bewältigen. Dies gilt hinsichtlich des Übergangs in berufliche Ausbildung mit Blick auf eine stabile Integration in das Beschäftigungssystem. Von regionalspezifischen Bedingungen insbesondere in den neuen Bundesländern und der gegenwärtigen konjunkturellen Situation abgesehen, weisen Jugendliche ohne oder mit niedrigem allgemeinbildenden Schulabschluss sowie Jugendliche ohne beruflichen Abschluss ein deutlich erhöhtes Arbeitslosigkeitsrisiko auf (DIETRICH 2003) und bilden daher eine zentrale Zielgruppe arbeitsmarktpolitischer Maßnahmen. Bei deutlich steigender Tendenz in den vergangenen Jahren sind im Jahr 2002 rund 800.000 Jugendliche in Maßnahmen der Bundesanstalt für Arbeit eingetreten[5]. Jahresdurchschnittlich befinden sich rund 550.000 Jugendliche in Maßnahmen der BA; dem stehen 500.000 arbeitslose Jugendliche gegenüber. Beide Zahlen überschneiden sich lediglich begrenzt und verweisen somit auf schätzungsweise 900.000 Jugendliche, die jahresdurchschnittlich Integrationshilfe in Ausbildung oder Beschäftigung bedürfen oder diese in Anspruch nehmen (DIETRICH 2003a). Für die Arbeitsmarktpolitik und damit auch für eine präventive Bildungspolitik wäre es mehr als hilfreich zu wissen, ob und an welchen Kompetenzen es diesen Bildungsarmen mangelt.

Was ist zu tun? Unser Interesse liegt hauptsächlich in der Konzeption und Durchführung einer Untersuchung, welche die Bedeutung von Kompetenzen für den weiteren schulischen und beruflichen Werdegang erfasst und dabei auch den Zusammenhängen zwischen Kompetenzen, Noten, Schulabschlüssen, Beurteilungen der Lehrerinnen und Lehrern, sowie nicht-kognitiven Merkmalen wie Motivation, Disziplin und Leistungsbereitschaft nachgeht. Eine Längsschnittuntersuchung nach dem Vorbild der US-amerikanischen ‚High School and Beyond' Studie wäre ins Auge zu fassen, welche retrospektiv und prospektiv zu messende Variablen verknüpft. Eine solche Studie lässt sich unseres Erachtens gut verbinden mit Untersuchungsdesigns, die von vielen Kolleginnen und Kollegen aus anderen Disziplinen im Rahmen dieses ZfE-Forums vorgeschlagen wurden und insbesondere die Frage nach der Genese des Kompetenzerwerbs ins Auge fassen.

Anmerkungen

1 Obgleich sich die soziologische Bildungsforschung bislang nur am Rande mit dem Zusammenspiel zwischen sozialer Herkunft, Intelligenz und Bildung beschäftigt hat, ist sie sich weitgehend darüber einig, dass IQ-Unterschiede zwischen einzelnen Schichten die Unterschiede im Zugang zu Bildung zwischen diesen Schichten nicht erklären können (FLYNN 2000, ASHENFELTER/ROUSE 2000).
2 So betragen die Chancenprozente für den Gymnasialbesuch bei Kindern ungelernter Arbeiter etwa 11 Prozent, bei Kindern aus der oberen Dienstklasse über 50 Prozent.
3 Das Grundproblem, dass die Definition dessen, was als Kompetenz betrachtet wird, nicht mehr als eine normative Setzung ist, wird hier nicht weiter aufgenommen.
4 Allerdings weisen Befunde des *International Adult Literacy Survey* der OECD (2000) darauf hin, dass Erwachsene, die im Lesen ein höheres Kompetenzniveau erreichen, tendenziell über ein höheres Einkommen verfügen und seltener von Arbeitslosigkeit betroffen sind als weniger gute Leser (zit. nach DEUTSCHES PISA KONSORTIUM 2001, S. 116).
5 Maßnahmen, die ohne finanzielle Beteiligung der Bundesanstalt für Arbeit von Bundesländern oder Kommunen durchgeführt werden, konnten dabei nicht berücksichtigt werden.

Literatur

ALLMENDINGER, J. (1989): Career Mobility Dynamics. A Comparative Analysis of the United States, Norway, and West Germany. – Berlin.
ALLMENDINGER, J. (1999): Bildungsarmut: Zur Verschränkung von Bildungs- und Sozialpolitik. In: Soziale Welt, 50. Jg., S. 35-50.
ALLMENDINGER, J./HINZ, T. (1997): Mobilität und Lebensverlauf. In: HRADIL, S./IMMERFALL, S. (Hrsg.) (1997): Die westeuropäischen Gesellschaften im Vergleich. – Opladen, S. 247-288.
ASHENFELDER, O./ROUSE, C. (2000): Schooling, Intelligence, and Income in America. In: ARROW, K./ BOWLES, S./DURLAUF, S. (Hrsg.) (2000): Meritocracy and Economic Inequality. – Princeton, S. 89-117.
BLAU, P. M./DUNCAN, O. D. (1967): The American Occupational Structure. – New York.
BLOSSFELD H.-P. (1985): Bildungsexpansion und Berufschancen. Empirische Analyse zur Lage der Berufsanfänger in der Bundesrepublik. – Frankfurt am Main.
BOURDIEU u.a. (1981) = BOURDIEU, P./BOLTANSKI, L./DE SAINT MARTIN, M./MALDIDIER, P. (1981): Titel und Stelle. Über die Reproduktion sozialer Macht. – Frankfurt am Main.
BOWLES, S./GINTIS, H. (2000): Does Schooling Raise Earnings by Making People Smarter? In: ARROW, K./BOWLES, S./DURLAUF, S. (Hrsg.) (2000): Meritocracy and Economic Inequality. – Princeton, S. 118-136.
COLLINS, R. (1971): Functional and Conflict Theories of Educational Stratification. In: American Sociological Review, 36. Jg., S. 1002-1019.
DAVIS, K./MOORE, W. (1945): Some principles of stratification. In: American Sociological Review, 10. Jg., S. 202-249.
DEUTSCHES PISA-KONSORTIUM (Hrsg.) (2001). PISA 2000 – Basiskompetenzen von Schülerinnen und Schülern im internationalen Vergleich. – Opladen.

DIETRICH, H. (2003a): Förderung auf hohem Niveau – das Jugendsofortprogramm zum Abbau der Jugendarbeitslosigkeit – 1999-2002. – IAB-Werkstattbericht 9/2003.
DIETRICH, H. (2003): In: HAMMER, T. (Hrsg.) (2003): Youth unemployment and social exclusion in Europe. A comparative study. – Bristol, S. 83-108.
FLYNN, J. R. (2000): IQ Trends over Time: Intelligence, Race, and Meritocracy. In: ARROW, K./BOWLES, S./DURLAUF, S. (Hrsg.) (2000): Meritocracy and Economic Inequality. – [Verlagsort fehlt!], S. 35-60.
GEISSLER, R. (1992): Die Sozialstruktur Deutschlands. – Opladen.
HANDL, J. (1986): Zur Veränderung der beruflichen Chancen von Berufsanfängern zwischen 1950 und 1982. In: FRANKE H. (Hrsg.) (1986): Berufliche Verbleibsforschung in der Diskussion. – Beiträge zur Arbeitsmarkt und Berufsforschung 90/4 – Nürnberg, S. 13-48.
HANDL, J. (1996): Hat sich die berufliche Wertigkeit der Bildungsabschlüsse in den achtziger Jahren verringert? Eine Analyse der abhängig erwerbstätigen, deutschen Berufsanfänger auf der Basis von Mikrozensurergebnissen. In: Kölner Zeitschrift für Soziologie und Sozialpsychologie, 48. Jg., S. 249-273.
KALTER, F./GRANATO, N. (2002): Demographic Change; Educational Expansion, and Structural Assimilation of Immigrants. The Case of Germany. In: European Sociological Review, 18. Jg., H. 2, S. 199-216.
KLEMM, K. (2000): Bildung. In: ALLMENDINGER, J./LUDWIG-MAYERHOFER, W. (Hrsg.) (2000): Soziologie des Sozialstaates. – Weinheim, S. 145-166.
KÖHLER, H. (1992): Bildungsbeteiligung und Sozialstruktur in der Bundesrepublik. Zu Stabilität und Wandel der Ungleichheit von Bildungschancen. – Studien und Berichte, Bd. 53 – Berlin.
KRAEMER, K. (1998): Entwertete Sicherheiten. Kulturelles Kapital im Zeichen verkürzter Halbwertszeiten. In: HILLEBRANDT, F./KNEER, G./KRAEMER, K. (Hrsg.) (1998): Verlust der Sicherheit? Lebensstile zwischen Multioptionalität und Knappheit. – Opladen, S. 103-136.
KRAIS, B. (1981): Einleitung. In: BOURDIEU, P. u.a. (Hrsg.) (1981): Titel und Stelle. Über die Reproduktion sozialer Macht. – Frankfurt am Main, S. 7-21.
LEHMANN R. H./PEEK R./GÄNSFUSS R. (1997): Aspekte der Lernausgangslage und der Lernentwicklung von Schülerinnen und Schülern, die im Schuljahr 1996/97 eine fünfte Klasse an Hamburger Schulen besuchten. In: http://lbs.hh.schule.de/lau/lau5/.
LESCHINSKY, A./MAYER, K. U. (1999): Comprehensive Schools and Inequality of Opportunity in the Federal Republic of Germany. In: The Comprehensive School Experiment Revisited: Evidence from Western Europe. – Frankfurt a. M., S. 29-39.
MÜLLER, W. (1998): Erwartete und unerwartete Folgen der Bildungsexpansion. In: FRIEDRICHS, J. u. a. (1998): Die Diagnosefähigkeit der Soziologie. – Sonderheft 38 der Kölner Zeitschrift für Soziologie und Sozialpsychologie, S. 81-118.
REINBERG, A./HUMMEL, M. (2002): Qualifikation bestimmt Position auf dem Arbeitsmarkt. In: IAB-Kurzbericht 15/2002.
REINBERG, A./HUMMEL, M. (2002a): Zur langfristigen Entwicklung des qualifikationsspezifischen Arbeitskräfteangebots und -bedarfs in Deutschland. In: MittAB, 35. Jg., S. 580-600.
ROSENBAUM, J. E. (2001): Beyond College for All: Career Paths for the Forgotten Half. – Washington.
WEIDIG, I./HOFER, P./WOLFF, H. (1999): Arbeitslandschaft 2010 nach Tätigkeiten und Tätigkeitsniveau. – Beiträge zur Arbeitsmarkt und Berufsforschung 227 – Nürnberg.
WEIßHUHN, G. (2001): Gutachten zur Bildung in Deutschland. – Berlin/Bonn.

Anschrift der Verfasserin und des Verfassers: Prof. Dr. Jutta Allmendinger, Institut für Arbeitsmarkt- und Berufsforschung, Regensburger Str. 104, 90478 Nürnberg, Email: Jutta.Allmendinger@iab.de; Dr. Hans Dietrich, Institut für Arbeitsmarkt- und Berufsforschung, Regensburger Str. 104, 90478 Nürnberg, Email: Hans.Dietrich@iab.de

GPSR Compliance

The European Union's (EU) General Product Safety Regulation (GPSR) is a set of rules that requires consumer products to be safe and our obligations to ensure this.

If you have any concerns about our products, you can contact us on

ProductSafety@springernature.com

In case Publisher is established outside the EU, the EU authorized representative is:

Springer Nature Customer Service Center GmbH
Europaplatz 3
69115 Heidelberg, Germany

www.ingramcontent.com/pod-product-compliance
Lightning Source LLC
LaVergne TN
LVHW080312260326
834688LV00038B/1083